▲ 巴菲特的父母霍华德·巴菲特和利拉·斯塔尔。(照片提供：内布拉斯加大学)

◀ 未来的资本家和姐姐多丽丝。(可能摄于1931年，照片提供：多丽丝·巴菲特·布莱恩特)

▲ 1942 年，霍华德 · 巴菲特历经艰辛当选众议员之后的全家福。沃伦 · 巴菲特当时 12 岁，从照片上看，他似乎对于搬到华盛顿并不是那么兴奋。（刊登于《奥马哈世界先驱报》）

▶ 霍华德 · 巴菲特是位极富道义责任感的翩翩君子，甚至拒绝了国会给他加薪。但是，沃伦 · 巴菲特并没有沿袭父亲极右翼的政治路线。（照片提供：约翰 · F · 萨瓦奇图片社，由奥马哈西部遗产博物馆拥有）

◀巴菲特和妹妹罗伯塔、姐姐多丽丝摄于华盛顿，背景处的房子是邻居家。（照片提供：多丽丝·巴菲特·布莱恩特）

▲“喜欢数学……是一个未来的股票经纪人。”（1947年6月，伍德罗·威尔逊高中年鉴）

◀尽管巴菲特在大学时代性格内敛，但是他的朋友，年轻才俊杰里·奥兰斯让他在宾夕法尼亚大学的校刊《宾大画报》上看起来十分善于搞怪戏谑。（照片提供：宾夕法尼亚大学档案馆）

▲ 本杰明·格雷厄姆和他的第三任妻子埃丝特尔在一起。照片大约摄于 1950 年，当时巴菲特刚刚师从格雷厄姆学习投资学。格雷厄姆教授给了巴菲特一个A⁺的成绩，埃丝特尔则把自己的钱交给了巴菲特打理。（照片提供：马乔里·格雷厄姆·詹尼斯）

◀ 巴菲特的“哲学家朋友”查理·芒格。两人的想法有诸多惊人的相似之处，连他们自己都觉得不可思议。（照片提供：查理·芒格）

▶ 苏珊当时留着和杰奎琳·肯尼迪一样的发型，她坚决反对丈夫做全美国最后一个留平头的人。照片摄于1962年，在巴菲特家，他们正为苏珊的父母举办结婚纪念日庆祝晚会。（照片提供：汤姆·罗杰斯）

◀ 西伯里·斯坦顿心系纺织业，巴菲特则不然。（照片提供：思宾纳出版公司）

▲ 伯克希尔·哈撒韦的纺织厂。它旁边的钟塔是标志性建筑，位于新贝德福德南部三层高的楼房之间，之前这里曾是一片兴旺的商业区，穿过小城的河流就在工厂右边。（约瑟夫·D·托马斯 摄）

◀巴菲特抵达新贝德福德机场，参加牵动他一生命运的董事会会议，他接手了伯克希尔·哈撒韦公司。

▶本杰明·格雷厄姆回到自己在西班牙塞维利亚的故乡，飞来迎接他的鸽子还不及迎接巴菲特的多。照片摄于1964年。（照片提供：小本杰明·格雷厄姆和詹内特·洛）

▲ 巴菲特和苏珊。照片于 1966 年摄于加利福尼亚州拉古纳海滩。（照片提供：小本杰明·格雷厄姆和詹内特·洛）

▲ 耳朵紧贴听筒，巴菲特看起来就像一只赚钱欲望极强的花栗鼠，年仅 35 岁的他已经挣下了 700 万美元的家业。（刊登于《奥马哈世界先驱报》）

◀ 早期的"年度会议"。在法纳姆大街的家中，巴菲特设宴招待自己的合伙人。照片摄于1969年。(照片提供：汤姆·罗杰斯)

▲ 在巴菲特的倡议下聚集一堂的"格雷厄姆团体"。他们想听一听恩师对于1968年不断创新高的股市有什么高见，不过来到圣迭戈的科罗拉多饭店，格雷厄姆首先让他们做了10道正误判断题。照片中从左到右依次为沃伦·巴菲特、罗伯特·布拉斯腾、本杰明·格雷厄姆、戴维·戈茨曼、汤姆·纳普、查理·芒格、杰克·亚历山大、亨利·勃兰特、沃尔特·施洛斯、马歇尔·温伯格、爱德华·安德森、被遮住半张脸的巴迪·福克斯和比尔·鲁安，罗伊·托尔斯当时在给大家照相。(照片提供：杰克·亚历山大)

▲“证券分析之父”本杰明·格雷厄姆。照片摄于1970年前后。（照片提供：马乔里·格雷厄姆·詹尼斯）

▶巴菲特夫妇摆了个经典造型：苏珊坐在巴菲特的大腿上。照片摄于20世纪70年代。（照片提供：汤姆·罗杰斯）

▲20世纪70年代中期，巴菲特与自己的两个最爱：苏珊和百事可乐。（照片提供：汤姆·罗杰斯）

▲巴菲特关闭合伙企业之后不久，巴菲特夫妇和儿女霍华德、小苏珊及彼得在一起。巴菲特面前的那个咖啡杯肯定是临时摆出来装酷的。（照片提供：彼得·巴菲特）

◀ 登台演出的苏珊"充满激情，让人眼前一亮"。（刊登于《奥马哈世界先驱报》）

▲ 巴菲特对《华盛顿邮报》投资 1 000 万美元，荣登该公司的董事宝座，也成为《华盛顿邮报》那位对数字不敏感的董事长凯瑟琳·格雷厄姆的莫逆之交和投资导师。后来，巴菲特在该公司的投资超过了 4 亿美元。（照片提供：比尔·多诺万）

◀1980年，神采奕奕的巴菲特在纽约大都会俱乐部参加自己50岁的生日聚会，当时他的身家已经接近2亿美元。（照片提供：比尔·多诺万）

▶“芒格船长”在澳大利亚的约克角半岛展示一条自己刚钓上来的石斑鱼。他是在明尼苏达州获得这一美誉的，当时他开着一艘汽艇，巴菲特也在船上，那一次差一点儿把巴菲特淹死。（照片提供：艾拉·马歇尔）

▲ B夫人在盛怒之下离开了巴菲特的卖场，在它对面另立门户，她是唯一与巴菲特不欢而散的合作伙伴。当年她已是95岁高龄。（刊登于《奥马哈世界先驱报》）

▲ 巴菲特与汤姆 · 墨菲在一起的时候总是笑脸迎人，汤姆 · 墨菲是他最推崇的首席执行官，帮他赚了 25 亿美元。他们正在参加大都市公司和美国广播公司在凤凰城安排的度假活动。（照片提供：大都市公司/美国广播公司）

▲ 巴菲特给儿子霍华德买下一个农场，不过霍华德得按市场价格付给父亲租金。（照片提供：霍华德 · 格雷厄姆 · 巴菲特）

◀ 巴菲特的儿子彼得小时候觉得，他那作为投资者的父亲完全在自己的太阳系里运转。直到彼得在音乐上取得一些成就之后，父子俩才学会彼此沟通。（照片提供：彼得·巴菲特）

▶ 美国运通公司的董事长詹姆斯·D·罗宾逊三世和巴菲特一贯的投资原则格格不入。当巴菲特决定投资美国运通公司时，他的朋友们都惊得目瞪口呆。（照片提供：詹姆斯·D·罗宾逊三世）

▲"华尔街之王"约翰·古特弗罗因德。(照片提供：拉里·巴恩斯)

◀在伯克希尔·哈撒韦公司年会上，巴菲特手里拿着自己最喜欢的"鸡尾酒"。(照片提供：拉凡纳·D·拉姆西)

Buffett
The Making of
an American Capitalist

巴菲特传

（纪念版）

［美］罗杰·洛温斯坦◎著
(Roger Lowenstein)
蒋旭峰 王丽萍◎译

中信出版社 · CHINACITICPRESS · 北京 ·

图书在版编目（CIP）数据

巴菲特传（纪念版）/（美）洛温斯坦（Lowenstein, R.）著；蒋旭峰，王丽萍译 .
—3 版 . —北京：中信出版社，2013.10（2026.1 重印）
书名原文：Buffett: The Making of an American Capitalist
ISBN 978-7-5086-4208-6
I. 巴… II. ① 洛… ② 蒋… ③ 王… III. 巴菲特，W. —传记 IV. K837.125.34
中国版本图书馆 CIP 数据核字（2013）第 212088 号

巴菲特传（纪念版）

著　　者：[美] 罗杰 · 洛温斯坦
译　　者：蒋旭峰　王丽萍
策划推广：中信出版社（China CITIC Press）
出版发行：中信出版集团股份有限公司
（北京市朝阳区东三环北路 27 号嘉铭中心　邮编　100020）
（CITIC Publishing Group）
承 印 者：北京通州皇家印刷厂

开　　本：880mm × 1230mm　1/32　　插　　页：16
印　　张：16　　字　　数：510 千字
版　　次：2013 年 10 月第 3 版　　印　　次：2026 年 1 月第 45 次印刷
京权图字：01-2001-4129
书　　号：ISBN 978-7-5086-4208-6/K · 338
定　　价：59.00 元

目录

BUFFETT

中文版导读

BUFFETT

2008年，“福布斯全美400富豪榜”上，79岁的巴菲特力压比尔·盖茨，以620亿美元的财富成为世界首富。

与其他富豪不同，巴菲特是唯一一个通过投资成为世界首富的人，美国人称其为100年来最伟大的投资者。按照他过去50多年的财富增长速度，到2010年他就会成为世界上第一个千亿美元富翁。

全世界的投资者都在追寻巴菲特成功的秘密，本书是第一部巴菲特的传记，是记录巴菲特通过投资成为世界首富的传奇经历的最重要的书，也是我们解读巴菲特投资成功之路的重要参考文本。

我们目前一个最大的疑惑就是：有很多投资家的投资水平不亚于巴菲特，有很多企业家经营管理的水平甚至高于巴菲特，但为什么他们积累的财富远远少于巴菲特?

通过这本巴菲特的传记以及巴菲特过去30年写给股东的信，我终于找到了问题的答案。

巴菲特说："我是一个不错的投资家，因为我也是一个企业家；我是一个不错的企业家，因为我也是一个投资家。"

大部分人要么是企业家，要么是投资家，只在一方面擅长。而巴菲特既是投资家又是企业家，两手都很硬，这种独有的交叉性经验（crossover experience）是他取得巨大成功的最重要因素——"这种经验使我在商业和投资领域都能从容地做出正确决策。"

巴菲特并非生下来就同时具备这两种才能，他的才能也并不是一下子获得的，而是一步一步逐渐进化的：他先是小企业家，然后成为投资家，再成为既通过股市投资企业又在股市外收购企业的投资家加企业家，而且通过保险业务创造的巨大现金流把股票投资和收购完美地结合在一起。他的投资策略进化到一个新阶段，他的财富也不断上升到新的高度，最终成就了世界首富的惊人财富传奇。

这本书详细描写了巴菲特的三个进化阶段：

青少年巴菲特：成功的小企业家，从零到9 800美元

巴菲特在青少年时期（1930~1950年）创办了一系列小企业。

巴菲特从小就持有强烈的赚钱欲望，12岁时发誓要在30岁之前成为百万富翁："如果成不了百万富翁，我就从奥马哈最高的楼上跳下去。"

6岁时，他会在晚上挨家挨户地去兜售批发来的可口可乐，还把邻居都动员起来去捡别人打飞的高尔夫球，清洁整理后转手加价卖出。

他从13岁开始送《华盛顿邮报》，后来又送《华盛顿时代先驱报》。他一共建立了五条送报路线，每天早上要送将近500份报纸，同时还推销杂志来提高收入。这个业余兼职的初中生每个月可以挣到175美元，相当于当时一个标准白领的收入。

1945年，他只有14岁，就拿出自己积攒的1 200美元，买了一个

40 英亩的农场，当上了小地主。

读高中时，巴菲特和朋友成立了一家小公司，买了好几台旧弹子球机，放到威斯康星大道上的理发店里，然后按小时收费，收入和理发店的老板五五分成。结果他每周都能挣到 50 美元，盈利相当高，这时巴菲特已经当上了小老板。

1947 年 6 月从高中毕业时，巴菲特已经递送了差不多 60 万份报纸，挣到了 5 000 多美元。上大学前，他把弹子球公司转手，卖了 1 200 美元。

读大学时他又找到了一份送报的工作。当时他开着一辆 1941 年款福特车在美国西南部奔波，为《林肯周报》监督 6 个县城的 50 个报童每天的送报工作，工资是每小时 75 美分。巴菲特摇身一变，成为一个管理者。

1949 年冬天，巴菲特又搞了一个“巴菲特高尔夫球公司”。到 1950 年 7 月，他一共销售了 220 打高尔夫球，从中赚了 1 200 美元。此时的巴菲特既是老板，又是经理人。

大学毕业时巴菲特把他各项经营的总收入加起来，已经攒下了 9 800 美元，和其他只会花钱的同学相比他有钱得很，甚至比那些全职工作的成年人的收入都高得多。这个万元户，在当时算得上一个小小富翁。

这时的巴菲特年仅 19 岁，却已经有 13 年的商业经验。

尽管他就读的沃顿商学院声名远播，但是那里的课程让人感到乏味。巴菲特毫不客气地说自己比教授懂得还要多。那些大学教授虽然都有一套完美的理论，却对巴菲特渴望获得的赚钱技巧一无所知。

正是这些宝贵的商业经验，使巴菲特对企业经营有着深入的了解，而分析企业经营的竞争优势，正是巴菲特一生投资成功的根本所在。

青年巴菲特：成功的投资家，从 9 800 美元到 2 500 万美元

巴菲特在青年时期（1951~1969 年）通过股票投资成为一名千万

富翁。

巴菲特的父亲是一个股票经纪人，巴菲特儿时经常去父亲的办公室，从小就对股票交易产生了浓厚的兴趣。他从 10 岁就开始进行股票投资。

到高中时，巴菲特已经是学校里的炒股高手。

但直到巴菲特大学毕业前，他和大多数散户一样，也只是看图表、作技术分析、猜股价趋势、到处打听小道消息、追涨杀跌，是一个普普通通的小股民，业绩也相当一般。

在 1950 年大学快毕业时，巴菲特读到了格雷厄姆的投资名著《聪明的投资人》，这让他茅塞顿开，原来真正的投资之道是价值投资。于是，他投身到哥伦比亚大学格雷厄姆门下读了研究生。1951 年，巴菲特毕业后在父亲的经纪公司做了 3 年经纪人，之后终于得到机会在格雷厄姆的投资公司工作了两年。在导师的言传身教下，巴菲特终于得到了价值投资的真谛，他的投资业绩大大改善，个人财富也从大学毕业时的 9 800 美元激增到 14 万美元。

1956 年春天，格雷厄姆解散了投资公司。巴菲特回到家乡创办了自己的投资公司，筹集到 10.5 万美元，他个人象征性地投入了 100 美元。他的报酬主要来自于作为投资管理人以一定的比例从投资利润中分成。

直到 1969 年巴菲特因为股市过于狂热而解散合伙公司为止，在 1957~1969 年这 13 年期间，他取得了 30.4% 的年均收益率，远远超过了道琼斯工业平均指数 8.6% 的年均收益水平。这 13 年里，道琼斯工业平均指数下跌了 5 次，而巴菲特的合伙公司却从来没有发生过亏损。

1969 年，巴菲特决定解散合伙公司，因为他认为股票市场正处于极度的投机狂热之中，真正的价值在投资分析与决策中所起的作用越来越小。巴菲特对合伙公司的资产进行了清算，在牛市最高峰出现很早之前就彻底离开了股市。

这是巴菲特的理性的最好体现，本书第 6 章对巴菲特解散公司、退出牛市经历的描述值得一读再读。

中年到老年巴菲特：投资家＋企业家，从 2 500 万美元到 620 亿美元

管理合伙公司时，巴菲特的个人资产已达到 2 500 万美元。公司解散后他把大部分资金都悄悄投到伯克希尔·哈撒韦公司的股票上，巴菲特夫妇持股比例达 40% 以上。

通过伯克希尔·哈撒韦这家上市公司，巴菲特开始大量投资股票和收购企业，从 1965 年到 2007 年取得了 4 008 倍的投资收益率，远远超过同期美国标准普尔指数 68 倍的收益率，其良好的业绩推动了伯克希尔·哈撒韦的股价从每股 15 美元上涨到惊人的每股 13 万美元。2008 年，巴菲特的个人财富也增长到了 620 亿美元，成为世界首富。

巴菲特的投资业绩远远好于其他投资大师的一个重要原因是，他不仅从事股票投资，还进行大量的企业并购，双管齐下。

> 我和伯克希尔·哈撒韦的副董事长，也是我的老伙计查理·芒格，一直致力于通过全部持股或部分持股来拥有一批竞争优势出众而且由杰出经理人领导的企业。我们最希望获得的持有方式还是通过协商，以公平合理的价格买入全部的股权。但如果我们在股票市场中能够有机会以大大低于整体并购所需的平均价格出价买入一家优秀企业相当数量的股票的话，我们同样会非常高兴。事实上，协议整体收购与通过股市买入部分股权双管齐下的投资方法，使得我们相对于其他只局限于其中一种投资途径的资本配置者来说，拥有更加强大的竞争优势。伍迪·艾伦曾经这样解释为什么中庸之道往往更加有效："双性恋者真正的优势在于拥有相当于一般人两倍的周末午夜约会的机会。"①

巴菲特投资股票和收购企业的方法和策略非常相似："投资上市公司

① Warren Buffett: the Chairman's Letter to the Shareholders of Berkshire Hathaway Inc., 1995.

股票的成功秘诀与并购子公司没有什么不同。在这两种情况下，我们都希望能够以合理的价格取得拥有绝佳经济状况与德才兼备的管理层的公司。而在此之后，你需要做的只是监控这些特质是否还在继续保持。”①

需要说明的是，保险是巴菲特的核心业务，巴菲特称之为“未来几十年最重要的收入来源”。它提供了源源不断的巨额低成本资金，让巴菲特能够大规模收购企业或投资股票。在取得很高的投资回报后，巴菲特保险业务的资本实力大大增强，从而提供了更多的保险业务，带来了更多的保险，而更多的资金又带来更多的企业收购或股票投资，更多的回报再带来更多的保险，如此形成一个良性的循环，从而使巴菲特的伯克希尔·哈撒韦公司的企业版图越做越大，巴菲特的个人财富也越聚越多。更准确地说，保险家、企业家、投资家三位一体，这才是巴菲特成为世界首富的关键。

巴菲特投资成功的三个因素

分析巴菲特成功的个人因素时，我将其总结为三个关键因素。

一是智商，更准确地说是智慧。巴菲特是非常聪明的，但绝不是小聪明，而是大智慧。他对人、对事、对市场有着深刻的见解，总是能把握最根本的东西，用最简单最轻松的方式来解决问题。

二是财商。巴菲特在多年的经营和投资过程中，形成了一个综合的商业投资思考模式。他总是能抓住最重要的因素，提前很多年就准确判断出一家公司未来的长期发展趋势，从而对其内在价值做出准确的估计。这使他能在价格合理的情况下大笔出手投资，从不亏损。而且巴菲特把股票投资、企业收购和保险经营三种商业模式非常和谐地融合在一起，形成了一个非常独特的经营模式。

三是情商。巴菲特说：“投资必须是理性的。”巴菲特在市场大涨大

① Warren Buffett: the Chairman’s Letter to the Shareholders of Berkshire Hathaway Inc., 1996.

跌中始终保持着高度理性，让人敬佩。1969 年，他在牛市狂热中退出市场。1973 年，他在市场暴跌后却勇敢进入。1987 年，在几年前股市崩溃的牛市狂热中，提早大量抛出，而在崩溃后又大量买入可口可乐等股票。他称自己成功的秘诀是：在别人贪婪时恐惧，在别人恐惧时贪婪。这个真理说起来容易，做起来却很难。

巴菲特之所以值得所有的投资人学习，不仅是因为他的投资业绩最高、在投资中赚的钱最多，还因为他捐赠的款项最多。2006 年，他把 85% 的资产，相当于 380 亿美元，全部捐赠给了慈善事业。

巴菲特说，他的目的不是赚钱，而是享受赚钱过程中的快乐。

我们学习巴菲特的目的并不全是赚钱，而是学习巴菲特做人、做事、做投资的基本原则，这些原则不仅体现了大师的智慧，而且可以帮助我们摆脱人生、事业、投资中的迷惑，找到一条确保长期成功的正确的道路。

巴菲特跟导师格雷厄姆学习一年后其投资业绩大大改善，这让他十分感慨：向大师学习几个小时，就胜过自己自以为是地苦苦摸索 10 年。

而我们只需用几个小时阅读本书，就能学习到投资大师巴菲特一生的智慧。

刘建位

汇添富基金管理公司首席投资理财师

致谢

BUFFETT

我对沃伦·巴菲特的研究始于我成为伯克希尔·哈撒韦公司的一名股东，该公司的掌舵人正是巴菲特。我研究巴菲特有另一个优势，我在《华尔街日报》做了十几年的财经记者。理论上，本书既有投资者对这一行业的通晓，同时也具备一个记者的客观视角。至于我的愿望是否真的实现了，则需要读者自己来判断。

我于1991年秋开始创作这部书，当时巴菲特正致力于挽救所罗门兄弟公司。对于我的创作，巴菲特告诉我，他不会给予任何协助，当然也不会横加阻拦。他还对我说，他不鼓励也不反对我通过各种渠道来获得关于他的素材。巴菲特信守了这两个诺言，他允许我引用他撰写的大量文章，这本身就是极其宝贵的资料来源。

本书的完成得益于众多愿意配合的采访对象，其中包括巴菲特的家人、朋友、商业伙伴以及其他人，我要真诚地感谢每一位。

我将特别提及以下几个人，他们是罗克珊·勃兰特、肯·蔡斯、鲍勃·戈德法布、斯坦福·利普西、芭芭拉·莫罗和查理·芒格。对我的多次求教和询问，他们不厌其烦地耐心解答，他们的认真态度足以与最出色的记者相媲美。巴菲特的姐姐多丽丝、妹妹罗伯塔和他的三个子女苏珊、霍华德、彼得是他相亲相爱的家人，他们也为我深入了解巴菲特家族提供了极其宝贵与慷慨的帮助。

在这个信息时代，《华尔街日报》的布鲁斯·利维、《奥马哈世界先驱报》的詹妮·豪瑟和斯蒂芬·阿拉德都用自己的行动证明，优秀的图书馆管理员依然具有不可替代的重要性。同时，我也感谢《华尔街日报》的编辑们，他们允许我请长假来全力创作该书。

我还要特别感谢几位观察力敏锐而且态度宽容的读者——尼尔·巴斯基、罗伯特·古德曼、安德里亚·洛温斯坦、路易斯·洛温斯坦以及杰弗里·塔内巴姆。我的代理人梅拉尼·杰克逊自始至终都非常看好这本书，我对此十分感激。本书的编辑安·戈道夫对我也毫不掩饰地提出了切中要害的批评，如果没有这些批评，该书将逊色很多。对于我年幼的孩子马修、扎卡里和阿利森，这部书的创作跨越了他们迄今为止一半的人生。最后，我还必须感谢来自父母的一些禀赋，包括父亲对金融学的喜爱和坚定不移的道德观。

导言

BUFFETT

在美国的投资史上，沃伦·巴菲特的地位始终无人可以撼动。他白手起家，从分析和投资股票做起，最终集腋成裘，积累了大量财富。他涉足投资业超过 40 年，足以证明他致富绝不是靠一朝一夕的运气。他的投资业绩一直跑赢美国股票市场，他不仅盈利比大盘平均水平高出一筹，而且从未有过盲目冒险投资的经历，更没有过一年的亏损记录。对于这种骄人的战绩，所有的市场专家、债券市场经纪人和学者都认为几乎是不可能实现的。

不论是在牛市还是熊市，不论经济是处于增长期还是衰退期，不论是在“二战”后纺织业发展的高峰期、越南战争中，还是垃圾债券涌现和信息化的时代，巴菲特的盈利能力始终稳如泰山。“二战”之后，美国主要股票的市值年均增长 11%，而巴菲特的复利年均收益率却高达 29.2%。

巴菲特的成就更令人瞠目之处在于，他是依靠传统的长线投资起家的。当代华尔街的一些金融家之所以能暴富，是因为他们对手里掌握的公众财富进行巧取豪夺。巴菲特并不玩这种把戏，华尔街的投机商向来因为这种低级的手法而臭名远扬。实际上，巴菲特重新挖掘了纯粹资本主义的内涵，这是一种冷血的投资艺术，但也是一场公平的角逐。

那些投资于巴菲特公司的股东也赚得盆满钵满，而且他们财富的增长速度与巴菲特是一样的。他们赚到的利润有多丰厚，是他们自己都难以置信的。假如一个股东当巴菲特 1956 年在家乡奥马哈创业时，就给巴菲特 1 万美元的投资资金，并且对巴菲特一直不离不弃，那么他的财富到 1995 年底将会飙升至 1.25 亿美元。

这些仅仅是数字而已，巴菲特在华尔街的声誉更是让人难以企及。每年，追随巴菲特的信徒和投资者都像朝圣一样蜂拥到他的故乡——小城奥马哈，去聆听他条分缕析地讲授投资、经营和金融的秘诀。他的公司年会就像是全美国的一次盛会，其影响力丝毫不亚于猫王的演唱会。金融家们也纷纷来到奥马哈取经，将他的文章奉若《圣经》，像念经文一样背诵他的名言。

因为他总是能够迅速抓住问题的实质，所以从早年开始，他就有一大群崇拜者。在这些信徒蜂拥到奥马哈之前很多年，在巴菲特扬名立万之前很多年，在大学校园的聚会上，他会站在某个角落，一张娃娃脸上投射出明澈敏锐的眼神，旁边围坐着十几个喝得醉醺醺的兄弟，津津有味地听他高谈阔论。几年之后，这些兄弟都在华尔街发迹了，但是对巴菲特的这种顶礼膜拜依旧继续。巴菲特是这群朋友中年纪最小的，但是他会毫不紧张地往宽大的老板椅里一躺，兄弟们在他的脚边围坐一团，静听他讲述金融的玄妙。

在华尔街，巴菲特的平易近人给他赢得了一大批拥护者。金融往往会让人觉得像一座深奥的迷宫，巴菲特却能够像杂货店店员谈论天气一样把金融向大众讲明白。他从来都没有忘记，在任何一只艰深难懂的股票或债券背后，公司的经营活动都是实实在在、普普通通的。他把华尔街的那些分析术语抛到了一边，他希望美国小镇上的市民也能听明白自己的金融分析。

有一点让人感到很矛盾：越来越多的美国人对投资感兴趣，但是华尔街却变得越来越晦涩，越来越深奥，让人越来越看不懂，而且越来越没信心看明白。巴菲特出生于美国的大萧条时期，当时手里握有闲钱的人觉得自己有充分的能力理财，他们会购买蓝筹股和3A级的优质债券。大萧条给美国人留下了很大的心理阴影，但是“二战”后的经济繁荣让人们重拾信心。在当前的美国，数千万美国人都至少持有一只公司股票，但是很少有人在操作股票时会觉得得心应手，也几乎没有人还能够像他们的前辈那样谨慎。他们最多也就是把公司的财务报告拿来扫上几眼，似乎从每天的房价和通货膨胀指数中就可以找到他们久久期待的“答案”。最糟糕的情况下，他们会干脆把资金交给不同的基金经理人来打理——这种做法要是被他们的祖父知道，那可是要让老爷子震怒的。

在这样一个金融知识变得日益复杂的时代，巴菲特的与众不同之处就在于他能够保持“下里巴人”的本色。巴菲特的大多数投资之道都是普通人可以借鉴学习的（这也是那么多人蜂拥到奥马哈的原因）。巴菲特之所以是个天才，主要取决于他是个性格上的强者，他富有耐心、自律性和思维理性。这些都是一些普通人身上常见的优点，但是在财富激情的冲击下想要保持这些优点并非易事，而这些品质对于想在股市里一展身手的任何人而言都是不可或缺的。从这种角度而言，巴菲特的性格和职场道路不啻为大众投资和美国商业的一本教科书。巴菲特从一开始就意识到了自己的定位，因此他形成了一个独特的习惯，那就是当自己有出格、冒险的做法时，就把它们记录下来。

巴菲特虽然是一名投资家，但他从不使用价格杠杆、期货、动态套期保值、现代投资组合分析和学界提出的其他艰深晦涩的分析工具。现代投资组合经理的思维更像是一个交易商，巴菲特与他们的不同之处在于，他把自己的资本投在了精心选择且具有良好成长性的公司里。在这一点上，他的做法很像之前的金融巨头J·P·摩根。

深藏不露的摩根是华尔街的一代英杰，而巴菲特走的完全是另一条路线，他是一个平凡的美国中西部的“可爱大叔”。他有一句讽刺银行家的经典俏皮话：“那些银行家才是需要戴黑色套头面罩的家伙。”巴菲特这种平民化的幽默反而让他的形象更加高大，使他的影响力超过了之前的投资大师，也让美国民众找到了期盼已久的真正的创业英雄。

巴菲特的创业传奇一直都是美国人想要解开的谜团：一个纯粹的美国西部大叔在政客、银行家、商业巨头甚至恶人成堆的东部站稳了脚跟，实在让人觉得不可思议。这是对美国传统的一种颠覆，让人不由得想起东部第一代最真诚、最质朴的美国人已经不复存在了。欧洲人有自己尊崇的君王，而经典的美国英雄主义形象就是那种自力更生、从中部地区成长起来的精英，例如出身于肯塔基州的贫寒家庭的林肯总统、出身于密西西比河畔一个乡村的贫穷律师家庭的马克·吐温、出身于美国俄克拉何马州的平民家庭的喜剧大师威尔·罗杰斯。而今天，英雄难觅，这也是巴菲特的崇拜者蜂拥来到奥马哈的理由之一。

在杰克·纽菲尔德为罗伯特·肯尼迪所著的传记中，纽菲尔德也谈到了巴菲特：巴菲特不是一个英雄，而是一份希望；巴菲特不是一个传奇人物，而是一个普通人。尽管他极其聪慧，但身材并不伟岸。当他来到巴黎的时候，他唯一的反应是他对观光没有兴趣，只发现巴黎的饮食比奥马哈的要美味。他具有无与伦比的独立思考能力、专注于工作和不受外界干扰的能力，不过有时候这些特质会让他周围的朋友大跌眼镜。有一次，巴菲特去马撒葡萄园拜访《华盛顿邮报》的发行人凯瑟琳·格雷厄姆，这时他身旁的一个朋友在称赞日落之美，巴菲特却说自己没留心，似乎他必须特意留心才会注意到身边的日落。即便是在位于加利福尼亚州的海滨度假别墅里，巴菲特也会一连几周天天工作，很少会走到海边去散散心。

巴菲特虽然是个光芒四射的公众人物，但他其实也是一个性格很内向的男人。共同基金投资奇才彼得·林奇在20世纪80年代中期拜访过巴菲特，对巴菲特内心的静谧感到很诧异。他的所有文件都整整齐齐地按字母顺序码放在金属文件夹里，那种整齐细致的程度看起来完全像是另一个时代的人的所作所为。他没有股票交易员所用的各种分析设备，也没有林奇桌上一排排的电脑屏幕；他的办公桌上没有股票价格走势图，也没有电脑，只有一本剪报册和一台摆放在玻璃罩下面的老式股票行情自动收录器。就是这两样古董级物品目睹了这个办公室内的潮起潮落，见证着巴菲特的传奇历史，记录着他到底买进了哪些股票，又卖出了哪些股票。彼得·林奇每过几周就会把表现不太好的股票清仓，但是巴菲特的很多只股票，他自己一直持有了多年。面对巴菲特，彼得·林奇感受到一种突如其来的震撼，似乎自己乘坐时光机器回到了从前。

巴菲特身上唯一能够体现出现代化气息的就是他那架私人飞机了，除此以外，他对于享用自己的巨额财富似乎了无兴趣。他既不收藏古董，也没有豪华座驾，对于他而言，有个汉堡就是一顿美餐。他居住的房子位于普通街区的一条林荫道上，他的办公室也在同一条街上。他将不竭的激情都投入了工作，按照他的说法，那里就是他的舞台。只有在这方舞台上，他才能充分展露自己作为一个投资大师的能量，充分展示出一个真实的自我。

第1章 BUFFETT

奥马哈的天才少年

奥马哈城位于密苏里河西岸，它就像镶嵌在翡翠项链上的一颗钻石。这个西部城镇富有活力和创业精神，能人辈出、锐意进取。

——美国电话电报公司广告语

这个体重6磅、早产5周的小男孩从降生到世上以来，似乎对数字就有一种本能的迫切渴望。小时候，巴菲特就会到朋友鲍勃·拉塞尔家玩，坐在拉塞尔家的门廊前，静看门前的车水马龙，记下过往车辆的车牌号码。天黑之后，这两个孩子就会跑回家，在桌上摊开《奥马哈世界先驱报》，记下每个字母在报上出现的次数，在剪贴簿上密密麻麻地写满算术式，就好像在算欧几里得的数学难题一样。拉塞尔会拿出一本年鉴，大声念出一些城市的名字，巴菲特则会一个接着一个快速报出每个城市的人口有多少。棒球得分、赛马胜率……任何数字都是这个早熟的大脑的养料。每逢周日，母亲会让他洗漱干净，将头发梳得油亮有形，再把他往教堂的长椅上一放，让他好好听听布道。他倒不浪费时间，坐在那里扳着手指头开始算起神职作曲家的寿命来。他会站在起居室里手握乒乓球拍颠球，一边颠一边数，一玩就是一个小时。“大富翁”游戏他会玩个不停，兴奋地数着自己不断累积起来的虚拟财富。

蓝色眼眸、皮肤白皙、脸颊泛红的巴菲特不仅对数字很着迷，对金钱也很热衷。他第一个和财富有关的礼物是艾丽斯姑妈在圣诞节送给他的货币换算器，他自豪地将它别在腰间。5岁那年，巴菲特就在自家门外的过道上摆了个小摊，向过往的人兜售口香糖。后来他又改卖柠檬汁，这次不是在自家门前，而是换到了地段更加繁华的拉塞尔家门口。

9岁的时候，巴菲特和拉塞尔跑去拉塞尔家对面的加油站数饮料售卖机里掉出来的瓶盖数。这可不是9岁少年的无聊举动，他们是在做市场调查。市场上卖了多少瓶酷士牌橙汁？卖了多少瓶可口可乐？卖了多少瓶无醇啤酒？他俩会把这些瓶盖运到巴菲特家的地下室里分门别类地堆成堆。他们想知道哪种饮料的销售量最大，哪家公司的生意最好。

当大多数孩子还不知道何为公司的时候，巴菲特就从身为股票经纪人的父亲手里搞来成卷的股票行情机纸带，把它们铺在地上，用父亲介绍的标准普尔指数来试着解读这些报价数字。他会到高尔夫球场上去寻找用过的但可以再用的高尔夫球，出售给邻居来赚钱。他也会到阿克－萨－本赛马场，趴在扔满票根的地上，把那些被撕破丢弃的票根翻过来，竟然常常能发现一些中了奖却被误扔掉的赛马券。在酷暑难耐的内布拉斯加，巴菲特和拉塞尔顶着烈日，来到奥马哈乡村俱乐部，给大款们当高尔夫球童，每天挣3美元。傍晚时分，美国的中西部隐入迟暮的寂静中，他俩会坐在拉塞尔家前廊的摇摆沙发上嬉戏。没想到，纳西斯和斯塔德贝克斯大街上的车流和电车发出的叮当碰撞声让巴菲特又产生了奇思妙想。看到许多车辆经过拉塞尔家门前时，巴菲特会不无感慨地说道："要是能从他们身上赚到钱就好了。"拉塞尔的母亲伊芙琳在50年后回忆起巴菲特的往事时，还清晰地记得当年巴菲特的原话："这么多车！您没从这些司机身上赚到钱，太可惜了，拉塞尔夫人。"好像拉塞尔夫人非得在家门口设一个收费站才过瘾。

那么，巴菲特的这些想法是怎样形成的呢？

在家里的三个孩子中，沃伦·巴菲特排行老二，也是唯一的男孩。他的母亲来自内布拉斯加州的一个小镇，是个身材娇小、性情开朗的女人。她为人随和，是公认的贤妻良母，也有着"很好的经济头脑"。沃伦·巴菲特的父亲霍华德·巴菲特性情严肃但为人和善，对沃伦·巴菲特的一生产生了至关重要的影响——是他把儿子带入了股票和债券的世界，并为儿子未来的发展打下了良好的基础。但是，就目前大家掌握的情况而言，老巴菲特对于数字的精明还不敌儿子，他对赚钱的兴趣也不如儿子那么浓厚。那么，究竟是什么力量使得沃伦·巴菲特从舒适安逸的家中跑出来，甘愿在赛马场的地上爬来爬去捡票根，就好像地上满是珍珠一样呢？究竟又是什么，使得多年以后的他在商业伙伴面前一展身手呢？他能够对复杂的算术题进行心算，记忆力之强就像一部活百科全书一样，就连阿克伦城的人口他都能脱口而出。沃伦·巴菲特的妹妹罗伯塔断言："他生来就是如此。"

大家公认巴菲特一家都很温文尔雅、性格平和，而且做事持之以恒。他们精于生意，一分钱都要掰成两半花。最早来到美国的巴菲特家族先辈名叫约翰·巴菲特，是法国的一名纺织工人。1696 年，他在长岛北海岸的亨廷顿与汉娜·泰特斯完婚。约翰·巴菲特夫妇一直到南北战争结束后都在长岛居住，以种植业为生，但是他们志存高远，这与其家族的简朴生活很不相称。1867 年，悉尼·巴菲特受雇为他的祖父泽布隆·巴菲特开垦农场。当悉尼·巴菲特听说每天的工钱只有 50 美分时就愤然离开了农场。他找到一份工作后，驾着马车离开了奥马哈。1869 年，他开了自己的 S·H·巴菲特杂货店。当时，奥马哈城还处于发展初期，但是巴菲特一家的商业氛围已经很浓厚了。这家杂货店的位置与后来的美国富人办公林荫区相隔仅 1.5 英里。

奥马哈的木结构建筑群，傍依着密苏里河畔耸起的嶙峋崖壁。尽管它下面有开阔的平原，但其本身是多山的地形。在 1854 年与马哈印第安人（后来的奥马哈人）签订协议开放内布拉斯加的聚居地之前，这里一直是蛮荒之地。1859 年，当一个名叫亚伯拉罕·林肯的伊利诺伊州铁路律师到访此地之后，内布拉斯加便进入了快速发展期。几年之后，林肯总统将这个城市确定为联合太平洋铁路的东端终点站。

在一个好日子里，悉尼·巴菲特的杂货店开张了，当时正值铁路贯通美国大陆之后 3 个月。奥马哈成了一个全国瞩目的交通枢纽，火车经常从这里进出，隆隆声响彻整个中西部平原。来自四面八方的拓荒者、流浪汉、投机商、南北战争老兵、铁路工人、被释放的囚犯以及妓女蜂拥而至，形形色色的人都会光顾巴菲特家的杂货店，来买鹌鹑、野鸭和松鸡。泽布隆·巴菲特开始担心悉尼·巴菲特的前景，在写给他 21 岁的孙子的信中，他一再强调巴菲特家族的生意经就是“谨慎为本”：

> 你不要指望一口吃成个胖子，但我也希望今年春天生意能够更加红火。如果不行的话，你就赶紧关张，把欠债还清，保护好你的信誉，因为这比金钱还要重要。

不过，年轻的奥马哈城日益繁荣，悉尼·巴菲特一家也随之变得更加富裕殷实。悉尼·巴菲特扩建了杂货店，还让两个儿子来帮忙，其中小儿子欧内斯特·巴菲特继承了家族经商的本领，他就是沃伦·巴菲特的祖父。他和哥哥同时追求一个女孩，最终他获得了女孩的芳心并娶她为妻，自此兄弟两人割席断交。1915 年，欧内斯特离开了这家位于闹市区的商店，在城西开了一家新店，名叫巴菲特父子商店。

这一次，欧内斯特再次精明地抓住了商机，因为奥马哈城的居民逐渐迁往河西岸。欧内斯特开展了送货业务和赊账销售。不久以后，富豪家的厨师纷纷打来电话向巴菲特父子商店订货，生意变得越来越兴隆。欧内斯特继承了巴菲特家族惜金如命的风格，他让仓储员每天轮班干 11 个小时，却只付少得可怜的 2 美元工资——刚好达到最低工资标准。高大凶悍的欧内斯特简直就像一个独裁者。

欧内斯特·巴菲特的儿子就是霍华德·巴菲特，也就是沃伦·巴菲特的父亲。霍华德对成为第三代杂货店老板丝毫不感兴趣。霍华德和欧内斯特一样富于独立思考精神，但性格更加温和，没有父亲那么暴躁。他曾在怀俄明州的一家石油管道公司工作过一小段时间，他真正的兴趣在于思考活动。还在位于林肯镇的内布拉斯加大学就读时，霍华德就当上了《内布拉斯加日报》的编辑，渴望以后能在新闻界打拼出一番天地。霍华德算不上十分英俊，但他头发乌黑，目光炯炯有神。作为校友会的主席，他不乏漂亮的女追求者。在大四时，他遇到了一个家境贫寒的乡下女孩，这个女孩很擅长社交。

利拉·斯塔尔在内布拉斯加州西点镇长大，该镇只有两千多人，位置偏僻荒凉。她父亲叫约翰·斯塔尔，经营着一份名叫《卡明县民主报》的周报。镇上大多数人都是德国后裔，这让说英语的斯塔尔一家感到有些不合群。利拉母亲的孤独感尤甚，大多数时间都卧床不起，精神萎靡，所以利拉和她的哥哥以及两个妹妹不得不从小就学会保护自己。利拉还要协助父亲经营《卡明县民主报》。从小学五年级开始，利拉就要坐在高高的板凳上排版，后来改用活字印刷机。有时候，当列车在西点镇停车时，她会冲上列车去采访乘客，挖出一些素材，用来填充《卡明县民主报》上的栏目。每到周四，这个瘦小的女学生就会站在大得不成比例的印刷机旁边，小心翼翼而又适时准确地将印完的报纸拉出印刷机。这导致多年之后，只要家中的报纸开始印刷，利拉就会出现严重的头痛症状。

利拉 16 岁从高中毕业以后，为了筹集在内布拉斯加大学的学费，不得不去打了 3 年工。有一天，她出现在霍华德·巴菲特的办公室里，想在《内布拉斯加日报》谋一个职位。多年经受的风雨让她变得言语泼辣，幽默之中又带着一丝苦涩。她长得很美，身材娇小，淡棕色的卷发充满光泽。按她自己的说法，她"主修的专业就是结婚"——对于一个找不到出路就要重返西点镇的女孩而言，这不啻一门实用的"专业"。

霍华德给了她一份工作，并且很快就跟她约会了，两人同时坠入了爱河。霍华德在临近毕业时向利拉求婚。约翰·斯塔尔是一个读书人，他本希望女儿能念完大学再结婚，不过还是同意了两人的婚事。1925 年 12 月 26 日，两人的婚礼在西点镇举行。利拉在后来的回忆录中提到，霍华德后来曾对她说："和你结婚是我这辈子最成功的一笔交易。"他俩根本没有度蜜月的闲情逸致，婚礼一结束，两人就直接坐上了去奥马哈的汽车。

朋友给霍华德在报社找到了一份工作，这也正是他梦寐以求的，但是他父亲的一位朋友在保险公司给他找了个周薪 25 美元的职位。霍华德自己放弃了理想职业的消息当时还一度被传得沸沸扬扬，正如利拉所说的那样："他屈从了父亲的意见，因为是父亲供他念的大学。"

这对新人搬进了位于巴克大街的一间平房，房子里有一个壁炉、两间卧室。对于利拉来说，这是一个艰难的开端，因为她没有什么干家务活的经验。由于霍华德要用车，利拉在去做兼职秘书或打字工作时就只能搭乘公共汽车，回家后还有一大堆家务活得干。最初几年，她有时每周比霍华德挣得还要多。1927 年，利拉做了一个眼科手术，此后她的头痛症状又复发了。第二年，当生下第一个孩子多丽丝时，她突然发起高烧，达 40 摄氏度，吓坏了所有在场的人。两年之后，他俩又喜添贵子，这就是沃伦 · 巴菲特（以下简称巴菲特）。那是 1930 年 8 月 30 日，一个湿热的夏日，当天气温高达 38 摄氏度，暴雨倾盆。

自打出生那天开始，巴菲特就比他的实际年龄要显得老成。他学走路时总是弯着膝盖，似乎这样做就可以保证他不会摔得太惨。当母亲带着他和多丽丝去教堂时，多丽丝会到处乱跑，巴菲特却像小绵羊一样乖乖地坐在母亲旁边。利拉称他是"一个从来都不惹麻烦的乖小孩"。

巴菲特两岁时拍过一张照片，照片上的他矮矮胖胖、头发金黄、皮肤白皙，穿着系白鞋带的小靴子和白色短袜，一只手里握着一块方积木，抿着嘴微笑，双眼炯炯有神。他的头发小时候是金黄色，后来变成了赭褐色，但他的性格却没有任何改变。他从来不会去陌生的地方瞎逛，也从不惹是生非，比他小 3 岁的妹妹罗伯塔常常会保护他不受附近伙伴的欺负。有一次，霍华德带回家一副拳击手套，还找来一个男孩与巴菲特"决战"。利拉回忆说："那些拳击手套后来根本就没用过。"巴菲特天性温顺腼腆，总能激起他姐妹或是其他人对他的一种本能的保护心理，看上去他似乎天生就不会打架。

巴菲特出生的最初几年正值家中最困难的时期。当时，霍华德在联合街道银行担任证券销售员，而脾气乖戾的欧内斯特认为这是一个不稳定的职业，他在给巴菲特的叔叔克拉伦斯的信中写道：

> 我对股票相当了解。简单地说，任何人含辛茹苦攒钱到了50岁却要去股市上投资，那么他在我眼里绝对是个傻瓜，是个地地道道的傻瓜。

霍华德看到这封信后，在信笺上不屑地写道："这真是对我事业的莫大鼓励。"但是不到一年，欧内斯特的预言就应验了。1931年8月13日，在离巴菲特的一周岁生日还有两周时，银行倒闭了，霍华德沮丧地回了家。这是"大萧条"时期常见的情形，人们对生活的激情被无情地浇灭了。他的工作泡汤了，所有的积蓄也打了水漂。欧内斯特给了儿子一些时间来偿还杂货店的债款，这对于霍华德而言异常痛苦，因为他和巴菲特家族的其他成员一样，向来都反对借钱度日——"保护好你的信誉，因为这比金钱还要重要。"霍华德觉得前景暗淡，甚至一度考虑举家迁回西点镇。

但没过多久，霍华德便宣布巴菲特－斯克莱尼卡公司在法纳姆大街的联合州立银行大楼里开业了，这便是后来巴菲特生活和工作的地方。霍华德和他的合伙人乔治·斯克莱尼卡四处出售"投资证券，包括市政公司及公用事业股票及债券"。对于这次投资，霍华德拿出了极大的勇气，因为大萧条冲击了公众对经济的信心。奥马哈的市民起初以为能够侥幸躲过大萧条的冲击，但是到了1932年，小麦价格暴跌，农民只能靠救济过活，连填饱肚子都成了问题。

到了1933年，奥马哈镇有11 000多人登记申请政府救济。巴菲特－斯克莱尼卡公司在这样不景气的条件下开业，因此人们最初都觉得它只是个徒有虚名的公司，只不过可以让霍华德找个住处并收点佣金罢了。多年以后，公司才真正做成第一笔生意，而且佣金极低。身为奥马哈扶轮社会长的欧内斯特，更是毫不留情地告诉其他扶轮社成员他儿子虽然创业心切但对股票了解甚少，建议他们不要把生意交给霍华德去做。利拉总是想方设法给家里人弄上一顿饭菜，为了让霍华德吃饱，她自己经常舍不得吃。家里的生活非常拮据，利拉甚至不再去参加教友的定期聚会，这样就可以省下 29 美分去买一磅咖啡。

巴菲特一家还受到中西部恶劣气候的侵扰，仿佛这像大萧条一样影响着他们的心情。“大萧条到来了，”利拉写道，“带着可怕的 45℃的热浪。”沙尘暴从俄克拉何马州滚滚而来，奥马哈城的市民只得紧闭房门来抵御这次灾害。在巴菲特 4 岁生日那天，一阵“滚烫的风”把桌上的纸碟和餐巾纸吹得满地都是，整个前廊都覆盖了一层红褐色的尘土。巴菲特和多丽丝常常会冒着酷暑待在屋外，望眼欲穿地等待卖冰棍的大叔从马车上跳下来，塞给他们一根冰棍解暑。比炎热的夏季更糟糕的是寒冬。在冬天，巴菲特和姐姐总是裹得严严实实的，然后步行 8 个街区到哥伦比亚小学上课。凛冽的寒风中，商人们把摩托车开得飞快，就像有付费电话在等着他们一样，因为他们怕车速一慢发动机熄火就再难发动起来了。

到巴菲特开始念书时，父亲的生意有了起色。巴菲特 6 岁时，全家搬进了郊区一座砖房里，这处都铎王朝式样的房子比原先的住处要宽敞许多。巴菲特一家曾经历过的苦难岁月也随着时间的流逝渐渐被人淡忘了。

不过，这段艰难岁月似乎在巴菲特心头留下了不灭的印记。自此，他就迫切地想要变得非常非常富有。他在 5 岁之前便有了这种念头，而且这种想法从来都没有从他脑海中消失过。

在巴菲特 6 岁时，全家人破天荒地去艾奥瓦州北部的奥科博吉湖度了一次假，他们在那儿租了一间小木屋。临行前，巴菲特用 25 美分搞到了 6 听可乐带在身上，度假时他绕着湖边到处找人以 5 美分一听出售，最后成功卖完并挣到了 5 美分。回到奥马哈之后，巴菲特从祖父的杂货店里买回一些饮料，在夏日的夜晚挨家挨户地兜售，而此时其他孩子还忙着在街上嬉戏打闹呢。

自那以后，此类的赚钱点子便在巴菲特的脑中层出不穷。巴菲特挣钱并不是用来零花，而是有自己的目标，他在一笔又一笔地勾画着自己的宏伟蓝图。

巴菲特 7 岁时因为发了一场奇怪的高烧住进了医院。医生最后切除了他的盲肠，但他的身体依旧十分虚弱，医生们甚至担心他会小命不保。

不过，只要是他一个人待着的时候，他就会拿起铅笔在纸上写下很多数字。当护士问他这些数字代表什么意思的时候，他说这些数字代表着自己未来的财富。巴菲特面带憧憬地说道："虽然现在我没什么钱，但是总有一天我会变得很富有，我也会成为报纸上的焦点人物。"医生都认为他危在旦夕了，但他却从对金钱的梦想中找到了慰藉。

霍华德执意不再让儿子经受自己曾经遭受过的苦难，他也决心做一个好父亲，而不是像欧内斯特那样贬损自己儿子。他对巴菲特一直抱有信心，对巴菲特所做的任何事情都坚定地给予支持。因此，尽管巴菲特继承了母亲乐天的性格，但他的整个世界还是在围绕着父亲公转。

霍华德身高 180 多厘米，在体力和其他方面都是家里的顶梁柱。为了养家，他拼命工作，在经营自己的证券交易所的同时，还与奥马哈的一些养殖场主合办了一家小公司，即南奥马哈饲料公司。但是，最让霍华德兴奋的不是金钱，而是宗教和政治。他是一个善于自律、信仰坚定的极右翼保守派（当地的一位银行家曾评价他是"上帝身旁的右派"）。

在霍华德看来，罗斯福正在加速使美元贬值，于是就把金币发给孩子们，还给家里添置了许多漂亮的装饰品——水晶吊灯、纯银的碟子、来自东方的挂毯，他认为有形资产比美元更能保值。他甚至储存了很多罐头，还买下了一个农场，为的是在发生恶性通货膨胀时能给家人提供一个避难所。

霍华德一直重视培养独立思考的习惯，他秉持的这一原则比他对任何政治观点的信仰更坚定持久。当孩子们围坐在他身旁时，他会背诵一句爱默生的经典名言：

伟大的人，是那些大隐于世且能保持独立人格的人。

霍华德会向孩子们灌输宗教价值观，不过使用的是一种世俗的教育方法。他在一个成人主日学校授课，同时还在一所公立学校的董事会任职。每周他都会提醒巴菲特和他的姐妹要牢记对上帝的责任以及对社会的义务。他总喜欢对他们说："并没有人要求你们承担所有的责任，但你们绝对不能推卸自己该尽的义务。”

霍华德不仅能牢记这样的名言警句，而且身体力行。他烟酒不沾。如果跟他关系很好的客户购买的股票行情下挫，霍华德会觉得十分内疚，会用自己的钱回购。当有人向他抱怨一些社会痼疾时，他总是说：“作为一个好公民，你觉得该做些什么呢？”

他喜欢惬意地坐在起居室的红皮椅上，用一台维克多牌留声机倾听美国作曲家斯蒂芬·福斯特的音乐、他喜爱的赞美诗和进行曲。他经常带全家到热闹非凡的联合车站享受周日晚餐，然后去中央大街的埃万斯冰激凌店大肆享用一番。尽管他经常会身穿一身庄重的黑色西服，但他的微笑总是那么阳光。霍华德以前的合作伙伴赫伯特·戴维斯评价说：“他就是人们心中完美父亲的化身。”

他的几个孩子都唯恐辜负了父亲的期望。多丽丝甚至都不愿挨着自己那些喝啤酒的朋友们坐，因为她担心父亲会认为她沾染不良习气了。小女儿罗伯塔回忆起父亲时说：“爸爸品德十分高尚，让你觉得必须要做一个好人才行。”

在三个孩子之中，对父亲最崇拜的还属巴菲特。父子俩在一起很亲密也很交心，他还会和父亲开一些比较过头的玩笑。有一次在教堂里，巴菲特对唱歌经常跑调的父亲说：“爸爸，要么就你唱，要么就我唱，咱俩千万别一起唱。”霍华德还给儿子起了个爱称叫“火球”。

巴菲特 10 岁的时候，父亲带他乘上了开往纽约的夜班火车，父亲在几年中逐个带着孩子们去参观纽约。利拉看着巴菲特和他“最要好的朋友”手牵手地离开了家门，胳膊下还不忘夹着他那本集邮册。他们的行程包括看棒球赛，参观集邮展，去有玩具火车的地方玩耍。他们还去了华尔街，参观了纽约证券交易所。

巴菲特对股票的着迷程度丝毫不亚于其他孩子对飞机模型的喜爱。他常常跑到父亲日益兴隆的证券经纪公司去玩。在父亲的办公室里，巴菲特经常目不转睛地盯着那些放在镀金专柜里的股票和债券单据。在年幼的巴菲特看来，它们散发出一种奇异的诱惑力。巴菲特也经常兴冲冲地跑到楼下的哈里斯·厄珀姆证券经纪公司，很多当地的金融家经常出入这家经纪公司询盘报价。美国东部臭名昭著的股票投机商杰西·利弗莫尔每次来到奥马哈城的时候都要光顾这里，飞速下单，然后又悄无声息地离开。哈里斯·厄珀姆的股票经纪人对这个小小年纪、长着一双大耳朵的小孩很是放心，经常让他把股票价格抄写到黑板上。

回到家中，巴菲特就会整理自己的股价走势图，观察它们的涨跌趋势，试图参透其中奥秘的念头让他兴奋不已。11 岁的时候，巴菲特大胆地以每股 38 美元的价格买进了 3 股城市设施优先股，还给姐姐多丽丝也买了 3 股。多丽丝后来回忆起这段往事时说："我知道他很明白自己到底在干什么，他满脑子想的全是数字。"不过，这几只股票后来下跌到每股 27 美元。历经波折之后，股价终于回升到了每股 40 美元。这时巴菲特抛出股票，扣除佣金之后，赚到了他在股市上的第一桶金——5 美元。有意思的是，他的股票刚刚清仓，股价就飙升到了每股 200 美元。这也给小巴菲特上了很好的一课——**在股海沉浮中，投资者必须要有耐心和定力。**

少年时代的巴菲特在赛马场上表现得更为出色。受到赌马胜率方面概率论的启发，他和拉塞尔开发了一套供赛马者使用的参考系统。几天以后，他们就发现用自己的这套系统来帮助投注，效果很明显。于是，他们就把这套系统命名为"必胜马仔系统"，然后带着一大堆复印件来到阿克－萨－本赛马场。拉塞尔回忆说："我们觉得自己能够卖几套赚些钱，于是四处叫卖道：'买份必胜马仔系统吧！'不过我们没有营业执照，后来他们就把我们给赶跑了。"

巴菲特的种种创举都是建立在数字基础上的，他对数字的信任超过一切。而且，他并不像家人那样笃信宗教。从很小的时候开始，他做任何事都要找到数据支撑而且讲求逻辑严谨，因此想要让他颠覆信仰几乎是不可能的。他和父亲一样品格高尚，但不会皈依于一个无形之神。对于一个思想诚实的人，尤其对孩子而言，这种理性会带来一种深深的恐惧，即对死亡的恐惧。巴菲特也未能幸免。

每个周日，利拉和霍华德坚持让巴菲特去主日学校，即使积雪达到一米多深的时候也不例外。但是，当巴菲特坐在教堂里计算那些神职人员的寿命时，他并非只是在打发时间，而是有自己的目的：他想证实一下信仰是否可以延长人们的寿命。信徒们关心的是来生，而他关心的是在此生能否活得更长久。

在静谧的午后，他和拉塞尔总是坐在拉塞尔家前廊的吊椅上。巴菲特会冷不丁地冒出一句："兄弟，有件事让我感到恐惧，我害怕死亡。"他差不多每年都会提及此事，因此拉塞尔对此印象颇深。这种反差也让拉塞尔很费解，因为在他看来巴菲特一直都充满活力。有时，拉塞尔会在牛奶箱的底板上放一些鸟食，设套抓住一只小鸟，但巴菲特每次都会央求拉塞尔不要伤害这只小鸟。虽然拉塞尔会在牛奶箱上拴根绳子，远远地拉开箱门把小鸟放走，但他却无力帮巴菲特从死亡的恐惧中解脱出来。

每当此时，拉塞尔都会劝慰他说："如果你没有辜负上帝给你的才智，那么你就会成功，也会有能力帮助别人。当死神到来的那一天，你也可以含笑离开这个世界。"

"不过，我还是害怕！"巴菲特会这样回答。

作为一名天主教徒，拉塞尔不太能理解巴菲特的这种恐惧，也不明白它源自何处，更不理解这么干劲十足的人怎么会有这么深的恐惧。不过，关于巴菲特的家庭生活，拉塞尔在某些方面是不了解的。

在外人看来，巴菲特家是个理想的完美家庭：家人互敬互爱，日子红红火火，人人道义高尚，而且重视家庭。巴菲特家的这些特点的确是真实的。利拉认为自己遇上霍华德的那天是"人生中最幸运的一天"。

利拉对待自己的丈夫就像伺候君王，尽管这个君王很仁慈，但毕竟还是个君王。作为一个很有经济头脑的女人，利拉对股票也有自己的见解，但她从来不在霍华德面前发表对股票的看法，甚至当自己头痛难忍时，也尽量不跟霍华德提起，以免影响他看书。她渴望成为一个完美的妻子。巴菲特的朋友们都知道她是一个身材娇小、性格乐观、笑靥迷人的女人，她的微笑总是那么甜美，看上去落落大方而又充满活力，好像善良的北方女巫一样。

但是当追求完美的压力过大时，她就会迁怒于巴菲特和他的姐妹。她会突然之间大发雷霆，原先的幽默温柔顿时消失得无影无踪。她尖酸刻薄地辱骂自己的孩子，有时一连几个小时都不停歇。她责骂、贬损自己的孩子，觉得他们做什么都无法让她满意，批评他们比不上别家的孩子，甚至把几年前的旧账都翻出来数落一遍。

利拉狂怒时，就好像有恶魔附身一般，几个孩子的一举一动都逃不过她的眼睛。孩子们只要稍有一点儿过错，立马就会招致她一顿恶毒的咒骂。孩子们有时可能根本没有犯什么错，多疑的她都能想出些莫须有的罪名来。

巴菲特和他的姐妹都知道，母亲的脾气阴晴不定，这就越发显得恐怖——一旦谁撞到枪口上，那他们就别想有好日子过了。她尽管身材瘦小，但身强力壮。如果几个孩子想要逃之夭夭的话，她就会在他们身后恶狠狠地怒吼道："我跟你没完！"然后，那个娇小可爱的母亲又会倏然间回归正常，一切也都风平浪静了。

不久之前，巴菲特的一个儿子刚从大学返回家中就打电话问候利拉。她突然间就把所有的怒火发向了他，管他叫"可恶的小人"，怪他没有经常打电话问候，还毫不留情地细数了他性格上的种种缺陷，而且这些纯属她的臆想。她就这样骂了整整两个小时。挂断电话时，这个孩子已是满脸泪水。巴菲特轻柔地说："现在你知道我以前每天面对这样的生活，该是什么心情了吧！"

利拉离开西点镇一段时间之后，她家里的不幸事接二连三。她的一个妹妹自杀了，另一个妹妹和母亲也住进了医院。尽管斯塔尔家的女人们经受了诸多疯狂和情绪失控的折磨，利拉最终还是挺过来了。

巴菲特和姐妹们经常面对母亲的坏脾气，他们只能自求多福，因为大家从来不会开诚布公地讨论此事。一天早上，当时巴菲特还很小，父亲下楼来警告他说："妈妈又发火了。"通常的情况是，在父亲出门以后，这些孩子们就会竖起耳朵去听母亲有没有发飙，听到之后会赶紧互相提醒。巴菲特夫妻之间并不争吵，矛盾全都发生在利拉和孩子们之间。而在这样一场战争中，几个孩子是绝不可能占到什么便宜的。

对于这样一场根本打不赢的战争，巴菲特只能以沉默应战。妹妹罗伯塔说："他没有被逼疯，而是把一切都埋在心底。"住在巴菲特家对面的杰瑞·摩尔发现，巴菲特这孩子从不与任何人发生争执。对于邻里之间常有的各种矛盾争执，巴菲特总是躲得远远的。

巴菲特从未向朋友们抱怨过母亲的脾气，而且天生乐观开朗的性格也不会使他自己流露出这种不满。不过，久而久之，有的男孩注意到巴菲特待在他们家玩的时间要比他待在自己家的时间更长。拉塞尔夫人过去常说："我用家里的小猫就能把他引到院子里去玩，用一杯牛奶又能把他叫进屋来。"他的同学拜伦·斯旺森有时候回到自己家中，会发现沃伦正乖乖地坐在他家的厨房里，悠然自得地喝着百事可乐，嚼着薯片。（那时候美国民风淳朴，一般人都不锁屋门。）沃尔特·卢米斯说他妈妈在他父亲回家后，还不得不把巴菲特赶回家去，这样卢米斯一家人才能吃晚饭。（在回忆时，沃尔特·卢米斯还酸涩地说了一句："当时要是没把他赶走就好了。"）

多年之后，巴菲特的儿子彼得甚至怀疑，在一定程度上，父亲的成功是否归功于内心想要离开这个家的渴望。答案不为人知，但巴菲特的心中确实有某种动力在驱使着他。他曾坐在罗斯希尔小学的防火梯上，平静地告诉他的好友，说他将在 35 岁以前发大财。从来没有哪个朋友觉得他是个爱吹牛的人，或是一个自视甚高的人，用拉塞尔家的说法，"巴菲特挑的鞋总是合脚的"。巴菲特对自己确实有着百分之百的信心。

他常常会埋头读自己最喜欢的《赚到 1 000 美元的 1 000 招》。这本书对那些想要在今后像洛克菲勒一样大富大贵的人来说很是受用，里面多是"以自制软糖起家""如何用 38 美元生出百万财富"之类的故事。巴菲特有滋有味地把自己想象成故事中的主人公，幻想自己站在一座高大的金山旁边，金山给他带来的狂喜远远胜过一座糖山。他正是该书编者心中理想的践行者，他牢记书里的建议——**行动，立即行动！不论你有什么梦想，千万不要等待。**

在第 53 北大街，巴菲特是有名的书虫，邻居们公认他绝对是“过目不忘”。在同龄的孩子中，他算个子高的。他喜欢运动，但打什么球都很笨拙。不过一旦谈起金融知识，他就会口若悬河，引人入胜。每当巴菲特开口，他的朋友们就会竖起耳朵倾听。他并没有刻意地说服那些朋友当他的听众，而是因为他本身就有吸引力，就像他父亲给他起的外号一样，他就是一个“火球”，而火球是会吸引飞蛾的。巴菲特召集斯图尔特·埃里克森、拉塞尔和拜伦·斯旺森一起到阿克－萨－本赛马场去捡票根。他还把半数邻居都动员起来去收集球场上打飞的高尔夫球。很快，他的卧室里就堆满了几筐高尔夫球，他还按照品牌和价格把球码放得整整齐齐。他的一个邻居比尔·普里查德回忆说：“他给了我们一打高尔夫球让我们卖，然后他提成。”巴菲特和埃里克森甚至还在埃尔姆伍德球场建起了一个高尔夫租球亭。埃里克森回忆说，他们的生意实在太红火了，但“有人告发了我们，专业租售店很快就把我们给赶走了”。

《星期六晚间邮报》上的一篇文章把当时的奥马哈描绘成一个荒凉贫瘠的城市。在这篇充满揶揄打趣的文章中，奥马哈的形象是这样的：它位于主流文明社会的西边，而主流文明在得梅因就终止了；它位于乡野美景的东边，而美景是始于落基山脉。奥马哈唯一与众不同之处就是它的“一团和气”，只是在天气变化方面有些剧烈。这座小城市对这个国家的文化贡献只有斯旺森晚餐①。奥马哈被描述成披着神秘面纱的文化荒漠，也有人将它看成是逃离美国东部污秽之气的世外桃源：这里的生活简单平静，甚至还带着几分乡村生活的情调。尽管这些说法中有一些合理成分，但同时也有很大程度的夸张。这也能帮我们理解，为什么日后

① 总部位于奥马哈镇的斯旺森父子食品公司于 20 世纪 50 年代末推出了受人欢迎的速冻食品。——译者注

有人把巴菲特描述成一个神秘人物，而不是一个天才和智者。纽约人把巴菲特描述成“来自奥马哈的上帝使者”或“奥马哈奇人”（顺带一提，《绿野仙踪》倒的确出自奥马哈）。

但在巴菲特看来，奥马哈绝不是一片贫瘠之地。巴菲特家族及其邻居都是有教养的人，也属于美国主流文化群体。弗雷德·阿斯塔尔在法纳姆大街的钱伯斯学院学习舞蹈，当地一个叫亨利·方达的男孩也在奥马哈登台亮相。巴菲特所在的奥马哈城规模确实不大，只有 22 万人口，但绝不是被有些人贬低的一个破旧小镇。卡尔·桑德伯格是当地的一个挖煤工，他对奥马哈城的评价是：“奥马哈，这个满脸煤烟、大口吃喝、淌着臭汗的粗汉养活了军队。”

巴菲特 11 岁的那个夏天，霍华德想让孩子们体验一下纯粹的农场生活，于是刊登了一则广告寻找农户。找到农家之后，一连几周，巴菲特和多丽丝都寄宿在一个叫埃尔默·贝恩的农夫家中。巴菲特很中意贝恩夫人做的馅饼，但对奶牛和玉米秆却提不起任何兴趣。地窖这种农家设施对他而言非常陌生，就像奥马哈现代化的摩天大楼对于农家孩子而言一样陌生。巴菲特的确是个城里孩子。

巴菲特对第 53 北大街上的每家人都非常熟悉。每家每户的房子都大同小异：两堵对称的山墙，褐色砖块以及中央的门廊。罗伯特奶制品厂的卡车、电车和不远处的货车的响声、城中心面包房飘来的咖啡香味、夏夜吹来的懒洋洋的暖风、肉制品厂飘出的令人作呕的气味，他都非常熟悉。不管是步行，还是骑着他的三挡变速车，或是乘车，他都能在城里逛得非常尽兴。他一会儿去高尔夫球场，一会儿去父亲的办公室，一会儿又跑到祖父的店里。尽管巴菲特和母亲之间存有隔阂，教堂也让他感到厌倦，但奥马哈城在巴菲特心中非常重要，也是他心中永远不变的精神港湾。

然而，1941 年 12 月，一场令所有美国人都陷入恐慌的突发事件同样也威胁到了巴菲特的生活。珍珠港事件发生的那个周日，巴菲特一家正去西点镇看望外祖父斯塔尔。在开车回家的路上，他们听到了军号声。

在接下来的几个月中，美国人对战争也慢慢习以为常了，巴菲特的生活仍在继续。

时针指向了 1942 年，内布拉斯加州第二选区的共和党人竟然找不出一个候选人与战时民心所向的罗斯福总统阵营对抗。在万般无奈的情况下，共和党把目光投向了一位公开反对新政的人士，他就是霍华德·巴菲特。

霍华德是一位孤立主义者，大家认为他获胜的概率微乎其微。在各地发表的政治演说中，他抨击的矛头并非指向希特勒或墨索里尼，而是对准了富兰克林·罗斯福：

> 我完全明白当前共和党竞选人所面临的不利因素。他需要向世界最强大的坦慕尼集团[①]的政治机器发起抗争。这个无情的集团，披着战争的合法外衣，正在图谋将缠绕在美国人脖颈之上的政治锁链勒得更紧。

霍华德痛斥通货膨胀和臃肿政府的弊端，他的政见领先了时代 40 年以上。在奥马哈，他的人缘很好。尽管他的竞选经费只有少得可怜的 2 361 美元，但他依然全身心地投入其中。

在选举当日，霍华德准备好了一份落选声明，并在 9 点钟就退场了。第二天，他发现自己竟然获胜了，他称此为一生之中“最大的惊喜之一”。

倏然间，巴菲特也意识到自己的命运发生了巨变：12 年来头一次，他不得不长时间离开奥马哈。在父亲选举获胜之后不久拍摄的一张全家福照片上，巴菲特看起来心事重重，英俊的脸庞蒙上了茫然的神情，紧闭的双唇好不容易才挤出一丝笑意。

因为战争期间华盛顿的用地很紧张，霍华德只能在偏僻的弗雷德里克斯堡的弗吉尼亚镇上租了一幢房子。房子位于山上，周边的景色很迷

① 从 18 世纪末期到 20 世纪 60 年代控制纽约政治的民主党派别。——译者注

人，从这里，他们可以俯瞰拉帕汉诺克河。房屋的前面是一片玫瑰园，给人一种野趣盎然的感觉。罗伯塔觉得这里“美得就像电影中的画面”。不过，巴菲特却对这里恨之入骨。

尽管弗雷德里克斯堡景色宜人，但它位于华盛顿南部，十分偏僻。巴菲特讨厌别人改变任何他习惯了的事物，这一次简直使他的整个世界发生了翻天覆地的变化。他不仅被迫抛下那么多朋友和邻居，工作日还见不到父亲，因为父亲住在他们家北边 50 英里之外的道奇饭店。这位新当选的众议员告诉家人他只会任职一届，但这番表态并没能让儿子得到太多安慰。离开了奥马哈和自己所熟悉的一切，巴菲特朝思暮想地希望能回到奥马哈。

尽管巴菲特一天都不想在新家待下去，但他天生就不会和自己身边的人作对。他只是告诉家人自己好像得了某种神秘的“过敏症”，夜不能寐。不过，他装出一种禅宗般坚忍克己的姿态，为的是不让家人感到不安。他回忆道：“我对父母说自己有些喘不过气来，又让他们不要担心，安心去睡觉，但我自己真的会难受地挨到天明。”尽管如此，父母还是担心巴菲特会病倒。巴菲特给祖父欧内斯特写信，说他在这里过得不开心。欧内斯特马上就回信了，建议巴菲特搬来和姑妈艾丽斯同住，然后在奥马哈念初二。在弗雷德里克斯堡又熬了几周之后，巴菲特的父母终于同意他返乡。

巴菲特搭乘火车回乡，是夜与内布拉斯加州的一位参议员休·巴特勒共住一个卧铺单间。天明时分，巴特勒议员发现这个小伙子还睡得很香甜，之后对他说道：“我还以为你会失眠呢。”巴菲特兴冲冲地答道：“怎么会呢？我早把失眠症留在弗雷德里克斯堡了。”

回到奥马哈之后，巴菲特又焕发了活力。艾丽斯姑妈是一位思想自由的经济学教师，也是一位和蔼的监护人，对巴菲特很是疼爱。和其他老师一样，她也被巴菲特的聪颖和好奇心吸引住了。

欧内斯特天生就是一个好老师，他也很喜欢巴菲特。当时，欧内斯特正在撰写一本书，每天晚上都会给孙子念上几页。这本书的书名是

“如何经营杂货店和我从钓鱼中学到的知识”，这一主题可以从欧内斯特的一封信中明显地看出来。他在信中坚定地认为超市已经过气：

> 克罗格、蒙哥马利·沃德、西夫韦这些连锁零售巨头在我看来都已日薄西山。从今往后，它们就别再想有什么好日子过了。

幸好，这本书最终没能出版发行。

巴菲特成了巴菲特父子商店里的小童工。在这里，他可以感性地认识到祖父所践行的原则。尽管巴菲特工资微薄，但是欧内斯特还是每天都象征性地从中扣除两美分。这一做法，再辅之职业道德课，目的是让巴菲特切身感受到社会福利等政府开支项目多么让人生厌。对于一个只有 12 岁的男孩而言，杂货店里的工作本身就非常辛苦，要搬运木货箱，拉运一箱箱的饮料……巴菲特并不喜欢这些工作，因为他不喜欢杂货店的味道，水果腐烂之后他还得硬着头皮去清扫垃圾。

但是他喜欢巴菲特父子商店。这是一个舒适的家庭型小店铺。老旧的木地板踩上去会嘎吱响，天花板上吊着电扇，成排的木货架一直触到天花板。如果有人想要货架上层的罐头，巴菲特或其他店员就会将推拉梯挪到合适的位置，然后爬上去取货。

这是巴菲特第一次见到成功经营的店铺。他的叔叔弗雷德会站在柜台后面与每位顾客亲切交谈。新出炉的诱人面包、上好的奶酪以及散装饼干和干果，应有尽有。巴菲特父子商店确实有招徕顾客的绝招（也许是祖父一分钱掰成两半花的美德吧），这里的生意总是很红火。

在这家店铺打工的还有查理·芒格，他是日后巴菲特的合伙人。当时他每周六在杂货铺打工，不过直到多年以后才和巴菲特相见。芒格在店里也感受到一种思想的洗礼。查理·芒格说：“没有谁会在店里晃荡，从早上开店一直到夜里打烊，你始终都会忙得不可开交。”如果巴菲特的堂弟比尔·巴菲特晚几分钟进店的话，身材魁梧、满头白发的祖父就会手拿一块怀表，站在二楼朝下面大吼：“比尔，你知道现在几点钟了吗？”

住在祖父家的那段日子里，巴菲特经常到父亲的合伙人卡尔·福克家里吃午饭。在福克太太准备午饭时，巴菲特就会从福克先生的书房里拿出一本投资学方面的书来看。在福克家中，他喝的茶比在杂货店里喝的要多得多。有一次，巴菲特正津津有味地吃着福克太太做的鸡汤面，突然郑重其事地宣布自己要在 30 岁之前成为百万富翁，甚至还发起了毒誓：“如果成不了百万富翁，我就从奥马哈最高的楼上跳下去。”

福克太太被这番话吓坏了，连忙叫他不要再胡说八道了。看着福克太太，巴菲特不禁笑出声来。尽管如此，福克太太还是很喜欢这个孩子身上所散发出的魅力，每次他来都会热情款待。福克太太或许是第一个向巴菲特提出这样一个问题的：“巴菲特，你赚那么多钱想干什么？”

“我倒不是想要很多钱，”巴菲特答道，“我只是觉得赚钱的同时还能看着财富慢慢累积起来，是件很有意思的事。”

初二在校的最后几个月，巴菲特玩得非常痛快，他和老友们聚首，一起在奥马哈城里四处游玩，从位于城西的巴菲特父子商店跑到市中心铺着鹅卵石的街道，这里有繁忙的自由市场、红砖和铸铁的仓库。七八十年前，悉尼·巴菲特在这里建起了商店，转眼之间已经历了四代人。巴菲特在奥马哈城里觉得很自在，他也像其他奥马哈人一样不讲究繁文缛节，像在草原区居住的人们一样语言质朴、外表冷峻、情感含蓄。不过，他可不是一个“简单”的人。从本质上讲，他自立自强，拥有雄心勃勃的财富梦想却又谨小慎微，这些都表明他是一个不折不扣的美国中西部人。到了 1943 年秋季，巴菲特再也找不出什么借口不去华盛顿和家人团聚了，于是这段家乡的燃情岁月也随之宣告结束。

第 2 章 BUFFETT

未来的股票经纪人

巴菲特一家搬到了斯普林瓦利的一幢有四间卧室的房子里，它坐落在华盛顿近郊的西北 49 号大街上。房子的外墙刷上了白色，有一个开放式的门廊，还有一个通往屋后的斜坡车道。这很像一个不事张扬的年轻议员的居所。理查德·尼克松一家是他们的邻居，从马萨诸塞大街步行过来只需片刻工夫。屋后是一片树林。

《华盛顿邮报》送报员的工作成了巴菲特新生活的重心。年仅 13 岁的他已经向税务部门登记收入，并提交了纳税申报表，还坚决不让父亲替他缴纳税款。

但是，除了送报工作以外，巴菲特还是觉得闷闷不乐。在艾丽斯迪尔中学，他给老师招惹了不少麻烦，而且学习成绩平平。由于他在班上年龄算小的，又跳过一级，因此其他同学都排斥他。他总是不修边幅，以至于校长亲自提醒利拉该给孩子好好收拾一番了。

在那个 6 月，巴菲特逃离了家门，这是他人生中第一次真正的叛逆行为。他叫上密苏里州一名议员的儿子罗杰·贝尔，再加上另一个好朋友，一起搭车逃往宾夕法尼亚州的赫希市。巴菲特知道那里有一个高尔夫球场，觉得他们可以在那里当球童过上几天。不过这一回，破天荒第一次，巴菲特做事的动机并非赚钱，他实在很烦身边的那些人，讨厌成天待在华盛顿，讨厌周围的一切。

孩子们在夜幕降临时到达了目的地，由于出门匆忙，所以连牙刷都没带。他们住进了社区旅馆的一个房间。第二天一大早，他们刚要出门就被警察拦住了。罗杰·贝尔身材矮小，而巴菲特和另一个朋友个子都接近一米八。远远看上去，警察担心这两个人把罗杰给绑架了，于是就把三人带回警局盘问。你可以想象得到，巴菲特尽管还不到 14 岁，却凭着三寸不烂之舌说服了警察，警察不仅相信他们是无辜的，而且连他们为什么要来这里都没有问起。警察把他们释放了，但他们却像泄了气的皮球一样，当天就垂头丧气地搭车回家了。

看上去，巴菲特并不想继续过这种三心二意的叛逆生活。他在学校里突然变得很乖也很用功，用他妹妹罗伯塔的话来说，“叛逆”这个词对他而言“分量有些过重了”。

不过，对于这一做法，霍华德和利拉却感到非常震惊。尽管他们在巴菲特回家后对他态度很和蔼，霍华德还是决心要趁早扭转巴菲特的这种叛逆心理。他警告巴菲特如果不把学习成绩提上去，以后就别再送报了。

这句话就像是给巴菲特打了一针强心剂，之后他在学习上格外用心，送报的工作不仅没有放弃，而且“生意”越做越大。他很快揽到一份送《华盛顿时代先驱报》的生意，《华盛顿时代先驱报》是《华盛顿邮报》的竞争对手，两份报纸覆盖的区域也基本相同。巴菲特后来回忆说，如果一个订阅者取消了一种报纸而订阅了另一种报纸，“第二天我就会高兴坏了”。不久，巴菲特就拥有了 5 条送报路线，每天早上要送将近 500 份报纸。利拉不得不早起给他准备早餐，巴菲特 5 点 20 分以前就得出门去赶开往马萨诸塞大街的公共汽车。偶尔他生病的时候，利拉就会顶替他去送一天报，但她从不碰儿子挣来的钱。利拉写道：“他攒的钱就是他的命根子，你根本不敢去碰他装钱的那个抽屉，一分钱都少不得，不然他会跟你急。”

巴菲特的代表作就是韦斯特切斯特公寓区的送报路线，那是一片红砖砌成的八层公寓楼区。他很快就打造出一条可以和年轻的亨利·福特相媲美的“作业流程”。他总是将每幢楼的一半报纸放在第八层电梯出口处，另一半放在四楼。然后他就自上而下一层层地往下发报纸，把各家的报纸塞进门缝里。到了收报费那天，他会在公寓前台放个信封，免得挨家挨户去跑腿。当全家回奥马哈过暑假时，巴菲特会把自己的送报工作托付给一个朋友沃尔特·迪尔，并教他该如何送报。多年之后，沃尔特·迪尔还清晰地记得当时的情形："你面前有一堆小山一样的报纸，如果用他的方法来送报，只需要 75 分钟就能送完。这真是一条完美的送报路线，小区的每幢楼在地下都是相通的，你根本不用走到楼外。"

想到增加产品种类可以提高自己的收入，巴菲特同时在公寓里兜售起了杂志。他的推销秘诀是在恰当的时机向住户推销。巴菲特回忆起他的一些客户"总是会把家里的杂志放在楼梯口。你可以用撕下地址标签的方式去提醒他们征订期到了。这样我对每个客户的订阅情况都了如指掌"。

这是一片高档公寓区，巴菲特曾在电梯里碰到过肯尼迪之妻杰奎琳·肯尼迪，不过还是会有住户赖账。在战时的华盛顿，人们频繁地搬进搬出，有时会忘了给巴菲特付钱。因此，巴菲特就和电梯里的女服务生达成一笔交易，她们可以免费得到报纸，作为交换条件，一旦有人要搬走，她们就要马上向巴菲特提供情报。

没用多久，巴菲特就把自己的送报兼职工作发展成了一笔大生意。他每个月可以挣到 175 美元，这相当于一个年轻职员一个月的收入，而且他从不会乱花一分钱。1945 年，他虽然只有 15 岁，却拿出了自己积攒的 1 200 美元，投资到位于内布拉斯加州一片 40 英亩的农场。

巴菲特在华盛顿居住的那几年中，"二战"的阴影无处不在。那时人们在推销各种债券，家家户户都悬挂遮光窗帘。然而，战争对他几乎没有任何直接影响。唯一例外的是在 1945 年 8 月，当时巴菲特一家正在奥马哈过暑假。巴菲特听到了有关广岛的消息，他和邻居杰里·穆尔展开了一场关于原子弹的激烈讨论。穆尔回忆说，巴菲特对广岛事件非常在意，他坚持自己的观点，而且态度近乎惶恐。"当时我们讨论的场景依旧历历在目，我俩就在我家门前的草坪上。他很害怕原子弹爆炸带来的连锁反应，害怕整个世界会毁于一旦。"

回到华盛顿之后，巴菲特在伍德罗·威尔逊高中适应得比初中稍好一些。送报工作让他暂时忘却了思乡之苦，他也开始结交一帮新朋友。

像在奥马哈一样，他又组织一帮兄弟跟他捡高尔夫球。他还成了一名相当出色的高尔夫球手，并加入了校队。

罗伯特·德怀尔是一位高尔夫球教练，同时也是沃伦非常尊崇的一位老师。德怀尔觉得沃伦·巴菲特很有意思，他的学习积极性很高而且很谦虚。他会带巴菲特去赛马场，教他看《每日赛马》杂志。巴菲特念完一年级后的那个夏日，他俩去打高尔夫球。那天恰逢直播美国职业棒球大联盟全明星赛，突然天降大雨，他们索性钻进德怀尔的车里打开收音机收听比赛。纽约洋基棒球队的球星查利·凯勒上场击球时，德怀尔说："如果你敢跟我玩一赔二十的赌局，那我就赌查利·凯勒能打出本垒打。"巴菲特说："那我就赌 1 美元。"查利·凯勒果然击出了一记本垒打。不过，德怀尔也没有那么贪心，在另一个赌局中他还是把 20 美元输还给了巴菲特。

有一点两人是心知肚明的，那就是巴菲特比他的教练挣得还要多。当年轻的巴菲特几乎还不会刮脸的时候，他就在这个陌生的城市里四处闯荡，想要打下自己的一片江山。他继续他的送报生意，如饥似渴地读着每一本可以找到的商业书刊以及钻研精算师才能看懂的报表。唐纳德·丹利也是伍德罗·威尔逊高中的学生，后来成了巴菲特的好友，他认为巴菲特"正在一步步规划自己踏入金融界的道路"。

丹利是美国司法部一位高官的儿子，他学习用功，而且天资聪颖。乍一看，丹利和巴菲特并没有什么共同之处。丹利的女友很漂亮，而巴菲特从不约会；丹利对自然科学很感兴趣，巴菲特则不然。丧母的丹利在战后经常待在巴菲特家，因为在那段时间里，丹利的父亲去日本审判战犯了。两个孩子经常在一起弹奏乐器，巴菲特会在夏威夷四弦琴上乱弹一气，丹利则演奏钢琴。后来他们发现，热爱自然科学的丹利和对商业着迷的巴菲特有一种共同语言，那就是数字。他们会在一起计算一手扑克牌的输赢机会，或是在一间有十几个人的屋子里，计算其中两人的生日在同一天的概率。丹利也会飞快地报出一堆两位数，等着巴菲特迅速算出它们的总和。

在他们读高三的时候，丹利花 25 美元买了一台旧弹子球机，巴菲特和他整天玩个不停。不过，这台弹子球机经常出故障，丹利总会不厌其烦地维修，巴菲特也发现这位好友的维修技能实在高超。这时，巴菲特突然想到了一个主意：为什么不把这台弹子球机放到威斯康星大道上的理发店里，供人使用，然后按小时收费呢？

巴菲特找到了理发师，和他谈了这个想法，达成了五五分成的协议。第一天他们就赚了 14 美元。一个月之内，他俩就在 3 家理发店里摆上了弹子球机。生意越做越红火，他们又把店铺扩大到 7 家。巴菲特是那种能够在现实生活中找到梦想的人，他为两人的事业起了一个名字——威尔逊弹子球公司。“结果，我们每周都能挣到 50 美元，”他回忆道，“我从来都没有奢望过生活能够如此美妙。”

威尔逊弹子球公司里的分工想必大家也能猜得出来。巴菲特筹集资金购买二手弹子球机，每台价格从 25 美元到 75 美元不等。巴菲特还负责管账，每月会打印出财务报表；丹利负责修理工作。如果机器出故障了，理发师们会马上通知丹利。有一台机器总是出毛病，两人一得到通知，就会马上钻进丹利那辆卸掉后座的旧别克车里，飞速地出现在理发店前。

由于担心弹子球生意会被当地的黑道盯上，巴菲特坚持只选择那些规模较小、位置偏远的理发店。同时，他和丹利总是伪装成给这家公司跑腿的两个小伙计，而他们的身后似乎有一个对这项生意很重视的大老板。巴菲特回忆道：

> 理发店老板总是催我们更换新机器，我们就对他们说这得和老板商量。我们假装只是两个受雇搬搬机器、点点钱的小喽啰而已。

他们每周都会到各家弹子球店巡察一番，有时还会带上丹利的女朋友诺尔玛·琼·瑟斯顿。巴菲特回到车里之后，总会绘声绘色地描述起理发师，或是告诉他们理发师说了些什么搞笑的话，接着三人就会狂笑不止。巴菲特看到了其中的滑稽之处——他们这几个孩子觉得自己像是非常了不起的商人一样。

诺尔玛觉得巴菲特特别有趣。她身材苗条，美丽大方，有一对儿弯弯的柳叶眉，和一头迷人的金发。她的绰号叫“过氧化物”，丹利的外号叫“鸭子”，而对巴菲特，大家只是叫他“巴菲特”。尽管他们的长辈都打过仗，不过他们三人都是在纯真年代长大的。尽管他们都是再普通不过的孩子，但他们却不像有些孩子那样学抽烟或讲脏话，巴菲特更是乖到除了百事可乐以外其他任何饮料都不喝。诺尔玛的女性朋友大多传统，巴菲特则更加单纯，他甚至连周五晚上的舞会都不去参加。“他不像别的男孩子那么喜欢社交，”诺尔玛评价道，“他根本不做这方面的尝试。”

巴菲特走路的时候喜欢将肩膀向前耸着，身子弓向地面，脚拖地，活像一只公山羊。他还经常在皮带上拴一个难看的、不时发出金属叮当声的钱袋。在威尔逊高中的同学看来，只要瞥一眼巴菲特穿的鞋子就知道他是个乡巴佬。多年之后，他们还清晰地记得：“我们总把巴菲特和他的那双破鞋给扔出去。”卡斯珀·海因德尔对当年的情景依然历历在目：“他一年到头都穿着那双运动鞋，哪怕积雪有一尺厚也不例外！”而罗伯特·穆尔也有相似的评价：“我记得很清楚，我们经常开他的玩笑，因为他除了网球鞋就没穿过别的鞋子，即使在寒冬也一样。”

巴菲特似乎对运动鞋情有独钟。“大多数人都喜欢从众，”诺尔玛说，“但巴菲特喜欢与众不同。”他总是活力四射而且喜欢搞恶作剧，他身上总有些与众不同的地方。当有人指责他的那些古怪做法时，他总是固执己见，或是自我解嘲一番。

在家里的餐桌上，巴菲特每晚都从父亲那里学习如何更好地固执己见。霍华德曾许诺家人只担任一届议员，但他又在 1944 年和 1946 年两度在形同虚设、橡皮图章似的众议院里获得席位。他把自己的“伟大”事业描绘成与民主党杜鲁门阵营的竭力对抗。

霍华德非常坚持原则，从来都不接受公费旅游，而且还主动要求降薪。在他第一任期间，政府将众议员的工资从 10 000 美元上涨到 12 500 美元，霍华德竟然把上涨的 2 500 美元还给了国会薪酬办公室，声称自己当选时的薪水是 10 000 美元。

利拉说自己丈夫在投票决定一项法案时只考虑一个立场："这项法案到底能够加强还是削弱人们的自由？"但这显然是一种狭隘的自由观。他唯一的兴趣就是把罗斯福和"二战"扩大的政府机构削减到原来的水平。

"二战"期间，霍华德曾与其他议员联名写信要求美国政府在迫使德国无条件投降的政策上"多下功夫"，同时也提出了一个疑问："我们究竟为何而战？"难道消灭纳粹不是为了"让人们获得更大的自由吗"？

"二战"结束后，他又投票反对饱受战争摧残的英国，反对在学校继续提供免费午餐，反对向欧洲出口粮食，还反对布雷顿森林体系。最严重的时候，他的爱国主义偏离到排外主义。不过，在某几个问题上，霍华德就相当有先见之明。他曾经提议采取措施保护美国储蓄债券的持有者不受通货膨胀的冲击。但是，在整个任期内，他的大部分政见都是被地方保护主义和极端主义扭曲的。

巴菲特虽然嘴上附和父亲的政见，但他从心底并不完全赞同。他吸收了父亲的爱国主义情结，但没有接受父亲那种强烈的孤立主义做派。几年以后，巴菲特在给大学朋友的信中曾影射过父亲固执的教条主义，他写道："我就此搁笔了，我要去帮我爸爸声讨这个或者讨伐那个了。"

不过，巴菲特确实也像父亲一样关心民生疾苦。巴菲特在孩提时代就亲身经历了经济大萧条和"二战"，他认为政府是社会的捍卫者而非敌人。尽管他对父亲可谓服服帖帖、他的政治观点还远未成熟，但是在绝对支持政府的立场上，他已经显露出独立的棱角了。

巴菲特早就立志不走父亲的从政之路。当诺尔玛问他是否要在华盛顿生活时，巴菲特毫不犹豫地答道："不会，我要住在奥马哈。"

又长大了几岁之后，巴菲特不仅立志从商，而且希望专门从事投资业。坐在家里吃早饭时，这个年纪的男孩一般只会对电视里的体育节目感兴趣，而巴菲特已经在研究股价走势图了。关于他是股票专家的说法早就在学校里传得沸沸扬扬了，连老师都想方设法地从他那里挖一些股票的买卖信息。

巴菲特颇有心计，他很早就懂得利用自己的名声投资。因为他的老师们都持有美国电话电报公司的股票，所以他就抛出。“他们都认为我对股票很在行，如果他们知道我把美国电话电报公司的股票清仓的话，他们肯定会对自己退休以后的生活感到恐慌。”

为什么这个温顺的孩子会被奉为先知？巴菲特从未在股市上有过任何惊人的大手笔，但是大家都觉得他是个内行。他身上有一种与生俱来的吸引力，因为他早年就不断储备知识，而且他能够用一种理性的方式把知识转化成创造财富的能力。能打动他的并不是什么信念，而是那些逻辑严谨、连贯缜密的事实根据。丹利评价他说：“他有着超乎常人的远见，他在谈话的时候对自己从来都是深信不疑的，而且他也能让别人觉得他知道自己想要说什么。”

1947 年 6 月，巴菲特从高中毕业，成绩在全年级 374 人中排名第 16（丹利则名列榜首）。在伍德罗 · 威尔逊高中的毕业照上，他梳着整齐的中分，笑容腼腆，双眼明亮，闪烁着对知识的渴望。在他的照片下面有一行评语：“喜欢数学……是一个未来的股票经纪人。”

霍华德建议他去附近的宾夕法尼亚大学沃顿商学院念金融与商业专业，巴菲特却认为到那里只会浪费学费。他已经递送了差不多 60 万份报纸，挣到了 5 000 多美元。这些钱有的来自送报，有的来自威尔逊弹子球公司，还有的来自内布拉斯加州的一户佃农那里。另外，他已经读了不下 100 本商业书籍。他还需要去商学院学什么呢？

霍华德提醒巴菲特，离他满 17 岁只有两个月了。最后，巴菲特妥协了。当年 8 月，巴菲特和丹利以 1 200 美元的价格把威尔逊弹子球公司转卖给一个退伍军人，巴菲特带上自己分到的那份钱去了沃顿。

然而，这一次霍华德真的错了。尽管沃顿商学院声名远播，但那里的课程让人感到乏味。巴菲特毫不客气地说自己比教授懂得还要多。他对沃顿商学院的不满，成了他日后对商学院普遍感到不满的先兆，因为他根本看不上商学院模糊宽泛的教育方法。这里的教授都有一套完美的理论，但对巴菲特渴望得到的赚钱技巧却一无所知。

当巴菲特回到奥马哈时，玛丽·福尔克提醒他不要荒废学业。他则漫不经心地答道："玛丽，在那里我只需要在考试前一天晚上把书本打开，喝上一大桶百事可乐，第二天就能考出 100 分。"

在沃顿商学院期间，巴菲特大部分时间都泡在费城的一家经纪公司办公室里，跟踪各种股票行情。他会研究各只股票的走势图，也会听取别人的建议，但仍没有形成自己的投资方法，他正在不断摸索。

巴菲特上大一的时候，他的室友是查尔斯·彼得森。查尔斯也是奥马哈人，后来成了巴菲特最早的投资者之一。巴菲特很快又结识了哈里·贝雅，这是个和巴菲特一样错误地来到这个东北部校园的墨西哥人。他俩的工业经济学课程都得了 A+，但哈里·贝雅留意到自己在这门课上花的工夫比巴菲特要多得多。尽管哈里·贝雅对巴菲特轻轻松松就考出高分感到嫉妒，但他不得不承认自己确实喜欢巴菲特。哈里·贝雅把他看作自己理想中的美国人：一个诚实、不装腔作势也不摆架子的中西部人。

哈里·贝雅有个室友名叫杰里·奥兰斯，他来自布鲁克林，巴菲特和他志同道合。他俩在健身房里相遇，膀大腰圆的奥兰斯马上就发现巴菲特是一个天才。奥兰斯对新环境也不太适应，经常思乡情切，甚至以泪洗面。但他思维敏捷、活泼真诚，称得上是一个青年才俊，巴菲特和奥兰斯很快就成了密友。

在不知不觉中，巴菲特就为自己未来的事业找到了很多投资人。[①] 但在当时，他还不知道自己到底该去往何方。在宾夕法尼亚大学待了一年以后，他很想辍学，但父亲坚持让他再熬上一年。在华盛顿过暑假的时候，巴菲特又找到了一条富有喜剧性的致富之路，这一次他和唐纳丹

① 奥兰斯后来成为巴菲特的投资人和终身追随者，他后来建议哈里·贝雅也把钱交给巴菲特去投资，但贝雅一心想证明靠自己照样能干好。贝雅回忆说，奥兰斯一年会打好几次电话给他，说巴菲特是多么富有，说他的事业"蒸蒸日上"。

利（他弹子球公司的伙伴）一起花 350 美元买下了一辆旧劳斯莱斯车。他们一起去巴尔的摩的废车场把它弄了回来，然后又开到了华盛顿。他们刚进市区就被警察拦住了，丹利回忆说：

> 我们没有汽车牌照，车尾灯也坏了，警察执意要开罚单。这时巴菲特开口了："瞧，警官，我们刚想把他开回家里的车库修修，就碰上您了。我们打算把它修到完全合格为止。"他一直不停地说，把那个警察都侃晕了，最后警察真给我们放行了。

丹利把车停在巴菲特家的车库里，他俩花了一整天把它修好。当然，爬到车下修车的人还是丹利。巴菲特则坐在一旁，优哉游哉地给他的朋友读些商界故事来解闷，或是读那本让他们拍案叫好的书——《如何失去朋友和疏远他人》。

这是一款 1928 年为女士购物设计的车型，前排只有一个座位，后排有很大的空间。丹利和诺尔玛把它漆成了深蓝色。他们将它租出去几次，但最主要的目的是让别人看见车上的人。巴菲特建议驾驶着这辆车去市中心，他们三人装扮成一对贵族夫妇和家里的司机。但巴菲特要求扮演那位贵族，丹利则担任司机。就这样，丹利只得穿上巴菲特父亲霍华德的黑风衣，手握方向盘；巴菲特则穿上裘皮大衣，戴着高高的帽子，优雅自得地坐在诺尔玛身旁。当他们驱车经过《华盛顿时代先驱报》的大楼时，根据事先安排好的情节，丹利把车熄了火停下来。然后，他纵身下车，在发动机盖下面不断调试，好像要搞明白到底出了什么问题。当路人都开始驻足留意他们的时候，"贵族"巴菲特举起手杖敲了敲挡风玻璃，朝某个方向指了一下，仿佛是在告诉丹利问题到底出在哪里。结果，没一会儿工夫，车子就"修好"了。

但是如果没有事先安排，巴菲特就很难这样风度翩翩了。他和诺尔玛的表妹芭芭拉·沃利在夏季有过一次约会。尽管巴菲特生性活泼，但他无休无止地"逼"芭芭拉猜谜和玩脑筋急转弯，弄得芭芭拉对约会的浪漫幻想荡然无存，其实他这样做只是想掩饰自己和女生独处时的尴尬。当他后来鼓起勇气邀请芭芭拉到宾夕法尼亚州共度周末时，她婉言拒绝了。

大学二年级时，巴菲特住在阿尔法·西格马楼。这是位于斯普鲁斯大街上的一幢维多利亚风格建筑，有着高高的屋顶和雄伟的螺旋式楼梯。他对待自己那些兄弟既不会太冷淡，但也不会完全融入其中。午饭过后，他就会坐在窗户旁的那把雕花桥牌椅里，和大家一起打升级或桥牌。吃饭时他也会和大家畅所欲言。当年，兄弟会的成员在吃晚餐时都打领带穿夹克，还有侍者服务。安东尼·韦基奥内回忆起巴菲特在餐桌上的谈笑风生时说："只要有他在场，就会很有意思，到处都是笑声一片。"

> 他是个非常有趣的家伙，极其聪明。他不是哗众取宠地想要讨好谁，而是习惯用冷幽默。他总是用一种略显玩世不恭的态度看待世间的一切。我记得他说过，如果自己有钱了，就要在卫生间里安一个蒸汽马桶座圈。他说那是他的终极梦想。

不过，巴菲特真正渴求的还是智力上或经济上的刺激元素。1948 年，美国的校园生活都是围绕排名前十的橄榄球队展开的，宾夕法尼亚大学也是一所拥有悠久体育传统的大学。让人感到意外的是，巴菲特的照片竟然登在了学生杂志《宾大画报》的封面上，俨然一副铁杆球迷的风范——他头戴圆顶礼帽，身穿浣熊皮外套，一手挥舞着小旗，另一只手将一瓶白兰地递给女友，挂着满脸笑容，叼着雪茄，模糊的背景处是行进中的宾夕法尼亚大学校乐队和一个戴皮头盔的球员。

这张封面照片不过是个恶作剧而已，因为巴菲特的朋友杰里·奥兰斯是这本杂志的编辑之一。在现实生活中，巴菲特和封面上的那个男孩相去甚远：他滴酒不沾，不善于和女孩相处，而且不喜欢热闹。在校园里，他经常和那些退伍士兵之类的大龄学生待在一起，显得很不入流。这个头发蓬乱、身材瘦弱的 18 岁学生看上去就像一个来校园参观的小朋友。

他的青涩在性体验方面显得尤为明显。他不仅没有和女孩亲密接触过，而且在男生宿舍卧谈时也觉得很不自在。韦基奥内回忆说："我记得很清楚，当大家谈到性这一话题时，他总会盯着地板，脸都红到耳朵根了。”

到了周末，当阿尔法·西格马楼举办啤酒晚会的时候，这幢平日里像寺院般清静的房子里会突然间挤满了女人。巴菲特通常没有约会对象，因为即使不和热闹的人群打成一片，他也觉得十分自在，这一素质对于一个未来的投资大师而言是非常重要的。当大多数小伙子都臂挽一位美女卿卿我我的时候，巴菲特则端坐在椅子上，谈着金本位制，活跃一下聚会的气氛。他的演说是如此富有煽动性，以至每次聚会时大家都会在屋角围拢看他，并提出一大堆经济和政治学方面的问题。威廉·韦恩·琼斯（一个忌酒的未来卫理公会传教士）回忆说：“他开始滔滔不绝地发表评论，一两分钟工夫，他身旁就已经围了一群听众，差不多有10~20 人之多。他说话的态度非常谦逊，让你不得不留意他的观点。巴菲特总爱说：‘在这方面我懂得不太多，但我个人认为……’”

巴菲特的密友对他的才智都赞赏有加。他能够读完书里的一个章节，然后一字不漏地把原文背诵出来。在课堂上，当有个担任助教的研究生在重述课文中的一个问题时，早就将课文烂熟于心的巴菲特脱口而出：“你落了一个逗号。”不仅如此，他批评老师时巧舌如簧，让他的伙伴都听得目瞪口呆。他的朋友理查德·肯德尔回忆说：“巴菲特说沃顿商学院没有什么东西可以教他的，他确实有资格说这话。”

1949 年秋季开学回到学校时，同学们惊奇地发现巴菲特没来。安东尼·韦基奥内说：“第二年他就忽然人间蒸发了，杳无音信。”也就是说，他又一次叛逆地逃离了。霍华德在 1948 年的议员选举中失利，于是全家回到了奥马哈，把巴菲特一个人孤零零地留在美国东部。在沃顿商学院，没有任何可以让巴菲特留恋的东西，没有送报业务，也没有弹子球公司。他转到位于林肯镇、自己更熟悉的内布拉斯加大学念书，早年他的父母就是在那里相识的。巴菲特解释道：“我觉得在沃顿学不到什么东西。内布拉斯加在向我招手，而沃顿却让我感到厌倦。”

在阿尔法·西格马楼的兄弟们的记忆中，只有他在窗边打桥牌的样子，除此之外他们真觉得巴菲特好像从没在那儿待过一样。

回到内布拉斯加之后，他也只是在花名册上留个名字而已。他的主要精力都放在准备发展自己的事业上。当年夏天，他在J·C·彭尼零售公司找了份工作，彭尼公司答应等他毕业后给他职位，但他拒绝了。巴菲特认为自己回到家乡会更加自在，没有太多的就业压力，因此在这段时间他的约会也更频繁了。在写给“亲爱的魔鬼”（杰里·奥兰斯）的信中，巴菲特的兴奋之情溢于言表：

> 最近和我约会的那个女孩偶尔向我提起她会打网球。于是我想我可以由此向她展示我这个宅男的魅力，让她对我刮目相看。于是我主动给她一个机会，让她看看我怎样在球网的那一边大展英姿。比赛结果是我被她打得落花流水。

在这一阶段，巴菲特的日程是常人难以完成的：1949年秋季他修了5门课，1950年春季修了6门课，其中多数是商业和经济学方面的课程。但他的注意力几乎都放在了校外，他又找到了一份送报的工作。他告诉奥兰斯，这份工作使得“50个小男孩都尊称我为‘巴菲特先生’”。他开着一辆1941年款福特车在美国西南部奔波，为《林肯周报》管理6个县城的报童，工资是每小时75美分。起初，《林肯周报》的发行人马克·西克雷斯还担心一个年轻学生能否胜任这项重要的任务，但巴菲特干劲十足，把这帮报童管理得“服服帖帖”。他每周会去取报纸，然后闪电般地完成任务。对巴菲特而言，这可是份像模像样的工作，他回忆道：

> 如果你在内布拉斯加州有一条送报路线，你得找一个小报童每天发15份报纸或是做类似的工作，你当天下午或晚些时候还必须找到他，自己还要在大学念书，这真是一种很好的历练。

在林肯镇的时候，巴菲特和杜鲁门·伍德住在一起。伍德那时已和巴菲特的姐姐多丽丝订婚了，他俩住在皮帕尔大街上一幢维多利亚式的房子里。巴菲特结束送报工作后会在傍晚时分回到住处，看看《华尔街日报》，然后和伍德一起去一个油腻腻的小餐馆里吃晚饭，通常是土豆泥、牛肉和肉汤。伍德一想到巴菲特已经读了三四遍《圣经》却仍是个无神论者，就不由自主地想劝他皈依。他们经常会争论信仰和来生的问题，但巴菲特的无神论观点始终岿然不动。不管伍德每次用什么样的观点来劝说巴菲特，巴菲特总是能够用非常合乎逻辑的说法来应对。

巴菲特在3年内就快速完成了学业。他一边干着相当于全职的工作，一边潇洒地打着桥牌，一边拿了一大堆A。他在当年秋天写给奥兰斯的信中提到，他申请了一打参赛券，希望能在“缅甸刮胡膏”的有奖竞赛中赢得100美元，而且还和一个“各方面条件看起来都还不错的德国女孩”有过一次约会。

冬天的时候，巴菲特重振了自己的高尔夫球事业。这一次他就更像是在做一笔正规生意了——他任命奥兰斯为费城的代理人。1950年1月，巴菲特恳请他的朋友着手投资生意：

> 我认为那儿的男孩现在还不太常打高尔夫球，因此我保证3月1日起你可以开始销售你看好的那种高尔夫球。别犹豫，可以下订单了。

巴菲特许诺对所有“次品”负责赔偿损失，而且向奥兰斯保证他的高尔夫球质量绝对可靠。但是，他还不忘补充一句，“不要让它们靠近太热的地方”。巴菲特还得意地告诉朋友他在期末考试中又拿了一大堆A，然后列出了第二年春季要上的课程。到了4月，巴菲特给奥兰斯发了一批货，同时用一种轻松但尖锐的口吻提醒好友注意，“巴菲特高尔夫球公司”可不是一家慈善企业。

> 此时，我想你一定因为销售这些漂亮宝贝富得流油了，也许你正在尽情享受奢侈生活的美妙吧。这些玩意儿都是我冒着坐牢的危险寄给你父亲的合作伙伴的。不过别忘了，只有当你结清一张价值65.94美元的支票后，才能真正享受成功的喜悦。

到了夏天，巴菲特继续一刻不停地高速运转着。他搬回父母身边，同时在奥马哈修3门课以便拿够学分毕业。当年7月，他一共卖掉了220打高尔夫球，从中获利1 200美元。把各项收入加起来，他已经攒下了9 800美元。

用集腋成裘来形容巴菲特挣的这笔钱是最合适不过了。他用歪歪扭扭的笔迹记录下每一分钱是怎样含辛茹苦地挣来的——城市设施优先股、送报、高尔夫球销售以及弹子球公司。这些账目似乎预言了他将来在投资业的赫赫战绩，这使一个记者不由得想起“霍雷肖·阿尔杰[①]捐献给哈佛商学院贝克图书馆的一些论文”。

事实上，巴菲特还真的申请过哈佛商学院。他曾经信心十足地写信给劝他念哥伦比亚大学法学院的奥兰斯说：“杰里，再想想吧，跟我一起去哈佛吧！”当年夏天，巴菲特坐火车去芝加哥见另一位哈佛毕业生。当年的巴菲特不仅骨瘦如柴，而且不修边幅，这让这位哈佛毕业生觉得这个19岁的男孩不适合去哈佛念书。整个会面只持续了10分钟。在7月19日给奥兰斯写信的时候，巴菲特写了整整5段话才谈到这一幕。他告诉朋友说自己正在修一门税收课，而且在“学习用精明的技巧从收益中榨出钱来”。信中接下来是经典的“巴菲特式神侃”，他对奥兰斯刚刚病愈的父亲表示了问候，最后谈到了关于高尔夫球销售的问题。

> 现在说说我最近受打击的事吧！那些哈佛的狂人根本没想把我招进他们的研究生院。他们觉得我才19岁，太年轻了，建议我再等上一两年。因此，我马上就要面对残酷的现实生活了。再过4周，我就得自己支付食宿费用了。我爸爸希望我继续念研究生，而我却不太感兴趣。

两周以后，巴菲特又重提此事，他在信中说：

> 亲爱的杰里，实话实说，当我收到哈佛的来信时，我感到一阵

---

① 霍雷肖·阿尔杰（Horatio Alger），19世纪下半叶的美国著名作家、“美国梦”的积极倡导者。——译者注

心寒。现在，我在等哥伦比亚大学寄来的申请表，那里的金融系非常出色，至少它有像本杰明·格雷厄姆和戴维·多德这样的大牌人物来教授股票价值分析课。

巴菲特现在对于录取结果有些漠不关心了。本杰明·格雷厄姆是美国证券业的权威，他和同事戴维·多德合写了被该行业奉为教科书的经典作品《证券分析》。巴菲特在林肯镇的时候，还读了格雷厄姆的新书《聪明的投资者》，这本书让巴菲特爱不释手。巴菲特把这两位教授称作“大师”，是为将来自己有可能再次遭到拒绝留个台阶下。不过到了 8 月，巴菲特收到了录取通知书，他可以动身前往纽约和“大师”一起研究股票了。

第3章 BUFFETT 格雷厄姆打开的大门

“市场先生”是个热心肠，每天他都会告诉你他认为你手里的股票价值几何。

——本杰明·格雷厄姆，《聪明的投资者》

从第一次在黑板上抄写股票价格起，巴菲特就被股票深深地吸引住了。他曾交易过股票，研究过股市，咨询过专家，希望能有所顿悟。他想要明白趋势图中蕴含的某些神秘联系，想要找到能让他赚得盆满钵满的秘诀。不过，他始终没有走得更远，就像当年他花很多时间和精力趴到赛马场地面上搜寻别人丢弃的票根一样。这时的巴菲特买股票就和捡票根一样，有的股票能赚到钱，有些则赚不到钱。

本杰明·格雷厄姆向他打开了一扇大门，他教给巴菲特各种方法去寻找市场上各式各样的可能性，而且他的讲课方式也正对巴菲特的胃口。掌握了格雷厄姆言传身教的技巧之后，巴菲特就可以不再迷信权威，而是充分施展才能了。有了格雷厄姆这样一个典范，巴菲特决心活出自我，去施展拳脚，这种自我也就是他父亲说过的爱默生式的“大隐隐于世”的独立人格。

格雷厄姆不仅是巴菲特的导师，还是巴菲特的领路人，他将巴菲特引入了一座令人向往而又望而却步的城堡——股市。格雷厄姆教会了巴菲特选择股票的系统方法，而在掌握这样的方法之前，对巴菲特而言，股票与赌博之类的伪科学别无二致。

格雷厄姆的作品是这个领域里的开山之作。不过在他的著作之外，他还给门徒传授了很多别的知识。与华尔街的股票经纪人不同，格雷厄姆愿意与人分享自己的思想，愿意与人沟通。华尔街于他而言只是一个抽象的符号，金钱本身并不能激起他的任何兴趣。在这一行业里，很多执业者的思想和才能都很有限，但是格雷厄姆却堪称一位满腹经纶的学者。他对拉丁语和希腊语颇有研究，闲暇时会翻译几首西班牙诗歌作为消遣。他还写过一部话剧，在百老汇上演了四晚。让人感到不可思议的是，像他这样一位给投资业带来崭新面貌的开山大师，却花费了大量的时间去捣鼓一些古怪的发明创造。他发明了一种新式滑尺，还打造了一件“更实用”的家具。他个子不高，嘴唇厚厚的，但目光十分犀利。他的一位同事对他的评价是：“有意思的小矮个儿，长得有点儿难看”，但他全身上下都闪耀着智慧的灵光。

本杰明·格雷厄姆于 1894 年出生于伦敦，原名叫本杰明·格罗斯伯姆。他刚满周岁时，举家迁到了纽约，父亲开办了一家进口中国商品的公司。然而，格雷厄姆 9 岁时，父亲就去世了。母亲把全部积蓄都投入了股市，不过在 1907 年的那次经济危机中，所有的钱都打了水漂。从此，格雷厄姆就开始四处打零工赚钱。在布鲁克林男子高中念书时，他成绩优异，后来进了哥伦比亚大学学习。1914 年毕业时，有三个系给他提供了工作职位：英语系、数学系和哲学系。不过，他还是听取了一位学院院长的意见，来到华尔街打拼。

格雷厄姆从最低的职位干起，负责把股价抄写在黑板上，每周才挣 12 美元。当年并没有什么股票分析师，只有“股票统计员”。由于勤奋，他很快就成了一个投资专家，并开始著书立说。到了 20 世纪 20 年代末期，他在工作之余还给人讲授金融方面的课程。

他关于华尔街投资的讲课内容反映出他对几何学的偏爱。他希望在看似毫无头绪的投资中总结出规律，并用类似欧几里得式的数学公式来归纳股市的投资策略。

在 20 世纪 20 年代末期投机气氛很浓的股市里，格雷厄姆的方法显得很另类。他喜欢投资那些股价被严重低估，以至于不存在投资风险的价值低洼股。比如在 1926 年，他发现一家石油运输商——北方石油管道公司。该公司除了油管资产以外，还拥有一些铁路债券，每股股票的价格应该为 95 美元左右，而当时每股的交易价格只有 65 美元。格雷厄姆买进了 2 000 股，并且建议公司把持有的铁路债券卖掉，为的是重新挖掘公司的潜在投资组合价值。

然而，洛克菲勒控制下的管理层拒绝了这个提议。后来格雷厄姆发动了一场股东代理权斗争，入选了董事会，北方石油管道公司终于让步了，卖出了债券，并支付了每股 70 美元的红利。

到 1929 年为止，格雷厄姆和其他几个合伙人共同设立的“本杰明·格雷厄姆联合股票账户”下共有 250 万美元的资产，格雷厄姆也是春风得意马蹄疾。不过，当年的华尔街早已是新贵云集，投机商们已经把股价抬到了天上。也就是在那一年，耶鲁大学的欧文·费希尔教授就宣称“股价已经永久性地达到一个历史最高点”。

尽管格雷厄姆十分谨慎，但是当大萧条来袭时，本杰明·格雷厄姆联合股票账户还是缩水了 20%，不过这样的损失还是可以忍受的。到了 1930 年，格雷厄姆和其他人一样，都以为熊市已经过去了，又开始贷款投资股票。结果，股市再度走低。“那次大危机的唯一特点是，”经济学家约翰·肯尼思·加尔布雷斯通过观察指出，“经济危机越来越严重，局面变得越来越糟糕。”

连那些最精明的投资人，以及那些冷眼静观这场劫难的人，也赔得一干二净了。到了 1932 年，本杰明·格雷厄姆联合股票账户已经缩水 70% 之多，格雷厄姆濒临破产。

他的全家不得不离开位于贝里斯福德的那幢二层小楼，搬到附近一处简朴的公寓里。他的妻子原来是一位舞蹈老师，现在不得不重新工作以养家糊口。格雷厄姆也打算离开股市，但是合伙人杰罗姆·纽曼的一个亲戚愿意拿出 75 000 美元资金，于是他们的联合股票账户又起死回生了。当 1934 年格雷厄姆的《证券分析》一书问世时，这位年过 40 岁的作者已经有整整 5 年没有拿到一分钱的回报了。

在该书的序言中，格雷厄姆坦白地说，投资普通股票似乎是“很不可靠”的一件事。在股市近期的低迷之中，1/3 的美国企业股票都在以低于清算价值的价格出售。几年前，许多专家把华尔街看成遍地黄金的福地，现在又改口说“持有这些普通股票压根儿就不是什么投资”。杰拉尔德·M·洛布是一位著名的股评家，他的畅销书《投资生存战争》和格雷厄姆的《证券分析》差不多同时上市，他认为在股市投资赢利几乎就是天方夜谭。如果道琼斯工业平均指数（简称道琼斯指数）在 1929 年是 381.17 点，而在 1932 年下挫到只有 41.22 点的话，那么谁又能说清楚“真正的价值”到底在哪里呢？洛布断言：“我真的不认为有谁能搞清楚到底某只股票的价值是被低估了，还是被高估了。”相反，洛布认为：“投机是很有必要的……为的是预测股票未来的走势。”

洛布强调说，投资者真正需要密切关注的并非企业的赢利状况，而是其他股民的心理。他们需要充分考虑其他股民的心态预期和观点，并考虑他们对股价的影响，这一点至关重要。

然而，我们又该怎样去揣摩那么多股民的心态呢？主要的办法是紧盯股价，要“牢牢盯住大盘”。如果股价下跌，我们就应该及时抛出；如果股价上涨了，我们就应该追涨买进。仅仅买价格低的股票是行不通的，我们必须在一只股票上行通道刚刚打开时买进。

如果说洛布的观点没有抓住这样一种悖论——数千万股民的心态是互相影响的，每个股民都想比别人先行一步，那么格雷厄姆和多德则没有忘记在他们的书中给出更准确的阐释：

> 股票投机其实就是一种心理博弈，即 A 股民试图判断 B、C、D 股民的投资决策，而 B、C、D 股民也在做同样的考量。

《证券分析》一书给出了逃脱这个心理悖论的良方。格雷厄姆和多德极力主张投资者们的注意力不要只放在大盘上，而要放在股票背后企业自身的成长性上。通过关注一个企业的盈利能力、资产状况、未来盈利预期等基本面因素，投资者可以对一家上市公司的“内在价值”做出一个准确的判断。

格雷厄姆和多德认为，股市并不是一个能精确衡量企业价值的“公平秤"，而更像是一台"投票机"。数不胜数的投资人会通过这个市场来"投票"，有些投票是理性的，有一些却是感性的，甚至有时候这些投票结果会同理性价值评判相去甚远。股市投资的秘诀就在于当股价远低于股票内在价值的时候坚决买进，同时坚信股价会有补涨的那一天。

由于大萧条还远未结束，在这个时候表现出对市场的信心和把握是十分不易的，当时许多公司的总市值比它们银行账户上的现金值还低。但是格雷厄姆作为一个古典派学者，意识到华尔街的熊市也是由再自然不过的人性造成的。

> 巨额利润变成同样巨大的损失；新的理论不断推陈出新，之后又被证伪，无止境的乐观主义被深深的绝望代替——所有这些都是亘古不变的人性常理。

格雷厄姆像生物学家解剖青蛙那样去分析普通股股票、公司债券，以及投机优先证券（也就是迈克尔·米尔肯所说的垃圾债券）。粗略一看，《证券分析》像是一本给这一新兴行业编写的教科书。不过，这本书是在 1929 年的大萧条之后开始创作的，它也在号召大家抵制投机所带来的罪恶。从这个意义上来说，它是一种全新的突破。洛布的投机理论只是把股票看作一张薄纸，只要后来者愿意接单买进就行，投资者赚多赚少其实无所谓，目标只是把股票转给下一个股民，然后再给下下一个股民。格雷厄姆和多德派的投资者则把股票看作企业所有权的一种凭证，它的未来价值应当和整个企业的价值相吻合。

> 让人难以置信的是，华尔街的投资者从来都没问过这样一个问题："这个企业售出后到底价值几何？"

这便是格雷厄姆和多德针对股价估值提出的一个问题。它并不是一门精确的科学，人们在投资的时候也不需要做到百分之百精确，他们所需要的是有能力甄别出那些价格远远低于其实际价值的股票。

> 打一个生活化的比喻，我们无须问一位女性的年龄，就能够大概判断出她是否已经到了法定投票的选举年龄；我们也不需要问一位男士的体重，就能够大概判断出他是否偏胖。

人们又会遇到一个令人头痛的问题：如果买进一只股价被低估的股票，但股价进一步下滑，他们又该怎么办？格雷厄姆和多德坦言，如果有时人们对股价判断不准确，那股价得经过“让人很不爽的一段时间”才能修正过来。

在巴菲特来到哥伦比亚大学的前一年，格雷厄姆对这个问题给出了更完美的答案。在《聪明的投资者》一书中，他把这一答案概括为投资“安全边际”。格雷厄姆认为，投资者应该在他愿意付的股价和他估计的股票实际价值之间留出一个较大的差价。这同开车时留有余地是同样的道理。如果这个差价留得足够大，投资者就应该是安全的。但做不到这一点会怎样呢？答案是：股价会持续下跌。格雷厄姆认为，假如企业经营的基本面没有什么变化，投资者就不应该迷信行情，不论行情看起来有多么糟糕。

如果投资者因为指数下跌而过分泄气，从而在股价很低的时候割肉清仓，那就相当于把自己最根本的优势变成了劣势。最根本的优势是什么？大多数投资者根本就没有想过自己有这样一个优势。格雷厄姆打了个比方：

> 试想，你花 1 000 美元持有一家私人企业的一小部分股份。你的一个合作伙伴是“市场先生”。他是个热心肠，每天他都会告诉你他认为你的股票价值几何，然后在此基础上劝你清仓或加仓。有时他对股价的估值是有道理的，但他的观点也有可能带着自己的偏好或是恐慌心理，一旦如此，他给你的那些建议就显得有些愚蠢了。

现实中的投资者就是处在这种特定的环境之中，你可以每天都关注股市行情，也可以选择忽略它，但不管怎样，“市场先生”明天都会带给你一个新的价位。

对巴菲特而言，接触这些观点就像发现了罗塞塔碑[①]一样，极具启示意义。他用过所有的股市投机技巧，也试图弄到一些内幕消息，还用过迈吉股市分析图（Magee Charts），搞了一个又一个系统，美其名曰“紧跟市场走势”。现在他得到了这种投资方法，不必再去苦苦猜度 B、C、D 股民的心理，他只需听从父亲的教诲，学会大隐隐于世就行了。这个方法对巴菲特犹如醍醐灌顶，同时他也找到了自己的偶像。

在哥伦比亚大学，巴菲特发现格雷厄姆很有个人魅力。他看上去与影星爱德华·罗宾逊有几分相像，他的课堂上充满了戏剧性的气氛。例如，在一堂课上，格雷厄姆带大家比较 A 公司与 B 公司两张差别甚大的资产负债表，最后谜底揭晓，原来两张都是波音公司的资产负债表，只不过它们分别来自飞机制造业处于高潮和低谷的不同时期罢了。

1950 年，格雷厄姆有 20 个学生，大多数学生都比巴菲特年长许多，还有些人已经在华尔街工作了。让学生们感到有趣的是，他授课时采用的是一种双向交流的形式。格雷厄姆会采用苏格拉底的授课方式，先提出一个问题，然后让大家畅所欲言。在他自己还没来得及开口说话时，这个来自奥马哈的 20 岁小伙子就会经常把手举得高高的。

格雷厄姆很少将巴菲特的回答评判为对或错，因为他不想把课堂变成一言堂。通常，他听完巴菲特的发言会说：“说得挺有意思，是什么想法使你得出那个结论呢？”接着巴菲特又会继续解释一番。当年巴菲特的一个同学杰克·亚历山大回忆道：

> 巴菲特可能是班上年纪最小的学生，但无疑是最早熟的一个。他似乎知道所有问题的答案，他的手老是举在那里，总是引导大家的讨论。他总是充满热情，总是比其他人都有更多的话要说。

---

① 制作于公元前 196 年的大理石碑，上面刻有埃及国王托勒密五世的诏书，现为大英博物馆的镇馆之宝。——译者注

格雷厄姆看重的是那些股价被严重低估的股票，或是那些便宜得近乎免费的股票，他称其为“烟蒂”，就像抽过的香烟一样，也许你捡起来点上火还能再抽上几口。当年，他给学生布置的作业中，有一次就是让他们去研究价位低于 5 美元的股票业绩。

巴菲特还学会了如何阅读财务报表的每个细节，并发现其中的猫腻。实际上，格雷厄姆教会了他如何从上市公司公开披露的信息中得到对股价的客观评判。

格雷厄姆的教学并非止于纸上谈兵，他还教授学生如何真刀真枪地买卖股票。学生因为他的知识而获利时，他却丝毫不在意。1950 年，56 岁的格雷厄姆早已是百万富翁了，但他为人处世的态度与在 20 世纪 30 年代并没有任何差别。

“这些精明的华尔街学生，”当年的一个学生回忆说，“都走出去靠格雷厄姆的知识挣大钱，而他自己却不以为然。”格雷厄姆是那种满脑子想的都是学问的学者，睡觉时还会在枕边放着一个记事簿，睡醒之后可能会穿着不同颜色的鞋子去上班。巴菲特的朋友兼经纪人马歇尔·温伯格把格雷厄姆的课听了两遍，他回忆道：

> 他总能给你一些真正管用的点子。我以 34.625 美元每股的价位买进了杨斯顿钢铁公司的股票，然后在 75 美元到 80 美元之间的价位把股票抛出。我还听从他的建议买了通用汽车的股票，还有简易洗衣机公司的股票。他会说：“我看这股票真便宜。”于是我当天早上就买进。真丝针织品公司的股票也是如此。学这门课赚到的钱足以把我几年的学费都给付了。

巴菲特渴望成为格雷厄姆第二。格雷厄姆与朋友合开了格雷厄姆－纽曼公司，只要是这家公司投资的股票，巴菲特都会跟着买进。他还在《名人录》上查到了他的教授，他发现格雷厄姆是政府雇员保险公司（Government Employees Insurance Company，GEICO）的董事长，政府雇员保险公司位于华盛顿。对格雷厄姆担任董事长的任何公司，巴菲特都想深入了解，因此他决定亲自去看看。恰好巴菲特的父亲在 1950 年再次当选众议员，于是巴菲特在 1951 年春天回到了华盛顿，当时他在哥伦比亚大学念第二学期。

巴菲特搭上了周六的一班火车。当年华盛顿的城区还很荒凉，不过巴菲特毫不理会，直奔政府雇员保险公司。他发现大门紧闭，便上前敲门，直到一个看门人出来应门。

“这儿除了您之外还有别人吗？”巴菲特问道。

看门人说六楼有人在工作，并答应带巴菲特去楼上。洛里默·戴维森在猛然察觉身边出现一个年轻人时吓了一跳，不过当这个学生向戴维森连珠炮一般提出一连串问题时，戴维森不禁对他刮目相看，这天两人竟然谈了 4 个小时之久。戴维森后来回忆道：

> 谈了 15 分钟之后，我发现坐在我对面的这个小伙子绝对是一个人才。他的问题犀利而又充满智慧。他问我，政府雇员保险公司到底是一家什么性质的公司？它主要的业务模式是什么？它的成长性如何？它的增长潜力怎样？这些都是一个优秀的证券分析师才能提出来的问题。我是公司负责财务的副总裁，他试图把我所知道的一切都刨根问底、了解透彻。

戴维森十分了解政府雇员保险公司和格雷厄姆。这家公司由利奥·古德温于 1936 年在得克萨斯州创立，他富有创意地想出了通过直邮的方式来销售汽车保险的点子，这样一来就节省了销售网络和代理费用。同时政府雇员保险公司的销售对象只是政府雇员，因为这一群体的申赔率比其他客户群更低。低廉的销售成本和优质的客户群体使这家公司大获成功。1947 年，公司的大多数股东都想将股票变现，于是就雇用投资经纪人戴维森来出售这家公司。起初股票无人问津，他于 1948 年找到了格雷厄姆。格雷厄姆觉得这是一座金矿，于是格雷厄姆－纽曼投资公司马上筹集公司 1/4 的资产共计 72 万美元，买下了政府雇员保险公司一半的股份。不久以后，格雷厄姆－纽曼投资公司将它在政府雇员保险公司的股份出售给了自己的股东，于是政府雇员保险公司的股票开始公开上市交易。同时，戴维森此次的销售工作完成得非常出色，于是他决心留在政府雇员保险公司效力。

听毕介绍，巴菲特带着他对政府雇员保险公司的憧憬回到了纽约。通过研究，他发现该公司的利润率是其他保险公司的 5 倍，其保费收入和利润都在迅速上涨，于是便去找保险业的专家。他们都告诉巴菲特，政府雇员保险公司的股价被高估了。不过，巴菲特通过对实际情况的了解，认为事实恰恰相反。但他仍觉得专家们个个出语不凡，毕竟他们都是大腕，而他只不过是一个还在商学院念书的学生而已。

每个优秀的股市投资者都会置身于这样的交叉路口。面对一只众说纷纭的股票，掏腰包确实是件不容易的事，这也正是格雷厄姆的观点是无价之宝的原因。他总会说："你既没有做对也没有做错，因为大家本来就与你的做法不同。"**选择一只股票靠的并不是旁人信口开河的评价，而是要靠事实说话。**巴菲特把这句话铭记在心，其中也不乏他把格雷厄姆看成偶像这一因素，在他看来，格雷厄姆就像一个"英雄"，地位和自己父亲一样崇高。

格雷厄姆在其他学生的心目中也一样受到尊崇。尽管他比较含蓄，但他关心自己的学生就像慈父一般。杰克·亚历山大也认为格雷厄姆"是一个理想的父亲"。从某种意义上来说，这种描述有些耐人寻味，因为这么形容他的人多半是他的学生而不是他的子女。

在家中，格雷厄姆和子女关系比较淡漠，他的花心使得他和子女的关系更加疏远。他抛弃了第一个妻子，找了一个年轻模特。当巴菲特遇见格雷厄姆时，他已经离过两次婚，并和自己的前任秘书埃丝特尔在一起了。有一件事很能说明格雷厄姆的风流不羁：有天早上，一个刚结婚的年轻女性来拜访他，当时他正和埃丝特尔在床上缠绵，但格雷厄姆竟然建议她一起上床来玩玩。

格雷厄姆的孩子们都觉得他难以亲近，在他失去了一个 9 岁的儿子之后更是如此。他们觉得格雷厄姆是一个有思想的学究，经常戴着帽子、拄着拐杖在中央公园里漫步，背诵诗歌。有一次，他的儿子小本杰明问了他一个高中拉丁语课上的简单问题，他却给儿子背诵了一篇古罗马著名演说家西塞罗的演讲，就好像是在给很多学生上课一样。他平日里和家人朋友聊天时往往缺乏耐心，常常会在自己举办的晚宴开到一半时就溜出去看书。

但是，如果谁有幸在20世纪50年代成为格雷厄姆的学生，那他真是遇到了伯乐。华尔街到处都是“烟蒂”型的价值低估股，一个聪明的投资商人所要做的只是运用合理的工具，开动脑筋去把它们挖掘出来。对于那些想成为优秀股票经纪人的年轻人来说，格雷厄姆和多德所在的哥伦比亚大学就像一块福地，就好比在20世纪想成为作家的年轻人会常去巴黎的业余爱好者咖啡厅，期待能在那里邂逅海明威，能够和大师近距离接触讨教。

巴菲特很快就和一帮格雷厄姆的拥趸走到了一起。他下课后经常和来自北卡罗来纳州的弗雷德·斯坦贝克一起回家。弗雷德跟他母亲说，只要给巴菲特“整点汉堡和百事可乐，他就会很满足了”。巴菲特和斯坦贝克一起去泽西城参加马歇尔·韦尔斯公司的股东大会，在那儿他们遇到了为格雷厄姆-纽曼公司工作的沃尔特·施洛斯，他对格雷厄姆也是顶礼膜拜的。他们一起去吃午饭，畅谈股票，直到三人都累了为止。

还有一次，在去市中心华尔街俱乐部的路上，巴菲特遇到了汤姆·纳普。自从某个晚上听了多德的一节课后，汤姆·纳普就从化学系转系来研究股票了。巴菲特也和威廉·瑞恩成了好友，瑞恩是来自哈佛商学院的一个十分真诚的研究生，经常来哥伦比亚大学旁听格雷厄姆的课。这几个学生因为对格雷厄姆的崇拜而走到了一起。巴菲特后来观察发现，有些人很快就会喜欢上格雷厄姆；有些人则对他一点儿都不感冒，对于这些性格的人而言，怎么苦口婆心地规劝都没用。巴菲特的新伙伴属于马上就对格雷厄姆着迷的那种类型。他们发现，格雷厄姆的投资策略简单说就是用50美分来买价值1美元的证券。尽管这种策略非常简单，却非常管用。相比而言，华尔街的大多数投资者的所作所为，事实上无非是赌运气罢了。他们形成了一个小团体，而且逐渐以巴菲特为中心，因为他们觉得巴菲特聪明伶俐、招人喜欢，另外他们心里都明白巴菲特在股票投资上比他们更有心得。汤姆·纳普对他的第一印象是：“对纽约证券交易所的每家上市公司的资产负债表，巴菲特几乎都如数家珍。”

奇怪的是，在 1951 年巴菲特毕业时，格雷厄姆和霍华德都劝他不要去炒股。两人似乎在经历了大萧条之后依然心有余悸。格雷厄姆指出，除了当年以外，道琼斯指数每年都会在某个时候跌到 200 点以下。格雷厄姆建议他推迟到第二次大萧条过后再进入股市，同时可以在类似于宝洁公司的地方找份安稳的工作。

在巴菲特看来，这个建议可不怎么样，与格雷厄姆原先说过的不要试图预测股市的信条也不吻合。事实上，道琼斯指数再也没跌到 200 点以下。“我当年有 1 万美元，”巴菲特后来回忆说，“如果我听从了他们的建议，我可能到现在身上仍然只有 1 万美元。”

巴菲特绝对不是那种坐待时机溜走的人。得到格雷厄姆在哥伦比亚大学执教 22 年以来唯一给过的 A+ 成绩之后，巴菲特提出了一个让他的导师似乎无法拒绝的要求：无偿地为格雷厄姆－纽曼公司工作。

不过格雷厄姆竟然拒绝了这一请求，因为当年犹太人还被华尔街的公司拒之门外，格雷厄姆更想把一些机会留给犹太人。① 没人知道巴菲特是在当时还是事后才知道格雷厄姆拒绝他的原因，不过他吃了闭门羹之后，受到的打击很大。他的一个朋友说这对他而言“是一种耐受力的考验”。

巴菲特没有想过去华尔街别的公司找工作，他不愿意为他不认识的人工作。这一次，他又回到了家乡。奥马哈国民银行想要给他提供一份工作，但巴菲特拒绝了，他倒乐意去他父亲开办的巴菲特－福尔克证券经纪公司工作，他对那里的环境比较熟悉。他父亲的一个朋友问他：“你

---

① 在后来的公开场合中，巴菲特半开玩笑半当真地替格雷厄姆圆场，他说自己毛遂自荐后，“格雷厄姆习惯性地算了一下我的性价比，然后拒绝了我”。

是去巴菲特父子公司工作吗？”

“不是，”巴菲特俏皮地回答说，“是去巴菲特及父亲公司工作。”

在奥马哈，巴菲特开始追求苏珊·汤普森。她是奥马哈一位牧师兼心理学教授的女儿。苏珊家和巴菲特家是世交，苏珊的父亲曾担任过霍华德的竞选经理。苏珊在西北大学念书时还和巴菲特的妹妹罗伯塔同屋。

苏珊笑脸盈盈，长着圆圆的下巴，乌黑的卷发垂在颈旁，颇有几分贝蒂宝贝的长相。她活泼开朗，第一眼看上去，给许多人的印象是一个漂亮但并不聪明的女人。

事实与此相反。小时候苏珊体弱多病，曾受过耳痛的折磨，经常要接受穿耳治疗。她还因风湿热长期卧床不起。威廉和多萝西·汤普森夫妇努力想通过关心、呵护和无微不至的照顾来弥补她的不幸。

苏珊长大后经常说自己是在家人的关怀中长大的。战胜病魔之后，她体会到了一种自由的幸福。她感受到的不仅仅是健康，还有从痛苦中彻底摆脱出来的解脱感。她说：“能够不受疼痛的折磨真是太好了，我在很小的时候就明白了这一点。”

成年后的苏珊似乎拥有比巴菲特丰富得多的感情阅历。她对人际交往感兴趣，应该说是非常感兴趣。天生富有同情心的她，总能平心静气地让别人聊出心里话，尤其是感情方面的心声。

费丝·斯图尔特·戈登是她女生联谊会的一个姐妹，后来在纽约开了一家俄式茶餐厅。她是这样评价苏珊的：

> 苏珊总有比一般人更加深刻的一面。我们一起修了同一门哲学课，后来她就送了我这本关于佛教禅宗的书。不管做什么事情，她都力图超越平庸，研究更深刻的问题。她会凝视着我的双眼说：“你好吗？”她的意思是：“你的生活过得怎样？你的精神状态还好吗？”

苏珊对死亡有一种特别的迷恋，这一直是困扰巴菲特的心结。卧病不起的某个时刻，苏珊对死亡的恐惧就已经消失，她现在很喜欢和那些濒临死亡的人相处，也喜欢去宽慰别人，减轻他们心中的恐惧。巴菲特对死亡总是考虑得很理性，希望离死亡这个话题越远越好；而苏珊则从精神层面来看待死亡这一问题，并且希望能够参悟生死的真谛。

1951 年夏天，巴菲特对苏珊一见钟情，但苏珊对他毫无感觉。巴菲特的那些脑筋急转弯让她感觉烦透了。每当巴菲特来家拜访，她都恨不得马上从后门溜走。巴菲特说他将会变得很富有，这些话在苏珊听来根本没有任何意义。此外，苏珊回忆说，她当时“正疯狂地爱着另一个男孩”。于是，他转而去向苏珊的父亲示好。苏珊回忆说：

> 沃伦每天晚上都到我父母家弹奏夏威夷四弦琴。我父亲从 20 岁起就弹奏曼陀林，因此他特别高兴有人一起来合奏。于是沃伦每晚都来我们家弹琴，而我却和另外一个男孩出去约会。

“那个男孩”叫米尔顿·布朗，是联合太平洋公司一名邮件搬运工的儿子。他在高中时就开始和苏珊约会了，也和苏珊一样去了西北大学读书。苏珊的父母反对她和犹太人约会，而且从不准她邀请布朗来家里玩。穷困潦倒的布朗在苏珊参加的女生联谊会里也不受欢迎。对于努力想摆脱多年来的重重呵护和白人上流社会生活的苏珊而言，颇有男子汉气概的布朗很有吸引力。不过，最终苏珊还是向父亲屈服了。和布朗分手之后，她匆忙地离开了西北大学。

与此同时，精明的巴菲特一直在关注事态发展。他告诉苏珊的父亲，他是父女两人之间完美的折中人选，“自己既有犹太人的气质，能招苏珊的喜欢，又来自基督教家庭，可以博得汤普森先生的欢心”。他所说的自己具有犹太人的气质，意思是说他也能唤醒苏珊身上的“母性”。苏珊的姐姐多萝西回忆道：

> 我父亲马上就喜欢上了他。每次我们家吃过晚饭后，他就会来我们家。苏珊会去洗碗，而他就坐在凳子上，拿着一把夏威夷四弦琴或是一把小吉他，边弹边唱。沃伦天生有一副好嗓子。

这位长着一头乌黑头发的牧师性格倔强，总是劝苏珊应该和巴菲特约会。苏珊对父亲很尊敬，也很相信他的判断。

最后，她终于开始和巴菲特约会了。她喜欢巴菲特的幽默风趣，他们之间的交往演变成了一段浪漫的爱情。“他们两人坠入爱河，疯狂地迷恋着对方，”巴菲特的姑妈凯蒂说，“他们会坐在对方的大腿上接吻，完全不顾忌旁人。”

正如巴菲特所说的那样，他对苏珊而言的确有“犹太人的气质”。他童年所受的创伤是很多人所不知晓的，比如他那脾气乖戾的母亲和他被迫搬到华盛顿的经历，这些伤口都等待苏珊来抚平。而在巴菲特所接触的朋友中，从来没有人能像苏珊那般善解人意。回忆往事，巴菲特坦言在遇到苏珊之前，他的内心一直很孤独。

1952 年 4 月的第三个周六，蒙着透明面纱，穿着一袭缀有蕾丝花边的长裙，苏珊嫁给了巴菲特。他们驱车去加利福尼亚度蜜月。途中经过奥马哈城，两人在城外的威格沃姆咖啡厅停了下来，共同享用了他们婚后的第一顿美餐。曾经有这样一段对他们旅途的描述（这也许是捏造的）：在婚后的第一个周日，巴菲特注意到在一家公司总部外面孤零零地停着一辆凯迪拉克车。他停下车，大摇大摆地走进去，问了那家公司的总裁一大堆问题，相谈甚欢。他那 19 岁的新娘则坐在自家的车里等他，沉思着嫁给沃伦·巴菲特是不是真的。

这对新人最初租的是月租 65 美元的三居室公寓。想到巴菲特曾信誓旦旦地说要成为富翁，住在这样的环境里让苏珊觉得有点不可思议。这间公寓破旧不堪，晚上甚至有老鼠爬到他们的鞋子里去。巴菲特在用钱方面很抠，第一个女儿出生之后（和母亲一样，也叫苏珊），他们竟然把家中梳妆台的抽屉给女儿铺成了婴儿床。

在巴菲特－福尔克公司，巴菲特并不是人们通常见到的那种股票推销员。他销售的第一只股票就是一笔不好做的买卖，这就是鲜为人知的政府雇员保险公司股票。但那时候的巴菲特已经克服了自我怀疑的心态，他把几乎是自己所有积蓄的 10 000 美元都投了进去，然后把这些股票推销给奥马哈城里那些半信半疑的客户（他的姑妈艾丽斯先支援他买了 100 股）。结果，这只股票在第二年就大涨了 50%。

这个年轻的股票经纪人最与众不同之处在于他对知识与研究的渴求。为了查找股票买卖的线索，他不知疲倦地一页一页地翻阅厚重的《穆迪手册》，那种热情就像一个小孩捧着漫画书一样。用这种方式，他发现了一些投资洼地——那些无人问津的廉价“烟蒂”型股票。巴菲特觉得买进这些股票后用不了多久，他就能以 3 倍的价格在市场上出售，这消息简直好得让人难以置信。巴菲特在心里盘算：如果优质股票如此便宜，那么肯定会有人买进它们。不过，慢慢地他才恍然大悟，原来这个人就是他自己，没有人能告诉你哪只股票实在是太便宜了，你必须靠自己来判断和操作。

但是巴菲特选错了职业，这些耗时费力的研究对一个经纪人而言只是徒劳，不论他自己做出的判断有多棒或多差，他所能做的不过是站在那里挣着微薄的佣金收入。

很多投资者都认为巴菲特只是一个新手罢了。客户通常会试探性地先听听巴菲特的看法，然后又去找从业年限更长的经纪人，最后也不会从巴菲特手里买股票。巴菲特在奥马哈城的一个朋友莫内恩说：“这可把巴菲特给气坏了。”

不过，巴菲特确实懂得如何为自己争取主动。他对自己的高尔夫球教练罗伯特·德怀尔说：“如果让他们知道你能帮他们节省一些税金，他们自然会主动找上门来了。”①

但他不喜欢劝说别人去投资，尤其是当他意识到自己的利益（取得佣金）和他们的利益不是一回事儿的时候。这让他感觉双方似乎处于一种对

① 巴菲特不是在吹牛，在离开沃顿商学院之后，巴菲特曾和华盛顿一个朋友的父亲、共和党人杰斯·肯贝尔共进午餐。这位众议员称赞巴菲特“比全美国任何一个律师都更懂税法”。

立的关系之中，甚至会有一点儿冲突的火药味，这让他觉得非常不自在。

与此同时，巴菲特买下了一家德士古加油站，还投资房地产，但是这些创业经历都没有取得良好的收效。他还为格雷厄姆做了一些研究项目，向他推荐了几只股票。他所做的无非是想趁格雷厄姆还在世的时候能为他打工。

巴菲特在巴菲特－福尔克公司取得的最大进展并不是在投资上，而是去听了戴尔·卡内基的公众演讲艺术课。尽管巴菲特上课时心情紧张，但他还是想方设法克服这种恐惧心理。

这一动机就有些耐人寻味了。为什么一个21岁的股票经纪人想去学习公众演讲技能？如果巴菲特只有成为一个投资家的野心，那么他不会预见到自己也许需要在大庭广众下谈吐自如，更不用说他会预见有一天他将发表生动的即席讲话，而且能讲得如此富有吸引力，如此简洁，如此恰到好处，以至于他的听众笃信他一定有事先拟好的稿子。但是除了成为一个选股高手以外，还有什么渴望促使他去做这样的尝试呢？

上完卡内基的演讲课以后，巴菲特通过晚间在奥马哈大学讲授“投资学原理”课程来使这项技能臻于完善。学生们都是30~40岁的成年人，他们中许多人都是医生。当这位瘦削的、穿着开领衫的21岁年轻老师走进教室的时候，这些医生们不禁发出一阵不屑的窃笑。

巴菲特马上就谈到了格雷厄姆。“他才说了5分钟，你就已经对他佩服得五体投地了，”一位名叫利兰·奥尔森的产科医生说，“他并不是在自卖自夸，而且他讲课时很放松。”

这门课巴菲特教了好几个学期，他采用《聪明的投资者》一书来做教材。但他时不时地会用几个生活化的例子或是几句名人名言来活跃一下课堂气氛。他往往表述简洁，而且将语速把握得恰到好处。

> 让我告诉你们在华尔街致富的秘诀吧。（停顿，把门关上。）当别人恐惧时，你要变得贪婪；当别人贪婪时，你要有几分恐惧。

巴菲特讲课时喜欢站在讲台上，十分别扭地弯着右胳膊，肘部抵着胯部，右手托着下巴，好像拿着听筒打电话一样。之后，他会用左手抓住右肘，像生怕右肘会从胯部滑落一样。他的目光总是注视着学生的头顶上方，好像害怕和学生有目光交流。

尽管他讲课的姿势很难看，但他在说话时总是情绪饱满，学生们个个都听得聚精会神。伊丽莎白 · 扎恩是一位西班牙语教师，她同自己在 IBM 公司担任销售员的丈夫于 1953 年一起入学来听巴菲特的课。巴菲特的举止让她印象颇深，以至于她还对巴菲特的每个姿势都进行了细致入微的描绘。更让伊丽莎白 · 扎恩困惑不解的是，巴菲特虽然表面上看起来有些心不在焉，但他对自己所说的每一句话都非常投入。尽管他讲课时的姿势很随意，但你会发现他说的话一点儿都不随意。“即便他看起来有些心不在焉，但他还是给我留下了难以磨灭的印象。”伊丽莎白 · 扎恩回忆道。

当巴菲特陷入沉思时，他会在房间里来回踱步，略带害羞地低着头，让人担心他走到墙根儿转身的时候会不小心撞到墙上。他在深思的时候，没有任何东西能够让他分神。不过，在讲课的时候，巴菲特会自然地从一个要点过渡到下一个要点，然后再继续往下延伸，就好像他的脑子里刻着一张完整的讲课提纲。

与格雷厄姆不同的是，巴菲特不会指导学生买卖股票，学生们只能间接地得到一些启示。他们会装出一副若无其事的样子，向他打探某家上市公司的情报，巴菲特则会一笑了之，顺势把他们打发了。

伊丽莎白 · 扎恩甚至还曾在他面前大声地朗读过一首悲情的打油诗：

> 亲爱的商业奇才顾问，
> 你可知道我们为何哭泣，
> 为什么呀，
> 你为什么不告诉我们，自己到底买了什么股票？

巴菲特听到这首打油诗时笑了，但还是没有透露任何信息。事实上，这个年轻的股票经纪人建议学生不要轻信股票经纪人的话，他说他们不值得信赖。只要一提起和学生共享信息，巴菲特就会感到神经紧张，他认为这些消息很有可能被任何一方滥用。他认为大多数小道消息都没有什么价值，这也正是股票经纪人会把这些消息四处传播的原因。他认为自己的那些好观点是非常私密的。他视它们为自己的创造，甚至还带有一点神圣感。

1952 年，霍华德从众议院卸任退休。他认为自己的儿子是一个诚实的股票经纪人，对他赞赏有加。据他的一个同事赫伯特 · 戴维斯说："早在沃伦 · 巴菲特成名之前，霍华德就以他为豪。他总是把沃伦挂在嘴边，言语中透出深厚的父爱。"同样，巴菲特对父亲也非常忠实。

1954 年，由于参议员休 · 巴特勒去世，内布拉斯加州空出一个参议员的席位。霍华德非常希望能接任休 · 巴特勒的席位，他在提名时也遥遥领先，不过共和党的温和派却暗中作梗。问题最终交由共和党的内布拉斯加州中央委员会裁决，于是委员们在林肯镇的共和党老巢科恩赫思卡饭店召开了一次气氛阴森诡异的会议。

据巴菲特的姐姐多丽丝说，巴菲特曾秘密跑到科恩赫思卡饭店去支持父亲，结果却在无意中听到父亲被一名温和派共和党人罗曼 · 赫鲁什卡击败的不幸消息。据多丽丝回忆："巴菲特跑到那儿去想给父亲助威，结果却在饭店的咖啡厅里听到这个不幸消息。回来之后他对我说：'爸爸被残忍地拉下了马。'"

但据巴菲特的其他朋友回忆，他当时并没有和他们提及这件事。父亲被打垮了，他的沮丧丝毫不亚于父亲，不过他和父亲一样都选择了把悲伤埋在心里。而当霍华德的梦想粉碎之时，巴菲特却梦想成真了。格雷厄姆打电话来，说巴菲特为他工作已经不存在什么障碍了，他给了巴菲特一个工作机会。巴菲特连薪水是多少都没有问一句（后来发现年薪高达 12 000 美元），就急匆匆地搭上了下一班飞机。

巴菲特来到华尔街时，正值股市的低迷时期。老一代股民都害怕会出现下一次经济大萧条，而新一代股市投资人才尚未崛起。当时哈佛商学院只有 2.9% 的毕业生到华尔街工作，年轻人觉得在华尔街工作没有诱惑力。从外表上看，这里的建筑就像高耸的怪异堡垒，让人感到压抑，黑色的豪华轿车死气沉沉地停在外面，等候着疲惫不堪的主人出现。而大楼内部完全是一个男性主导的、陈旧的、不随技术因时而变的社会。在美林证券公司，客户下的单都写在一张张小纸片上，然后放在传送带上，它们就“朝着各自的使命愉快地一路蹦跳而去”。

美国确实变得日渐繁荣，道琼斯指数也达到了380点的高位，但是大家仍然时刻不忘“投资需谨慎”的忠告。历史上股票行情上一次达到这样的高位是在1929年。对于像格雷厄姆这样曾经在股市被套牢的人而言，根本不用提醒，他们就会对当年的痛苦经历心惊胆战。他对所谓的“新一轮投机浪潮”感到担心，手头还一直留着从1914年以来的《穆迪手册》，仿佛最近发生的一切都让他忧心忡忡。

格雷厄姆-纽曼公司位于42街上的查宁大楼。走进公司你就会发现，在一个大玻璃罩下放着一台股票行情机，不停地发出滴答声。公司共有六七名职员，巴菲特也成了其中一员。他起初和沃尔特·施洛斯共用一间办公室，后来又和汤姆·纳普共处一室。巴菲特和其他人一样，穿着灰色夹克，花很多时间在《标准普尔股票指南》上寻找适合投资的公司。据汤姆·纳普回忆：

> 巴菲特从最开始起就自信满满。我以为他的父亲可能答应给他一些钱，或是借给他一些钱。但他说没有，他试图白手起家。他也希望自己挣的每一美分都是干干净净的。有好几次，我对他说：“不错！沃伦，这项不用上报交税！”他却跟我说：“我已经把它算进去了。”

格雷厄姆-纽曼是一家共同基金公司，也有一些自己的选股技巧。格雷厄姆热衷于猎取那些股价比每股净运营资本要低1/3以上的股票，换言之，就是那些相当便宜的股票。当巴菲特或他的同事发现此类股票时，他们就会赶紧告诉格雷厄姆（大家会想方设法地躲开公司的另一个合伙人杰里·纽曼，因为格雷厄姆深受大家喜爱，而杰里·纽曼则为大家所鄙视)，格雷厄姆当场就会拍板决定是否买进这些股票。他买不买股票和你能不能说服他是两码事。对格雷厄姆而言，一只股票只存在两种可能性，要么符合他的买入标准，要么就不符合他的标准，他做判断靠的是具体有形的数字。

巴菲特的麻烦在于，他找到可买的股票总比他认为可以抛售的股票要多。他总是仔细地研读《标准普尔股票指南》，对他而言，这就像是《赚到 1 000 美元的 1 000 招》的成人版，他似乎急切地想要成为格雷厄姆第二。

有一次，一个费城的股票经纪人向他推荐一只名不见经传的保险股票，每股股价为 15 美元。因为公司没有提供公开的资料，因此别人没有办法对它进行估价。但是巴菲特锲而不舍地找到了位于哈里斯堡的州保险办公室，搜集到了一些数据。他眼前的这些数字告诉他，这只股票的股价被大大低估了，于是巴菲特就用自己的钱买进了该股票，没过多久，股票价格就飞涨到每股 70 美元。

巴菲特还发现位于马萨诸塞的新贝德福德联合铁路公司的股票只以每股 45 美元的低价位在交易，而这家公司光是现金流分摊到每股都有 120 美元。巴菲特不敢相信自己有这么好的运气，但这一次连格雷厄姆都没下决心买入，巴菲特再次自己买进了一笔。

巴菲特在头一年工作时就一鸣惊人。1954 年，一家位于纽约布鲁克林、名叫罗克伍德的巧克力生产公司宣布用可可豆回购部分股票，它有大量的可可豆库存。巴菲特推断，如果用可可豆换股票，并在市场上把价格日益飙升的可可豆售出，他就可以赚取巨额利润。之后他自己是这样描述的：

> 好几周以来，我一直在忙着买股票、卖咖啡豆，然后时不时来到施罗德信托公司待上片刻，把股票凭证换成存货凭证。其利润相当丰厚，而我唯一的开销就是地铁费。

这种交易充分利用了不同市场的价格差异，大家称之为“套利”。

虽然格雷厄姆－纽曼公司的人都把重视套利挂在嘴边，但是在具体操作方面，巴菲特绝对是独领风骚的。

实际上，巴菲特做什么都比别人领先一步。格雷厄姆有个令别人刮目相看的特点，即他能够快速地浏览报纸上一栏栏的数字，然后从中挑出一个错误。比起格雷厄姆，巴菲特在这方面的能力是有过之而无不及的。

这时，巴菲特和苏珊在郊外的怀特平原区租下了一套花园公寓。就像在奥马哈城一样，巴菲特的每一分钱都是掰成两半花的。他们搬去不久，苏珊生下一个儿子，夫妇俩给他取名为霍华德·格雷厄姆·巴菲特。尽管巴菲特当时已经相当富裕了，但他还是没有掏钱给孩子买床，而是给他借来一张婴儿床。

在华尔街的年轻夫妇圈子中，巴菲特和苏珊各自由于不同的原因显得格外引人注目。罗克珊·勃兰特的丈夫亨利·勃兰特也是个股票经纪人，她回忆道：

> 他们和我们认识的其他年轻人不一样，他们更单纯、更容易交朋友，至少从表面上看是如此。苏珊对我为何没孩子很感兴趣，还特别鼓励我勇敢讲出自己的想法。

与20世纪50年代美国白领呆板沉闷的风格相比，巴菲特和苏珊显得更加洒脱自在。当小霍华德刚开始会爬时，他们家里给人一种到处都是孩子和玩具的感觉。和曼哈顿其他人家的晚餐会不同，巴菲特家不会把孩子们“锁”起来，而是让他们成为聚会的一部分。

亨利·勃兰特是从哈佛商学院毕业的优等生，他对巴菲特很是着迷，因为巴菲特对股票比任何人都要懂得多，而且总能把其中的奥秘解释得通俗易懂。当勃兰特家邀请巴菲特全家和其他朋友一起聚会的时候，大家都会如饥似渴地围坐在巴菲特身边，其阵势就像某种宗教仪式一般。饭后，男人们会聚到一间小屋里，巴菲特则舒服地坐在一张带扶手的靠椅里，那些比巴菲特还要年长的人都坐在地板上听他说话。巴菲特神态自若、天南地北地解释人间万象，就和他当年在大学聚会时的情景一样。勃兰特的妻子称他们就好像“耶稣和信徒”在一起。

格雷厄姆把巴菲特当作他最钟爱的门徒，而且承认他俩之间的确有相似之处。一天，他们去办公室附近的一家熟食店吃午餐，格雷厄姆说：“沃伦，金钱对于你我而言都没什么差别，我们都是一样的，我们的太太都会生活得更好。”

格雷厄姆是个为人很周到的老板，当巴菲特的儿子出世时，他送给巴菲特一台摄像机和一台投影机，这对于一个仅仅工作了几个月的雇员而言，可谓是十分丰厚的礼物了。格雷厄姆自己过生日时，都会向雇员们分发礼物，因为他觉得自己能活在这个世上就已经很幸运了。

尽管如此，巴菲特和格雷厄姆的关系并没有他原先想的那般亲密无间。按照巴菲特自己的说法，格雷厄姆“总是令人感到和他有一层隔膜。人人都喜欢他，人人都尊敬他，也喜欢和他共处，但没有人能真正走进他的内心世界……”其实，这样的评价也适用于巴菲特自己。

不过，巴菲特在格雷厄姆－纽曼公司遭遇了一些挫折。公司的基金规模只有 500 万美元，这无法给巴菲特提供很多大手笔买卖的空间。公司的合伙人还经营着一个私募基金——纽曼－格雷厄姆基金，但是这两项业务的总资产加起来也只有 1 200 万美元，即便在当时这个数字也不算大。加之格雷厄姆对股市运作非常谨慎，他又让合伙人抽走了一部分资金。

简而言之，巴菲特的手脚受到了束缚。有一次，他对自己的高尔夫球教练罗伯特·德怀尔说他学到了许多东西，但同时也提到格雷厄姆“口袋里揣着 400 万美元，却在坐等该什么时候入市”，这与巴菲特想象中开创事业的做法大相径庭。

有意思的是，人们对格雷厄姆－纽曼公司的股票需求量如此之大，以至于股票以高于公司各项投资组合价值 200 美元的溢价进行交易，每股股票卖到了 1 200 美元（很多人只买了 1 股股票，为的是了解公司的投资组合情况）。如果格雷厄姆有雄心壮志，他早就可以成为业界巨头了。不过，格雷厄姆告诉自己第一要务并非挣钱，而是避免任何损失。正是因为他的消极保守态度，他不再对公司的业绩进行任何客观冷静的分析，而是热衷于自己的数学法则。格雷厄姆的一个助手欧文·卡恩回忆说，如果有谁想要劝说格雷厄姆买入某家公司的股票，“他就会不屑地瞟向窗外，并流露出厌烦的神色”。

欧文·卡恩说，巴菲特和格雷厄姆“为此争执不休”。考虑到他们俩温和的脾气，这种说法显得有些夸大其词，不过他们之间确实存在着分歧。巴菲特喜欢让一家企业变得蒸蒸日上，他也愿意为此付出巨大的努力。但是，格雷厄姆对公司管理层往往持不信任的态度，因此并不赞成巴菲特去公司实地走访。不过，格雷厄姆这种教条式的做法使他吃了大亏。

沃尔特·施洛斯曾经劝说格雷厄姆买进哈洛德公司的股份，这是一家拥有静电印刷技术专利的生产照相纸的公司。当时的股价是 21 美元，而根据哈洛德公司营运业务计算，每股股价应为 17 美元。沃尔特·施洛斯指出可以在静电复印机上获利 4 美元，但是格雷厄姆已经对任何大胆的投机都不感兴趣了。他的回答是：“沃尔特，这只股票价格还蛮高的。”

股市的牛市格局一直延续，但是格雷厄姆却变得越发保守。到了 1955 年，道琼斯指数突破 420 点，比 1929 年的最高点还要高出 10% 之多。其实并不需要什么特别的理由来解释这种现象，20 多年转瞬即逝，股指走高是再正常不过的事情。但是，老一辈人经常心有余悸地想起 1929 年的光景。美国国会对牛市格局的延续也缺乏信心，举行了一次听证会。当年 3 月，经济学家约翰·肯尼思·加尔布雷斯来到参议院银行委员会发言，他认为 1929 年的大萧条即将再次降临，还推出了自己的作品《1927 年大崩盘》。这本书震惊了市场，造成了股市当日的雪崩。难道股市下一次崩盘就要到来了吗？

其实这一点无人知晓，但是听证会的真正意图和它所标榜的并不相同，因为政治家心中重燃了窥探华尔街运作规律的渴望。从 J·P·摩根时代开始，每一代金融巨头都被召集到华盛顿进行磋商。当格雷厄姆出现时，参议院银行委员会主席J·威廉·富布莱特十分清楚，站在他面前的这个人是当下最出色的股票专家。富布莱特十分渴望掌握格雷厄姆交易方法的方方面面。很多时候，他问话的语气就像随时准备打电话给自己的股票经纪人一样。

> **主席**：格雷厄姆先生，请您结合自己公司的情况……谈谈您如何判断某只股票的价格是否被低估。

格雷厄姆会耐心地对这位参议员讲解了一番。有时候，当格雷厄姆表达了对股票期权的怀疑态度时，富布莱特就会极力地迎合他。

最后，富布莱特终于谈到了核心问题。

> **主席**：最后一个问题。当您发现了某只股票，我们打个比方，您可以用每股10美元买下这只股票，而您觉得它值每股30美元，于是就建仓买进。但只有当其他人也认为它确实值每股30美元时，您才能获得每股20美元的利润。这个过程是如何产生的，是通过宣传呢，还是通过其他手段？
>
> **主席**：是什么原因使得一只便宜的股票价格抬升呢？
>
> **格雷厄姆**：这正是我们行业的一个神秘之处。它对任何人都同样神奇。但是，经验告诉我们，最终市场会使得这类股票达到这种价值。

虽然格雷厄姆的回答省略了很多内容，但这正是巴菲特今后执业的基础。股票会回归自身的价值，因此，一个坚信自己判断的投资者需要有耐心。

不过，格雷厄姆对股票已经不再感兴趣了。在听证会过后一年，也就是1956年，他从公司退出，来到了贝弗利山，在加利福尼亚大学洛杉矶分校教书。他选择了撰写金融著作、滑雪、读经典书籍的安逸生活，身边还有妻子以及一位法国情妇相陪。他把自己的很多钱都捐给了慈善事业，他认为去世时名下有多于100万美元财产的人都是傻瓜。

此时格雷厄姆－纽曼公司的业绩即便不说是出类拔萃，也应该是十分不错的。1936~1956 年这 21 年间，它的年均收益率保持在 17%，超过了同期标准普尔指数年均 14% 的增长水平。而且格雷厄姆－纽曼公司的这一统计数字还没有包括它最成功的投资项目——政府雇员保险公司的股份，它的股份已经分配给格雷厄姆－纽曼公司的股东了。所有到 1956 年一直持有政府雇员保险公司股票的人都获得了比标准普尔 500 指数高出一倍的收益。

巴菲特自己一直在暗中做投资，他的投资回报比公司要高出许多。自从 1950 年离开大学校园以来，巴菲特的个人资产已由 9 800 美元猛增到 14 万美元。挖到第一桶金之后，他又想回家乡奥马哈了。对于他而言，站在纽约城铁的站台上，四周挤满了人来人往的通勤者，他知道这并不是他向往的生活。

1956 年春天，他和苏珊在昂德伍德大街租下了一所房子，离巴菲特家的杂货店只相隔两个街区。这次巴菲特再也没有受雇于人的想法了。当年 5 月 1 日，其实就是他刚到奥马哈的那天，他把一帮家人和朋友聚集在一起，还找了与自己很亲近的七个家人和朋友，有姐姐多丽丝和她的丈夫、姑妈艾丽斯、岳父汤普森、从前的室友查尔斯·彼得森、他的母亲以及他的律师唐·莫内恩，共 7 人。他们总共筹集了 105 000 美元，巴菲特作为普通合伙人，投入了 100 美元。虽然这是个很小的数目，但他不再为父亲或本杰明·格雷厄姆打工挣钱了，而是为他自己的合伙公司——巴菲特联合有限公司出谋划策了。

当时，格雷厄姆－纽曼公司的一位投资者，物理学家霍默·道奇向格雷厄姆提出了一个人们非常关心的问题："谁将继承您的衣钵？"格雷厄姆提到了沃伦·巴菲特。当霍默·道奇驱车去西部度假时，他在奥马哈做了短暂的停留。他和巴菲特只是简短地谈了几句，就答应给巴菲特的公司注资 12 万美元。

巴菲特这时有 3 个小型的合伙公司，他就坐在自己的卧室里运筹帷幄，他预见到自己的家庭合伙公司会日益壮大。当年8月，他回到纽约，最后一次参加格雷厄姆－纽曼公司的股东大会。他对格雷厄姆的另一个学生爱德华·安德森提到，他正考虑沿袭格雷厄姆的模式建立一个合伙制公司，要求最低的入伙门槛为5万美元。然而谁又能判断他能否继承格雷厄姆的衣钵呢？当股东大会正式投票决定格雷厄姆－纽曼公司解散的时候，一位名叫卢·格林的投资者却颇具讽刺意味地赞美了巴菲特一番。格林也是曼哈顿一家证券经纪公司的负责人，他宣称格雷厄姆犯了“一个严重的错误”——没有培养出英明的接班人。格林已经把话讲到这个份儿上了，就继续说道：“格雷厄姆－纽曼之所以经营不下去，是因为公司运营几乎全靠这个小伙子，他就是沃伦·巴菲特。谁想继续跟着巴菲特干呢？”

第4章 BUFFETT

异军突起的投资奇才

> 不管你相信与否，一系列市场决策叠加在一起，就能反映出一个人的性格。
>
> ——亚当·斯密，《金钱游戏》（*The Money Game*）

当合伙公司建立并开始运作之后，巴菲特的内心却被一种看似古怪的忧虑笼罩。他在给杰里·奥兰斯的信中提到，他害怕自己的企业最后变得过于庞大，手里过多的财富可能会让自己的孩子娇生惯养，变成纨绔子弟。他甚至找不到“一种符合逻辑的方法来处理这些金钱”。

> 目前这还不成问题，但是如果公司经营越来越红火的话，这种担心可能就会变成现实，我想了半天也没有得出什么结果。我敢肯定自己不想给孩子们留下一大堆钱，除非等我岁数再大点，看看这些孩子是否已经成才再做决定。不过，要留给他们多少钱，剩下的钱该怎么处理，这种问题真是让我大伤脑筋。

当时巴菲特年仅 26 岁，他的积蓄并不算丰厚，收入也还不稳定。要是其他人在成为百万富翁之前就对处置未来的财富忧心忡忡的话，一定会招致别人的讥笑。但对于巴菲特，这可不是虚张声势。正如别人所能预见到的一样，他相信自己一定会变得富有。他知道自己不仅会在事业上取得成功，而且会因过于富有而感到头痛。他所担心的是该怎样“花钱”。确实，以前他也曾经有过怎样花钱的忧虑，而非如何挣到钱的忧虑。

在巴菲特的事业还没有如日中天的时候，他身上这种令人敬畏的自信心正是激励他锐意进取的动力。1957 年，巴菲特只是为几个亲戚朋友打理区区 30 万美元。如果他不甘心只在奥马哈当一个平庸的股票经纪人，他就需要有大量的资本来施展拳脚。而如果巴菲特想要筹集到大量的资金，除了向朋友彰显自己一往无前的信心之外，还有什么能帮他吸引到更多的投资者呢？

巴菲特之前没有独立经营公司的辉煌业绩，没有任何显著的成果来博得别人的信任。而他所追寻的不仅仅是能自由运作客户的资金，他还想绝对地控制它。他在选股上的任何决策都不需要和别人商量，他不想要巴菲特－福尔克公司那些谨小慎微的客户，也不想要格雷厄姆－纽曼公司那种疑心重重的上司。

到目前为止，巴菲特已对所有的股票和债券如数家珍。他逐字逐句地认真研读过每个行业的每家公司的财务报告和《穆迪手册》。日复一日，他在心中对“华尔街”形成了一个完整的理解框架，他在看每只股票时就像能够辨认出地平线上的每一座山峰一样。他相信在分析股票方面，没有人能出其右。

在写给奥兰斯的信中，他会对那些业绩最好的共同基金提出批评，对国库券提出一大堆建议，还会用几大段话毫不客气地抨击那些关于投资或收入的所谓的“传统”箴言。他的信都围绕着一个目标，即批评现状，而且毫不留情。当奥兰斯写信向他讨教共同基金的建议时，巴菲特笔触轻松地回信说：

> 你在信中提及的那些目标没有任何意义，都是那些出资人的一派胡言。其实每个人的目标都是相同的，那就是用最小的风险获得最大的收益。

倘若连巴菲特内心的自信和对外部世界清晰的理解都得不到公众信任的话，那么他还有什么能博得他人信任呢？若不是因为他性格中有那些极富个性的因素，他又怎么会在事业上一展身手？

1957 年夏天，巴菲特接到了一个叫埃德温·戴维斯的人打来的电话，他是奥马哈一位著名的泌尿科医生。他俩之前从未谋面，但戴维斯的一个病人，一位名叫阿瑟·威森伯格的纽约投资顾问认识巴菲特。威森伯格听说巴菲特正在募集资金，于是就建议戴维斯给巴菲特打电话。尽管戴维斯对于把钱交给这样一个毫无经验的新手有些不放心，但他还是决定见巴菲特一面。在约好见面的那个周日，他让全家人一起对这个年轻人做一番评价。巴菲特给人留下的第一印象就非常深刻。

> 门铃响了，走进来一个小伙子。天哪！他看上去只有 18 岁，留着寸头，就像一个未谙世事的小毛孩。他的领口敞着，外套显得过于肥大，每个人都注意到了这些细节。而且，他讲话的语速还非常快。

这对于巴菲特而言是相当重要的一个时刻。戴维斯医生不仅能够给他资金支持，更重要的是还能给他一种肯定。如果他能和戴维斯家签约，那他就跨越了一个只能为父亲和艾丽斯姑妈进行投资的家庭理财人的身份，从此就可以跨入职业投资者的行列了。

但是，巴菲特并没有营造出一种戴维斯家想要的气氛。他的某些说法是想故意引起戴维斯的注意。他告诉他们，他不会透露资金的投资流向。他每年只会给他们一个年度总结，其他就什么都没有了。

此外，巴菲特每年只有一天会接待投资者，也就是在每年的 12 月 31 日那天，戴维斯家可以增加或拿回资金。其他时候，这些资金，包括巴菲特自己的资金都要由他来全权处置（巴菲特向他们保证，他会遵循格雷厄姆的做法来运作这些资金）。他语气平和地表达着自己的观点，不拐弯抹角，内容非常清晰。尽管巴菲特渴求得到戴维斯的资金，但他并不希望对方给他提出一些限制条件。

之后，巴菲特提出了自己的条件——戴维斯家作为有限责任合伙人，可以得到巴菲特所赚总利润中不高于 4% 的部分，余下的利润由双方分成——75% 归戴维斯家，25% 归巴菲特。这样巴菲特就不是让戴维斯家孤身奋战了，巴菲特自己的利益得失也与此休戚相关。如果他的经营业绩平平或是很糟糕，那他自己就会什么都得不到——拿不到工资，也得不到佣金，什么都没有。据戴维斯医生的女婿李·希尔曼回忆说："这件事情很快就定了下来。我们喜欢这种投资方式，它让你很清楚自己的利益和他的利益是怎样捆绑在一起的。"

巴菲特走后，戴维斯全家召开了一个家庭会议，大家纷纷发表意见。从客观的角度来说，他们没有任何做出判断的依据。但是，戴维斯医生的妻子多萝西坦言："这个年轻人各方面都很不错。"就这样，埃德温·戴维斯拿出 10 万美元交给了巴菲特。

到了年末，巴菲特已有 5 个主要的合伙人，他所运作的总资金达到了 50 万美元。巴菲特经营的第一年，各项投资组合的盈利达到 10%，轻松地把当年的道琼斯指数甩在了身后，该指数全年下挫了 8%。①

由于苏珊要生第三个孩子，巴菲特的事业也渐入佳境，巴菲特就在法纳姆大街买了一套宽敞的五居室的房子。在此之前，4 岁的小苏珊患上了一种可怕的幻想症，她总认为屋里有一个戴眼镜的闯入者，并把它叫作"眼镜魔"。每天晚上入睡前，她一定要让父亲从阳台到她的房间都细细检查一遍，确保"眼镜魔"没有藏在家里，她才能入睡。这下他们就要搬家了，巴菲特让女儿进屋最后看一眼。他俯下身对女儿说："'眼镜魔'就留在这里了，我们不带他去新家了，和他永远说再见吧！"

巴菲特的新家是一幢建于 20 世纪 20 年代、有着褐色线条装饰的灰泥建筑，是郊外典型的中上阶层的住房风格。它前临一条繁华的街道，掩映在树木和花丛之中。不过在写给杰里·奥兰斯的信中，巴菲特觉得这房子不值一提："我这里没什么新鲜事，不过我得告诉你我买了幢新房子……"真正吸引他注意力的是所花的费用。"巴菲特家的蠢建筑，"他在信中写道，"有许多房间，到处都是房间。"但他保证没有"乱花钱"，不过这种保证对于奥兰斯是完全没有必要的。这幢房子花了巴菲特 31 500 美元。

巴菲特在自己的起居室里腾出一部分空间作为工作室，苏珊用绿色

① 巴菲特向合伙人汇报的道琼斯指数经过了修正，包括了红利在内。

的墙纸把办公区装饰了一番。那年他们的第三个孩子彼得出世了，但巴菲特满脑子想的都是股票和债券。他无时无刻不在工作，珍惜每一分钟。他说自己每天下床之前，就在盘算该怎样赚钱了。

搬进新居不久，巴菲特在格雷厄姆－纽曼公司的同事汤姆·纳普飞到了奥马哈。他和巴菲特一起开车去威斯康星州的伯洛伊特市听格雷厄姆发表演讲。在路上，纳普偶然提到美国邮政署打算让面值为 4 美分的蓝鹰图案邮票退出流通。巴菲特顿时来了兴趣，觉得这可是赚进大把美元的好机会！他和纳普在开车回家的路上每经过一个邮局就会停下来，为很快将会变成古董的蓝鹰图案邮票“投资”。最后，他们一共买下了价值 12 000 美元的邮票，将所有邮票都寄往了纳普的邮箱。

比起这桩投资，巴菲特在股票上的表现更加出色。1958 年，他经营的合伙企业收益率达到 41%，比全年上涨 39% 的道琼斯指数更胜一筹。到巴菲特创立公司的第三年末，公司的总资产翻了一番。

与此同时，他还吸引了更多新投资者。他和这些朋友正式签约，比如来自哥伦比亚的弗雷德·斯坦贝克、唐纳德·丹利还有杰里·奥兰斯。他找到邻居和从前的学生，还与那个听过他课的产科医生利兰·奥尔森签了约。当奥尔森希望能和他母亲签约时，巴菲特开着他那辆蓝色迷你型大众甲壳虫车穿过铺天盖地的暴风雪，然后以良好的状态出现在他们面前，仿佛刚给大众汽车拍完一个广告片回来。但是，巴菲特不愿意卑躬屈膝或是改变自己的处事规则来迎合新的投资者。

正当巴菲特的事业蒸蒸日上时，奥马哈一家保险公司的老板杰克·林沃尔特给巴菲特打来电话，他是巴菲特的姑妈艾丽斯的一个朋友。虽然二人并不相识，但是林沃尔特说愿意给他 1 万美元“随便做点儿投资”。

巴菲特回复说他指望像林沃尔特这样的富翁能给他提供 5 万美元资金呢。这个回答让林沃尔特感觉很不爽，他重申只能投资 1 万美元。

巴菲特谢绝了。

在整个奥马哈，巴菲特的异军突起及其桀骜不驯的风格让很多人不由侧目。据巴菲特的一个投资者回忆，在奥马哈的黑石大饭店举行过一次午宴，“几乎每个人都在谈论沃伦·巴菲特，当时鲍勃·斯诺兹也在场，他可是奥马哈的大腕之一。鲍勃·斯诺兹说这个年轻人将来会破产，因为他的创业理念还不成熟，你要把宝押在他身上的话，不到一年时间就会赔光所有的钱”。

但凡是接触过巴菲特的人，对他的印象都完全不同。大家对他赞赏有加，主要是因为他的镇定自若。有一次他去参加邻居们的聚会，大家正热火朝天地讨论政府的一个市政规划，说市政府会重新修路，让一条新修的大路和法纳姆大街相通。大家在讨论该采取什么措施来应对，此时巴菲特突然站起来，用平静的语气建议大家把这事忘了。大家果然一呼百应，都意识到他的建议是对的，于是就各自回家去了。巴菲特在投资者那里也能得到同样的响应，他们认为巴菲特能洞察一些简单得连他们自己都已经忽略的事实。

巴菲特坚决不肯透露自己的股票投资组合，因为他担心别人会效仿他，届时他若想更多地买进，成本就会提高。他从不和任何人提及自己的股票投资组合，他甚至害怕说梦话，害怕可能会向他的妻子泄露天机。

尽管他外表看上去城府极深，但实际上巴菲特深受格雷厄姆和多德的学术影响，一只又一只地挑选着价值低洼股。他并没有全方位地发挥自己的聪明才智，而是仅仅集中于投资业。他全神贯注地忙于这一件事情，仿佛在孩提时代送报纸一样全情投入。他分析了一家又一家公司，然后都记在脑海中。一旦某个公司的股票价格走低，他就会毫不犹豫地大单买进。

美国国民火灾保险公司（National American Fire Insurance）是一家名不见经传的公司。这家位于奥马哈城的保险公司由银行业巨头霍华德·F·阿曼森和他的兄弟海登控制着。它的股份在 20 世纪 20 年代末被卖给了内布拉斯加州的农场主，此后它就从大家的记忆中泯灭了。后来，阿曼森兄弟出价每股 50 美元想要赎回股票。他们的出价很低，但是由于这种股票在市场上已经不进行公开交易了，因此股民们开始慢慢地把股票转手了。

巴菲特把内布拉斯加州的保险文件细细挖掘了一番，意识到这只股票实在太廉价了，但问题在于他找不到供他买进的股票。他和自己的律师、好友唐·莫内恩跑去参加公司的股东年会，但是海登·阿曼森断然拒绝向他们透露股东名单。接着，巴菲特就像之前召集朋友和他一起去找别人打飞的高尔夫球一样，建议莫内恩开着车跑遍全州每个角落去找股票。由于被巴菲特的热忱感动，莫内恩驾着他那辆红白相间的雪佛兰汽车向内布拉斯加最偏远的角落进发了。不论是在乡村法院、银行还是其他类似的地方，他每见到一个人就向他提出以每股 100 美元的价格来收购。事后回想起自己心甘情愿、没有目标地满州转悠，莫内恩说：“这种做法听上去真是有点儿蠢，不过沃伦·巴菲特是我见过最像‘完美先生’的人。”最后，“完美先生”和他的合伙人共拿到公司 10% 的股票，赚到了 10 万美元以上，这是巴菲特的第一个大手笔。

桑伯恩地图公司（Sanborn Map）则是另一个例子，它充分说明巴菲特继承了格雷厄姆的衣钵。桑伯恩地图公司原先利润丰厚的地图生意已经日薄西山，但公司在兴旺时期推出过一系列投资组合，公司的股票大约价值每股 65 美元，而因为公司的经营不景气，所以股价跌到了每股 45 美元。这就如同北方石油管道公司股票的翻版，北方石油管道公司曾因拥有铁路债券而被格雷厄姆相中。与他的导师如出一辙，巴菲特在 1958~1959 年不断买进桑伯恩地图公司的股票，他对格雷厄姆的那番话深信不疑：“股票的价值迟早会回归。”

但是事与愿违，公司的股价并没有上升。公司的董事们只拥有 400 股股份（公司共发行了 105 000 股），其余的股份都流通在外，所以这些董事任凭股价一跌再跌也无可奈何。事实上，他们坐拥公司优质的投资项目却无所作为，在 8 年里曾 5 次减少派发给股东的红利。然而，巴菲特却注意到，这些董事多年来一分薪水都没少拿。

巴菲特仿照格雷厄姆的做法，通过一步步努力，终于成为公司的一名董事。他游说管理层去充分挖掘各个投资项目背后蕴藏的商业价值。不过，管理层顽固不化地拒绝了他的建议。

同时，巴菲特没有向自己公司的合伙人披露已把大家 35% 的资产都投资到同一只股票上去了，也没有对合伙人提到桑伯恩地图公司的名字，但是他和桑伯恩地图公司其他持不同意见的股东们开始不断给公司施压。到了 1960 年，桑伯恩地图公司妥协了，同意用公司的资产进行管理层收购。仅此一项，就让巴菲特的投资赚到了大约 50% 的利润。因为到了这个阶段已经不能再向合伙人隐瞒了，他在写给合伙人的信中说："桑伯恩地图公司要求我对该公司的运营情况保密，而且在短时间内衡量公司业绩的做法纯粹是徒劳。"

这一说法并不能让每个人信服。在他与桑伯恩地图公司周旋的过程中，还有一段有意思的插曲。一位名叫约翰·特雷恩的纽约金融作家本来想和巴菲特签约，但是当他得知巴菲特不愿透露他的持股种类和比重时，就放弃了对他的投资。

巴菲特还曾想过把邻居唐纳德·基奥也发展为自己的投资人，他家的孩子经常和巴菲特家的孩子一起玩。有一天，巴菲特问他："唐纳德，你的孩子真不错，但是你有没有想过以后该怎样供孩子们念大学呢？"唐纳德·基奥是一家咖啡批发店的助理经理，很有希望得到提升。尽管他很喜欢巴菲特，但他发现这个邻居总是待在家里，穿着运动鞋和 T 恤衫工作，这让他觉得很是奇怪，因此就拒绝了巴菲特。

那些凭着直觉就和巴菲特签约的人认为他身上有一种像影星嘉宝一般的冷傲气质，这也正是巴菲特吸引人之处。巴菲特强调自己在投资时要保密运作，他不仅仅是想防止走漏消息，也是为了避免别人干扰他的决策，使自己可以保持一种优雅的独立。他并不喜欢什么内幕消息或胡乱猜测。对于某一只值得投资的股票，巴菲特必须首先说服自己，而一旦说服了自己，那又何须让别人再妄加评论呢？巴菲特打心底就看不上提供小道消息者和预言者。如果决定股价的是公众的意见，一旦公众的心态变了，所谓的小道消息和预言又有什么用呢？他坚信自己的分析才更加可靠。

巴菲特只需要从外界得到一样东西——资金。

1960 年，不到 30 岁的巴菲特遇到了一位热心的合伙人，一个名叫威廉·安格尔的心脏病学家。这位“天使医生”为巴菲特做了一个火车模型礼物放在阁楼上，而且愿意为他做任何事情。“巴菲特问我是否有兴趣召集 10 个医生，每人投资 1 万美元，”安格尔回忆说，“于是，我就在道奇大街 49 号的一个餐厅里开会，召集了一群克拉克森医院的医生来做他们的思想工作。”

在公开场合，巴菲特必须以一个出色的基金经理的面貌示人。当天，在那家名叫“山巅小屋”的餐馆里，巴菲特把自己在卡内基演讲课上学到并在实践中提高的演讲技能发挥得淋漓尽致。在夏夜黑色天穹的映衬下，他兴致勃发地从本杰明·格雷厄姆谈到莎士比亚，不时再穿插几段善意的自嘲，讲了近一个小时。

第二天在克拉克森咖啡店里，气氛和前一天一模一样。一个产科医生说：“我们不该把钱给那个年轻人，他会卷着钱跑到国外去的。”阿瑟·格林之前曾经听过巴菲特的课，他说自己不会把钱给巴菲特，因为巴菲特讽刺说美国电话电报公司的股票是一只“像老妇人一样的股票”，而格林就持有这只股票。格林后来回忆说：“他的话让我觉得自己很蠢。”但是，还是有 11 个医生决定赌上一把。至少在奥马哈，巴菲特的业绩有了突飞猛进的增长，也让世人刮目相看。

1961 年，巴菲特在一家公司投资了 100 万美元，这是他有史以来最大的一笔投资，要是那帮医生知道了，一定惊得目瞪口呆。巴菲特投资的这家企业是登普斯特尔机械制造厂（Dempster Mill Manufacturing），它位于奥马哈城以南 90 英里的内布拉斯加州比阿特利斯镇，是一家有着 80 年历史的风车和农用机具制造商。风车制造业的前景并不乐观，因此登普斯特尔机械制造厂一直在销售停滞和利润下滑的环境下苦苦支撑。早在几年前，巴菲特就曾买进过该股票，它价格便宜，属于典型的“格雷厄姆式”股票。1961 年，巴菲特大笔买入了该公司 70% 的股份，成了控股股东，这笔交易把他合伙人 1/5 的总资产都投了进去。巴菲特任命自己为董事长（对于一个基金经理而言，此举非同寻常），这一举动也表明他绝不甘心只做一个被动的投资者。

不仅如此，巴菲特还把唐·莫内恩带入了董事会。每个月，巴菲特和忠实的莫内恩都会驱车来到肮脏的平原小镇比阿特利斯，就像堂·吉诃德带着自己忠实的侍从桑丘一样。但是，巴菲特并不能完全控制登普斯特尔机械制造厂，它需要一次彻底的整改。不过每天应付鸡毛蒜皮的小事并不是他的特长。这就像在祖父的巴菲特父子商店里擦水果箱一样让他感到头痛。巴菲特并不喜欢经营事务本身，而是喜欢它们以数字形式形成的一种抽象概念。每个月巴菲特都会让经理人精减开支、减少存货，而他们总是口头上答应，然后等巴菲特回到奥马哈之后又把一切都抛到脑后。发现这种情况之后，巴菲特马上就将公司标价出售了。

尽管如此，这并没有改变他购买这家企业时持有的格雷厄姆式投资理念。实际上，格雷厄姆的影响渗透到了巴菲特合伙公司的方方面面。除了登普斯特尔机械制造厂以外，巴菲特的资金分散到了其他 40 只股票上。他关注的都是那些“烟蒂型”股票、套利交易和处于清算等波动时期的企业，这些做法都和格雷厄姆－纽曼公司的经营方式如出一辙。在写给合伙人的信中，巴菲特毫无愧言地说自己是在步导师的后尘，他甚至连格雷厄姆的缺点也学会了。和他老师一样，巴菲特把所有高技术公司的股票都看作投机型股票而拒绝买入。格雷厄姆就看不上施乐公司的股票，而巴菲特同样在每股 1 美元的低价位时都没有买进数据控制公司，尽管他和这家计算机业的旗舰有着私人联系——该公司的一个创始人威廉·诺里斯和巴菲特是亲戚（通过一个叔叔的婚姻建立起的姻亲），而且他十分清楚这家公司的股票是有利可图的。

巴菲特一家在夏季到加利福尼亚州度假时，曾经多次到格雷厄姆家拜访。巴菲特会和格雷厄姆闭门聊上几个小时，甚至还和格雷厄姆的妻子埃丝特尔成了朋友。

当年，格雷厄姆把大多数时间都花在了橄榄色皮肤的法国情人玛丽·路易斯·阿米格斯身上。这对埃丝特尔的打击很大。埃丝特尔出身于布鲁克林一个穷人家庭，没有上过学，靠的都是自学，但她渐渐地对洛杉矶的豪华生活着了迷。在那里，她和格雷厄姆在好莱坞露天音乐会有一个包厢，经常举办奢华的晚会。罗达·萨耐特是格雷厄姆的一个堂侄，住在他家对面，他说："和格雷厄姆生活在一起并不总是甜蜜如意的，虽然他是个天才，但并不代表他就是世界上最体贴的人。"

巴菲特对埃丝特尔很友好，甚至当格雷厄姆不在家时也喜欢和她独处。颇具讽刺意味的是，格雷厄姆的妻子竟然成了巴菲特最虔诚的信徒。尽管格雷厄姆会介绍其他人给巴菲特投资，埃丝特尔自己却成了巴菲特的直接投资人。她兴奋地对萨耐特感叹道："这个男人已经完全成熟了，绝对值得依赖，你应该把钱交给他打理。"

不过，巴菲特本人对自己的能力很低调。他知道，说不定哪一年市场就会突然变脸。他提醒自己的合伙人说："注定有几年我们的业绩是跑不过道琼斯指数的。"要想每年都跑赢道琼斯指数确实非常困难，但在巴菲特并不长的从业记录中，他的经营还是战绩卓著。要知道在大多数年份里，绝大多数基金经理都很难使自己的投资收益率与道琼斯指数比肩。在巴菲特从业的头5年里，巴菲特合伙公司的业绩让道琼斯指数望尘莫及（见下图）。

年份	巴菲特合伙公司	道琼斯指数
1957	+10.4%	–8.4%
1958	+40.9%	+38.5%
1959	+25.9%	+19.9%
1960	+22.8%	–6.3%
1961	+45.9%	+22.2%
5年内收益累积增长率	+251.0%	+74.3%

最后一组对比数字尤其值得好好看一看，5年间道琼斯指数仅仅增长了不到75%，而巴菲特的投资组合收益增长了251%。

在奥马哈城，巴菲特是投资奇才的消息不胫而走。熟人都会到他常去的罗斯牛排屋，装作是偶遇，向他打探有没有什么内部消息。巴菲特通常会非常客气地建议他们拿出一支铅笔，闭上眼睛，在股票列表上点中哪只就买哪只。他还会穿着休闲的咔叽布裤子和暇步士鞋光顾奥马哈乡村俱乐部，比他年长的穿着高尔夫球鞋和运动服的人就会像蜜蜂一样朝他涌来，但他们别想采到任何花蜜。

实际上，在偏远的小镇，很多炒股的人并不会对股票细细琢磨。吃午饭的时候，打高尔夫球的时候，打电话的时候，投资股票的人们会上万次提到偏爱的股票名字。他们所谓的内幕消息虽然不是稍纵即逝，但是用不了几天他们自己就会淡忘，马上就会被某只新的热门股票所替代。但是，巴菲特截然不同，他对股票有一种与生俱来的占有感，就如同一个艺术家面对一张没有画完的画布一样。他会津津有味地讲述自己在股海沉浮的传奇经历，但只有在他卖出之后才会提及它们，而且也只限于他想要和别人谈论的股票。

人们都喜欢听他讲故事，因为他能把这些商业经历讲得通俗易懂、妙趣横生。1960年，他对数据文件公司进行注资，这是位于奥马哈城的一家生产内存条的小企业，两位创始人一位是巴菲特的朋友韦恩·伊夫斯，另一位则是巴菲特父亲的前助手约翰·克利里。两人很快就请巴菲特出任公司的董事长，巴菲特很爽快地就答应了。巴菲特还把和自己一起听格雷厄姆上课的同学比尔·鲁安和弗雷德·斯坦贝克以及芝加哥的一个朋友罗伯特·马洛特都招进了董事会。他们在董事会会议召开前的那天晚上飞抵奥马哈，正如其中一个人所说的那样，他们主要是想找个借口“在罗斯牛排屋吃点牛排，然后和巴菲特聊上三四个小时”。

巴菲特的朋友多得让人感到不可思议，其中许多人也是他的投资者。他对朋友和投资者从来都不会摆出两副面孔。他总是显得很优雅、低调、随性，在谁看来都像是个传道解惑的老师。他并不像很多人一样在“工作”和其他事务之间划出一道明显的界限，而且他一旦开始分析投资决策，就会全情投入。

罗伯特·比利希是巴菲特的一位高尔夫球伴，他说巴菲特“在学习推杆技术时比任何人都快”。当比利希告诉他该如何瞄准时，巴菲特就会变得心无旁骛，将他超乎常人的注意力集中到高尔夫球上。比利希惊叹道：“他总是能做到这一点，非常了不起。”

巴菲特工作之余的爱好是打桥牌。他经常和朋友一起打牌，牌友形形色色，有广告商、别克车经销商、法官、寿险推销员、抵押贷款经纪人、铁路律师以及美国汽车联合会分会总裁等。巴菲特通常会提着一盒6罐装的百事可乐出现在大家面前，还会讲一些让大家捧腹的笑话和故事供大家消遣。他从不提自己正在怎样赚钱，因为他根本没有必要去提。他打牌非常专注，就好像他的本业不是经营股票和债券，而是一个牌手。

巴菲特不愿输牌，也不愿意下大赌注，除非他认为和自己的搭档占了明显的上风。但是，他对待每一个牌局都会非常投入。

巴菲特的与众不同之处在于他打牌的态度，他会紧紧地盯着一手牌，然后像计算机一样精准地算牌。他打牌从不冲动，他算牌就像做数学题一样。在打第一张牌之前，巴菲特就已经考虑好了整手牌该怎么出，而且已经去除了他最讨厌的运气成分。寿险推销员凯·克特尔回忆说：“沃伦会纹丝不动地坐在那儿仔细盘算，直到算清每张牌都在谁手里为止。我带父亲来玩过一次，都快把他逼疯了。”

巴菲特分析事物时思维缜密严谨的程度总是超乎常人。从表面上看，他的情感不像别人那么容易起伏波动，似乎没有什么事情能让他表现出愠怒、失望、鲁莽的情绪。他给人的感觉总是很理性而且性格温和。

苏珊是巴菲特依赖的一方港湾，家里采购、付账、照顾孩子、操持家务这些事全靠苏珊。凡是超出巴菲特能力范围的事情，全由苏珊来打理。值得一提的是，苏珊还可以帮助巴菲特躲避他母亲。巴菲特即便在成年之后，每当看到自己年岁已高但嘴上仍不饶人的母亲时，依旧会变得战战兢兢或是陷入沉默。他想方设法避开母亲，就算在全家团聚的时候，他也会在吃过饭之后借口说要“休息片刻”，然后抽身离去。

有一次，当利拉要离开时，恰好和儿子经过同一条通道。当她想和儿子吻别时，巴菲特吓得转身走开了，弄得母亲泪水涟涟地愣在那里。不过，除了这种少见的尴尬碰撞之外，苏珊总是为巴菲特保驾护航。苏珊会去和利拉说话，这样巴菲特就不用开口了。

巴菲特对苏珊的依赖是发自内心的。一次，他们在华盛顿看望巴菲特的姐姐多丽丝，早上 6 点苏珊就在一阵钻心的憩室炎疼痛中醒来。在去医院的路上，尽管苏珊是病人，可她还在安慰巴菲特。因为巴菲特一直很怕踏进医院的大门，看上去倒是他显得更痛苦。

即便在平日里，只要苏珊走进房间，巴菲特的眼睛就会为之一亮，这是他真实情感的流露。她会用手温柔地梳理他的头发，帮他系好领带，坐在他腿上抱着他。她是巴菲特的力量源泉。巴菲特有一次说“苏珊一点点驱散了我心中的阴霾”，这可能是指苏珊帮他治愈了童年的心灵创伤。而当苏珊提起巴菲特的时候，仿佛他是一个脆弱的男孩，她决心永远保护他。她对孩子们说，巴菲特的有些方面是他们所不知晓的，只有她才能明白。

他俩性格充分互补。巴菲特是一个内敛自持的人，苏珊则愿意和别人打交道，她身边总会有许许多多密友和向她寻求心灵安抚的人，比如正在闹离婚的朋友、与亲戚闹矛盾的邻居等。在奥马哈城，似乎任何遇到麻烦的人都曾和苏珊倾心交谈过。她经常会与餐馆的侍者谈得十分投机，离开时还互留电话号码。

苏珊决心让巴菲特摆脱单调乏味的生活。比如，她会带他加入一个“美食烹饪俱乐部”。在这个俱乐部里，一群夫妇这个月会吃瑞典肉丸，下个月会吃法国油煎薄饼。不过每次巴菲特都会笑着请求女主人给他做个汉堡。巴菲特总是喜欢固守自己最熟悉的东西：同一座城市、同样的食物、同样的简单追求。他从不逾矩。

在朋友的聚会上，巴菲特夫妇的表现迥然相异。苏珊会去开导屋子里需要安慰的人，她会挨着某个人坐着，眼睛里闪着柔和的目光。她通常会温柔地问道：“一切都还好吧？”巴菲特则会待在一个墙角。不过，很快他的身旁会有越来越多的人围过来，他不露痕迹地就已经把大家带进了一个引人入胜的故事。他用词精准，语速恰到好处。他在哪里，周围就会有一大群他的信徒跟随他。

不过，巴菲特更像是一个演说家，而非一个神侃者。理查德·霍兰德是奥马哈的一位广告商，他观察到，即便是在社交场合，巴菲特说话也有一定的目的性。霍兰德认识巴菲特是在20世纪50年代后期，当时霍兰德正在为一位申请破产的客户担任债权人委员会成员。巴菲特被推荐去负责破产清算事务，他那时穿着一双网球鞋和一件旧衬衫。霍兰德说："我当时还以为他要破产了。"他俩成了好朋友，霍兰德也成了巴菲特的出资人。他发现巴菲特并不是一个喜欢浪费时间侃大山的人。霍兰德说："他只要开口，必定言之有物。"但是，对于生活化的聊天他却不在行，经常会以略显紧张的笑声来自我解嘲。

杰里·奥兰斯的妻子简·奥兰斯认为巴菲特的思维方式与常人不同。他会在晚报上找出一个主题，然后询问每个人的看法，就好像他是一个研讨会的主持人一样。大约在1961年，巴菲特和苏珊去纽约拜访奥兰斯一家。巴菲特整个晚上都在和人争论，因为他认为人口过剩是世界上最严峻的问题。这是典型的巴菲特风格：讨论的逻辑严谨且和数字有关。同时，这个问题触及了他对人类生存状况的极大恐惧。不过，这一次巴菲特在表述时并没有让别人觉得他咄咄逼人，他的语气拿捏得很到位。用简·奥兰斯的话说：

> 他幽默风趣地聊起了这个话题。他的话很有说服力，很有逻辑性，但并不让人觉得他是在给你灌输东西。他会让你觉得你的结论也和他相似，尽管你明显可以看出他比你更加深入地思考了这个问题。他给你一种感觉，就是整个晚上都是他在唱主角，但是你并不觉得自己有什么不爽。

巴菲特在纽约筹集了很多资金。巴菲特一家在春天来到纽约，既是为了看朋友，也是为了做生意。他通常会在广场饭店给奥兰斯打电话说："兄弟，你能带一箱6听装的百事可乐来吗？你简直想象不到房间里的可乐卖得有多贵！”但就在说话的同时，他正在接受客户开出的6位数的支票。

巴菲特也从格雷厄姆的关系网中得益很多。他在纽约的一次讲座上遇到了马歇尔·温伯格。马歇尔是一位经纪人，也是格雷厄姆的校友。巴菲特和他很快成了朋友，马歇尔和自己的兄弟向巴菲特投资了10万美元。另一个股票经纪人朋友亨利·勃兰特不仅自己投了资，还把他的客户推荐给了巴菲特。劳伦斯·蒂施受到霍华德·纽曼（格雷厄姆－纽曼公司的合伙人之一）的点拨，也把10万美元交给了巴菲特。

还有一个纽约人名叫戴维·施特拉斯尔，他的家族事业是专门挽救经营不善的企业。施特拉斯尔飞到奥马哈城，想买下登普斯特尔机械制造厂，巴菲特亲自到机场来接他。施特拉斯尔回忆说：

> 作为一个清高的纽约人，我向来看不起乡巴佬。我在哈佛和麻省理工学院念过书，也刚做成几笔生意，整个人就有些飘飘然。我们开了一会儿车以后，他问起一个关于我们家族控股公司的问题。这家名叫比林斯·斯宾塞的公司位于哈特福德，主要生产模具和金属切割机，公开上市的股份只有大约2%。我至今都不知道他是怎么知道这家公司的情况的。之后，他又开始问我有关这家公司资产负债表的一些问题。结果发现，他比我还要了解这家公司的资产负债表。我整个人一下子就像被扔进了冰谷。

施特拉斯尔，这个典型的傲慢的纽约人，当即决定给巴菲特投资。

巴菲特的合伙公司创办时只有区区10.5万美元资金，到了1962年总资产已高达720万美元，比格雷厄姆－纽曼公司在鼎盛时期还要繁荣。其中，有100万美元是巴菲特的个人财富。尽管他还是个小人物，但他已经接受了市场的检验。原先只有7人的亲友投资团已经壮大到90人的规模，其成员遍布从加利福尼亚州到佛蒙特州的美国各地。

因为生意越做越大，巴菲特觉得自己的起居室已经不够用了。他把几个合伙人关系合并成一个公司——巴菲特合伙有限公司（Buffett

Partnership. Ltd），并把最小投资额由原先的 25 000 美元提高到 10 万美元。他把办公室移到了凯威特广场，这是位于法纳姆大街上的一幢 14 层高的白绿相间的大楼。

凯威特广场位于奥马哈商业区边缘的一座小山上，周围的街区混杂着各色人等，有脱衣舞俱乐部、公寓区，还有一座年代久远的铸钢厂。巴菲特所在的办公区除了墙上机织的挂毯有些讲究之外，其他都只求实用，虽然有些简朴却让人感到心情明亮，这样巴菲特就可以坦然地向合伙人保证自己不会大手大脚地挥霍。在巴菲特看来，这里的办公室已经像是一座宫殿了。他有了一个秘书和一个助手帮他打理公司琐碎的行政事务，这样他就有更多时间来阅读《穆迪手册》了。他的办公区还有一些空间可以租给年老多病的父亲。办公室和他家位于同一条街道上，就好像他在卧室和办公室之间挖了一条几英里的通道一样。

巴菲特终日忙于阅读各家上市公司的年报、商业刊物和业务电话。尽管他看的报告和分析的股票越来越多，但他的心情依旧十分明朗，他在工作时喜欢独来独往，他常常让人帮他要一份奶酪汉堡和薯条外卖，然后一个人吃午饭。他的几个助手对他选股的情况知道得并不比他妻子多到哪里去。

不过，在办公室几英里之外，巴菲特确实有一个好顾问。他在给合伙人的信中经常提到一位“西海岸的哲人”朋友，这个“化名”就可以显示出此人的巨大影响力。这个人就是查理 · 芒格，他比巴菲特大 6 岁，也是在奥马哈长大的。他的父亲是一位律师，祖父是一名法官。他是埃德温和多萝西 · 戴维斯一家的密友，小时候也曾在巴菲特家的杂货店里工作过。

在大学里念了 3 年气象学之后，由于战时缩短学制，芒格在没有拿到学士学位的情况下就跨入了哈佛大学法学院。他的同学们都认为他才华横溢且很有主见。在课堂上，如果在没有准备的情况下被教授点名回答问题，芒格就会毫不客气地顶一句：“我还没读过这个案例呢，但是只要你把事实陈述给我听，我就能给你说出相关法律条文。”

从哈佛大学法学院毕业以后，芒格开始在洛杉矶执业。但在 1959 年，他回到奥马哈关掉了父亲的律师事务所。埃德温·戴维斯的儿子也是巴菲特的投资人之一，他觉得巴菲特和芒格两人有着惊人的相似之处，于是就邀请他俩在奥马哈的一家上流俱乐部共进午餐。果然，他俩马上就打得火热。

“沃伦，你最近都在忙什么呢？”芒格问道。

“噢，我开了个合伙公司。”

“也许我在洛杉矶也能开一个。”

巴菲特看看他笑着说道：“嗯，也许能行吧。”

第二天晚上，他们又在两人都认识的朋友理查德·霍兰德家碰面，两人依旧相谈甚欢。芒格整晚都抱着同一种饮料不放。他谈得太投入了，当他举杯仰头往嘴里倒饮料的时候，还不忘举起另一只手做出一个停止的手势，这样就没人可以把他的谈话打断了。

芒格的外表得分并不高，他相貌平平，面色有些惨白，眼睛藏在厚厚的镜片后面。他尽管有点势利，而且过于相信自己的主观判断，但仍是一个有着高风亮节的人。他的聪明健谈就像把丘吉尔的自信和对生活的恬淡乐观融合在了一起。有一次，别人问他会不会弹钢琴，芒格风趣地答道：“我不知道会不会，因为从来没试过。”巴菲特从他身上看到一种与自己相似的机智和独立。

当夏天巴菲特一家去加州度假时，两个人的友情变得更加深厚了。巴菲特在家时，经常会平躺在地上，四肢惬意地伸开，和芒格煲电话粥。巴菲特的女儿小苏珊回忆说，在家吃饭时经常会听到的一句话就是“爸爸还在跟查理聊天呢。他俩经常一谈就是好几个小时，他们互相都能猜到对方想要说什么，似乎都不需要对方再多说什么了。你总会听到他们在电话里说‘没错……嗯……我明白你的意思……对’。”

巴菲特说他和芒格的想法有太多惊人的相似之处，让人感觉简直“邪”了。但是芒格与巴菲特的许多朋友不同的一点就是，芒格不会像别人那样对巴菲特顶礼膜拜，而这一点也正是吸引巴菲特的地方。巴菲特觉得芒格是难得一遇的知己，于是力劝芒格也来从事他这一行。他总对芒格说，从事法律对于芒格来说实在是大材小用了，而芒格也从不否认这一点：

> 和沃伦一样，我也强烈地渴望变得富有。这并不是因为我想开法拉利跑车，而是因为我迫切地想独立。在我看来，不得不给别人寄账单是一件很不体面的事。我不知道自己的这种想法都是从哪儿来的，但我脑子里就是有这样的念头。我已经节衣缩食了很多年，我一直在攒钱。

后来芒格开了一家名叫芒格－托尔斯－希尔斯的律师事务所，但他很少去那里上班。到了1962年，当巴菲特搬进凯威特广场时，芒格也在经营着自己的合伙投资企业。

那年春天，巴菲特带着困惑找到了芒格：登普斯特尔机械制造厂该怎么办？芒格并不是格雷厄姆的信徒。在他看来，陷入困境的公司，也就是以格雷厄姆的低价方式收购的那种公司，想要改弦更张并非易事。

芒格认识一个名叫哈里·博特的年轻人，他也许能解决登普斯特尔机械制造厂的难题。之后巴菲特在洛杉矶与哈里·博特会面，6天以后博特就到登普斯特尔机械制造厂任职了。他采取了一系列措施来压缩成本、关闭厂房、大幅削减存货。巴菲特在给他合伙人的信中写道：

> 毋庸置疑，哈里正是在这一年为公司力挽狂澜的人……很多事在别人看来是不可能完成的，但他全都做到了……

哈里·博特干了很多漂亮的工作，而且都是些费心费力的苦差事，也都是巴菲特没有精力去做的。他从登普斯特尔机械制造厂业绩不佳的车间里挤出现金来让巴菲特投资于股票和债券。按照哈里·博特提供的模型，巴菲特塑造了一个完全不同的企业，这个企业持有多元化而且稳步升值的多种证券。这就是巴菲特擅长的炼金术。他对合伙人说：

在某种程度上，我们把日薄西山的制造业资产转化为蒸蒸日上的证券资产了。

当然，机械制造厂也为这种转型付出了代价，100 名工人丢了饭碗，而且巴菲特在比阿特利斯镇遭到了严厉的抨击。比尔·奥蒂斯是巴菲特的一位桥牌牌友，他曾经半开玩笑半当真地说："你解雇了那么多人，夜里怎么还能安然入睡呢？"

这番话对于巴菲特这个十分看重名誉的人而言，可不只是一句玩笑话。

"如果不把他们解雇，工厂就会倒闭。"巴菲特答道，"我一直在密切关注工厂，大多数留下的工人比以前过得更好了。"

尽管朋友的话听起来是有道理的，但巴菲特还是极其反感别人把他叫作"破产清算人"，发誓自己"绝对不会"再解雇员工了。

不过，机械制造厂的业绩给他挣回了面子。一年以后，登普斯特尔机械制造厂的规模缩小了许多，但收益率却比以前有了大幅提高，而且还有了价值 200 万美元的证券。1963 年，巴菲特卖掉了机械制造厂，为自己的合伙公司挣到了 230 万美元的利润，相当于原来投资额的 3 倍。他之所以能取得这样的骄人战绩，主要有三个方面的有利因素：最初较低的收购价格、巴菲特坚持经营的韧性、巴菲特和博特等人采取的一系列扭转乾坤的对策。对于巴菲特这个格雷厄姆的爱徒而言，三个因素中的第一点是最关键的。

这是我们投资哲学中的一条准则：永远不要指望在转让时能卖出好价钱，而是要让自己的买入价低得诱人，这样最后的售价即使不高也能让自己赚得盆满钵满。

BUFFETT

第5章 多元投资方式

我无法就公司的盈利前景向合伙人做出承诺。

——沃伦·巴菲特，1963 年 1 月写给合伙人的信

索尔·帕索在凯威特广场经营一家男士服装店，他很清楚沃伦·巴菲特跟时尚是不搭边的。通常而言，巴菲特会走进服装店，一口气定做 5 套西服。不论帕索如何规劝，他定做的 5 套西服全是清一色的灰褐色，然后他便转身匆匆离去。

不过，有一天早晨，巴菲特走进店里向帕索征求有关流行服饰的建议。他想了解帕索对一个名叫拜尔·罗尔尼克的制帽商的看法。

帕索解释说，因为肯尼迪总统不戴帽子，现在不戴帽子的打扮方式十分流行。“沃伦，”他说道，“我肯定是不会戴帽子了，现在也没有人再戴帽子了。”

过了一会儿，巴菲特又回来了，问道：“索尔，那现在制衣业的情况怎么样？”

“沃伦，现在男人都不买套装了。”

这次，索尔·帕索没能说服巴菲特。巴菲特的合伙公司以每股 7.6 美元的价格买下了位于马萨诸塞州新贝德福德的一个成衣制造厂——伯克希尔·哈撒韦公司的一小部分股份。1962 年，伯克希尔·哈撒韦公司股票的低价格对于格雷厄姆的门徒绝对是很有吸引力的。这家美国东部脆弱的成衣制造商一直都在与成本低廉的南美和亚洲东部的竞争对手们苦苦抗衡。不过，至少从账面价值来计算，买进伯克希尔·哈撒韦公司绝对是一笔划算的买卖。其每股运营资金为 16.5 美元，是其股价的两倍多。作为格雷厄姆和多德学派的拥护者，巴菲特看上了这只股票，并且

逐渐增加了仓位。

不论这项投资成败如何，它告诉世人，巴菲特已经不再只是步其老师的后尘了，他比格雷厄姆在投资上更加果敢，更愿意在某只股票上下功夫进行研究，更迫切地想要成为胜者。天道酬勤，巴菲特的业绩注定青出于蓝而胜于蓝。

不过，如果稍加留心你就会发现另一点，那就是巴菲特开始有了不同的思考模式。他不仅会用格雷厄姆偏爱的量化角度来考虑问题，还会从品质的角度去评价一家企业。当巴菲特看到一种股票时，他开始不再把股票看作静止的资产负债表，而是一个具有独特动力和潜能的鲜活企业。1963 年，也就是巴菲特投资伯克希尔·哈撒韦后的第二年，巴菲特开始研究一种与以往他所购买的股票类型完全不同的股票。他所投资的新公司也许连一间厂房都没有，也没有固定资产，这样的公司最有价值的商品往往就是自己的品牌。

美国运通绝对是一家引领时代潮流的公司。美国当时已经进入太空时代，美国公民脑子里也一直在勾画未来，但很少有其他公司的产品能像美国运通那样恰如其分地彰显现代生活的品质。由于美国人已经有经济能力乘飞机旅行了，所以美国的中产阶级开始乘飞机环球旅行。在这样一个时代，旅行支票成为旅行者的“通行证”。(《读者文摘》盛赞美国运通公司的旅行支票是“永远不会遭到拒付的支票”。）美国运通公司有将近 5 亿美元的票据在市面流通，执行着像货币一样的功能。同样重要的是，到了 1963 年，已有 100 万美国人持有美国运通卡。要知道，这种卡投入市场不过短短 5 年时间，5 年前美国人去外地旅游时还得考虑身上是不是要带上大笔现金。《时代》周刊宣告“无现金社会”已经到来。在美国，一场暴风雨般的变革即将开始，美国运通正是这场变革的领跑者。

天有不测风云。危机往往始于公司内部某个微不足道的环节。这次危机降临在新泽西州巴约纳市的一家仓库，这家仓库属于美国运通公司的一个子公司。

这个仓库在一场看似普通的交易中接收了一批大罐装货物，据称里面装的是色拉油。这批货物是联合食用油公司提供的。作为取得货物的凭证，这个仓库给联合食用油公司开出了收货凭据，联合食用油公司又用此凭据作为抵押获得了一批贷款。后来，联合食用油公司宣告破产，债权人抓住公司的抵押品不放。这时候，也就是1963年11月，美国运通公司也发现了问题："进一步的调查发现，只有少数油罐中装的是食用油。"其他罐里装的都是海水，尽管这些海水的品质非常高，但也不如食用油值钱。简而言之，仓库因为别人的商业欺诈蒙受了巨额损失，估计总损失高达1.5亿美元。

那到底该由谁来承担这一损失呢？联合食用油公司显然要承担最大的责任，但它已经破产了。美国运通的这家子公司也已申请破产。美国运通公司自身是否需要承担责任还不确定，但是公司的首席执行官霍华德·克拉克坚定地认为，对于一家名字出现在旅行支票上的公司而言，公众的信任就是立命之基。霍华德·克拉克是个言必信、行必果的人，他发表了一份声明，声明的内容足以让那些比美国运通规模要小的公司的首席执行官感到胆战心惊：

> 美国运通感到在道义上应当竭尽全力处理善后事宜，以保证美国运通始终如一的负责形象，确保这次出现的问题能够圆满地得以解决。

换言之，不管在法律上是否有必要，母公司美国运通都将承担起责任。这种承诺带来的潜在损失将是巨大的。实际上，按照霍华德·克拉克的说法，公司已经"资不抵债"了。

消息不胫而走。11月22日，美国运通的股价从每股60美元下跌到每股56.5美元。当股市在肯尼迪遇刺之后重新开市时，美国运通的股价更是狂跌到每股49.5美元。

真相渐渐水落石出，原来经营联合食用油公司的人名叫安东尼·德·安杰利斯，人称"食用油大王"。德·安杰利斯这种人在美国金融界并不少见，他将聪明才智和奸诈融为一体，把自己打造成一个衣冠楚楚的骗子。之前，他曾在新泽西州经营一家肉制品厂，后来这家工厂和政府反目成仇，只得关门。当他以联合食用油公司的出口商身份重现江湖时，之前的斑斑劣迹让他无法得到银行贷款，这只狡猾的狐狸就耍诡计把“食用油”储存在美国运通下属公司的仓库里。一旦拿到享有如此神圣品牌的公司开具的凭证，他便可以伸手向银行贷款。他从银行借到了钱，还把房子都押在食用油期货上，结果输得血本无归。

丑闻曝光后，大腹便便的德·安杰利斯在布朗克斯的家中被警察逮捕，等待他的将是位于纽瓦克的联邦法庭的审判。然而，有更大麻烦缠身的是美国运通公司，该公司创业 94 年以来从未给股东少发过一次红利，现在却突然间宣布它面临着破产风险，让人惊愕不已。

事态在一步步发展，巴菲特则专门去了奥马哈城的罗斯牛排屋，他那执着的探究精神和去索尔·帕索服装店时相比有过之而无不及。这天晚上，让巴菲特感兴趣的并不是顾客盘中的牛排，也不是他们的西服或帽子。他站到了收款机后面，和店主一边攀谈一边观察顾客的表现。巴菲特通过观察发现：尽管美国运通公司遇到了前所未有的危机，但是罗斯牛排屋的顾客们还是继续使用美国运通卡来付账。通过这一点巴菲特推断出，在圣路易斯、芝加哥或是伯明翰的各家牛排屋中，美国运通卡依然畅行无阻。

之后，巴菲特又到奥马哈城的银行和旅行社做调查。在那里，巴菲特发现人们仍旧在使用旅行支票。巴菲特还跑到出售美国运通公司汇票的超市和药店里进行调查，最后他还和美国运通公司的竞争对手进行了交谈。经过大量的实地调查，巴菲特得出了两个结论，这两个结论和一些人想当然得出的看法大相径庭：

1. 美国运通公司并没有衰败。
2. 美国运通依然是世界上畅行无阻的品牌之一。

美国运通并不处于格雷厄姆所认为的安全边际之内，因而格雷厄姆不可能买入这只股票。格雷厄姆的信条其实非常简单，购买股票必须以

“统计数据清楚可靠的数学推理”为基础。换言之，购买股票的分析要以公司的运营资本、厂房和设备等其他可测度的有形资产为基础。

但是，巴菲特看到了一种格雷厄姆不曾留意到的资产：美国运通这个品牌特许权蕴含的巨大价值。这种特许权意味着对市场的独占权。美国运通垄断了美国旅行支票市场80%的份额，也占据着银行卡业务的头把交椅。在巴菲特看来，这场危机并没有撼动美国运通公司的龙头地位，事实上也没有任何危机可以撼动它。公司客户所表现出来的忠诚度是无法从格雷厄姆简单的统计数据中推断出来的，它不像有形资产那样会出现在公司的资产负债表上，比如伯克希尔·哈撒韦公司的厂房，但是，这种特许权绝对是有重大价值的。在巴菲特看来，这是一种莫大的价值。美国运通公司在过去10年间连续创造了超越之前年份的丰厚利润，不管这次的食用油是油还是水，那些忠实的客户并不会抛弃它。但是，如果仅仅分析美国运通的股票价格，你就会产生一种错觉，以为它的投资者已经离他远去了。

1964年初，美国运通的股价跌至每股35美元，华尔街的股票经纪人几乎异口同声地说道：“卖！”但是，巴菲特决定买进。他把自己公司1/4的资产都用于买入这只股票——一只背负着尚未明了但可能是海量债务的公司股票。如果巴菲特这一次判断失误，那么化为灰烬的不仅仅是他辛苦积攒起来的财富，更有他苦心经营挣得的声誉。

美国运通的首席执行官克拉克打算补偿仓库的债权人6 000万美元以求息讼，但他却遭到了美国运通股东们的起诉，他们称克拉克把他们的资产“恣意挥霍”在了一种“华而不实”的道德义务上。

巴菲特不同意这种观点，他特意去拜访了克拉克，主动介绍自己是一位友好的股东。“巴菲特当时买进了我们的股票，”克拉克回忆说，“任何在那种危难关头买进公司股票的人都是真正的兄弟。”

当巴菲特表达了对克拉克的支持时，美国运通公司的一位律师问他是否愿意出庭作证。巴菲特果真来到法院，告诉股东们他们不仅不应该起诉克拉克，还应该为克拉克一了百了地解决了这个麻烦而感到庆幸。

他解释说："在我看来，那 6 000 万美元就像是本该发给股东的红利，但不小心在邮寄途中丢了。我的意思是说，如果公司宣布丢失的是 6 000 万美元红利的话，大家并不会感到要大难临头了。"

尽管美国运通的诉讼还在拖拖拉拉地进行，但公司的股价已经开始回升，不过巴菲特没有像格雷厄姆一样马上套利。巴菲特本人喜欢克拉克，而且喜欢美国运通的产品，因此他继续加仓。

与此同时，伯克希尔·哈撒韦的经营前景却是一片暗淡。由于纺织品市场不断萎缩，公司陷入了亏损的境地，只得不断地关闭旗下的工厂。然而，巴菲特还在不断买入它的股票，这样巴菲特合伙公司就逐渐地获得了伯克希尔·哈撒韦的控股权。和登普斯特尔机械制造厂的情形一样，巴菲特进入了伯克希尔·哈撒韦的董事会，想要力挽狂澜。尽管公司身陷困境，但巴菲特还是对合伙人说："投资伯克希尔·哈撒韦是一件令人高兴的事儿。"

当时巴菲特管理的一半资产都压在了这两只迥然相异的股票上，它们的性质完全不同，就好比一本书的封面和封底一样。按照巴菲特的说法，伯克希尔·哈撒韦的股票从"量化"的角度来看很吸引人，因为它价格便宜；而美国运通公司主要是靠其"品质"吸引人，它产品出众而且有很多管理精英。尽管巴菲特认为偏离数字的软性方法是帮人做出判断的次要依据，但他还是难以确定平衡点到底在哪里。"买入股票的主要理由还是价格便宜。"他写道。但他同时也对品质因素给予了"极大的关注"。

巴菲特并没有向他的合伙人透露到底持有美国运通多少股份。但巴菲特此时已经慢慢脱离了格雷厄姆光环的笼罩，开始另辟蹊径，尝试更多元化的投资方式，他在信中也与合伙人有了更多的交流话题。巴菲特写信不仅仅是为了汇报投资收益，也是在和他们沟通自己的投资策略，向合伙人传达他的投资理念。他又变得像个老师了。

不过，出现在字里行间的更多说法并非出自格雷厄姆之口，也不是《聪明的投资者》一书中的句段，而是巴菲特自己的见解。巴菲特的话时而铿锵有力，时而幽默诙谐，时而属于自我解嘲，让人感到他比 30 多岁的一般投资经理人要博学得多。尽管他还是一个年轻人，但他充满了自信。这是巴菲特在 32 岁时所写的《复利的快乐》中的一段话：

> 据不确切的消息来源，哥伦布当年航海时，从西班牙伊莎贝拉一世女王那里得到的资助约为 3 万美元，这是公认的在风险投资方面较为成功的一项举动。我们暂且不计算发现一个新大陆的心理愉悦度，但必须明确指出的是，这次航海经历不是创建另一个 IBM 公司。如果我们按照 4% 的年复利粗略计算，当初这 3 万美元的投资现在应该创造了约 2 万亿美元的财富。

他的这番话关键是想说明，即便是数目微不足道的一笔钱，投资时也应该万分谨慎。对于巴菲特而言，挥霍 3 万美元所代表的损失绝不仅仅是 3 万美元本身，而是潜在的 2 万亿美元。

在另一封写给合伙人的信中，巴菲特把他们臭骂了一通，因为他们过分关注避税，以致影响了正常的投资规划。巴菲特指出，人生中的许多错误都是由于人们忘了到底想要追寻什么而造成的。

> 一个人在投资的世界里到底要做什么呢？并不是尽可能少纳税，尽管这是他为了达到最终目标需要考虑的因素之一。但是，目标和手段不能混为一谈。真正的目标，应该是实现尽可能多的税后利润。

他还指出，因为人们与生俱来对纳税就有一种厌恶之情，这往往会阻碍他们理智地采取行动，这也是巴菲特在投资时想方设法要避开的误区。在他看来，说到底人们只有三种方法可以避税：（1）放弃自己的财产；（2）把苦心经营获得的盈利都亏损掉；（3）带着这些财产进坟墓。他说：“这三种方法对我而言都太极端了，哪怕是最狂热的极端分子要采取其中任何一种方法都要思量一番。”

巴菲特之后也多次谈到了同样的话题。事实上，如果把这些信从头到尾细细通读一遍，你就会发现巴菲特此后的很多心声。如果单独看巴菲特在这一时期写下的每一封信，那么给人印象更深的是他对事业发展的坚定信念。这些信都写于家人已经熟睡的深夜，其字里行间也包含着巴菲特的自我发现，体现了巴菲特对于自己的坦诚。当然，他本人也和信中的他一样随性自然。

巴菲特和这些信的很多读者都有私交，他们可能是巴菲特的家人或朋友。他与所有合伙人之间的关系在某种程度上虽然是很抽象的，但对于巴菲特却有特殊的重要性。

对他个人而言，他愿意和所有的合伙人都保持一定的距离；但作为一个普通合伙人，巴菲特在信中实际上指出了他内心最关心的问题。如果说他在合伙公司中的工作不啻给自己绘了一幅自画像的话，那么这些信背后所表达的主题恰恰彰显了他自身的性格。他用这些半年一次的书信给合伙人提供了更多的背景知识，让他们的预期以及想法尽量和自己保持一致。与其说他是在写信，不如说他是在和他们倾心交谈：

> 我的工作并不是预测整个股市或商界的走势和波动情况。如果你认为我能够做到这一点，或是认为这对于一项投资至关重要，那么你就不应该入股这个合伙公司。

对巴菲特而言，有一点是非常重要的，那就是他的合伙人要绝对信任他。他和苏珊把自己90%的个人财产都注入了这家合伙公司，巴菲特的助手比尔·斯科特也一样。巴菲特向合伙人拍胸脯保证说："我们大家绝对是在同一条船上的。"

巴菲特耗费了大量精力同合伙人事先沟通公司的运作规则，而且每次都解释得非常具体，因为他很清楚，双方如果在这一问题上有误解的话，会使这艘船失去方向。有一次，一个合伙人贸然闯进了巴菲特在凯威特广场办公区的接待室，非要弄明白自己的资金到底投在了什么地方。巴菲特当时正和一位名叫比尔·布朗的银行家会谈（比尔·布朗后来当上了波士顿银行的董事长），因此巴菲特就对秘书说自己现在很忙。过了一会儿，秘书又回来了，说那个人执意要见巴菲特。巴菲特离开了片刻，回来后就对秘书说："把那个人的钱退给他，让他走人。"巴菲特转身对比尔·布朗说道："他们都应该知道我的规矩，我一年只向他们汇报一次投资情况。"

巴菲特从不试图预测自己的投资回报率，但他对于一个想法是非常执着的，那就是他的合伙人必须能够公正地评判他——在做评判的时候不掺杂感情因素，而是根据不偏不倚的数学尺度（这正是巴菲特用来评判自己的方法）：

> 我笃信在行动之前需要确定一种尺度。回想起来，几乎任何一件事情都可以因为和这样或那样的因素发生联系，导致它看上去不错。

他从一开始就设定了一个目标，那就是要让公司的年均收益率比道琼斯指数高出 10 个百分点。关于这一问题，他向自己的投资者进行了更深入的阐述。他指出，道琼斯指数反映的是一组，即 30 只股票的平均股价表现，而且是没有人进行管理的。然而大多数投资公司的收益率却都赶不上它。巴菲特提出了这样的问题，为什么那些拥有聪明才智、经过专业训练并拿着高薪的"华尔街理财大师"，竟然无法使自己的投资组合的回报率超过这一组完全无人管理的股票组合呢？他发现这些投资经理都有一个问题，就是他们往往会把保守型的投资组合（一组定价合理的股票）与传统的投资组合相混淆。它们之间的区别非常细微，因此投资者需要仔细思量才能看出异同。大多数投资经理往往不管价钱是否合适，都会买上一堆名头响亮的股票，例如美国电话电报公司、通用电气、IBM 公司的股票之类，这种做法只是让他们拥有了传统的投资组合，绝非保守型的投资组合。巴菲特对华尔街盛行的这种从众心态和运营方式提出了尖锐的批评：

> 我的看法或许带有偏见，但我认为手里拿着一大堆鱼龙混杂的股票，又想实现出色的投资业绩，这几乎是不可能的。

这种投资决策趋同的做法已经在华尔街各家基金公司蔓延开来，也正是由于这种做法，各家基金公司虽然名号不同，但是投资业绩大同小异。不仅如此，这还带来了一种非常具有迷惑性的推论：只要达到平均水准就是安全的，相反，如果打破常规就是危险的。巴菲特则提出了不同见解，他认为听上去符合逻辑的做法有可能是符合传统的，但经常会导致反传统的行为。

> 在世界的某个角落，也许还有人在定期聚会，大谈特谈地球是方的。我们并不会因为有重要人物、能说会道的人或大多数人支持我们，就觉得自己心情舒畅。同样，我们也不应该因为这些人不赞同我们的观点就感到万分沮丧。

巴菲特的投资组合是坚决反传统的。他把大部分资金都放在美国运通、伯克希尔·哈撒韦和其他两三只股票上，整个合伙公司的大部分资金只投入5只股票之中。在理想的条件下，如果巴菲特能找到50只同样“出色”的股票，他肯定希望自己的投资多元化。但是在现实世界中，他发现自己其实费了九牛二虎之力，才找到目前几只满意的股票。

他对那些和自己背道而驰的基金经理都不屑一顾，也就是说，他把华尔街的大部分“精英”都嘲弄了一番。在华尔街，投资多元化似乎已经变成了一条铁律。基金经理们往往迫不及待地买入几百只不同的股票。借用比利·罗斯的说法，巴菲特甚至怀疑，这些基金经理对所选择的每只股票的肤浅了解甚至还赶不上一个酋长对自己100个老婆的了解程度。

> 任何买进这么多股票的投资者……我把他们称作“诺亚投资学派”，他们遇到任何事情都要做两手准备。这样的投资者都应该去驾驶稳当的诺亚方舟。

对于一个囊括了几十只甚至上百只股票的投资组合而言，如果某只股票价格下跌时总的投资业绩不会受到明显的影响，那么同样，即便某只股票价格上涨也不会有太大的影响。这样一来，股票的种数越多，投资组合的收益率就和整个大盘越接近。对于一个刚刚开始玩股票的新手而言，这倒是一个稳妥、理想的做法。但在巴菲特看来，这种做法和职业的投资专家格格不入，因为别人聘请投资专家的目的就是让投资回报率超过市场的平均水平。买进多只股票，只会让人觉得这位投资经理不知如何选择成长性最好的股票。

但这并不代表巴菲特是个赌徒。在避免投资遭受损失方面，他和格雷厄姆一样谨小慎微。不过，巴菲特和格雷厄姆的做法并不相同。格雷厄姆坚持认为在相当程度上（哪怕不是在很大程度上）应该进行投资多元化，巴菲特则认为不应该让篮子里的鸡蛋过于分散，同样也可以保证它们不被磕坏。尽管从外表上看巴菲特很谦逊，但实际上他颇有一番雄心壮志，而且他一直都没有让自己失望过。合伙公司在 1963 年的投资收益率高达惊人的 39%，在 1964 年也达到了 28%。当时，巴菲特手里掌管的资金已经多达 2 200 万美元，他的个人净资产也有将近 400 万美元了。这在当时可是一笔巨大的财富。

尽管巴菲特的财富不断增多，但是他依旧秉持朴素的生活方式。他依旧偏爱帕索服装店里的灰褐色西服，还是喜欢去罗斯牛排屋用餐，依旧满足于看一场内布拉斯加大学校队的橄榄球比赛。平日里，除了偶尔因为工作出差之外，他就是在家和办公室之间过着两点一线的生活，几乎没有任何外来因素能影响到他那份简单宁静。从巴菲特的言谈举止当中，你根本看不出他是个富翁。的确，他后来多添了几个房间，并且还在家中添了一个壁球场，高高的屋顶和周围人家相比显得是有些鹤立鸡群，但对于一个百万富翁而言，这样的住宅已经非常低调了。房子依然紧邻着繁忙的街道，屋外就有一盏闪烁的黄色交通灯，俨然是一个屹立在那里的哨兵。

巴菲特很少花心思去想怎样把大笔的钱花在物质享受上，因为追求物质享受并不是他努力赚钱的动力。对于他而言，金钱只不过是个人成就的一种证明而已，是他所钟爱的游戏记分牌。

他曾让苏珊把他那辆开了多年的大众车换成新的。他说自己去机场接人时，这车实在是显得太寒酸了，但他对开豪华车压根儿就没有兴趣。

“你想买什么车呢？”苏珊问他。

“买什么车都行，我无所谓。”（后来，苏珊给巴菲特买了一辆宽敞的凯迪拉克。）

奥马哈的数据文件公司副总裁斯科特·霍德有一次出差飞往休斯敦时和巴菲特同行，在路上霍德开门见山地问他：“沃伦，当百万富翁的感觉怎么样？”

霍德的语气很天真：“我以前一个百万富翁都不认识。”

“只要我愿意，我可以用钱买到任何想买的东西。”

也许霍德脑海中当时正浮现出很多自己梦寐以求的东西：精品玩具、豪华轿车、名画、珠宝、上等丝绸。这些东西对巴菲特而言都不在话下，但这些东西对于他来说并没有太大的意义，他一心想做的就是待在凯威特广场的办公室里，一天一天地堆积起更多的财富。

与巴菲特不同，苏珊一方面表现出对金钱漠不关心的样子，另一方面却是一个疯狂的血拼族。有一次，她在家庭装修上一下子就花了 15 000 美元。巴菲特的高尔夫球友罗伯特·比利希回忆说：“这让巴菲特感觉像掉了一块肉一样。”巴菲特曾向比利希抱怨说：“你想过吗？如果把这笔钱拿去投资，20 年之后能赚回多少钱呀！”

尽管巴菲特看上去没有太多的物质追求，但他却有某种特殊的偏好。在他看来，每一分钱都可能变成伊莎贝拉一世女王所没能得到的财富。如果今天的一分钱可以变成今后大笔财富的话，那么每花一分钱都会让他感到痛心疾首。他甚至连人身保险都不愿意买，因为他觉得自己能比保险公司更快地利用保费赚到更多的钱。[①] 巴菲特说自己正在“逐

---

① 关于保险有个趣闻。据寿险推销员凯·克特尔说，巴菲特的合伙人中有一部分人非常担心万一巴菲特哪天去世，自己的投资就泡汤了，于是强烈要求巴菲特买一份保险，受益人写这些合伙人。

渐进入吝啬的境地”（然而他在收取别人支票的时候却从不手软）。

当涉及金钱的时候，巴菲特似乎具有双重人格：一方面他视金钱如粪土，另一方面又视金钱如至宝。他虔诚地认为金钱是神圣的，似乎认为花掉一分钱都是一种罪恶。甚至在节食的时候，他也不会忘了让金钱发挥作用。除非他的体重下降，否则他会开出一张 1 万美元的支票给女儿，将来的某一天可以兑付。于是，女儿小苏珊就会想方设法地用冰激凌来引诱他，或是千方百计地把父亲拖进麦当劳，但这些都无济于事。她的爸爸可不会像希望保住自己的钱那样想吃冰激凌。

有一年夏天，当巴菲特全家去加州圣西米恩的威廉·兰道夫·赫斯特城堡度假时，巴菲特非常有趣地表达了自己对金钱的鲜明态度。当导游详细地介绍赫斯特的城堡里的窗帘、地毯、古董等每件东西花了多少钱时，巴菲特听得简直烦透了，他不客气地说道：“别再絮絮叨叨地说他是怎么花钱的，跟我们说说他的这些钱到底是怎么赚来的！”

巴菲特的财富观似乎也影响了他的政治观，但绝非以人们通常认为的那种方式。大约在 20 世纪 60 年代初，当他变得极其富有时，他终于宣布脱离父亲，拥有了完全独立的政治态度。与大多数亿万富翁乃至一般人不同的是，巴菲特形成的政治观念并非建立在个人经济利益基础上，而是建立在对整个社会所产生的恐惧感之上。60 年代是一个多事之秋，有几件大事促使他觉醒。和广岛事件一样，古巴导弹危机让他感到震惊。巴菲特的朋友理查德·霍兰德回忆说：

> 沃伦感到害怕，他开始对研究是什么导致了极端民族主义以及如何避免战争产生了兴趣。他总是在计算世界因为发生核战争而被毁于一旦的概率到底有多大。

在这一时期，巴菲特阅读了和平主义哲学家和数学家伯特兰·罗素的大量著作，并接受了罗素的许多国际主义观点。作为一名不可知论者，罗素深信自己必将走向死亡。他认为，要想保护整个社会免受核战争的威胁，就必须依靠全社会的整体力量。巴菲特的父亲是一个典型的孤立主义者和反政府主义者，而巴菲特则意识到政府发挥着相当重要的作用。

在公民权利这一热点问题上，他的立场也是这样。奥马哈城有很多黑人，在居住和择业机会方面存在严重的种族歧视。霍华德·巴菲特在公民权利问题上从来都没有过任何公开表态，作为约翰·伯奇协会（John Birch Society）[①]的一名积极成员，他认为这一切根本用不着他来操心。

巴菲特的立场和父亲刚好背道而驰。沃伦·巴菲特退出了奥马哈扶轮社的活动，主要是因为反对他们主张的种族主义和精英政治论。种族歧视与他不偏不倚的立场以及对中立的评价尺度是不相吻合的，而后者正是他投资判断时的核心理念。同时，他也认为富人家的孩子不应该比穷人家的孩子享有更多特权。

巴菲特还经常受到妻子那种乐观主义的感染。苏珊是“美国人评论小组”的发起人和热心成员，该组织的成员是由拥有不同宗教信仰和种族背景的奥马哈妇女组成的，她们会去教堂、学校和俱乐部讲述他们遭遇过的种族歧视，苏珊则会讲述美国上层白人的思想观念。在20世纪60年代中期的奥马哈，该组织的做法可谓非常激进。像苏珊这样的上流社会女性一般都迫不及待地想要加入教友初级理事会，而不会去管黑人的死活。在清一色的白人住宅区，巴菲特一家估计是为数不多的经常在家里招待黑人的家庭，也许还是唯一的一家。

由于反对共和党人对公民权利的漠视，巴菲特决定脱离父亲的政党成为一名民主党人士，这对于他而言可谓迈出了巨大的一步。父亲是他最好的朋友，当时正在与癌魔苦苦斗争，而共和党是他父亲生命中重要的一部分。

1964年冬天，霍华德病情加重，巴菲特每晚都要去医院陪父亲。有一天晚上，他与父亲就“改变政治派别进行了一场交锋”。正如他对查

---

① 美国“二战”后出现的一个极右派团体，对战后美国保守主义运动产生了不容忽视的影响。——译者注

理·芒格所说的那样，在很多问题上，他并不能断定父亲的立场是错误的，但他不想像父亲一样在“政治观念上煞费苦心”。（也许，正是为了缓解父亲心理上的痛苦，巴菲特直到父亲去世之后才改变了党派立场，并向外界公布。）

第二年春天，父亲的病情恶化。得知父亲病危的消息后，巴菲特情绪十分低落，不过他一直都把这个坏消息藏在心底。几天之后，巴菲特回到家中时，女儿发现他的脸上笼罩着从未有过的愁云惨雾。“他几乎一言不发、万分悲痛，”她回忆道，“我记得当时问他为什么不去医院看看，他说‘你爷爷今天过世了’，然后就上楼去了。”

有 500 名悼念者参加了霍华德·巴菲特的葬礼。共和党和民主党的很多人士都盛赞他的正直和热忱。在整个葬礼的过程中，巴菲特始终保持沉默。后来，他离开了奥哈马城，没有告诉朋友们他到底要去哪里。巴菲特回到凯威特广场后，在正对他办公桌的墙上挂了一幅父亲的大照片。即便如此，他此生最好的朋友也已经离开了他。

和自己的父亲一样，巴菲特一直都是孩子们的道德楷模。但是巴菲特在对待孩子时就像对待合伙人一样，是一个不掺杂过多个人情感的理性分析家。他关心孩子们的成长，也会鼓励他们，但他不善于表露自己的感情。周六的时候，他会把女儿小苏珊带到办公室，就像父亲曾经带自己去办公室一样。他会和儿子小霍华德一起玩橄榄球，并辅导彼得的数学功课。但巴菲特很少和子女谈起可能会暴露个人感情的话题，例如有关他自己父母的情况。

他对小苏珊疼爱有加，但却在情感上忽略了儿子。小霍华德在家中排行老二，是个小淘气包。父亲不爱表露情感的做法曾多次让他感到沮丧。“我常常误解他的语气，以为他不关心我。”他说，“其实我错了，因为正是这样的特质才使得他成为一个成功的投资者，他为人处世能够不掺杂一丝一毫的个人情感和冲动。”

大多数人，尤其是那些握有显赫权力的管理高层，往往在工作时和生活中会呈现两种姿态。他们在办公室里是个强人，回家之后就变得温顺无比。但巴菲特是个例外，无论是在工作场合还是在家中，他的风格都是一以贯之。在小彼得看来，父亲就像一个闹钟，它的发条和齿轮永不停息地转动着。一天又一天，巴菲特都在围绕自己公转。“我记得曾经送给他一张生日卡片，”彼得回忆说，“他飞快地打开，然后马上就合上了。他扫了一眼就看完了，而我以为他至少要做一点儿道谢的表示吧！”巴菲特写给合伙人的信总是满怀深情，但在自己的孩子面前他却显得有些木讷。

不久之后，彼得和母亲一起逛药店的时候看见了一本名叫《为父手册》的书，他随口说道：“应该给爸爸买本看看。”于是，苏珊就买了这本书回家。巴菲特拿到这本书之后，把彼得叫到书房里对他说：“嗨！出了什么事？你这是什么意思？”彼得说自己并不是要告诉他该怎么做父亲，至少这是彼得当时的感觉。但是，巴菲特明显地感到忧心忡忡，不过他尽量不把这种情绪表现出来。他努力想对彼得示好，但在彼得看来父亲对自己还是不太上心。

如果把巴菲特家比作一团热带风暴，那么巴菲特则是其中的风暴眼。小苏珊说，家里常常宾朋满座，其中包括朋友、亲戚以及来找苏珊谈心的孤独者，而父亲总是在看书。苏珊在家里走来走去干家务时都会不停地哼歌；几个孩子则会从阁楼里爬上荷兰式斜房顶，或是排成一字形在家中雄赳赳气昂昂地“巡阅”；巴菲特则会埋头工作，在书房待了很久之后他会冲出来拿一罐加了甜果汁调味的百事可乐，或是要求妻子让孩子们安静一点儿，他会大声叫道：“苏珊，让他们安静点儿！”

他曾经由于心不在焉闹过很多笑话。有一次，他一本正经地从楼上跑下来，问书房里的绿色壁纸哪儿去了，其实苏珊早在几年前就把它换掉了。

苏珊一直都对巴菲特很宽容，尽管他有些心不在焉，但从本质上来说他是个地地道道的好人。正如苏珊对她姐姐所说的那样：“看着这么有趣的一个活宝，你想发火都没脾气了。”此外，苏珊很清楚，甚至连孩子们都明白，巴菲特一直都有精神上的追求，他无法顾及琐碎的家庭生活。

他们半开玩笑地把巴菲特的书房称为“寺庙”，认为他的工作就像是位画僧在苦心创作“一幅作品”，一件艺术品。苏珊有一次对曼哈顿的经纪人朋友马歇尔·温伯格说：“我们面对现实吧，毕竟我嫁的是个钢琴大师亚瑟·鲁宾斯坦般的人物。”

马歇尔·温伯格是个音乐爱好者，他完全了解苏珊说这番话是什么意思。巴菲特会在睡梦中“哼唱”华尔街的和弦、协奏曲，甚至是整部交响乐。有时，温伯格会为巴菲特演奏几段乐曲，希望能带给他一些新鲜元素。记得有一次，他告诉巴菲特有一只水泥股票价格相对偏低，巴菲特却立即反驳道：“但账面价值没有任何用处，看看过去7年里水泥股票的买卖记录就知道了！”

温伯格明白，在这种解释背后至少有一种原因，就是巴菲特对自己的投资技巧非常自信。1965年，当温伯格从埃及旅行回来之后，巴菲特和苏珊到他在曼哈顿的公寓看望他。当年去过埃及的美国人少之又少，因此温伯格迫不及待地想要把金字塔的幻灯片展示给他的天才朋友看。

谁知道巴菲特竟然淡淡地说了一句：“我有个更好的主意：你把幻灯片放给苏珊看吧，我不如到卧室里读一份公司年报，这岂不是更好吗？”金字塔根本不是他所关心的东西，就像他家的壁纸一样。

巴菲特身上带的那份年报十有八九是迪士尼公司的。在他去拜访温伯格期间，他去纽约时代广场看了一场迪士尼公司最新推出的影片《欢乐满人间》。毫无疑问，巴菲特对影片中的女主角朱莉·安德鲁斯提不起什么兴趣，他真正感兴趣的是迪士尼的股票。

巴菲特坐在电影院的座位上，穿着呢子西服，带着公文包和爆米花。他猛然发现其他观众都在盯着他看，他突然意识到自己是唯一一个没有带小孩来看这部电影的成年人，因此肯定会让人觉得很奇怪。

不过当影院中的灯光渐渐暗下来之后，其他观众就已经把他忘得一干二净了。巴菲特发现他们都目不转睛地盯着电影屏幕，于是他就暗暗问自己，如果今天、明天以及电影上映期间万人空巷的每一天，在每家影院的票房收入中自己都能分到一杯羹，那将是多大的一笔财富呀！

夏日里，当巴菲特一家去加州看望芒格一家时，两家人一同去了迪士尼乐园。孩子们在乐园里尽情地玩耍，巴菲特则和芒格从财务的角度对每项娱乐设施逐一分析。

后来，巴菲特在迪士尼乐园拜访了华特·迪士尼本人。巴菲特见到华特·迪士尼时，他穿着一件短袖衬衫，显得充满活力。巴菲特被华特·迪士尼对工作那种孩童般的热情深深打动了，他和自己是何其相似呀！

当时迪士尼的股票市盈率只有 10 倍。巴菲特试图不把它当作一只股票来分析，而是把它当作一个完整的公司来看待，就好像是在奥马哈城的一家愿意出售给他部分股份的公司一样。在巴菲特看来，迪士尼公司最有价值的财富是它珍藏的经典卡通形象和电影，比如《白雪公主》和《小鹿斑比》等。要是换了格雷厄姆，他对这种难以精确测度的资产是不会感兴趣的。不过，经过巴菲特的估算，仅靠迪士尼公司拥有的卡通形象和电影本身就值股票的账面价值了。此外，他可以拥有迪士尼乐园的一部分股份，还可以让那位平易近人的迪士尼先生成为他的合伙人。经过这样一番深思熟虑之后，巴菲特斥资 400 万美元买下了迪士尼公司 5% 的股份。华特·迪士尼先生在当年就去世了。

有一点是不能被忘记的，那就是巴菲特并没有背离格雷厄姆的信条：大量买进那些股价远远低于其“内在价值”的股票。只不过他对价值的界定已经有所不同了，确切地说，是他对价值的界定范围更广了。对巴菲特而言，迪士尼公司庞大的影片库的价值尽管不一定精准，而且不是由账面价值来体现的，但是它和工厂之类的有形资产一样真实。

毫无疑问，巴菲特大量买进美国运通的股票时也是基于同样的考虑，因为美国运通已经逐渐走出色拉油诈骗案的阴影。到了 1965 年，其股价已经拉升到每股 73.5 美元，是最低价的两倍。当年，巴菲特合伙公司的收益率超过道琼斯指数 33 个百分点，这的确是一项可圈可点的战绩。

巴菲特告诫他的合伙人，不要指望每年都能实现同样高的收益率，结果第二年合伙公司的收益率又高出道琼斯指数惊人的 36 个百分点。他原先做出的悲观预测结果又被更好的投资业绩打破了。巴菲特担心自己今日的骄人战绩会成为合伙人心中对明天失望的种子，于是他一次又一次地给自己可能的失败埋下伏笔。

（1962 年 1 月）如果我的投资业绩不佳，我估计合伙人会撤出资金。

（1963 年 1 月）毫无疑问，我们的投资也会遭遇冰川期……

（1964 年 1 月）我认为我们不可能总是能够跑赢道琼斯指数……

（1965 年 1 月）我认为我们的投资收益率不可能长期保持超过道琼斯指数 16.6 个百分点……

（1966 年 1 月）凡是那些认为轻而易举就经常能取得 1965 年投资业绩的人，也许正在参加哈雷彗星观测者俱乐部的每周聚会。我们也会遇到亏损的年份，也会遇到跑输道琼斯指数的年份，我对这一点是确信无疑的。

（1966 年 7 月）这样的投资业绩应该说是好得有些反常了。

以上这些都是巴菲特的原话。尽管他出语谨慎，但是其行动极其果敢坚决。在合伙公司经营的第二个 5 年之中，巴菲特取得的业绩如下表所示：

年份	合伙公司	道琼斯指数
1962	+13.9%	–7.6%
1963	+38.7%	+20.6%
1964	+27.8%	+18.7%
1965	+47.2%	+14.2%
1966	+20.4%	–15.6%

10 年之后，合伙公司的资产总共增长了 1 156%，而道琼斯指数只增长了 122.9%。

扣除巴菲特应得的利润份额以后，他的有限合伙公司的资产总额上升了 704.2%，是道琼斯指数上涨幅度的 6 倍。对于在巴菲特创业初期就追随他的投资者，比如埃德温 · 戴维斯一家而言，每 10 万美元的投资已经剧增到了 80.4 万美元的财富（戴维斯一家和其他人一样，一直在注入更多的资金）。

到了 1966 年年初，巴菲特合伙公司管理的总资产已经增加到 4 400 万美元。从某种意义上来说，巴菲特已经是在经营一家有相当规模的企业了，虽然它的规模比那些庞大的共同基金公司要小得多。35 岁的他这时已经变得相当富有了。他在 1966 年 1 月给合伙人的信中写道："苏珊和我的资产已经达到 6 849 936 美元了，要打理好这么一大笔钱，足以防止我下午偷偷溜出去看电影了。"

巴菲特还第一次尝到了众星捧月的美妙滋味。当年 5 月，《奥马哈世界先驱报》的读者在第二版的醒目位置看到了巴菲特像花栗鼠一般露齿微笑的照片。照片上的巴菲特正在打电话，梳着已经落伍的短发，脸上露出一副热切的表情。《奥马哈世界先驱报》这样写道：

> 全美国最成功的投资企业之一是由奥马哈的一位投资奇才所经营的，这位奇才在年仅 11 岁时就成功地买入了第一只股票。

还有一个更爱刨根问底的记者在报道伯克希尔·哈撒韦这个纺织企业的变化时，着力渲染了一番巴菲特给人的那种矛盾感觉：

> 尽管他处事有些不拘小节，但他从不给人以邋遢散漫的感觉。如果说他是个随性洒脱的人，那么他显然对所有的事实都了然于胸……巴菲特从不逃避任何问题……不过有时他的回答会让你觉得有些拐弯抹角。

影响力更大的金融和商业类出版物上从来没有任何关于他的文章。但是，对于像戴维斯一家这样的投资者而言，巴菲特在他们心中简直就是财神爷。就是这个人，这个年轻的小伙子，使他们变成了富翁。他甚至帮助戴维斯的女婿李·希尔曼——一个国际收割机公司的推销员，一个喜欢捕猎鸭子和看橄榄球赛、长着林登·约翰逊一样的大耳朵但从来没做过发财梦的人——变成了富翁。希尔曼觉得自己似乎生活在美丽的神话之中。所有的投资者们都认为自己是一个非常幸运的部落成员，就像冥冥之中有神灵在保佑自己一样。

巴菲特每年都会邀请他们来家里做客。合伙人每年都非常期待和这位神的传谕者共进晚餐。苏珊会把家里收拾得整整齐齐，依次和每位客人打招呼，和每个人说几句心里话。巴菲特则会同合伙人讲述他在过去一年中的投资业绩，同时再和大家分享几个小故事，而且会着重强调自己是如何身陷困境或是陷入啼笑皆非的尴尬之中的。比如，当他正努力想挽救登普斯特尔机械制造厂的时候，比阿特利斯的居民却以为巴菲特是来破坏公司的。为了经营威尔逊弹子球公司，他不得不和理发师们达成协议，以免弹子球公司受到黑社会的侵扰而被砸场。这些过往的经历，让人觉得这些故事中的主人公就像马克·吐温笔下那个有智慧但又有些鲁莽的哈克贝利·费恩，既谦虚又有些扬扬自得。他家中的来客都听得津津有味，那位名叫利兰·奥尔森的产科医生这么多年来都把这些故事铭记于心："它们太让你着迷了，而且他说话的语气从来都不会让你觉得他居高临下。"

事实上，投资者们对巴菲特简直有些顶礼膜拜了。经纪人亨利的妻子罗克珊·勃兰特在她女儿的《育婴手册》中"这个时代最伟大的三个人物"一栏下面写着：史怀哲、爱因斯坦、沃伦·巴菲特。

巴菲特是一个在此前只喝百事可乐、为人和蔼可亲的投资天才，但他能年复一年地把华尔街的其他投资者打得落花流水。巴菲特谦虚地鼓励其他人说，只有自信和成功的人才能取得长足的进步。他的那些自我解嘲就如同他预测自己可能会出现投资失败的谦虚式说法，只会加深投资者对他的敬畏之情。别人的这种敬畏之情委实让他感到高兴，但难免也会让他产生焦躁情绪。巴菲特在投资上屡有斩获，而投资人对他的期望值也就越来越高。星星的光辉越明亮，当它的光辉散尽之后出现的阴影就越黑暗。巴菲特早就说过他不可能一直都维持很高的盈利水平。

在华尔街，没有什么是永恒的。

第6章 BUFFETT

急流勇退

我觉得自己已经跟不上目前市场的形势了。

——沃伦·巴菲特，1967年10月写给合伙人的信

格雷厄姆那代人已经带着对经济大萧条的残酷记忆，慢慢淡出历史舞台。眼下在华尔街打拼的是崛起的年青一代，他们中的许多人在1929年大萧条发生时还尚未出生，也很反感上一辈人总是把对大萧条的悲惨记忆挂在嘴边。更重要的是，他们对大萧条到来之前经济形势一路高歌猛进的岁月没有任何记忆。在他们看来，投机是无可指摘的，20世纪60年代的牛市对于他们就像初恋一样充满了新鲜感，连他们交易的许多股票都是新的——电气公司、大型企业集团、小规模成长型企业。这些股票的价格上涨需要股民的信心支撑，当时人们对股市的信心十足，股市牛气冲天。

当巴菲特的合伙公司规模还很小时，这些对他丝毫没有影响。但是，随着他管理的资产规模不断扩大，他变得越发惴惴不安。一方面，他手里有更多资金可以用来投资；另一方面，他能买到的价值低洼股却越来越少，这就使他陷入了困境。日复一日，他的心理压力也越来越大。实际上，他在60年代晚期给合伙人写的信就像是一部之前时代的编年史。华尔街因为股市一路高歌猛进而兴高采烈，巴菲特却为此变得忧心忡忡。

1966年初，他迈出了决定命运的一步——合伙公司不再接纳新合伙人了。[①]

---

① 同时，巴菲特也受到《美国证券法》的约束，它规定合伙制企业最多只能有99个合伙人。据他的律师唐·莫内恩说，把钱交给他打理的人数远远超过了99人，但承担“有限责任的合伙人”并没有超过99人的上限——他把一大批投资人看作一个整体的实体。“这是符合法律条文规定的，”莫内恩说，“我并不怎么了解这个法律条文的真正意义。”

要真正做到这一点，我就需要得到整个董事会的同意。并且我也提醒苏珊，如果我们有了更多孩子，就要靠她为这些孩子找到新的合伙公司了。

巴菲特不再开闸，华尔街的投资却如同洪水一般泛滥。越南战争把股市推到了前所未有的高位。年轻人在街上游行集会，他们的父母则看到了战争给经济扩张带来的影响，纷纷在证券交易所排起了长队。共同基金如同雨后春笋般不断创立，而道琼斯指数首次突破了 1 000 点大关。道琼斯指数曾 3 次达到这一心理关口，每次都在这个充满魔力的指数附近收盘。到了 1966 年春天，股市的急剧下挫让所有人都措手不及。越来越多的投资者都在做短线投机。

有些合伙人给巴菲特打电话，"警告"他市场可能还会进一步走低。对于这样的电话，巴菲特一一驳回并提出两个问题：(1) 如果他们在 2 月就知道 5 月道琼斯指数会跌到 865 点，那为什么他们当时不让我进入市场呢？ (2) 如果他们在 2 月不知道以后 3 个月的行情，那他们到了 5 月又怎么会知道以后的行情呢？

毫无疑问，合伙人的这类建议就是到未来市场走势十分明朗的时候才把股票售出。出于某种原因，市场评论家在看问题时往往有一个特殊的盲区，他们通常认为当前的"不确定性"利空因素出尽之后，人生接下来的每一天就都是艳阳天了。而事实上，即便他们无法准确预见目前的不确定性，这也并不会影响他们得出这样的判断，即未来并不会有阴霾压顶。

让我再重申一遍：关于未来会怎样，我是不得而知的。(如果你觉得对接下来几个月的行情能够看得很清楚，那就给我们来个电话；哪怕对接下来几小时的行情你很有把握，也一定要给我们来个电话。)

巴菲特尽量避免对股市进行盲目预测，尤其不会按照人们的预期来买卖股票。与之相反，他更愿意逐一分析每家公司长期的盈利前景，因为他习惯于依靠自己的逻辑思维做出判断。如果某人能“预测”股市的行情走势，这就好比他能预测到当一只鸟飞离树梢时会朝哪个方向飞走一样，那毕竟是一种猜测，而非一种理性的分析。

不过，道琼斯指数的确开始下探到 700 点附近，但是总体而言，股市交易还是非常活跃。曾经有两次，正当巴菲特想要出手买进他认为成长性不错的股票时，竞争对手先行一步把股票抢走了。（与大多数职业投资人一样，巴菲特投资某只股票时也是逐步建仓的，从而避免在大单买入时引起价格飙升。）有一只股票的价格超出了他所能承受的范围，另一只则被别人坐庄了，但这些并没让他心态失衡。

然而，在这种情形之下，巴菲特在恪守自己的商业投资机密方面到了近乎偏执的地步。他的股票经纪人都明白，在任何情况下都不要谈起巴菲特买了什么股票，甚至对办公室里的同事都不能提起。巴菲特在奥马哈的一位牌友凯·克特尔回忆说，巴菲特甚至怀疑有人在凯威特广场附近的黑石饭店对他的办公室进行了监听。凯·克特尔说，巴菲特还特意聘请了一家保安公司来办公室进行检查，结果什么窃听设备都没有发现。

真正的问题不在于人们窃取关于他买卖股票的情报，而在于他根本找不到足够多让自己满意的股票。另一方面，格雷厄姆的门徒已经很多了，再加上在使用电脑方面的优势，他们已经捷足先登，把市场上的一些绩优股收入囊中。

到了 1967 年年初，巴菲特觉得有必要提醒合伙人，最近一些新成立的共同基金在业绩上已经超过了自己。另外，他还警告说，自己原先不断涌现的灵感现在正“慢慢枯竭”。尽管他不分昼夜地寻找投资机会，但是他的话语中还是透露出一种悲凉。他说：“如果自己灵感的源泉已经完全枯竭，我就会立刻如实地告诉合伙人，以便于大家做出更加合理的投资决策。”

值得一提的是，巴菲特之所以会说出这些可怕的预言，正是因为华尔街出现了非理性的投机冲动。对于很多基金经理来说，这是股市高歌猛进的岁月。大家对电子类股票趋之若鹜，每一只新发行的电子类股票都被当作第二个施乐公司，受到一路追捧。难道是华尔街突然涌现出了一大批电子专家吗？如果有谁提出这样的问题，那就说明他并没有真正了解这个时代。当年的华尔街把电子类股票奉为至宝。像美国音乐协会之类不起眼的股票，都因把自己称作“太空之声电子公司”而摇身变成了股市上的宠儿。

之后出现的是股民对高科技股的追捧，推动这股狂潮的是一些大型企业集团，比如国际电话电报公司、利顿实业公司（Litton Industries）和凌－特姆科－沃特公司（Ling-Temco-Vought）等，它们掀起了一股兼并狂潮。那个时代对经济充满信心的公众不相信官僚主义，而是将信心注入这些庞大的组织（或技术）。

后来，市场上又出现了“非注册股票”（letter stock），这是一种未经登记的股票，往往是由那些经营前景很不明朗的公司发行的。因此，这类股票的定价方式也很奇特。尽管这些不同的风潮都有潮起潮落的时候，但是当一种风潮消退时，马上又会有另一种新的风潮随之涌来。因此在 20 世纪 60 年代末期，华尔街的投机气氛变得越来越浓厚。

最能代表这个投机时代的理财产品莫过于“速利基金”（performance fund），它的出现对于传统共同基金是一种挑战。这种新型基金并不力图在长时间的运营期内超过大盘的平均盈利水平，而是着眼于每一个季度、每个月、每周乃至每小时内都能迅速获利。速利基金往往由那些一心想要短平快地赚钱的逐利之徒操作。他们频繁地在不同种类的股票之间转换，不断追逐那些热门股票，就像一个演员到处走场，陶醉于观众的掌声一般。他们的目标其实很简单，就是要在市场行情的波动中赢利。杰拉尔德·蔡是曼哈顿基金的经理，他就是这个时代经营速利基金的代表人物。据称，只要杰拉尔德·蔡涉足的某只股票有任何一点儿风吹草动，都足以在市场上引发轩然大波。杰拉尔德·蔡这样的逐利之徒根本看不上霍华德·巴菲特所说的大隐隐于世的境界，而杰拉尔德只不过是一个岁数不大、没有多少阅历的年轻人罢了。

> 此类年轻的苟利之徒一般都是怎样的人呢？他往往出生在一个富裕的中产阶级家庭，毕业于名牌商学院。年纪往往不到30岁，甚至20岁刚出头。他喜欢穿粗条纹的衬衫，系细纹花哨的领带，浑身散发出一种自负与傲慢的气息，仿佛自己无所不知。他满口都是新近的流行语，包括“速利”、“概念股”、“创新”和“协同”等。他往往语速极快，雷厉风行。

这种投机之风在弗雷德·卡尔身上得到了充分的体现，他掌管的企业基金（Enterprise Fund）在投资者当中掀起了一阵狂澜。1967年，他经营的基金利润率高达惊人的116%，远远超过了巴菲特任何一年的业绩。弗雷德·卡尔往往投资于一些小规模的成长型公司以及大量非注册股票。媒体也把他捧上了天，称赞他“冷静而又果敢”。作为新崛起的一代投资经理中的精英，弗雷德·卡尔在他位于贝弗利山的豪宅浴室里都安装了电话，开着一辆捷豹车到处奔忙。他办公室的装饰也呈现一派现代气息。他的投资策略非常简单：“我们不会爱上任何东西，每天早晨起来，每样东西都是要出售的，包括证券组合里的每一只股票，乃至我的衣服和领带。”

从表面上来看，这些投机的基金经理变得越来越富有。如果热门股票上涨了，为什么不简单地跟着买进？这个问题经常困扰着巴菲特。他在日记中记下了自己的反应，这既是为自己的利益考虑，也是为合伙人的利益考虑。对于当时的“投机风潮”，他写道：

> 这同我的分析判断背道而驰（或许这是我的偏见），更不符合我的投资风格。我是不会拿自己的钱用这种方式来进行投资的，我也确信不会用你们的钱来这样投资。

据他的儿子彼得说，巴菲特把自己和电影《格伦·米勒传》相比，这是一部好莱坞的史诗题材电影，它描述了一位爵士乐大师率领乐队试图找到属于他“自己”的声音。对于巴菲特来说，所谓“属于自己的声音”并不仅仅是挣钱，它更是一种缜密的推理。选对一只股票颇像下国际象棋时走出一步妙棋一样，两者都能体现出一种纯粹的理性美，都代表着一种智力上的有益求索。不管巴菲特是把自己比作音乐大师格伦·米勒还是国际象棋大师鲍比·菲舍尔，他都不愿意踏进自己陌生的领域。

> 对于投资决策，如果我不了解其中某项至关重要的技术，我就不会贸然买入这样的股票。我对半导体和集成电路，并不比我对某些动物的交配习惯了解得多。

在巴菲特看来，股市的投机之风越是疯狂，自己就越应该在此时刹车。他把 1929 年大萧条来临时的剪报装在镜框里挂在墙上，以便时刻提醒自己。他的办公室里没有什么现代艺术装饰，也没有任何在贝弗利山的豪宅里流行的新鲜玩意儿，有的只是在暖气片上码放得整整齐齐的栗色《穆迪手册》，外加几张照片。他的接待前台悬挂着富兰克林的箴言“傻瓜才会把钱到处乱花”以及一张摄于 1880 年的华尔街照片。在巴菲特的办公室，你丝毫都感受不到弗雷德·卡尔的影子，巴菲特甚至连股票行情机都没有。（股票行情机每分钟会报一次股价，几乎每个职业投资人都有一台，或拥有一台与之相应的计算机设备，并且成天盯着行情。）

巴菲特的投资组合简直和他的剪报一样古老。1966 年和 1967 年，巴菲特合伙公司花了大约 1 500 万美元买下了两家零售企业，包括位于巴尔的摩的霍克希尔德－科恩百货公司和服装连锁店联合制衣公司。对于这两家公司，巴菲特买下的并不是部分流通股份，而是整个企业。这种做法在其他基金经理人中都是前所未有的。巴菲特购买股票都是基于长线投资，但霍克希尔德－科恩百货公司和联合制衣公司也在一定程度上束缚了他的手脚。他不可能拿起电话，像弗雷德·卡尔卖领带一样轻松地就把公司卖掉。另外，关于城市贫民窟零售业已经江河日下的说法也不利于股价企稳。不过，这两家公司都很便宜，而且巴菲特认为如果由他来经营，公司一定能赚到很多钱。

当巴菲特对联合制衣公司询价时，他对零售业内情了解的深刻程度让 63 岁的公司所有人本杰明·罗斯纳都大吃一惊，但是巴菲特对零售业的了解都是基于财务报表。当罗斯纳提出带他去一家商店看看时，巴菲特却谢绝了，说他即便真的去看了也看不明白。他只想让罗斯纳通过电话给他读一下过去 5 年来的资产负债表。第二天，巴菲特就打回电话给了一个报价。当罗斯纳接受报价后，巴菲特便带着查理·芒格到纽约签下了这笔生意。

联合制衣公司可以说是破旧不堪。它的商店位于日趋破落的内城附近，它的创始人罗斯纳也正打算退休。巴菲特再一次觉得需要一个堂吉诃德的仆人桑丘式的忠心耿耿的人物，于是他故作认真地问罗斯纳是否可以继续留任半年来帮他理顺公司的业务。而在私下里，巴菲特对查理·芒格说："有一点我们根本不用担心，那就是罗斯纳绝对不会现在就退休的。"

罗斯纳是奥匈帝国移民的后裔，他于 1931 年在芝加哥开办了第一家服装店，是一个典型的白手起家进而取得成功的人物。创业之初，他手里只有区区 3 200 美元，但后来却把公司做成了一个年销售额高达 4 400 万美元的大企业。和其他自强不息的人一样，他是个工作狂，对待雇员就像个暴君。他那种一分钱掰成两半花的守财奴精神让巴菲特不由自主地想起了自己的祖父——从前那家巴菲特父子商店里的暴君。罗斯纳曾认真数过一叠卫生纸到底有多少抽以免受骗上当，这绝对是巴菲特式的风格。巴菲特经常给罗斯纳戴高帽，尽管他会找罗斯纳要每月的财务报表，但从来都不干涉罗斯纳对具体经营事务的管理（也从不走入罗斯纳的商店），这倒是让俩人井水不犯河水。正如巴菲特预言的那样，罗斯纳并不急于退休，而且想要从这个日趋败落的公司里挤出新的利润来。①

霍克希尔德－科恩百货公司就无法如此轻易地得到挽救，一方面是因为那家商店早已破旧不堪，另一方面是因为公司需要不断注入资金才能维持现有的市场份额。不仅如此，巴尔的摩的市中心也在日渐衰败，不管百货公司的股票是否便宜，用不了多久巴菲特就意识到自己做的这笔买卖并不划算。

另一只立足于长线的“低价股票”——纺织制造厂伯克希尔·哈撒韦公司，同样麻烦缠身。正如索尔·帕索曾经警告过的一样，制衣业的情况很不乐观。1967年仲夏，巴菲特语气沉重地告诉他的合伙人，他暂时看不到任何伯克希尔·哈撒韦的经营状况能得到改善的迹象。

与此同时，华尔街仍然陶醉在前所未有的投资喜悦中。投资股票不仅利润可观，而且自20世纪20年代以来第一次变得趣味盎然，成交量一直在飙升。试想一下，在50年代巴菲特刚开始正式投资股票时，纽约证券交易所每天的换手量也就是200万股；而到了1967年，这一数字已经猛增到1 000万股。这样一幕足以体现出这种投机心切：当艾比·霍夫曼于1967年夏天去参观纽约证券交易所的时候，他突发奇想，从观光走廊上向场内扔掷美元钞票，惹得下面的职员们四处奔走抢夺战利品。在美国西海岸，科莱纳贝尔经纪公司（Kleiner Bell）的客户们站在行情机前狂喊：“涨停、涨停、涨停。”就这样，道琼斯指数又攀升到了900点附近。

恰逢此时，美国国会又采取了行动，当然，除了听证会还能是别的什么呢？8月，美国麻省理工学院著名经济学家保罗·萨缪尔森就像10年前的格雷厄姆一样，出现在参议院银行委员会面前。这一次的主题是关于共同基金的爆炸性成长问题。萨缪尔森指出，全美国共有5万名共

① 罗斯纳在这个管理职位上一待就是20年。最终退休时，他对巴菲特说：“我告诉你这家企业为什么能经营到现在，那是因为你忘了你买下了这家企业，而我忘了已经把它给卖了。”

同基金经理，平均每个经理为 7 个投资者打理资产。大多数基金经理显然没有什么能力，但业界的高收入还是让他们过着优越富足的生活。共同基金对投资者收取高达 8.5% 的前端费用是很正常的，这还不包括投资人需要支付的全年管理费用，前端费用只是被基金经理用于支付市场营销费用并让他们过着大富大贵的生活。（相比之下，巴菲特只抽取投资人利润的很小一部分，他还没有收取前端费用和管理费用。）萨缪尔森说：

> 在我每付出的 1 美元中，只有 91.5 美分能为我赚取赢利和资本收益，其中的 9.3% 又以销售费用的形式流失了。

共同基金的繁荣所带来的一个副产品就是特权投资阶层的崛起。共同基金、养老基金等机构投资者在市场上发挥了比散户更大的影响力，这在历史上也是第一次。巴菲特认为，很多职业投资者的投机心态比散户还要严重。原先人们认为职业基金经理能够保持冷静的头脑，而散户在买卖股票的时候容易头脑发热，结果现实中这两种假设刚好颠倒了。有一位精明的观察者指出：

> 他们的投资理念和普通散户并没有太大区别，只想赶在大量散户买卖股票之前做出短期的估价判断。他们所关心的并不是一项投资能给投资者带来多少真正的长期价值，而是在众多投资者心理因素的影响下，3 个月或一年之内市场会如何评估它的价值。

实际上早在 1936 年，凯恩斯就曾经描述过此类情况。尽管在大多数人的心目中凯恩斯是一位宏观经济学家，但是巴菲特在阅读凯恩斯的著作时发现他对股市也有相当深刻的见地。事实上，凯恩斯的职业生涯在某些方面和巴菲特极其相像。凯恩斯在职业生涯早期从事过外汇、玉米、棉花和橡胶产品投机，损失了很多钱。痛定思痛，他改弦易辙，成为一位立足长线、有选择性地投资的经济学家。他会冷静地观察市场，每天早上起床前都会花上一个小时来分析市场，并为自己和所任教的剑桥大学国王学院编撰了一份市场走势档案。他作为国民互助人寿保险协会的主席，在协会年会上的发言对市场价格产生过巨大的影响，在 30 年代的伦敦广受称道。

在巴菲特看来，凯恩斯在股市泡沫时代能够如此鞭辟入里地说出问题的实质，关键在于他深谙市场之道，知道投资者是怎样拉升或打压股价的。股市本身就集聚了观点各异的人群，每时每刻都有人愿意按某一价格买卖股票。这些投资者每天乃至每小时都在重估股价。然而一个特定的企业，比如迪士尼公司，其经营面貌的变化就要相对缓慢得多。公众对迪士尼著名影片《欢乐满人间》的热情不太可能从周二到周三就有很大的变化，有时甚至一两个月之内都不会有什么改变。因此，迪士尼公司股价的大部分波动，并非来自公司本身营业状况的改变，而是来自公众认知判断的改变。职业基金经理之所以能够比普通散户领先一步，就是因为他们投资方向的转变比广大散户飞速的想法改变还要快上半拍。凯恩斯曾说过：

> 我们已经进入三级价格歧视阶段，我们都将自己的聪明才智用来预测广大股民的普遍观点。

我们从巴菲特身上也可以看出他对广大投资者持有同样的怀疑态度。巴菲特认为公众的投资态度是会互相影响的。大家的行为和想法会互相感染并形成一个集合，在大市场中没有哪个人是孤立的。

巴菲特借用一个石油勘探者的寓言来说明这个道理。有个石油勘探者来到天堂门口，却听到一个令他垂头丧气的消息：为石油工人保留的"院子"已经住满了人。正在得到圣彼得的恩准说话时，他大声吼道："地狱里发现了石油。"说时迟那时快，天堂里的每个石油工人都离开天堂去地狱探宝去了。圣彼得顿时就对他留下了深刻的印象，并告诉他现在天堂里有地方可以给他住了。巴菲特接着说：

> 这个石油勘探者犹豫了一下，说道："不，我就不住了，我想

自己也该跟他们一起去地狱，谣传背后或许总会有一些真实成分。”

巴菲特是从格雷厄姆那里听来这个故事的，但直到很久以后，他才以书面的形式把它写了下来。不过在这种投机时代，这样的寓言故事流传并不广。速利基金往往会在“题材股”上大做文章，一个单纯的题材（比如“地狱里发现了石油”），就能把一只股票的价格捧上天去。全国学生营销公司的股票就是一个典型的例子，它以每股6美元的价位开始向公众发售，在一年之内股价就飞涨到每股82美元。

全国学生营销公司是一个名叫科尔特斯·威斯利·兰德尔的人想出的点子，他是一个30岁左右的大帅哥。该公司把很多名义上经营与年轻人相关的物品的公司集合在一起，例如图书公司、唱片公司以及青年航空旅行卡公司等。因此，他借用公众疯狂追逐的一个题材新宠“年轻人”，打造出了一个商业帝国。兰德尔是个老奸巨猾的销售商，他对证券分析师们用尽甜言蜜语以讨对方欢心，带着他们到自己在弗吉尼亚州的城堡度假，还在自己的喷气式飞机上和他们通电话。每年，兰德尔都会预计公司的投资回报率将增加3倍。而每次，他都能达到自己的目标——尽管没有公司会计师的协助，他也能实现这一目标。他博得了华尔街的信任，把股价推到了每股140美元的高位。这不禁让人想起了经济学大师加尔布雷斯的那番评论：“也许为了片刻的富有，忍受长久的贫穷也是值得的。”甚至连银行家信托公司、摩根保证信托公司以及哈佛捐赠基金也都买了兰德尔的公司的股票。

人们不禁会感到诧异，这些投资界的翘楚竟然如此容易受骗上当。其原因在于他们都害怕自己居人之后，他们面对的选择是：要么买进热门股票，毕竟它们都在升值；要么就冒险暂时落后于人。而那些落在其他基金后面的基金经理，甚至在一个季度或两个季度里都无法得到新的注资。处于这种投机时代，基金经理除了加仓别无选择。

1967年，麦克乔治·邦迪发表的一篇评论更是为投机时代摇旗呐喊。麦克乔治·邦迪是福特基金会的总裁，也是保守主义的代表人物。

麦克乔治·邦迪非常认真地给手下的基金经理们布置了任务，他认为他们的表现不是过于大胆了，而是显得勇气不够。

> 我们形成了这样一个初步印象，长期的谨小慎微让我们遭受的损失比因鲁莽或承受过度风险所遭受的损失要大得多。

这番话让华尔街为之一振。如果福特基金会都鼓励人们勇于承担更多的风险，那么还有哪个基金经理需要缩手缩脚？不仅如此，身为美国前任国家安全顾问和越南战争缔造者之一的麦克乔治·邦迪立刻投入实践。他大笔调用基金会的收入来投资股市，希望通过在股市上的成功运作赚回更多的资金。他信誓旦旦地对《财富》杂志这样说道："我也许会犯错，但我会毫不迟疑地采取行动。"

1967 年 10 月，也就是在麦克乔治·邦迪的"圣谕"传达之后数月，巴菲特就像教皇的反对者一样发表了一份自己的声明。他不像邦迪那样自信，实际上此时巴菲特别的什么都没有，有的只是迟疑不决。到目前为止，巴菲特合伙公司的总资产已经高达 6 500 万美元，但他该把这些钱投资到什么地方去呢？价格低廉的股票已经不复存在，游戏规则也发生了改变。

华尔街在短线和超短线交易上下了越来越多的赌注。巴菲特告诉他的合伙人，这种投机交易确实很有赚头。同时，他也坦言这些热门股票的价格还会继续上涨。但是，巴菲特真切地知道自己并不擅长这种交易，他也不想做这样的尝试。他无法拿出证据证明这么高的股价是荒唐的，他只能说服自己。

> 当游戏规则已经不为你所熟悉后，人们会说这种新游戏方法是错误的，可能会导致新的麻烦，这样说都是人之常情。过去，我曾对别人的这种做法非常蔑视。我也曾目睹那些按过去的行为方式而不是因时而异做事的人们得到了怎样的惩罚。实话实说，面对现在的游戏规则，我已经有些凌乱了。但在一点上，我是清醒的：我不

> 会放弃之前的某种行为方式，因为我完全掌握它的逻辑性（尽管这有可能意味着放弃轻而易举可以得到的暴利），转而接受一种连我自己都没有完全理解、没有成功付诸实践的方式，这种方式也有可能会导致资金一旦遭受重大损失就再也收不回来。

有些合伙人认为巴菲特的这种说法只不过又是“狼来了”的把戏，因此都开始自己从事短期投机交易。但是一个令人震惊的现实摆在了大家眼前：巴菲特调低了自己的收益目标，把自己合伙企业的收益率超过道琼斯指数的部分下调了10%。也就是说，从现在开始，巴菲特将朝一个更低的目标——每年赢利9%奋进，或是超过道琼斯指数5个百分点。无论按照哪一个目标来衡量，投资目标都比之前降低了。一些有更好赚钱机会的合伙人“理性”地决定离开巴菲特，他们说：“请您一定相信，我对这样的决定深感遗憾。”

同时，巴菲特似乎出现了中年危机。巴菲特名下的私人财产已经高达1 000多万美元，和自己“年轻气盛”的时代相比，他不想再那么“拼命”了。他现在已经步入37岁的黄金岁月，不过在这个接近不惑之年的时候，巴菲特考虑的一些问题不仅仅是以赚钱为出发点的，这让许多人都感到很吃惊。

在这种沉思中值得关注的是，从表面上看，巴菲特依然保持着那张理性得近乎机械的冷峻面容。他不同寻常的自我感知力使他明白，如果坚持原先的既定目标，那他就会永远都有挥之不去的压力。因此，就如同改变一下实验室里安装在实验鼠身上的设备一样，他调低了自己的目标。

> 初步的自我分析告诉我，我可能无法竭尽全力地实现曾对那些将资本委托给我的人公开许诺过的目标。

不过，如果说巴菲特努力使自己不要那么“竭尽全力”的话，这种说法大家都觉得站不住脚。他的家里没有任何人体会到他不再是一个

“拼命三郎”了，他们也不相信他真能做到“不拼命”。女儿苏珊回忆说，要想让父亲从专注的工作中抬头看你一眼几乎是不可能的。在巴菲特发表了这番声明之后不久，女儿苏珊就拿到了驾照，开车出去兜风，结果不小心撞到了另一辆车上，把父亲的林肯车撞出一个小坑。苏珊自然很担心一旦把这个坏消息告诉父亲，他会责备自己。她回忆道：“那天我是哭着上楼的，爸爸正在看报纸。我说：‘爸爸，我把你的车给弄坏了。’他却连头都没抬一下，我接着又哭了。大约过了 5 秒钟，他说了一句：‘哦，有人受伤吗？’我答道：‘没有。’我在那里等着，以为他还会说些安慰的话，结果他什么都没说，也没抬头看我一眼。”

这就是所谓“不太拼命”的巴菲特。几分钟后，他意识到，作为父亲，自己应该有些表示才行，于是就把头探进苏珊房间说道：“苏珊，没事，那个跟你撞车的家伙肯定是个笨蛋。”他总共就说了这么几句话。那天晚饭后，苏珊想用车，巴菲特二话没说就把钥匙给了她。

尽管巴菲特对市场情形的估计并不乐观，但他的投资业绩依旧毫不逊色。做出那番声明后不久，他报告了 1967 年合伙公司的业绩，收益率高达 36%，比道琼斯指数高出 17 个百分点。大部分盈利来自美国运通，它的股价已经狂涨到每股 180 美元，在顶峰时它占到合伙公司投资组合中 40% 的份额。当年仅仅投入 1 300 万美元，巴菲特如今轻松地赚到了 2 000 万美元的利润。（不过，他从来都不把让他发财的金矿一事提前告诉他的合伙人。）此外，他还从迪士尼那里赚到了 55% 的利润。

可能因为他的盈利一如既往地那么辉煌，他的合伙人都忽略了这段时间对他来说是相当困难的一段时期。（有些合伙人甚至写信来询问他是否真的乱了步，巴菲特向他们保证说，他确实乱了步。）他放弃了“轻而易举赚到暴利”的机会，并不意味着他在投资时是一帆风顺的。实际上，巴菲特的投资生涯只有一个支点，那就是他的直觉是正确的，而“市场先生”的直觉是错误的。在股市一路高歌猛进的时代，目睹很多投机商赚得盆满钵满对巴菲特而言不啻为一种折磨。

1968 年年初，巴菲特想到了一个至少能看懂当前股市行情的人，那就是格雷厄姆。他想到了一个提议，为什么不以这位大师的名义，把他的弟子聚到一起呢？巴菲特邀请了一大群旧日的同窗好友，其中包括比尔·鲁安、马歇尔·温伯格以及汤姆·纳普（还有一些朋友不是格雷厄姆的门徒，比如查理·芒格）等，在圣迭戈附近欢聚一堂。不过，巴菲特恳求大家谈话的内容不要晚于恩师 1934 年版的《证券分析》。他信中使用的谨慎语气可以清楚地透露，巴菲特唯恐有人抢了他心目中英雄的风头。

> 今天，我和格雷厄姆谈了谈，他很喜欢与“精选”人士见面这个点子。我们选定了 1 月 26 日周五这个日子，大家可以重温旧情、畅叙一堂。我知道你们有些人有发表演讲的嗜好，我郑重地向大家表明，格雷厄姆才是蜜蜂，而我们都是花朵。看了这份演讲嘉宾名单，我感到这次会面如果组织得不好，就会变成一场喧闹的土耳其地毯拍卖会。除非我们都能达成共识，那就是在这次会面中，要虚心地再向格雷厄姆学些东西，而不是抓住机会向他证明什么。多年未见，他错过了我们很多人美妙的思想火花。

也许巴菲特最担心的就是直言不讳的查理·芒格，芒格觉得格雷厄姆教的很多东西都很愚蠢，他总是让巴菲特重新想想对老师那么尊敬是否有必要。在芒格看来，与其为一个烂企业出低价，倒不如为一个好企业开出一个合理的价格。有很多看似价格便宜的企业其实完全是个烂摊子，到最后你反而会发现这笔买卖其实一点都不划算。

巴菲特自然明白芒格讲的这番道理。之前，他曾经坦言，尽管自己主要是一个格雷厄姆式的低价股猎手，但是“这些年来凡是能真正让我产生激情的，都是那些让我更加注重品质的投资方案”。当然，他把美国运通和迪士尼深深记在了脑海之中。尽管如此，他还是把格雷厄姆式的股票当作自己的最爱。他说：“这种投资更加安全。”他的老师依旧是他的榜样。

与格厄雷姆的会面安排在圣迭戈优雅的科罗拉多饭店里（玛丽莲·梦露拍摄的经典电影《热情似火》的场景所在地）。格雷厄姆带着一种苏格拉底的气度走了进来。他在开场白中说道："你们是一群聪明的年轻人，让我给你们做个测试，有 10 道正误判断题。我提醒你们，它们的难度可相当大。"没有人能答对半数以上的题目，除了芒格的律师事务所合伙人罗伊·托尔斯以外，因为他怀疑其中有诈，于是在每道题后面都打了钩。格雷厄姆之所以出这些题目，是想说明一个貌似容易的游戏也可以让人掉入陷阱，这正是对当时那个投机泛滥的时代的讽刺。

汤姆·纳普的合伙人爱德华·安德森说："我们喜欢和格雷厄姆在一起。"但是，后来这次聚会突然出现变故，格雷厄姆因为生病提前离开，也不再有兴致继续扮演"蜜蜂"这一角色了。于是，这个集会就成了巴菲特团体核心成员的聚会。

他的朋友们都很聪明，也很有野心，但都有些心胸狭窄。亨利·勃兰特天生就喜欢杞人忧天，同时也是一个工作狂。他在沙滩俱乐部四周溜达漫步时都会随身携带的口袋里装上阅读材料。狂傲自大的戴维·戈茨曼经营着第一曼哈顿投资咨询公司。他最着迷的就是谈论自己和其他人的身价和财产状况。（举个典型的例子，有一次在哈佛商学院吃晚饭时，戴维·戈茨曼转向一个刚刚结识的女性问道："你是个有钱人吗？"）

马歇尔·温伯格是一个性格外向、大腹便便的单身汉。他是一个美学家，只对金字塔和鲁宾斯坦感兴趣。还有两个折中派人士爱德华·安德森（之前他是一个化学家，后来成为基金经理，对行为心理学很感兴趣）以及查理·芒格。所有人都有一个共同之处，那就是对华尔街的喜爱。他们都对投资有着强烈的好奇心，却很少能和格雷厄姆一起坐下来谈论西班牙文学或是古希腊文。

在圣迭戈，格雷厄姆的这些门徒花了两天时间来交流他们对市场的忧虑。"我们都因对市场缺少机会而感到遗憾。"爱德华·安德森说。巴菲特鼓励他在哥伦比亚的同学杰克·亚历山大谈谈他的想法，但他最终什么也没说。在离开圣迭戈时，他对股市的看法是否真的得到提高很值得怀疑。

事实上，巴菲特逐渐认识到管理好自己的投资组合就像一场亡命夺宝之争。有人可能会发现一只“烟蒂型”股票，吞云吐雾一番后就把它抛了，其收益转瞬即逝的特点难以令人满意。让巴菲特感到兴奋的是立足于长远的投资，通过控股伯克希尔·哈撒韦公司和联合制衣公司，以及和这些公司的经理，如本杰明·罗斯纳等人共事，巴菲特的确发现，这些公司的盈利增长能力很难达到美国运通的水平。但是，

> 当我和自己喜欢的人打交道时，我在做生意中找到了另一种激动人心的感觉。（其实，又有哪种生意不是如此呢？）如果自己投入的资金能够得到合理可观的回报（例如 10%~12%），那么总是改弦更张想要从别的公司身上多赚几个百分点的盈利，在我看来，这种做法是很愚蠢的。

不过，提出这样一个问题也不算过分：如果合伙人的钱不能在巴菲特这里多赚出几个百分点的话，他们为什么要死心塌地跟随巴菲特呢？如果单纯地从投资回报的角度来考虑问题，弗雷德·卡尔的说法和做法似乎更站得住脚，他的观点就是“我们不会爱上任何东西”。然而巴菲特却对自己的几笔投资很是沉醉，因为除了简单的数学计算之外，在他的投资动机背后似乎还隐藏着一种对持续性的渴求。他对奥马哈城、格雷厄姆以及他的朋友们都是偏爱有加的。他的一生都在寻求持续性，他心中最大的恐惧就是死亡引起的极端不连续性。出售股票也是一种不连续性。和曾经让他百思不得其解的其他哲学困惑一样，他无法确定自己该在什么位置来划分这个界限，什么时候该持有自己喜爱的企业的股票，而在什么时候应该抛出套利。在华尔街，其他投资人根本不会考虑这样的问题。

1968 年，美国的政局陷入动荡，但是股市的红火却达到了近乎疯狂

的地步。纽约大盘的日平均成交量高达 1 300 万股，比 1967 年高峰时的纪录还要高出 30%。1968 年 6 月 13 日，日成交量暴增至 2 100 万股。行情机工作时飞快地发出哐哐哐的声音，似乎随着每一次反战游行者与荷枪实弹的士兵交锋，它的声音都变得越来越响亮，人们逐渐升温的政治上的不满反而给华尔街的股市带来了更多的推动。在那个充满暴力和暗杀恐惧的动荡夏日，股票交易所被大量的买卖单据压得喘不过气来而被迫休市，这在历史上也是破天荒的第一次，而且这种情况一直持续了多日，人们似乎在寂静中仍可以听到求救的呼喊声。但是股市还在一路疯涨，就像一个醉汉还想喝完最后一瓶酒，连天色已亮都没有察觉。

股票经纪人理查德·詹雷特给它起了个诨号叫“巨大的垃圾市场”。新股在疯狂上市，比如美国四季护理中心、肯德基公司以及应用逻辑公司等。巴菲特注意到“一系列非注册股票正在推广和销售，这场游戏的参与者中有轻信他人者，有自我催眠者，还有愤世嫉俗者”。他的脑海中肯定浮现出了弗雷德里克·梅茨的模样。这是一个自诩为罗宾汉的人物，经营着梅茨投资基金，他把自己的办公室叫作奇布兹（Kibbutz），把他手下的一帮年轻职员称作“花童”。弗雷德里克·梅茨把大量的资金投入到一只名叫欧米茄的非注册股票中。非注册股票并没有市场定价，因此它的价格是不确定的。弗雷德里克·梅茨在计算了自己基金的资产之后，把欧米茄股票的价格定为每股 16 美元。这是一个很有趣的数字，因为弗雷德里克·梅茨是以每股 3.25 美元的价格得到这些股票的。就这样，在欧米茄股票的现状或盈利前景没有丝毫变化的情况下，梅茨投资基金就拥有了超过 400%的账面盈利。

尽管巴菲特还不到 40 岁，但他觉得相较之下，自己已经进入了“老年人病房”。他曾一度鄙视竞争对手表现出来的懈怠，但是现在他们都表现出了“严重的高血压症状”。他留意到有一位基金经理宣称，仅靠每周或每天研究股票是不够的，“对股票必须每隔一分钟就研究一番”。巴菲特评价说：“这种说法让我觉得出去取一瓶百事可乐喝都有负罪感。”

我们很容易就可以想见，这番言论也许出自一个在华尔街涉世不深的乡巴佬之口，他写信给家里的一个叔叔，描述着城里发生的令人方寸大乱的事情。而事实上，巴菲特从来都没有和华尔街脱离过。他每天都要给股票经纪人以及交易商打电话，有的时候一天还要打好几通电话。坎托－菲茨杰拉德经纪人公司的首席交易商阿特·罗斯尔开玩笑说，这些年来他和巴菲特说的话不下“1亿句”。

巴菲特的交际圈子非常广。事实上，他在奥马哈所得到的信息即便不能超过纽约那些基金经理，至少也不会比他们逊色。他从奥马哈得到了一种平衡感。有一天，当他带着儿子开车路过一家麦当劳时，他对儿子霍华德说：“要想赢得良好的信誉，你需要20年时间，而要毁掉它，5分钟就足够了。如果你明白这一点的话，做事的方法自然就会有所不同。”

让人感到惊奇的是，一个股票投资奇才在这样一个快节奏的时代，却能够继续踏实地留在相对偏僻的内布拉斯加州。巴菲特在1968年接受《邓氏评论》采访时说：“奥马哈不比别的任何地方差，在这儿你可以看到整片森林；而在纽约，你的视线会被树木遮挡。”

但是，人们不是都说纽约人容易得到“内幕消息”吗？这对巴菲特的投资难道没有影响吗？

巴菲特回答说：“有了足够的内幕消息，再加上100万美元，你一年内就可能破产。”

这确实是一句非常具有美国中西部风格的话，而且揭示了事物的本质。它的潜台词就是美德有朝一日也有可能变成罪恶，这与华尔街上芸芸众生普遍接受的至理名言恰好相反。

看看巴菲特在同一年，即1968年对家庭保险公司的投资，就更能说明问题了。他连续几周都在买进这只股票，以汤姆·纳普在曼哈顿的特威迪－布朗和纳普公司作为经纪商。有一天，当公司正要为他买进价值5万美元的股票时，公司的合伙人霍华德·布朗突然接到从奥马哈城打来的电话。霍华德·布朗放下听筒，说道：“真是太奇怪了，沃伦说别买进了。”

第二天，家庭保险公司宣布被城市投资公司以高价收购了。巴菲特有可能事先得到了内幕消息，但他没有买入这 5 万美元的股票，意味着他错过了一个很好的获利机会。他明明知道买入这些股票是合法行为，但巴菲特认为大家都会留意到这一点，让他的做法看上去有那么一些令人怀疑。

巴菲特是否感到自己的美德与个人利益会互相抵触？（有人倾向于把两者看成是有所差别的个体。）巴菲特并不这样认为。他认为个人利益和美德经常倾向于一致，因此他还是有可能把二者妥善处理好的。毋庸置疑，这种观点并不是每个华尔街同行的头脑中会具备的。

巴菲特常常去纽约，每年春天会和苏珊一起去，其他时候也常去。他会在中心广场和许多商界人士及朋友们见面。这些人包括投资顾问桑迪·戈茨曼、比尔·鲁安、《财富》杂志专栏作家卡罗尔·卢米斯以及未来的酒店业巨头拉里·蒂什。他们都是非常富有而又神通广大的人物。

但是，当巴菲特身处纽约的时候，他还是有一种乡下人进城的感觉。这不仅仅是因为他在说话的时候总会蹦出“傻子”“蠢蛋”“好的，伙计”之类的词语。苏珊很喜欢去艺术家咖啡馆，但巴菲特还是愿意和朋友们在斯特奇熟食店一类的低级餐馆里吃饭。在这里，他可以要一份他出城后必点的牛肉汉堡，并且还要在白面包片上抹蛋黄酱。有一次，马歇尔·温伯格鼓足勇气提议去吃一点稍微不一样的东西——日本牛排屋。

“我们为什么不去鲁本斯餐馆呢？”巴菲特反驳道。

马歇尔·温伯格提醒说昨天午餐就是在这个位于纽约城东的熟食店吃的。

“那正好呀，”巴菲特说，“这样你就知道在那里该点什么了。”

“按你这种逻辑，难道我们要天天去那儿吃吗？”温柏格说。

“那也挺好啊，为什么不天天去那儿吃呢？”

还有一次，巴菲特在环境优雅的哈莫尼俱乐部吃午饭，一同进餐的有桥牌冠军萨姆·斯泰曼，他也是巴菲特的一位投资者，另外还有斯泰曼的妻子约瑟芬。约瑟芬·斯泰曼对巴菲特身上那种中西部人特有的不拘小节印象极其深刻。她回忆道：

> 吃完饭后，我回到自己住的上城区，沃伦也到上城区来了，我想他可能还有另外一个聚会。他说他待在纽约很压抑，问我是否愿意和他一起从61大街跑到79大街。当时纽约还没有兴起慢跑的风尚。我们迈着飞快的步伐穿过麦迪逊大街。他穿着他的西服，奔跑中透露出对自由的向往。

你可以想象一下这个穿着毫不入时的网球鞋的华盛顿男学生。人们不习惯看到一个奥马哈牛仔在麦迪逊大街上奔跑。通常，大多数美国人也不习惯看到一个亿万富翁搭乘飞机的经济舱。他们心目中华尔街的成功人士是像J·P·摩根先生那样有派头的，而他们在巴菲特身上看到的却是威尔·罗杰斯①的影子。

有一天晚上，数据文件公司的主管鲍勃·马洛特在纽约第5大道偶然遇到巴菲特，却看到巴菲特在那里来回踱步，活像一只迷途之犬。巴菲特解释说，他正在度量一家商店下面的地段大小。在堪萨斯土生土长的马洛特得出结论说："一个在大城市里成长起来的人绝对不可能具备巴菲特身上的那种率真。"

到了1968年年底，美国股市的牛市逐渐显得底气不足了，一些大公司的泡沫纷纷破灭。杰拉尔德·蔡的曼哈顿基金在305只基金中的业绩排名也一落千丈，跌至第299位，蔡不得不就此收戟。当年12月，美国证券交易委员会停止了欧米茄股票的交易。对于弗雷德里克·梅茨而言，这无疑是当头一棒。梅茨基金拥有30万股欧米茄股票，这个曾在全美国排名榜首的基金，却要面临突如其来的巨大资产亏损。在万不得已的情况下，梅茨说服美国证券交易委员停止了基金赎回（就似一家银行关闭出纳柜台的窗口以停止挤兑）。接着，梅茨在纽约希尔顿饭店面对一

① 出生于美国南部俄克拉何马州的传奇牛仔和演员。——译者注

群高端投资者陈述投资前景。可笑的是，在他自己的基金后院起火的时候，他还在四处兜售他的行家观点，对这种令人啼笑皆非的事梅茨好像并不在意，他自信地说：“和1968年一样，我们没有什么理由担心1969年会变得前景暗淡。”后来，基金打开了封闭期，他的基金净值马上就下跌了93%。

梅茨基金只不过是冰山一角。当梅茨基金的帝国摇摇欲坠时，明眼人都可以清楚地看出这绝不是最后一个倒下的基金公司。伯恩汉姆公司的沃尔特·斯特恩早就表示过他的担忧。他认为在熊市里，人们一定会草木皆兵地恐慌抛售，就像他们当初买进股票时一样慌不择路。不过，巴黎和谈给市场注入了一剂强心针。1968年12月，道琼斯指数爬上990点的高位，而华尔街又把奢望的目光放到了不切实际的目标上：越南战争结束，道琼斯指数站上1 000点。

巴菲特合伙公司在1968年赚进了4 000万美元的利润，年收益率高达59%，总资产增加到了1.04亿美元。巴菲特在缺乏灵感的情况下，管理着空前多的资金，再加上市场达到了顶峰，因此他经历了业绩最红火的一年。他跑赢道琼斯指数不是仅仅5个百分点（他定下的最低目标），而是50个百分点。他说，这种盈利业绩“是百年一见的稀罕事儿，就像一局牌中抓了13张黑桃一样”。这是他最后一次轻轻松松就做出的业绩。

这时，牛市正断断续续发出终结前的呻吟，而华尔街的专家们不顾已经很高的整体市盈率，依然在拼命地推荐热门股票。美林公司买进了市盈率为39倍的IBM公司股票，巴奇证券公司把施乐公司的股票推高到50倍的市盈率，布莱尔公司将雅芳公司的市盈率抬高到56倍。在这样的高盈利水平下，一个把自己所有资产都压在雅芳公司股票上的投资者需要半个世纪的时间才能抽回他的资金。难道它真能“值”那么多钱吗？一个基金经理表达了自己的看法，他认为在某个特定时刻股民们认为某种股票价值多少，股票就真能值多少。每一个大学的捐赠基金都觉得“应该持有IBM、宝丽来和施乐公司等热门股票。因此，我觉得他们会做得不错”。巴菲特提醒人们不要忘记一个从表面上难以发现的微妙区别：“价格是你所掏的钱，而价值才是你真正得到的。”

这些都已经没有任何意义了。最后，局面已无法扭转，巴菲特对找到理想的股票彻底失望了。1969 年 5 月，《商业周刊》把弗雷德·卡尔评为“全美最优秀的投资组合经理”。当月，这个奥马哈人拿定了主意。因为担心自己陷入惨境，同时也担心自己多年来赚到的家业付诸东流，巴菲特做出了一件让人目瞪口呆的事，他宣布离开投资界。有关他开始清算巴菲特合伙公司的消息震惊了所有的合伙人。就在这个时候，当牛市掀起一波波高潮时，他却准备隐退了。

> 股市的这种投资局面让我无所适从，我也不希望去玩一种自己根本不懂的游戏，这有可能让自己多年来苦心经营起来的声誉都毁于一旦，我不如趁现在急流勇退为宜。

巴菲特做出这一决定的勇气是难能可贵的。在华尔街，人们绝不会主动关闭一个企业并偿还资金，更不会在鼎盛时期这样做，也不会在公司取得最佳业绩之后主动这样做。之前，根本就没有人这样做过。巴菲特其实有很多条路可以走，他可以选择把股票清仓，将股市上的资产换成现金以等待时机，每个合伙人都渴望由他来运作资金，而他也总是感到肩上有一种无法推卸的责任，要带领整个合伙公司向前迈进。自从 1967 年他写给合伙人那封具有里程碑意义的信以来，他曾经试图不要干得那么像“拼命三郎”，但是，只要他继续待在“这个舞台上”，他就绝不可能真正活得悠然自得。

> 如果我要融入公众之中，我就身不由己地要参与竞争。我明白，我并不想毕生都忙于超越其他的投资经理，让自己完全放慢脚步，唯一可行的办法就是放下为上，让者有余。

在他的朋友理查德·霍兰德的印象中，巴菲特总是在仔细审视自己的一生，尤其是他将如何处置金钱。他现在拥有的个人总资产已经达到了惊人的 2 500 万美元，而且巴菲特已经向合伙人暗示过他将改变步伐。

> 你们中的有些人会问："你下一步打算怎么办？"我对此没有任何答案。我只知道当我 60 岁时，我会尽力实现其他的个人目标，这些目标与我在 20 岁之前设定的人生目标会有所不同。

一年前，巴菲特曾经帮助过狂妄不羁的尤金·麦卡锡筹资参与民主党内的总统候选人竞选，在接受《奥马哈世界先驱报》采访时，他表示希望把大量的时间"尽可能而且有效地花在关乎民众福祉的问题上"。在另一次访问中，他说自己想追求一些赚钱之外的目标。

巴菲特立即开始着手进行这项工作。奥马哈城的白人不允许犹太人进入奥马哈俱乐部，这是一个位于市中心的商务人士经常光顾的餐厅。但是，巴菲特有不少犹太朋友，其中包括尼克·纽曼。他经营着一家奥马哈杂货连锁店，对自己被拒之门外感到极为愤慨。巴菲特对俱乐部管理委员会提起了这件事，却被告知说："他们（犹太人）在城里有自己的俱乐部。"（奥马哈也有许多乡村俱乐部，每个俱乐部都有严格的种族划分。）在巴菲特看来，这明显是一种错误的做法。

迄今为止，犹太人家族在奥马哈已经生活了 100 年以上了，他们一直都为所在的社区着想，他们对奥马哈城建设做出的贡献不比其他任何人少，而他们却不能像约翰·琼斯一样加入俱乐部。约翰·琼斯只不过是联合太平洋公司的一个中层员工，而他一搬到奥马哈就加入了俱乐部，这样做显然有失公允。

当然，巴菲特并不打算在奥马哈俱乐部外面发起一场游行示威。他的做法很有他自己的特色，他选择了一种被动和间接的策略，便于巧妙地转移压力：他申请加入会员的俱乐部全是犹太人的高地乡村俱乐部。

高地乡村俱乐部成立于 1923 年，是由一些在高尔夫球场上被蔑称为"犹太佬"或"恶人"的犹太籍高尔夫球爱好者创建的。即便到了 60 年代，反犹事件也并没有完全消失，而奥马哈的犹太人也没有做好完全融入和欢迎非犹太群体的准备。高地乡村俱乐部中坚持种族纯粹主义的人士强烈反对巴菲特加入。他们的感觉是："这是我们的俱乐部，而他们将会把它抢走。"巴菲特的朋友们以及俱乐部的自由派人士，其中包括奥马哈的犹太学者都赞成巴菲特加入。这场争论相当激烈，但在1969年10月1日，巴菲特最终还是被该俱乐部接纳了。然后他回到奥马哈俱乐部，通知他们说"犹太人俱乐部"里已经不再全是犹太人了。这样奥马哈俱乐部再也没有借口可找，只好迅速接纳一些犹太籍会员。

巴菲特后来在谈到此举的动机时口气十分轻松，他总是习惯用一种开玩笑的口吻来表达自己强烈的感情。他说加入高地乡村俱乐部是因为"那里的食物更好吃一些"，而实际上，他很少去那里。除了他对公民权利的关注之外，人们都怀疑他是否真的对犹太人有种特殊的感情，也许与对格雷厄姆的崇敬之情有关吧。犹太教教士迈克·克里普一家是巴菲特家的常客。他觉得巴菲特是一个"犹太哲学家"。（巴菲特总是和迈克·克里普开玩笑说他想为自己女儿挑选一个"出众的犹太男孩"。）

但在奥马哈人看来，巴菲特加入高地乡村俱乐部一事还具有更深层的含义，它宣告了巴菲特与他那宗教观点浓厚的父亲在观念上的背离。迈尔·克里普曾和霍华德·巴菲特一起就霍华德支持在公立学校举行祷告仪式的做法展开过一番激烈的争论。克里普认为沃伦·巴菲特的这一"表态""是对父亲的做法的一种强烈反应，不啻为一种政治声明"。

巴菲特夫妇还参与了具有历史开拓意义的堕胎事件。苏珊在计划生育活动中非常活跃，他俩一起强烈支持堕胎合法化（当时在许多州里堕胎还是非法的）。1969年，加利福尼亚州最高法院同意受理利昂·贝洛斯的案件。利昂·贝洛斯是一名医生，他因为给一名妇女推荐了堕胎医生而被起诉。查理·芒格曾在报上读到有关贝洛斯的事情，然后就给巴菲特打电话，两人随即决定支持利昂·贝洛斯。

查理·芒格把贝洛斯案当成是一场关乎个人权益的斗争。他组织起草了两份案情摘要，一份由178名医学院院长和教授联合签名，另一份则由芒格自己起草并由17位知名律师共同签名。1969年9月，贝洛斯取得了划时代的胜利——这是美国首次宣布堕胎法违背宪法。

在巴菲特看来，高地乡村俱乐部事件和贝洛斯事件的性质是相同的。巴菲特支持的都是他认为有利于社区利益的那一方，同时摒弃了宗派主义。以他那种理性的、股票投资人的观点看来，社会拥有开放性的团体和自由堕胎方面的呼声远远高于隔离主义者和反堕胎主义者那种狭隘的利益。

除了政治之外，巴菲特把 1969 年的大多数时间都用来清算公司的投资组合。他的叔叔弗雷德碰巧在同一时间关闭了巴菲特父子商店，这个家族杂货店从开业到关门恰好延续了 100 年。这年秋天，巴菲特和苏珊选择了一个合适的时机举办了一场聚会。他们邀请了 180 位客人，还从斯特奇熟食店弄来很多三明治和成架的香肠。巴菲特家的大门被一串闪烁的小灯照得灯火通明，门两侧还放置着一对将近 1 米高的百事可乐瓶子。应邀前来的有驰骋政界和商界的朋友，有黑人和白人，有“富翁和苦苦挣扎的打拼者”。女人们有的穿着鸡尾酒会晚礼服，有的穿着喇叭裤，有的穿着裙裤，还有的穿着迷你裙。参加聚会的人还在日光浴室里画了两个穿紧身衣的女孩图形。W · C · 菲尔德和梅 · 威斯特在壁球场上一显身手，大家还可以从一台炸爆米花机里拿到香喷喷的爆米花。一位客人说他根本不知道奥马哈竟然有“这么多有意思的人”。

与此同时，大家也开始察觉到，巴菲特急流勇退的决定日渐显得英明。直到 5 月，道琼斯指数都一直停留在 1 000 点左右的高位。但到了 6 月，道琼斯指数猛跌到 900 点以下，一只只被高估的个股的泡沫纷纷破灭。利顿实业公司是当时典型的大盘蓝筹股，它的股价比极盛时期下跌了 70%；凌 - 特姆科 - 沃特公司的股价也从每股 169 美元一路狂泻到 25 美元。华尔街的证券经纪公司纷纷倒闭。纽约证券交易所大厅内原来悬挂着的醒目标语——“在美国商界拥有你的股份”，后来也悄无声息地被撤下了。速利基金也是灰飞烟灭。

刚在 5 月被《商业周刊》奉为神明的弗雷德 · 卡尔当年 12 月就黯然退场了，他的企业基金里堆满了无法清算的非注册股票。这些非注册股票的市值在 1969 年就下跌了 26%，并且在这场浩劫结束前继续大跌，跌幅之深近乎腰斩。科尔特斯·威斯利·兰德尔的全国学生营销公司的股票价格更是从每股 140 美元狂跌到 3.5 美元，连哈佛大学的捐赠基金都没能幸免于难。道琼斯指数在 1969 年年底以 800 点收盘。然而，股市还在一路杀跌。到了 1970 年 5 月，纽约证券交易所里的每一只股票都比 1969 年年初缩水了 50% 以上，四季护理中心的股票在 1968 年是市场的宠儿，它的股价也从每股 91 美元下跌到 32 美元。电子数据系统公司的股价在春季的一个交易日内就急降了 50%，致使公司那位拿破仑式的传奇缔造者 H·罗斯·普洛特的财产在一天之内就蒸发了 4.45 亿美元。福特基金的投资组合也变得支离破碎，麦克乔治·邦迪不得不咽下自酿的苦酒。

巴菲特殚精竭虑才使得公司在 1969 年维持了 7% 的盈利水平，这是合伙公司的最后绝唱。尽管这是业绩不佳的一年，但公司还是跑赢了道琼斯指数 18 个百分点。巴菲特长期以来预计的公司业绩下滑的年月从来没有出现，他在每一个季度都有盈利，并击败了道琼斯指数。

假如一个投资者在 1957 年将 1 万美元投入道琼斯指数，那么 13 年后他获得的总利润将达到 15 260 美元。但是同样多的资金如果被投入巴菲特合伙公司中，扣除巴菲特自己的份额之后，将会产生 150 270 美元的利润。如果换用另一种算法，巴菲特的投资组合每年的增长速度为 29.5%，远远超过道琼斯指数的 7.4%。人们也许能在其他领域找到可以与巴菲特相媲美的英杰，例如古典音乐界的莫扎特，然而在投资界，巴菲特的卓越成就无人可以比肩。

有些投资公司想出资买下他的合伙人名录，巴菲特一一拒绝了。但是，还有一个问题：巴菲特从前的投资者会把他们的钱投到哪里去呢？巴菲特只给了他们一个名字：比尔·鲁安，他是格雷厄姆班上一个循规蹈矩的学生，当时，他正在建立一个新的共同基金——塞凯亚基金。巴菲特的许多合伙人都对它进行了投资。

巴菲特说他将把自己的很多资金注入城市债券里，他也写了一封长信告诉他的合伙人如何做出同样的投资（但他申明自己以后将不会再继续提供投资咨询意见）。这封长信的形式既随意又散漫，但是内容非常具体。在纽约市发生财政危机的 5 年前，他就已经注意到了可能会出现的麻烦。他在这封信中有一段忠告：

> 你们将发现我不会买大城市发行的债券，因为我对如何分析纽约、芝加哥、费城等大城市的财务状况感到毫无头绪。你们对纽约市的财政状况的分析跟我的分析应该是一样的，我承认很难预见市政府在超过贷款期限后就不再偿付欠款了。我分析债券的方法和我分析股票的方法很相近，如果有什么是我不明白的，我宁可不去为此烦心。

除了两项投资以外，合伙公司把其他投资都进行了清算。这两项分别是伯克希尔·哈撒韦公司和多元零售公司，后者是本杰明·罗斯纳的联合制衣公司的控股公司。① 这样一来，每位合伙人都可以选择持有两家公司的股票或是把自己的股份套现退出，巴菲特则选择了自己留下股票。

> 我觉得这两家公司未来的成长性都很好，我很高兴自己的净资产中有相当大的一部分投到了这两家公司中去。

他恳请合伙人在考虑两家公司中较大的伯克希尔·哈撒韦时，不要仅仅把它当作一只股票，还要把它当作一个企业。不过，他的说法还是让人感到有点晦涩难懂。一方面，他自己对纺织业并不十分感兴趣；另一方面，他又很喜欢管理伯克希尔·哈撒韦公司的那个年轻人。他认为伯克希尔·哈撒韦每年都会带来 10% 左右的资产增值，但并没有做出明确的预计。此外，尽管他希望参与伯克希尔·哈撒韦的政策制定，但他的合伙人都明白他没有任何义务“转移兴趣”。

---

① 巴菲特幸运地把总部位于巴尔的摩的霍克希尔德公司卖给了通用超市，而且没有遭受任何损失。

桥牌冠军萨姆·斯泰曼认为巴菲特已经黔驴技穷了，他把自己持有的伯克希尔·哈撒韦股票以每股43美元的价格出售给巴菲特。但是许多投资者选择了继续持有伯克希尔·哈撒韦的股票。他们无法知道伯克希尔·哈撒韦将变成什么样子，也不知道巴菲特在重新塑造它的过程中会投入多少心力。但是，巴菲特清楚地表明，他将保留伯克希尔·哈撒韦的股票，正如忠实的威廉·安格尔医生所说的那样："任何人只要还长着脑子，就会听从巴菲特的建议。"

第7章
BUFFETT

接手伯克希尔·哈撒韦

命运使然，马萨诸塞州的新贝德福德经历了两次而非一次的短暂经济腾飞。这座城镇是从欧洲移民到美国的清教徒建立起来的，经历了英国人在美国独立战争时期的劫掠，后来又成为世界捕鲸业的贸易中心。被海水浸透的潮湿的鹅卵石一直铺到码头，这码头曾给新贝德福德带来无限商机，同时也给这座城镇带来了风险，因为巨鲸有可能会在码头搁浅。当地的一名海员赫尔曼·梅尔维尔说："这座城镇也许算得上美国东北部最宜居的地方了。"那么，这座城市的财富又来自何方呢？"去看看远处环绕着大楼的那些捕鲸叉形状的标志吧！你就能找到答案了……它们都是从海底拖到这里来的。"

美国内战时期，捕鲸者们蒙受了巨大的损失。当宾夕法尼亚州挖出第一口油井后，新贝德福德的命运开始滑坡。然而新贝德福德人在摇摇晃晃中还是挺直了腰杆，这要归功于他们的先见之明，把一些资本投到了别的领域。早在1847年，新贝德福德的捕鲸者们认为可以减少对靠海吃饭的依赖性，于是筹资建造了一家纺织厂。后来他们又建成了一座纺织厂，并以捕鲸人阿库什尼特的名字命名，标志着这一城镇资本流向的转变。最后，在新贝德福德，约有1亿美元投入了纺织业，即使在休渔期，船坞上依旧堆满了从美国南部运来的成捆的棉花。在20世纪初叶，新贝德福德的70家纺织厂生产出来的上等棉布在全美是最多的。

对于新贝德福德人而言，有一条经验是很重要的：资本是流动的。轮船也许会腐烂，但是利润却不必和船长的灯一起沉入大海。这一点使得这座城市里最大的纺织厂维持了近100年的历史。

哈撒韦制造公司是由霍雷肖·哈撒韦于1888年创办的。公司创办时资本金只有40万美元，投资人主要是捕鲸者，这从它坐落在考夫大街面朝大海的位置就可以明显地看出来。当年《新贝德福德晚间标准报》写道，这家蒸蒸日上的新企业将“雇用大约 450 名工人，有 3 万个纱锭同时开工”。这家纺织厂最初的一个投资人叫赫蒂·格林，她是一个以“华尔街巫婆”的绰号而臭名昭著的吝啬鬼。①

随着国家对棉布需求的不断增长，哈撒韦制造公司和整个纺织业都在走向兴旺。在第一次世界大战期间，因为军队对制服和布匹的需求狂涨，纺织业的利润也大量增加。在新贝德福德，有 3 万名工人（几乎占到劳动力总数的一半）都在纺织厂工作。

后来，纺织工厂突然衰败了，或者说向美国南方转移了，因为那里的劳动力更廉价。在 20 世纪 20 年代，新贝德福德的工人们（大多数都是移民）被迫忍受一次又一次的工资削减。1928 年，当纺织厂主要求进一步削减 10%的工资时，工人们只得揭竿而起。此次罢工持续了 5 个月之久，让人感到非常痛苦。之后，许多纺织厂没能重新开业，而那些重新开业的工厂又赶上了经济大萧条的狂风暴雨。到了 1940 年，纺织业的工人队伍已经骤减至区区 9 000 人。

值得一提的是，面对这个日趋衰败的行业，纺织工厂的投资者们十分淡定。到了 20 年代末，尽管他们获利依旧丰厚，但工厂里运转的依然是陈旧不堪的机器。同时，股东分得的红利也相当丰厚，基本上可以达到 10%。这些业主们把资金抽调到南方的纺织厂，投到了股市上，也花在了他们的豪华游艇上。不论这些钱流到了哪里，业主们都牢记捕鲸者的训诫：一旦这个行业走向灭亡，他们就再也不会注入新的资金。在这些工厂里只有一个例外，那就是哈撒韦制造公司。

哈撒韦制造公司是由西伯里·斯坦顿经营的。他志向高远，举止优雅。他的祖父是一艘捕鲸船的船长，父亲曾任哈撒韦制造公司的总裁。

西伯里出生在新贝德福德，于 1915 年毕业于哈佛大学，在法国打

① 赫蒂·格林是一位船业大王的继承人，据说在冬天她会裹着报纸取暖。她死于 1916 年，作为当时世上最富有的女人，她留下了 10 亿美元的财富。

过仗，并被提拔为陆军中尉。战后他又回来，成为哈撒韦的合法继承人，并在纺织厂里做过学徒工。要不是遇到了沃伦·巴菲特，他也许会在那里待上半个世纪。

西伯里·斯坦顿不苟言笑，态度冷漠，不过目光如炬。决定他命运的时刻出现在1934年大萧条最严重的时期。当时的纺织厂一个个倒闭或是迁往南方。但是，西伯里就像他的航海者祖先一样，经过深思熟虑后决心要安全地闯过这场风浪。他设计了一个运营计划，为工厂增加现代化的设备。在后来的10年间，他总共为纺织厂注入了1 000万美元的资金。西伯里和他的弟弟奥蒂斯走进了股票交易所，大量买进哈撒韦制造公司的股票。他们胸怀高远的理想，认为如果股东的利益面临风险，自己就应该和股东站在同一条战线上。有了西伯里做舵手，考夫大街上这座红砖盖成的纺织厂勇猛地经受住了浪潮的冲击。

接下来几年的经营业绩可谓喜忧参半，哈撒韦建立了合成纤维分厂，而且在人造纤维制造业中一直处于市场旗舰地位。第二次世界大战对降落伞纤维面料的需求无异于给公司注入了一针强心剂。二战结束后，哈撒韦继续研发人造纤维，终于成为全美国，也许是全世界最大的男士西服面料制造商。但是，麻烦在于公司的产品非常易于被竞争对手仿制，它逐渐遭到了来自美国南方厂家乃至亚洲厂家的强烈冲击。后来，1954年，一场飓风吞噬了整个工厂，使它蒙受了巨大的损失。有人给西伯里开出了非常优厚的条件，让他去南方重新投资办厂，但这位倔强的军官绝不认输。他不愿意离开自己熟悉的新英格兰，决定让哈撒韦与一个同样历史悠久的北方制造商伯克希尔精纺联合公司联姻。

说到伯克希尔的历史，我们就需要追溯到塞缪尔·斯莱特。他在1790年建立了全美国第一家纺织厂。奥利弗·蔡斯是一位曾经为斯莱特工作过的木匠，他也于1806年在罗得岛建立了自己的纺织厂，蔡斯家族使企业一直保持长盛不衰。一个半世纪之后，蔡斯家族依旧控制着伯克希尔，而伯克希尔公司下面有十多家工厂，为床单、衬衫、手绢和衬裙工厂供应人造纤维。

和哈撒韦一样，在二战期间及二战结束后很短的一段时间内，伯克希尔也盈利颇丰，后来它也同样遇到了经营上的困境。但是，马尔科姆·蔡斯总裁却采取了与西伯里截然不同的经营战略。哈撒韦经过现代化改造之后建立了时装面料、西服面料以及窗帘布料等几个分厂，而伯克希尔却仍旧在使用古老的机器加工棉花。马尔科姆这位白发苍苍、面庞瘦削的新英格兰人，自从 1931 年以来一直从事纺织业，他觉得这个行业在新英格兰没有光明前景，自己的潜能也没有得到充分施展。他的侄子尼古拉斯·布雷迪后来当上了美国的财政部部长。布雷迪于 1954 年从哈佛商学院毕业，他的毕业论文写的就是伯克希尔公司。他在文章中得出的结论十分不乐观，他自己也很快就把手中的股票卖出了。

两家公司在 1955 年合并成为伯克希尔·哈撒韦公司。新的公司堪称纺织界的巨人，有 14 家工厂、12 000 多名工人，年销售额高达 1.12 亿美元。有人认为哈撒韦的现代化管理模式与伯克希尔的巨额资产相得益彰，所以铸造出纺织界的巨无霸。新公司的总部迁到了新贝德福德，由西伯里·斯坦顿担任总裁，马尔科姆·蔡斯则担任董事长。

西伯里对伯克希尔进行了一番实地考察。当看到成千上万的老式织布机与房顶的滑车相连运作时，他下决心要对工厂进行一番现代化改造。他投入了新的纱锭，重修了织布机，提高了织布机的速度，还把最好的工厂进行了整合。

西伯里骨子里就有一种贵族的清傲。在他看来，他是塞缪尔·斯莱特的精神继承人，而塞缪尔·斯莱特是“一个极富想象力的人，能够把湍急的河流、旋转的飞轮、粗糙的纺织机和纱线连接到一起，为全美国人提供衣着”。大萧条期间的经历给他留下了难以磨灭的印象，也一直成为指导他行动的准星，他坚信“人们要鼓足勇气，辛苦打拼才能生存下来”。在他的管理下，伯克希尔·哈撒韦成为新英格兰最大的一家，之后也变成了唯一一家存活下来的大型纺织企业。

然而，如果从经济角度来考虑，他还不如以捕鲸为生。据他手下的人说：“西伯里对投资回报率没有一点概念，他只关心一件事，那就是让工厂持续经营下去。”他不停地往工厂里注入资金，但是过低的纺织品价格却无法让他得到投资回报。

在管理过程中，西伯里变得越发孤僻了。他对员工的着装都有严格的要求：经理必须穿带有菱形花纹的袜子和白衬衫，秘书们必须戴手套并穿长筒袜。如果有哪位公司的高层在公开场合身穿运动夹克出现，立马就会遭到他的严厉呵斥。在他的领地里，他与所有人的交流都采用书面汇报和批复的形式。他一直在一块离员工非常遥远的办公区工作，和大家极其疏远，大家背后都称他的办公区为“象牙塔”。马尔科姆·蔡斯回忆说：

> 西伯里在二楼顶部有个办公室，谁要想在办公室里见他，就必须首先经过他的秘书，而在那以前还要先经过他秘书的秘书。如果那边打电话让你去他办公室，那你就得爬上一段长长的楼梯，在走廊的尽头有一扇门，推开门你会看见一张长长的会议桌，而在桌子的另一端你才能看到西伯里的办公桌。

中午，他会从宛若皇宫一般的象牙塔走下来，钻进一辆等候已久的凯迪拉克房车。车子快速开过南区工薪阶层简陋的木屋子，载他回家吃午饭。尽管从楼上就可以鸟瞰整个厂房的状况，但他几乎从不和工人接触。每年，他仅仅会在圣诞节的时候问候一次上夜班的工人：他会从象牙塔走下来，和工人们一一握手，而工人们也会故意在手上涂满机油，“期盼”着与老板每年一次的握手。

西伯里和他的弟弟奥蒂斯性格不合。奥蒂斯强烈反对哥哥进行再投资的计划，另外他对西伯里不惜冒工人罢工的风险，坚持削减工资的做法也相当不满。兄弟两人之间的隔阂也渗透到了公司的方方面面。

奥蒂斯一直在新贝德福德和位于纽约服装区的销售办公室之间来回奔波。他是一个性格开朗的人，哈撒韦公司人造丝纤维服装面料之所以能打开销路，他绝对功不可没。正是奥蒂斯把哈撒韦公司的合成纤维和其他面料推销给了“加工批发商”，由他们对这些材料进行印染和加工，然后将其推销给服装制造商。战争期间，其他供应商都靠弄虚作假和贿赂来蒙混过关，但奥蒂斯一直都奉行童叟无欺的商业原则。战争结束之后，尽管商品供应更加充足，但那些信赖他的客户仍十分愿意跟他合作。

但是，擅长生产管理的西伯里却开始侵占奥蒂斯的地盘。他在内部建立起一个新的分部，主要加工纤维材料，然后直接销售给服装制造商，这样就撇开了“加工批发商”这一群体。这一举动在新贝德福德人看来似乎是明智的，却忽略了纺织贸易中的一个重要事实——纺织业是由非犹太人控制的，而加工批发商和服装制造者却往往是犹太人。“你要和他们做生意，就必须先和他们处理好关系，”伯克希尔公司纽约分销部的一位副总裁斯坦利·鲁宾解释说，“这是西伯里犯下的致命错误，直接酿成了最终的悲剧。”

伯克希尔·哈撒韦帝国逐渐分崩离析。西伯里还在极力宣扬纺织业的光明前景，而在纽约负责推销纤维面料的销售人员却认为这是一个已经衰败的夕阳产业。有一次，伯克希尔·哈撒韦的一位推销员和一个客户在纽约第 5 大道会面，向他推销手绢布料。这位客户指着窗外一位走进洛德与泰勒百货商场（Lord & Taylor）的女士说：“看见了吗？所有的女性手里都拎着手袋，每个手袋里都有一盒舒洁纸巾，这就是手绢行业终结的标志。”

到 1961 年年底，伯克希尔·哈撒韦只剩下 7 家工厂了。在之前的 3 年中，公司共注入 1 100 万美元。尽管公司的设备性能有了提高，但是生意却鲜有起色。公司生产的普通平织布料无法从激烈的竞争中脱颖而出。当竞争对手的产品充斥整个市场的时候，伯克希尔·哈撒韦越发显得孤立无助。因此，到了 1962 年，也就是伯克希尔·哈撒韦完成现代化改造的那一年，它的运营损失竟然高达 220 万美元。

当时，西伯里和奥蒂斯两兄弟之间的宿仇更加激烈，因为西伯里打算把职位传给自己的儿子杰克·斯坦顿。杰克是一个高高瘦瘦、长得有棱有角的男孩，很像他父亲，但他的蓝色眼睛中流露出一丝忧郁。杰克步父亲的后尘，在哈佛大学念了书，也参加过世界大战，还曾经在海军陆战队的棒球队里投出了不少好球，费城体育学院曾经很希望把他招进学校，但是西伯里不准他去。杰克是个极富责任心的孩子，他放弃了棒球，来到织布厂，“他和工人们并肩工作，弄得满手油污”。1962 年，性格冷峻的杰克已经是公司的总会计师了，年逾古稀的西伯里打算再工作几年，把儿子扶上总裁的宝座。奥蒂斯和马尔科姆·蔡斯都觉得杰克资历不够，于是便开始秘密地物色其他人选以取而代之。

伯克希尔·哈撒韦的股票在华尔街备受冷落。投资信息提供商价值线公司的一位证券分析师理查德·蒂利森曾在 1955 年年初推荐过伯克希尔·哈撒韦的股票，当时推荐的目标价是每股 14.75 美元。在接下来的几年中，理查德·蒂利森也经历了市场供过于求以及纺织厂纷纷倒闭的艰难岁月。到了 1963 年年初，伯克希尔·哈撒韦的股价已经跌到每股 8.125 美元，比理查德·蒂利森最初投资时缩水了 45% 之多。

然而，这位纺织业股票分析师心中希望的火焰多年来一直都没有熄灭。1963 年 3 月，理查德·蒂利森发布分析报告，称伯克希尔·哈撒韦公司“目前的经营前景比之前相当长一段时期都要好”。当年 6 月，他更是不遗余力地为伯克希尔·哈撒韦摇旗呐喊，预测公司第二季度会有一定的盈利。到了 9 月，他不得不再次公开宣称公司业绩反弹尚需时日：

> 伯克希尔公司目前暂时还无法实现之前的盈利预期，因为大量的棉布制造商现在都已迅速转产到混合纤维上来，这一趋势导致市场暂时处于疲软状态。

由于“暂时”的价格疲软，公司“目前”还难以迅速赢利。这种状况一下子就延续了整整 8 年时间。

根据经济理论，如果一家公司管理如此不善，迟早会有投资者认为自己能让其资产发挥更大的价值，就会想要接手公司。无独有偶，此时巴菲特与理查德·蒂利森几乎同时开始关注伯克希尔·哈撒韦公司。当时正值 20 世纪 50 年代，巴菲特还在格雷厄姆－纽曼公司工作。霍华德·纽曼曾去伯克希尔·哈撒韦公司考察，差一点就决定买下它。直到

1962 年年末为止，巴菲特都不过是一个伯克希尔·哈撒韦公司的旁观者。但在 1962 年年末，伯克希尔·哈撒韦的股价跌破每股 8 美元。因为伯克希尔·哈撒韦每股的运营资本都高达 16.50 美元，因此公司股票看上去实在是片价值洼地，于是巴菲特通过合伙公司买进了一些股票。但是，当时巴菲特并没有接管公司的念头。他操作伯克希尔·哈撒韦股票的方式与其他股票并无二致，他认为自己也会把伯克希尔·哈撒韦的股票耐心地持有几年。

然而，随着巴菲特的投资兴趣日渐高涨，他在纽约的一位经纪商朋友丹尼尔·考因给他找来了大量股票。1963 年，巴菲特合伙公司成为伯克希尔·哈撒韦公司最大的股东。巴菲特曾一度隐瞒自己作为最大股东的身份，而由丹尼尔·考因出面，让他在伯克希尔·哈撒韦公司的董事会中争到了一席之地。

后来，有消息说丹尼尔·考因背后的大老板正是巴菲特。伯克希尔的销售副总裁斯坦利·鲁宾认识巴菲特，于是打电话询问巴菲特是否有意买进更多的股票。

巴菲特含糊其词地说："有可能会吧，也有可能不会。"不过，仍然没有任何人意识到巴菲特会有什么大动作。

不久，巴菲特参观了这家纺织企业。当得知杰克·斯坦顿手里有一份公司自 20 世纪 20 年代以来的财务状况复印件之后，他兴奋不已，马上要求复印了一份。之后他又想去看看厂房，杰克·斯坦顿回忆说："当时我很忙，因此就让肯·蔡斯陪他去参观。"

这是杰克·斯坦顿一生中犯下的最致命的错误。奥蒂斯早就考虑把肯·蔡斯（他与马尔科姆·蔡斯没有什么联系）当作取代西伯里的候选人了。但是，将这一职位视为囊中之物的西伯里和杰克都没察觉到这一点。肯·蔡斯是一位化学工程师，年近 50 岁，长着一张国字脸，看起来平易近人。他在当地土生土长，开着一辆雪佛兰车，之前曾在新贝德福德纺织学校念过书，于 1947 年进入哈撒韦的人造纤维部工作，后来通过努力打拼升到了负责生产的副总裁。

在两天的时间里，蔡斯带着巴菲特在纺织厂里四处参观，巴菲特觉得眼前的一切都是塞缪尔·斯莱特创业时的真实写照：一捆捆棉花原料消失在巨大的漏斗中，纤维被织成闪闪发光的透明网状物，细丝在上千台纺架上织成了纱线，最后又堆积到了一起。不论巴菲特有什么感受，在这个不再为人称道的行业中，还是有某种吸引人的东西存在，非常能体现新英格兰地区特有的气质。肯·蔡斯回忆说：

> 沃伦·巴菲特一直问个不停，关于营销的，关于机器的，关于我认为应该采取什么策略，公司该怎样发展，我们目前销售的是什么产品，我们主要的销售对象是谁……对每个细节他都刨根问底。

肯·蔡斯毫不避讳地指出了公司存在的问题，巴菲特认为找到了自己中意的人选。巴菲特并没有表什么态，但是在行程结束时，他给肯·蔡斯留下了一句富有暗示性的话："肯，我会和你联系的。"

与此同时，西伯里终于意识到自己已经四面楚歌。1964 年，伯克希尔·哈撒韦公司一再要求回购股票，这样可以增加西伯里控制的股票份额。巴菲特对于是否要把股票卖给西伯里犹豫不决，他认为西伯里想在价格上使奸耍滑。

"他们俩在价格上有 0.375 美元的差价"，否则巴菲特就会把股票出手了。查理·芒格回忆说："巴菲特成为伯克希尔·哈撒韦的控股人绝对是偶然的。"

作为一家公司，其实伯克希尔·哈撒韦并不值得称道，但巴菲特觉得自己和西伯里之间的账还没了结，于是不想袖手旁观。巴菲特和西伯里在公司的运营问题上存在很大的分歧，巴菲特认为西伯里没有完全尽到责任。巴菲特同往常一样，还是让别人来为他唱白脸。

丹尼尔·考因和西伯里在他的象牙塔办公室里就此问题展开了激烈的交锋。西伯里大声地咆哮，说任何人都别想在他面前指手画脚。执行副总裁埃德蒙·里斯奇利知道丹尼尔·考因是在代表巴菲特说话，就冲了进来提醒西伯里说："你不应该对我们的大股东用这样的口气说话！"

事态愈演愈烈。那位曾带着巴菲特参观工厂、言辞坦率的副总裁肯·蔡斯对伯克希尔的前途忧心忡忡。于是他和南卡罗来纳州的一家竞争对手厂家进行了一次谈话，想给自己找条退路。1965 年年初，斯坦利·鲁宾给蔡斯打电话，劝他少安毋躁。蔡斯问他为什么要这样做时，斯坦利·鲁宾神秘兮兮地说尽管相信他的话就是了。

过了大约一个月，鲁宾又打来电话："你还记得那个沃伦·巴菲特吗？他想接管伯克希尔·哈撒韦公司。他已经以华尔街股票经纪公司的名义持有了股票。"鲁宾说巴菲特有事要和蔡斯谈谈，希望蔡斯到纽约的广场饭店和他见面。

这是一个春光明媚的日子，巴菲特和蔡斯一同在饭店前的一个小公园里散步，巴菲特给俩人买了奶油冰激凌。

巴菲特直截了当地问道："我想让你担任伯克希尔·哈撒韦公司的总裁，你意下如何？"

蔡斯当时 48 岁，而这个许诺给他事业第二春的人只有 34 岁。

蔡斯还没来得及答应，巴菲特就补充说，他手里已经握有足够多的股票，可以在下次董事会上办妥这件事。他让蔡斯暂时保持沉默，关于伯克希尔·哈撒韦公司的未来，他说："想想你都需要些什么，它已经是你的孩子了。"巴菲特和蔡斯的谈话总共不到 10 分钟就结束了，而蔡斯一直都没回过神来。

肯·蔡斯并不知道，在此之前巴菲特已经找过董事长马尔科姆·蔡斯，并且提出要买断他的股票。马尔科姆提出自己多年来和公司感情深厚，不愿意出售股份，但是马尔科姆家族里已经有一些人同意出售了。

巴菲特还有一道难关需要过。奥蒂斯·斯坦顿愿意出售他的股票吗？也就是说，即使知道这样做会损害他哥哥的利益，他也会这样做吗？斯坦利·鲁宾在新贝德福德的沃姆苏塔俱乐部安排巴菲特、奥蒂斯共进午餐。奥蒂斯答应出售股票，条件是巴菲特答应以同等条件把西伯里手里的股票都买下来。这可是关键性的一个突破。尽管杰克·斯坦顿还在为代表权之争厉兵秣马，但西伯里对此已经没有兴趣了。在拥有了斯坦顿兄弟的股票以后，巴菲特合伙公司便拥有了 49% 的份额，平均每股成本是 15 美元。

杰克·斯坦顿曾经因为太忙而没有带巴菲特去参观工厂，现在他开始后悔了，但是为时已晚。他觉得必须和巴菲特见一面。于是，杰克和他当时的妻子凯蒂飞速赶赴纽约，在广场饭店和巴菲特及苏珊共进早餐。但是杰克当时非常紧张，都忘了自己要说什么。

也许巴菲特很想转换一个话题，于是他就对杰克讲起自己的事业历程，讲述自己作为一个投资人的成长轨迹。杰克问他："你是如何取得成功的呢？"巴菲特说他每年都要读"几千份"公司财务报表。

在 5 月的董事会会议之前不久，巴菲特秘密地被提名为公司董事。在正式接手公司那天，巴菲特一大早就飞到了新贝德福德。他的平头理得很精神，西服的扣子也扣得紧紧的，西服上面还有很多褶皱。他后面跟了个助手，身上背着一个鼓鼓囊囊的旅行袋，活像一个外表邋遢而又风尘仆仆的外地推销员。

巴菲特向位于考夫大街的办公室走去，西伯里最后一次从象牙塔中走了出来。在召集所有与会人员入座以后，西伯里把这次会议的日程从头到尾读了一遍，但没有表态。之后，西伯里·斯坦顿就隐退了。杰克·斯坦顿也只能喝下这杯苦酒，两人一言不发，跌跌撞撞地冲出了铺着镶木地板的优雅的会议室。肯·蔡斯被选为总裁，巴菲特担任公司董事会执行委员会主席。奥蒂斯·斯坦顿还不忘给哥哥最后一击，把票投向了多数派，使自己在董事会中保全了一个席位。尽管马尔科姆·蔡斯的头衔还是董事长，但现在真正接管伯克希尔·哈撒韦的人是巴菲特。公司改组的 1965 年 5 月 10 日当天，股价便大涨到每股 18 美元。

不过，这一次巴菲特在媒体上的良好形象几乎毁于一旦。下午版的《标准时报》在头版上有一条令人震惊的消息。西伯里·斯坦顿故意向媒体走漏风声，对于某人因为"某种外部利益"而使得自己被迫离职的做法大加挞伐。由于巴菲特担心公众会把自己看成是一个"清算人"（这是一个源于登普斯特尔机械制造厂的令人嫌恶的称谓），所以他十分恼火。

但是，巴菲特却撰文公开赞颂斯坦顿兄弟在公司改组期间做出的重要贡献，并且也刻意让自己在实施公司改革计划的过程中放慢了脚步。在这份报纸第二天的版面上，巴菲特承诺他“将像以前一样，在原来的工厂里生产出同样的产品，并销售给同样的顾客”。

在过去的几十年中，伯克希尔几乎关闭了所有的纺织厂，最后只留下两家工厂，累计净亏损超过 1 010 万美元，资产减少了一半，而且只剩下 2 300 名工人——这个数字只是 1955 年两家企业合并时员工总数的 1/5。不过，公司的经营前景看起来有好转的迹象，市场对人工纤维的需求十分旺盛，公司终于看到了扭亏为盈的曙光。人们本来想听听分析师理查德·蒂利森关于巴菲特的到来会发表一番什么评论，但这位“忠实的”分析师却和西伯里·斯坦顿站在了同一战壕里。价值线公司关于伯克希尔·哈撒韦 5 月的报告是由另一位新的分析师签名发出的，他指出“新控股股东”的运营计划并不为人所知。

在董事会会议之后，巴菲特和肯·蔡斯漫步走过这座历史悠久的纺织厂，然后坐下来促膝谈心。肯·蔡斯早就想要听听这位新业主对工厂未来的规划，但是巴菲特却说任何与纱线和织布机有关的事情都由蔡斯来打理，而他只负责看管资金。

之后，巴菲特又开诚布公地说明两人都可以期望得到些什么。巴菲特讲的第一点就令人感到沮丧：巴菲特不会批准蔡斯或是公司的其他任何人得到股权奖励。

巴菲特之所以反对以股权作为奖励，是因为大多数首席执行官对它都过于热衷了。股权激励有时的确能给管理层带来潜在的巨大回报，但是它却降低了股权激励获得者的风险，于是管理层在使用股东资金的时候会更加随意。

巴菲特这一做法更深层次的含义是，他希望经理人的利益能和股东利益更加趋于一致。一个管理者拥有股权激励和持有公司股票不同，管理者并不需要担心会遭到什么损失，因此也就更有可能肆意挥霍股东的资金来盲目投资。

但是，巴菲特答应签署一笔贷款，这样肯·蔡斯就能借到18 000美元买进公司1 000股股票。蔡斯的年薪不到3万美元，从来也不会向人举债，这可是一笔大数目。但巴菲特不愧为一名优秀的推销商，尤其在推销自己的时候。和那些早期就把钱交给巴菲特打理的合伙人一样，蔡斯的感觉是，公司有巴菲特来掌舵了，幸运女神就会降临。于是，蔡斯接纳了巴菲特的建议。

接着，巴菲特就向蔡斯讲述了一些有关投资回报的基本理论。他对蔡斯到底能生产并卖出多少纱线不是特别在意，对于某个孤立的数字所代表的公司全部利润额也不是很感兴趣，他所关心的是利润与投入资本的比率，这才是巴菲特用来评价蔡斯业绩的尺度。

和大多数管理者一样，蔡斯一向认为企业规模扩大绝对是一件好事，因此巴菲特的这个观点对他而言还太新鲜。但他领悟到，也许这正是巴菲特所奉行的信条的关键之处，巴菲特用蔡斯易于理解的方式阐明了这个观点。

“我宁愿要一个投资规模仅为1 000万美元而投资回报率高达15%的企业，也不愿经营一个规模大到10亿美元而投资回报率仅为5%的企业，”巴菲特说，“我完全可以把这些钱投到回报率更高的其他地方去。”当天晚上，巴菲特就飞回了奥马哈。

巴菲特对于把钱投资到“其他地方”非常上心。他让蔡斯把存货量和管理费用尽可能压低。蔡斯说：“巴菲特很关心的一件事就是加快资金的周转速度。”

巴菲特恪守自己的诺言，让蔡斯大胆经营企业。他告诉蔡斯不必为每季度的预期和其他一些浪费时间的琐事所困扰，他只需要蔡斯给他送来每月的财务报表，并提醒自己注意有可能发生的意外事件就行了。

事实上，巴菲特在与人交往的时候往往会通过最少的接触得到最大的收获。其实要和他联络也很方便，但这也使得蔡斯不到万不得已绝不会轻易给他打电话。而且，一旦蔡斯真给巴菲特打电话，巴菲特绝对不会在电话中絮叨什么。

“我只要告诉他经营利润和对明年的预期就行了，他会牢牢地把它们记在脑中。”蔡斯说道。

有一次，蔡斯在给巴菲特打电话时，巴菲特指出蔡斯说的一个数字和上一次打电话时说的有出入。蔡斯当时坚持说自己的数字是准确的，但当他挂了电话仔细检查之后，竟然发现巴菲特记的数字是对的。从此以后，蔡斯每次在打电话之前总会事先仔细核实一遍数据。

当然，蔡斯的自由也是有限度的，只有巴菲特才能调动资金。而且，西伯里·斯坦顿之前注入纺织厂的大部分资金都已经打了水漂，巴菲特不愿意再追加一分钱的投资。

不过，蔡斯还是做出了努力。他曾提出过一些投资建议，每次在提建议之前还进行了认真的调研并展望了很好的经营前景，而巴菲特往往会回答说：“肯，你的投资方案还是无法超越过去的平均盈利水平。”

J·维恩·麦肯齐是伯克希尔·哈撒韦公司的财务主管，他是在为巴菲特合伙公司担任外部审计员时结识巴菲特的。他提醒蔡斯说：“肯，你可要记住，在衡量一项 5 000 美元的投资和一项 500 万美元的投资时，沃伦用的是同一个标准。”

在巴菲特和蔡斯共同管理公司的头两年里，纺织品市场一派繁荣，因而公司获利丰厚。但是，他们并没有把赚到的钱重新投到纺织厂里去。蔡斯按照巴菲特的要求不断削减公司的存货和固定资产。作为具有象征意义的一个步骤，他从象牙塔里那间办公室搬了出来。公司的现金流也变得更加充裕了。巴菲特在 1967 年只付了每股 0.1 美元的微薄红利，但他很快又觉得这笔钱原本可以发挥更大的用处。[①] 从此以后，巴菲特便紧握资金不放手，这也是他自己许下的诺言。

伯克希尔·哈撒韦的大部分股东都生活在新英格兰地区，从表面上来看，似乎没有任何迹象表明公司的重大决策都来自奥马哈城。公司的

---

① 巴菲特后来说，他在宣告派发红利的时候“肯定是在洗手间里”。此后，公司再也没有派发过红利。

总部仍然设在新贝德福德，年度报告也是由肯·蔡斯和马尔科姆签署的，但是细心的股东在阅读公司报告的时候总会疑心在他们两人之后还有一只手在给公司掌舵：

公司一直在纺织业内外寻找合适的兼并机会。

公司报告中这些话公布没多久，巴菲特就采取了行动。一段时间以来，他一直在研究奥马哈城的一家保险公司的国民赔偿公司，它的控股股东是杰克·林沃尔特，也就是曾经拒绝给巴菲特的合伙公司5万美元的那个人。从那时起，林沃尔特就一直听别人谈起巴菲特的业绩，而巴菲特对他也十分了解。

林沃尔特是一位大学辍学生，而且是个有着满脑子想法的聪明人。他靠在经济大萧条时期为出租车司机提供保险起家。他得出的结论是：要想挣到钱，就要为那些别的承保人不敢涉足的领域提供保险服务。

> 这一点对我而言尤其重要，因为我的竞争对手有比我更多的朋友、更高的学历、更坚定的决心和更大的人格魅力。

林沃尔特的强项是经营高风险的汽车保险业务，而且他愿意为任何保险商都不承保的风险提供保险，不管是走私贩，还是驯狮员，只要是你能叫得上名字的，他都敢提供保险，而且此类保险的保费收入通常也会相对更高一些。他还因为在全美国各城市广播电台承办寻宝节目而声名鹊起。通常，某家广播电台会播出一系列寻宝线索，暗示某个地方埋藏着一张10万美元的银行汇票。如果这张汇票被人找到了，林沃尔特就会兑现，而这通常是不可能发生的，因为林沃尔特把它藏得极为隐蔽，往往是把汇票塞在唇膏筒里再埋到地下。他提供的线索都很隐晦，例如“蒲公英不是玫瑰花，在你经过乔家时你就来到财宝所在的街区了”等。这么多年来，他只在旧金山兑现过一次。

林沃尔特简明扼要地概述了自己的人生哲学：**“世界上没有糟糕的风险，只有糟糕的运气。”**这句话可谓鞭辟入里，寓意深刻。巴菲特从跑马场上悟到了相同的道理，他觉得林沃尔特和自己是同一类人。他们俩都愿意承担风险，但只在成功概率很大的时候才会去冒险。在巴菲特认识的朋友之中，林沃尔特可能是最吝啬的了。他甚至在去市中心吃午饭的时候都把外套留在办公室里，这样就可以省去一笔存衣费。

1967 年，巴菲特问林沃尔特是否可以在凯威特广场停留片刻，两人可以一起聊一会儿，最多只会占用他 15 分钟的时间。当时，巴菲特已经从一位名叫查尔斯·海德的奥马哈经纪人那里知道，要想说服林沃尔特放手国民赔偿公司绝非易事。

“你为何从未想过要卖掉国民赔偿公司？”巴菲特开门见山地问道。

“因为只有骗子和破产的人才会把公司卖掉。”

“还有其他原因吗？”

“我不想让别的股东得到的每股收益比自己低。”

“还有别的原因吗？”巴菲特继续追问道。

“我也不愿让我的雇员丢掉饭碗。”

“还有吗？”巴菲特穷追不舍。

“我想让公司在奥马哈持续经营下去。”

“还有别的理由吗？”

“这么多理由还不够吗？”

“你的股票价格是多少？”巴菲特切入主题。

“目前的市场价为每股 33 美元，但本身每股值 50 美元。”

“我想把你的公司买下来。”巴菲特说道。

总成交价格为 860 万美元。让很多人感到费解的是，为什么一个新贝德福德的纺织工厂想要收购一家位于奥马哈的保险公司。但是，巴菲特认为完全没有必要把伯克希尔·哈撒韦只看作一个纺织企业，而是要看作一个资本支出应该取得最大收益的公司。

纺织品行业需要不停地在厂房和设备上进行投资，因而需要消耗很多资金，但是保险业却能不断地带来现金流。保费可以在前端收取，而债务可以以后再偿还。在收取保费和偿还债务之间，一个保险公司就可以投资股市，这在行话中叫作浮存金（float）。

传统的保险公司在管理浮存金时都相对保守，它们手中持有的现金远远多于实际所需。但是巴菲特很长时间以来一直在认真地考虑保险这项业务。他认为保险业的浮存金就像火箭燃料一样具有巨大的推动力。浮存金就是现金，保险公司实际上是一个可用于投资的现金通道。

巴菲特的这种观点后来很快流行起来，但在当时，保险业还是一潭死水。很多保险公司甚至不屑于公布它们的盈利情况，也没有投资者有兴趣看这些数字。促成这笔买卖的经纪人查尔斯·海德说："巴菲特比任何一个美国人都更早地领悟到了浮存金的巨大作用。"

巴菲特买入了国民赔偿公司之后，伯克希尔·哈撒韦就有了充裕的资金供巴菲特进行大手笔的运作。在接下来的几年里，伯克希尔·哈撒韦又并购了奥马哈太阳报业公司（Sun Newspapers of Omaha Inc.），该公司旗下有奥马哈的几份周报，后来它又买入了伊利诺伊国民银行和信托公司（Illinois National Bank & Trust）。这家银行是由尤因·阿贝格经营的。他从1931年开始接手，当时的伊利诺伊国民银行和信托公司还分文不值，而且城里的其他银行也处于经营不善的境地。当然，尤因·阿贝格也是一个自强不息的人。巴菲特始终牢记大萧条的教训，在买入企业时似乎都坚持同一个标准。从20世纪30年代开始起步，尤因·阿贝格打下了1亿美元的存款业务基础，并使资产收益率（银行业的主要评价指标）在全美国的商业银行中遥遥领先。

很多像尤因·阿贝格一样年纪偏大的企业家都希望把企业卖出一个好价钱，然后荣身而退；而新的业主们一边称颂前辈的业绩，一边恨不得早日肃清前任的影响力。巴菲特则不同，无论是管理银行、保险赔付中心还是零售连锁店，都并非他的专长，他本人也没有越俎代庖的欲望。事实上他觉得，如果自己根本不喜欢某个企业的经营方式，那又有什么必要非得买下这家公司呢？

巴菲特一直在物色这样的企业家：他们白手起家，靠自己的汗水取得了令人目眩的成就。让人感到有意思的是，这些企业家对他都忠心耿耿。尤因·阿贝格在把公司卖给巴菲特时已经是71岁高龄，但他仍然愿意在巴菲特作为大股东的条件下为巴菲特打理公司，这就和杰克·林沃尔特为巴菲特经营国民赔偿公司以及本杰明·罗斯纳为巴菲特管理联合制衣公司一样（尤因·阿贝格勤勤恳恳地管理着这家银行，直至 80 岁高龄）。

其实，这群亿万富翁中没有人需要为了讨生活而工作，但是巴菲特懂得：无论这些人嘴上怎么说，他们对成就感的渴望与对金钱的追求是一样强烈的。巴菲特让他们感受到自己完全依靠他们，而他也通过他人对他们工作的赞赏以及对他们经营公司的充分授权表达了自己的信赖。

有一次，西尔斯百货公司的一位纺织品采购员骂骂咧咧地给巴菲特打电话，想要告蔡斯一状。打电话的这位采购员要求巴菲特撤掉这位经销商。巴菲特对这番老套的说法完全置之不理，认为这完全是感情用事，没有任何道理可言。他直言不讳地告诉对方，这样的问题完全由蔡斯说了算。毫无疑问，这种表态只会让蔡斯对巴菲特更加忠心耿耿。

当巴菲特把伯克希尔·哈撒韦的资本投入保险业、银行业以及出版业时，他还在从纺织厂中抽取出更多的资金。到了 1968 年，也就是在他许诺出售同样厂家生产的相同产品 3 年之后，他关闭了位于罗得岛州的一家小纺织厂。小纺织厂的命运不可避免地和棉织品绑在了一起，而且由于衬裙以及长裙面料市场不断萎缩，这类纺织厂的命运也是日薄西山。曾辉煌一时的棉纺织帝国最后只剩下一家纺织厂，也就是位于新贝德福德的那一家。一年之后，连这家厂房也停工了。霍雷肖·哈撒韦当年一手创办起来的企业最后只剩下纱线衬里和合成纤维窗帘布的生产厂了。

巴菲特会亲自过问每一笔资金的用处，甚至连办公室添置一把削笔刀的费用都不例外。伯克希尔·哈撒韦公司财务委员会的会议记录（此次会议是某个夏季新贝德福德和在加州度假的巴菲特之间进行的电话会议）表明，任何一笔费用都难以逃脱巴菲特的掌控。

同意购买一台二手的整经机和经轴架，花费预计为 11 110 美元。

同意购买 50 台二手的 64 英寸 XD 织布机，花费预计为 71 160 美元（包括安装费在内）。

同意整修办公大楼楼顶，预计花费 9 340 美元；修理车间地板，预计花费 9 940 美元。

在写给蔡斯的信中，在谈到资金难以回笼的风险时，巴菲特特意提醒他，除了现金之外，什么都不要相信。

同样，我们也要更严格地审查我们的客户，确保他们不要赖账。如果有人拖欠付款，那么只有当他们偿还过去所有的欠款，并且连支票也结清以后，才能给他们继续发货。

巴菲特做事对任何人都不会破例，即便是对一位非常“特殊”的顾客。20 世纪 70 年代初，苏珊曾到伯克希尔·哈撒韦在纽约的办事处买了一些布料。推销商拉尔夫·里格比说：“我们尽量以最高的价格把布料卖给她。不过，后来巴菲特打电话来问我们收了她多少钱。”

1970 年，巴菲特合伙公司解散，巴菲特个人拥有了伯克希尔·哈撒韦公司 29% 的股份。他自己任董事长，并且首次在伯克希尔·哈撒韦公司的年报里拟写了一封致股东们的信。

在信中谈及对公司经营的评价尺度的时候，巴菲特所用的标准与私下里和肯·蔡斯所用的尺度是完全一样的：权益资本收益率，也就是其投资的每 1 美元到底能赚到多少钱。巴菲特对于业绩的评价标准向来都保持一致。他绝不会对凯威特广场用一个尺度，而对新贝德福德用另一个尺度，再对公众用其他尺度。

另外，在评价投资时，巴菲特也从不放宽标准。许多投资经理都会说：“这个项目看起来不够吸引人，我们就先少投一点儿吧。”巴菲特绝不会这样妥协，他可能会直言不讳地断定某项投资没有前景。奥马哈数据文件公司的斯科特·霍德在巴菲特重新整顿伯克希尔·哈撒韦公司时就发现了这一点。当时霍德获得了一笔意外之财，于是希望能拥有一家自己的公司。巴菲特主动答应帮他评估各种经营项目的前景。霍德回忆说：

> 我跟他提了四五家公司供他参考，每次我都要到他家里去。有一家公司制造一种新产品，一种供医院和餐厅使用的薄纸容器。他们希望我能投入 6 万美元。巴菲特问我："你觉得这件事做成的可能性有多大？"我说："挺大的，应该有 50% 的可能性吧。"他说："这样就算不错了吗？那为什么你不背着一个打开概率为 50% 的降落伞从飞机上往下跳呢？"后来，我又给他带去了另一个投资创意，想要投资一家制造公司，它专门生产一种新式的汽车喇叭。我问道："你觉得我值得投资这个项目吗？"他说："不值得。"我又问了一次："你觉得我投资这个项目合适吗？"他还是说："不合适。"他说得那么干脆利落，让人听起来都感到有些意外，他连一句多余的解释都没有。

巴菲特日益发现纺织业和他自己所讲的跳伞投资属于同一范畴。不论制造商投入了多少，他们都无法抬高价格。因为这种产品是一种日用品，而且总是处于供过于求的境地，因此制造商就不愿意再追加投资了。

1970 年，伯克希尔·哈撒韦公司从纺织业中赚取的利润只有让人啼笑皆非的 45 000 美元，但是，它却从保险业中赚取了 210 万美元，从银行业中赚取了 260 万美元。而这两个行业在年初启动的时候，所占用的资金量和纺织业是大致相当的。

在公司的年报中，巴菲特对肯·蔡斯的工作态度和表现表示了赞赏，但他也提出纺织业目前"正是逆水行舟"。他指出伯克希尔·哈撒韦公司的投资回报率是 10%，刚好达到美国公司的平均水准，他还指出"这一投资回报率远远超出了把资源全部投入纺织业可能得到的回报率……"

当然，巴菲特作为一个后来接手纺织企业的投资家是否会关闭纺织厂这个问题，从最开始就一直萦绕在肯·蔡斯心头。马尔科姆·蔡斯声称从第一天起就看出巴菲特“根本无意为纺织厂注入更多的资金”。杰克·斯坦顿也一直冷眼旁观，他得出的结论是：巴菲特只不过是个清算者而已。

不过，时不时地，巴菲特也会在纺织企业里追加一些投资，因为他不想遭世人记恨，让人说正是他关闭了新贝德福德的最后一家纺织厂。在给合伙人的最后一封信中，他写道：

> 我喜欢经营纺织厂的人们，他们在市场环境如此恶劣的条件下为改善企业而辛勤耕耘。尽管投资回报率不高，但只要经营带来的利润率能够保持现有水平，我还是愿意把纺织企业继续维持下去的。

巴菲特觉得自己欠肯·蔡斯的人情，因为正是他给了巴菲特资金来实现多元化投资。而在蔡斯身上，巴菲特也看到了自己最为赞赏的品质——坦诚和自立。有一次，在蔡斯觉得有些灰心丧气时，巴菲特瞥了他一眼，说道：“肯，你已经很不错了，从一无所有奋斗到今天的地位。”

不过，巴菲特在给蔡斯付报酬时相当吝啬，以至于蔡斯得到的薪酬比其他竞争对手纺织厂的管理者要少得多。1970 年，蔡斯管理公司已经 5 年，但他的年薪只有 42 000 美元。同时，巴菲特和其他纺织企业一样，对于员工的养老金计划相当抠门。“沃伦非常反感管理层牺牲股东利益来牟取私利的做法。”蔡斯评价道。

但是，在巴菲特的领导下，蔡斯觉得自己在运营的时候可以大展拳脚，因此对巴菲特依旧忠心耿耿，这也证明巴菲特可以给人们带来多么重要的影响。尽管巴菲特紧紧抓住钱袋不松手，但他有高超的手腕能够调动别人的积极性。

蔡斯曾一度担心巴菲特会不会让最后一家纺织厂关张，但他后来觉察到这位大老板并不想因为关闭纺织厂而引发一场骚乱，他知道巴菲特不喜欢变动。“沃伦喜欢维持现状，”蔡斯说，“他的很多朋友都是老相识。”

如果仅仅根据巴菲特的资本家信条，他也许应该关闭这家纺织厂，但是他发自内心地对这家古老的工厂怀有一种眷恋，它的过去似乎比它的未来更有生机。他宁可忍受并不高的回报率，只要纺织厂的现金流不至于枯竭而迫使他追加更多的投资。伯克希尔·哈撒韦的纺织厂更多是在精神上而不是在财务上，象征着一直受到巴菲特推崇的新英格兰工作理念。因此，巴菲特在自己的良心、满足感以及金钱之间达成了一种妥协。纺织业也许会衰败下去，但考夫大街上的织布机还会继续嗡嗡地响下去。

第8章 BUFFETT

回归股市

“现在是发财的时候了！”

——沃伦·巴菲特，1974年

1970年夏天，当巴菲特和他的高尔夫球友罗伯特·比利希离开球场果岭的时候，巴菲特留意到俱乐部里人头攒动，热闹非凡，于是就问罗伯特·比利希发生了什么事。罗伯特·比利希故作镇定地说道：“那是给你庆祝40岁生日呀，去看看吧。”当巴菲特不知所措地站在那里时，人们已经朝他走来，齐声合唱大家熟悉的生日歌。尽管巴菲特表面上保持镇定，他内心还是被深深地打动了。他已步入中年，并且已经建功立业。在奥马哈他的确算是个知名人物：他不仅是《奥马哈太阳报》董事长，还是奥马哈国民银行的董事。一位访客曾经指出，巴菲特能够“如数家珍地报出每一座大楼和公司的财务特点”。

在合伙公司清算之后，巴菲特就没有一份全职工作了，关照一下肯·蔡斯和伯克希尔·哈撒韦的纺织厂花不了多少时间，他的三个孩子也都已经十几岁了。《林肯每日星报》的一个栏目把他刻画成一个逍遥自在的人物，说他在一个有四个房间的舒适套间里运筹帷幄，掌管着他的投资，过着“优哉游哉的生活”。对一位想向他讨教的年轻基金经理，巴菲特简洁明了地说：“我已经不在投资圈里干了，只能拒绝所有求教的请求，包括你的要求。”听起来似乎华尔街人士再也无法听到他的任何高见了。

40岁生日之后，巴菲特又重新在弗吉尼亚州的威廉斯伯格召集格雷厄姆的门徒聚首，但这次格雷厄姆没有参加。让人感到奇怪的是，巴菲特是其中唯一一位已经不在股市驰骋的人。这时股票的平均价格已经高得让人望而却步，而他自然而然也会问一个问题：现在自己名下已经有 2 500 万美元的财富了，有什么必要非得积累更多的财富呢？他的朋友卡罗尔·卢米斯在《财富》杂志中写道：“巴菲特有一种强烈的感觉，他的时间和财富应该转向其他目标，而不仅仅是赚更多的钱。”比尔·鲁安甚至怂恿他去竞选美国总统。

实际上，巴菲特也考虑过担任公职。但他不想参加竞选，因为觉得自己身上的商人气还是太浓了。而且，他也认识到面对政坛上的尔虞我诈、弱肉强食，他很难生存。但是，他正在逐渐涉足成为政坛的幕后支持者，他支持民主党总统候选人，比如哈罗德·休斯和阿拉德·洛温斯坦。他和一些政治家结成盟友，比如参议员弗兰克·丘奇和理查德·克拉克，以及州长杰伊·洛克菲勒。杰弗里·考恩是《乡村之声》（*Village Voice*）杂志的一名记者，他同参议员竞选者约翰·卡尔弗一起在巴菲特家吃过饭。令人感到惊异的是，在这位千万富翁家的餐桌上，他们谈论的全都是关于政治自由的话题。

霍华德·巴菲特曾经标榜美国是一个完美的封闭社会，不需要再做任何改变。沃伦·巴菲特则富有美国人典型的同情弱者的心态，他欣赏白手起家的本杰明·罗斯纳和肯·蔡斯。同他父亲一样，他憎恶那些坐享其成者（正如他反对用股权激励来奖励管理层一样），但是他发现在美国的乡村俱乐部和会议室里这种人越来越多。有一次，在参加一个正式宴会时，当一位客人抱怨说穷人所享受的社会福利成本太高时，巴菲特尖刻地反驳道：“我倒是更担心富人所享受的社会福利成本呢。”

这一点从巴菲特的简朴生活中也能够得到鲜明的印证。他基本上依靠从伯克希尔·哈撒韦公司得到的 5 万美元年薪来维持家计，他的三个孩子并没有去念私立学校，都在公立学校读书，而且巴菲特鼓励他们去做自己喜欢的事情，不要太在意到底能挣到多少钱。事实上，儿子彼得也是在报纸上读到一篇文章后，才知道父亲是多么富有的。女儿小苏珊说：

> 我们的生活和别人家没有任何不同，只是我可以买很多好衣服而不会有任何经济障碍，也许这就是唯一的区别。可我自己连一辆车都没有，16岁的时候就得去外面打工，在商店里当销售员。

巴菲特总是尽量对自己的富有保持低调。当他巨大的财富吸引了很多人的注意后，他的家人也感到很惊讶。巴菲特会开玩笑地说："我们应该在门口贴上个标记，说比尔·斯科特（他的助手）值夜班负责看守钱财。"巴菲特还会说句俏皮话："负责值夜班的还有这个想让我在遗嘱里提到他的家伙——彼得！"其实，这并非只是玩笑话。巴菲特对自己赚来的钱很有感情。他提醒孩子们说，不要奢望能从他那里得到一份遗产。他似乎担心哪怕是给了他们一点儿钱，都容易把他们给宠坏。

也许巴菲特的这种做法过于执拗，但这也让全家人没有任何拜金情结，并且使家庭氛围变得轻松民主。在万圣节的晚上，巴菲特一家会邀请每一位路过要糖果的孩子进屋，你很难想象J·P·摩根先生或是投资大亨亨利·克拉维斯能有这么友善。邻居们有时候不打招呼就直接到巴菲特家借球场打球，由于来人比较多，巴菲特开玩笑地称之为"基督教青年会"。

在女主人苏珊的庇护下，巴菲特家成了当年喜爱摇滚的反主流文化的年轻人的乐园。小苏珊的一位朋友莱恩·扬科将巴菲特家称作是"安乐窝"。人们可以推开虚掩的门进入巴菲特家的厨房，然后把冰箱里的食物一扫而光。"如果你被风雪堵在城里无法回家，安乐窝就是你的避风港，"莱恩·扬科回忆说，"待在他们家的感觉真是棒极了。"

苏珊将房间涂成她最喜爱的橘色和黄色。墙上挂着受过她帮助的艺术家的作品，还有诸如广为人知的"战争对儿童和其他生命危害巨大"之类的海报。家中的男主人有时会下楼做一些爆米花，但无论是从投资业"退休"前还是"退休"后，他经常都是待在楼上埋头工作。莱恩·扬科回忆说：

> 每到周六晚上，客厅总是挤满了人。巴菲特太太也会参加，我们为她演奏自己作的曲子，她也会为我们奏上几曲。晚上12点半

> 左右，我们就会听到楼上传来一声："苏珊——你还上楼睡觉吗？"在这个家里，每个人都感觉无拘无束。如果他要上床睡觉了，我们就把音乐声关小点儿。

1971 年，苏珊说服巴菲特掏出 15 万美元，在洛杉矶南部的拉古纳海滩买下了一幢度假别墅。和其他更昂贵的别墅一样，你从这里可以看到大海，但它又不直接临海，屋里布置的几把藤椅显得特别富有生活情调。第一年夏天，13 个十几岁的孩子在那里尽情地度假。巴菲特每天会从办公室里带回一大堆报纸，然后就陷入了自己的世界，不过他对孩子们的朋友很宽厚。一天晚上，他带着他们去吃晚饭。饭后侍者拿着他的信用卡走过来说道："先生，您的信用卡已经超过限额了。"巴菲特朝妻子扬了扬眉毛，然后递给侍者第二张信用卡，一句多余的话都没说，只想告诉大家他付这顿饭钱是绰绰有余的。

当时，巴菲特正在为自己的政治角色而苦思冥想，苏珊则把大部分时间都花在了奥马哈城北部的黑人聚居区。她除了担任一个地方志愿者组织的主席之外，还经常到各个学校参观，而且在黑人聚居区似乎总有忙不完的事儿。

在苏珊的鼓励下，巴菲特也开始涉足公益事业。他们成立了一个私人信托基金——巴菲特基金，该基金开始每年为五十多名黑人大学生提供奖学金。在 20 世纪 70 年代初期，苏珊的一个朋友罗德尼·威德正致力于推动黑人投资实业，他请求巴菲特施以援手。更重要的是，怀有"黑人资本家"理想的罗德尼·威德认为巴菲特正是可以助他一臂之力、使他的内布拉斯加社区银行起步腾飞的人。

巴菲特同意了。他和尼克·纽曼（他的乡村俱乐部好友）加入了这家银行的顾问委员会并且投入了相当多的精力。巴菲特还象征性地进行了投资，购入了这家银行 1.4% 的股份。与苏珊不一样，巴菲特绝不是一个做事时头脑简单的人，他一再告诫银行的董事们相当多的黑人银行因为坏账而被迫倒闭。当银行运营走上正轨后，巴菲特给董事会送去了一张令人心惊肉跳的便条，同时还附上了一张报纸报道的复印件，内容是关于丹佛一家银行倒闭的消息。

> 你应该注意到银行的总裁说："当我们开业的时候，我们的计划是帮助非白人投资者和那些所谓的小人物。我们做到了，但他们中的有些人在偿还债务的时候并不痛快，我们的生意就是这样败落下去的。"总裁在谴责贷款人的时候犯了一个错误，因为每家银行都会遇到大量坏账，而当初答应这些贷款者的请求才是银行家犯下的真正错误。

当社区银行陷入挣扎境地的时候，巴菲特与之保持着距离。罗德尼·威德曾建议巴菲特给一些黑人学生传授金融知识，但是巴菲特没有表态。"巴菲特这个人就像一团谜，"罗德尼·威德评价说，"他很大方，为人诚实，还很勤奋。但他从来没有真正明白，在我们这个黑人生活窘迫的社区里，他作为一个富人所能扮演的角色。"当呆账越来越多时（这正是巴菲特害怕发生的情形），他明确表示拒绝再追加投资。

罗德尼·威德曾抱怨巴菲特"根本不了解穷人生活的艰辛"，事实正好相反，巴菲特正是太了解这群人了，因此他才把自己的钱包看得紧紧的。如果没有希望得到应有的投资回报，他是不会让自己的投资在社区银行里打水漂的，这一点和投资纺织业是一样的。

尽管巴菲特崇尚自由，但是他对于大手大脚地花钱从来都是心有戒备的。乔治·麦戈文当时正在争取民主党总统候选人提名，他曾在巴菲特家中做过客，而且似乎赢得了巴菲特的好感。不过到最后，麦戈文宣布如果自己当选总统，就会给全美国每人每年增加 1 000 美元的福利开支。巴菲特立刻像扔掉一个烫手的山芋一样抛弃了他，投了理查德·尼克松一票。

从某个角度来看，巴菲特是有些小气，但是他打心底认为个人或组织（或自己的孩子）不应该不劳而获就变得富得流油。他在看待社会事业时考虑问题的角度和考虑商业行为是一样的：他需要有回报。有些好的社会事业需要人们摸着石头过河，甚至需要有百折不挠的精神，但是让巴菲特迈出这一步是很难的一件事。实际上，让他成为一名优秀投资人的素质反而阻碍了他在社会上大展宏图。巴菲特做任何事情都需要一个评价尺度。“在投资领域你可以衡量收益，”他对一个记者坦言，“而对于有些东西，到最后你都不知道自己到底是赢还是输了。”

和其他许多地位显赫的人物一样，巴菲特认为他在出版界既是公民，又是资本家。20 世纪 60 年代末期，杰伊·洛克菲勒把他介绍给查尔斯·彼得斯，此人之前是和平队的负责人，当时正在创办一本杂志——《华盛顿月刊》。这本月刊所拥护的正是巴菲特推崇的白手起家的自由主义精神。于是巴菲特投资 32 000 美元，并且找到来自于得梅因的一位自由派朋友乔·罗森菲尔德做合伙人。巴菲特心中充满了崇高的理想，他对罗森菲尔德说：“这本杂志很有意思，只要它不赔钱，那就值得投资。”

查尔斯·彼得斯马上就注入资金。巴菲特和洛克菲勒亲自奔赴纽约，聘请了一位顾问来评判这份杂志是否值得创办。当结论是值得创办时，巴菲特答应追加 5 万美元的投资。这时他又开始嘀咕这件事到底能否真如那位顾问所说的，“值得”去做。他打电话告诉彼得斯，说他又想退出，这通电话不啻致命的一击。于是，彼得斯马上信誓旦旦地向他保证说《华盛顿月刊》一定会财源滚滚，其实他们都知道这是不可能的。两人在电话中展开拉锯战，巴菲特总提他惯用的数字，而彼得斯则力图不让他脱钩。最后，巴菲特好不容易妥协了。

这笔投资的数目对于巴菲特来说其实并不算大，但是正如肯·蔡斯早已得出的结论，对于巴菲特而言，投资数目的大小其实并不重要。彼得斯说：“巴菲特要的就是年度报告，就那破玩意儿。”月刊正好为巴菲特提供了一个他所期待的社会传声筒，这份月刊一定会有影响力，而且将会很有影响力。但是从企业运营的角度来讲，这份月刊简直就是无稽之谈。尽管月刊的人手不够，而且大家挣得都不多（彼得斯的年薪才 24 000 美元），巴菲特还是几近勃然大怒，因为彼得斯没有向他提供年度报告。即便是在一个不以营利为目的的组织里，巴菲特还是执着地坚持自己的评价尺度。

巴菲特对罗森菲尔德抱怨说：“他们整天鼓吹建立开放的政府，但是却从来不送报表来给我看。”

彼得斯说：“巴菲特在某种程度上是性格分裂的，他既想表现出乐善好施的一面，又不希望别人在他的墓碑上刻下他‘曾经投资《华盛顿月刊》’这样一句话。”

巴菲特对新闻界的确格外关注。1971 年，他曾打电话给《华盛顿月刊》，想提供一个自认为很好的新闻线索，却遭到两位年轻编辑的断然拒绝。他们认为如果这消息来自于一位千万富翁，它就不会好到哪里去。

后来，巴菲特就把这个消息告诉了《奥马哈太阳报》，这是他为伯克希尔·哈撒韦公司买下的奥马哈当地的一份周报。报社的发行人斯坦福·利普西和巴菲特关系非常亲密。利普西常常拜访巴菲特，两人会喝上几杯百事可乐，一聊就是几个小时。他们经常讨论如何提高报纸质量，以及如何把它变成奥马哈的一种社会力量。他们还尝试过支持政治人物参选，曾经雄心勃勃地想要推举一位候选人竞选市长（后来竞选失败了）。有一次，巴菲特打电话告诉他，说有一篇关于尼克松总统的工资和物价控制政策的社论写得非常精彩。“沃伦，这正是你给我的线索。”斯坦福·利普西提醒他说。

巴菲特所谓的内幕消息还涉及青年之城，这是奥马哈当地很有名望的一家机构。它是由一位名叫爱德华·弗拉纳根的爱尔兰传教士于 1917 年创建的，为的是给那些任性的年轻人提供一个栖息之地。它因在 1938 年由斯宾塞·特蕾西主演的奥斯卡获奖影片中露面而声名大噪。有消息来源告诉巴菲特，青年之城目前过度关注经济收益，而与创始人弗拉纳根的理想相去甚远。

这一线索对于不甘寂寞，但相对于《奥马哈世界先驱报》只能居于次席的《奥马哈太阳报》而言简直是再合适不过了，而且巴菲特还给了斯坦福·利普西一个重要的提示：青年之城首次被要求填报一份独立的纳税申报单。人们从报告中可以看出，它名下的投资组合价值已经高达惊人的 1.62 亿美元，这比美国圣母大学的捐赠基金还要多出整整一倍。但与此同时，它却很少为青少年服务，并且还在贫穷的伪装下进行着攻心的直销宣传。

这个故事触动了巴菲特的良知，他对资本有着一种顶礼膜拜般的忠诚。因为任何数量的金钱，甚至是西班牙伊莎贝拉一世女王当年资助哥伦布航海的微薄经费都为未来的亿万财富播下了善因，而且巴菲特认为挥霍或滥用金钱都是一种罪恶。

青年之城这一新闻报道的采访和写作是在保密的状态下进行的，巴菲特、斯坦福 · 利普西以及编辑一同在编辑室里认真校对了这份长达 8 页的报道。巴菲特引用《圣经》中的一句话来作为这个故事的标题，这是他对所有在公益事业中或是在商业运营中滥用资金者的劝诫——把你所经管的交待明白。

这篇发表于 1972 年 3 月的报道赢得了美国新闻普利策奖。

巴菲特喜欢报纸，他经常怀念童年时在《华盛顿邮报》做送报员的美好时光，他也喜欢报纸散发出的那种油墨香味。但和其他诸如社区银行和《华盛顿月刊》之类的准社会企业一样，《奥马哈太阳报》并不能让巴菲特感到满意。尽管巴菲特为获得普利策奖感到自豪，但他最想要的还是利润。

《奥马哈太阳报》的经营状况并不景气。当它提高销售价格时，发行量便骤然减少。斯坦福 · 利普西说："这种局面是巴菲特始料未及的。"这种局面似乎也让巴菲特感到非常惊愕，他突然如饥似渴地想要了解关于报纸的所有知识，他开始专注地研究报纸以及其他关于媒体的经济学理论。就跟从前他在发现政府雇员保险公司以后完全沉浸在保险业的经历一样，现在巴菲特如果没能将报业从头到尾地彻底搞清楚就绝不会去睡觉。他了解得越深入，就越发感受到《奥马哈太阳报》是一家无可救药的二流报纸，他在这里看不到什么光明前景。在青年之城的新闻报道登出之后不久，巴菲特在给一位同事的信中说：

我曾经提到，1910 年，美国共有 1 207 个城市发行日报，其中 689 个城市里有两家或更多家相互竞争的报纸。到了 1971 年，有 1 511 个城市有了日报，其中 37 个城市有两家或两家以上相互竞争的报纸。自从我写那封信以后，尽管《华盛顿每日新闻》拥有强大的斯克里普斯–霍华德报业集团的支持，但最后它还是关张了。同样，《波士顿先驱旅行报》和《纽瓦克晚报》相继折戟。这些报纸的经营者通过痛苦的经历终于明白，一家在消费者心中的认可度和社会知名度方面屈居次席的报纸只会带来巨额的亏损，而这种亏损局面往往是最出色的管理者和最雄厚的财力都无法扭转的。

在提到《奥马哈太阳报》时，巴菲特强调说，光靠有社会影响力的故事是无法确保赚到利润的。

总是不断有人给我提出各种建议，提建议的通常是那些对在某个地区占垄断地位的日报的观点看法相左的学术界人士。他们往往会说，如果将这家日报社重新改造，那么它就会有美好的未来。这样的建议确实很有针对性，也很诚恳。但是，不能忽视的一个事实在于，这样的建议从来都没有被真正实施过，这些理论家的话是不能当饭吃的。

不过，巴菲特一直都很想拥有一家在某个城市占主导地位的报纸，他认为如果能拥有这样一家报纸是很美妙的一件事情。巴菲特对自己的朋友说，一份这样的报纸就像城市人之间唯一的沟通桥梁，任何人要想从桥上过都得付过桥费。在一家报纸占据垄断地位的城市里，所有的广告商都只能找这一家报纸来做生意。例如，在奥马哈城，百货商店必须在《奥马哈世界先驱报》上登广告，它其实垄断了奥马哈城的整个日报业，这就意味着这家报纸可以随心所欲地提高广告费。这样一来，《奥马哈世界先驱报》其实享有一种受到保护的经营特权，这种垄断经营的局面是伯克希尔·哈撒韦之类的小型企业可望而不可即的。

巴菲特很想买下《奥马哈世界先驱报》，但它的所有人不愿意出售。于是他开始在报界四处搜寻，想要找到一家在当地占主导地位的报纸。他在加利福尼亚州和马里兰州几乎找遍了所有可能的报纸，甚至向《辛辛那提问询者报》正式提出过收购要约，却吃了闭门羹。

他还让比尔·鲁安安排汤姆·墨菲和自己一起吃晚饭。汤姆·墨菲是比尔·鲁安在哈佛大学的同班同学，现在是大都市通信公司的董事长，也是媒体行业冉冉升起的一颗新星。汤姆·墨菲和巴菲特两人一见如故。汤姆·墨菲带巴菲特参加了在迈阿密召开的共和党会议，而且决定把巴菲特选进自己的董事会。汤姆·墨菲从比尔·鲁安那里得到消息后，便去了奥马哈，在那里他可以和巴菲特随意交谈而不受任何干扰。

他们打了"一场畅快淋漓的壁球"，之后巴菲特请墨菲吃了一顿牛排。巴菲特揣摩到了汤姆·墨菲此行的意图，就故意不让墨菲引入想要说的话题。

"你知道吧，墨菲，"他说，"我不想在不持有你们公司很多股份的条件下成为公司的董事，但你们公司的股价实在太高了。不过，只要有任何事是我能帮忙的，你随时可以给我打电话。"

股价太高对巴菲特来说一直都是个令人头痛的问题。自从合伙公司解散之后，巴菲特一直没有找到合适的股票。到了 1972 年，伯克希尔·哈撒韦旗下的保险公司有价值 1.01 亿美元的证券产品，其中只有 1 700 万美元是股票投资。巴菲特把余下的钱都投到债券上去了。

但是，通过一次次的热身，巴菲特又回到了股票圈里。这一次，导致他观念转变的催化剂又是华尔街。曾被股市泡沫破灭吓坏了的基金经理们现在个个抱着脑袋谨小慎微，他们管理的基金现在都集中到一群广为人知的成长型蓝筹股上了，例如施乐、柯达、宝丽来、雅芳和德州仪器公司等。它们被人们称作"漂亮 50"。根据普遍流行的观点，这些公司的股票不同于股市泡沫泛滥时代的价值高估股票，这 50 只股票的价格将会永远上涨，因此它们被认为是"安全的"，在任何价位都是绝对安全的。

1972 年，“漂亮 50”的平均市盈率高达惊人的 80 倍。华尔街确实从股市泡沫时代学到了一些经验，但这些经验不见得都是正确的。基金公司的钱纷纷集中到“安全性更好”的股票上来了，其实风险并不只会在一种或几种股票上出现，它在投资者互相追捧的任何地方都会出现。

此时，巴菲特开始在“漂亮 50”以外寻找价值洼地，并且为伯克希尔·哈撒韦旗下的保险公司买入这些股票。他买入了加州水利服务公司、史密斯菲尔德公民银行、信托公司和通用汽车等多只股票。后来他又买进了斯克里普斯－霍华德投资公司、克利夫兰－克里夫钢铁公司、沃那多房产公司和奥马哈国民银行的股票。

1973 年，“漂亮 50”的泡沫开始破灭，基金经理们又吓得缩回了脑袋。那些所谓“安全”的股票的价值正在缩水，投资人不清楚到底该走向何方。一度曾突破 1 000 点的道琼斯指数，又回落到 950 点以下。整个股市陷入了信心不足的低迷状态。华尔街刚从大繁荣之后的病痛中痊愈，如今又陷入了病态。股票经纪公司的报告空洞无物，分析师们纷纷卷铺盖回家，那些在 1969 年上市的公司眼睁睁地看着自己的股票市值蒸发了一半。

大多数投资人在精神上的空虚给巴菲特带来了同样的感受，也让他心中产生了相反的看法。他的改变让人觉得似曾相识但又和以往不同，就像 10 年前的电影胶片在进行回放一样。在股市泡沫膨胀的岁月里，他的灵感慢慢地干涸了。但现在，股市陷入低谷，他却像一匹欢蹦乱跳的小马驹一样充满了活力。

回顾 1973 年伯克希尔·哈撒韦公司的股票业绩，人们就会得到这样一种印象，巴菲特似乎把整个超市席卷一空了，这儿抓一把国民普莱斯托实业公司，那儿抓一把底特律国际桥梁公司，在超市的另一条购物通道里又找到了斯佩里－哈钦森公司，后来他又往自己的购物筐里买入了美国卡车公司、万星威服装公司、汉迪哈曼工业公司。当股市进一步下挫时，他抢购的速度就更快了——J·沃尔特·汤姆逊广告公司、信义房产公司、添惠公司、国王百货公司、摩西鞋业公司、福特汽车公司、买就省连锁店、米切姆·琼斯及坦普尔顿公司、大联合超市和斯图贝克－沃灵顿公司。

纺织品推销商拉尔夫·里格比在回到奥马哈城时，发现巴菲特处于一种近乎狂喜的状态中。“他说许多人热衷于研究棒球队的战绩或是竞赛规则，”拉尔夫·里格比说道，“而巴菲特有一种赚钱的嗜好，赚钱对于他而言纯粹是一种消遣。”

有一次，巴菲特的桥牌牌友、法官约翰·格兰特提到了一个很有趣的例子。他说一次巴菲特突然眨了眨眼睛说道：“你知道吗，有几天我起床以后甚至想跳踢踏舞。”

到了晚上，巴菲特会去第 50 大街的克里斯杂货店买最新出版的《奥马哈世界先驱报》，上面登有股票的收盘价，然后回到家里读上一大堆公司的年报。看这么多材料对其他人而言可能是一项繁重的工作，但对于巴菲特而言这不过是一个平凡的夜晚而已。

他不仅朝九晚五地工作，而且只要他处于清醒的状态，他的车轮就转个不停。他会主动要求辅导彼得做家庭作业，但彼得知道这并不是父亲的真实目的。有一天，巴菲特回到家中时发现年幼的儿子正痛苦地坐在楼梯上，因为彼得在换灯泡的时候不小心摔了个人仰马翻。但是巴菲特习惯于一回家就钻进书房，这一天他也漠然地从坐在地上痛苦不堪的儿子身旁走过。后来，巴菲特也意识到自己是多么残酷无情，于是主动向彼得道歉。

从某种程度上说，巴菲特才是这个家里的孩子。他对工作的全身心投入，简直到了近乎痴狂的程度。他的饮食习惯既不讲究也不像个成人。他害怕改变，总是依赖苏珊。他一直精力充沛而且幽默风趣，散发出一种神童身上常见的气质。

巴菲特在股票上是全情投入，但在很多方面给苏珊带来了很大的困扰。据苏珊和她的密友透露，她渴望能和巴菲特分享更多夫妻间本应拥有的快乐。当他们的第二个孩子霍华德时不时地遇到麻烦时，苏珊只能向身为心理学家的父亲求助，她那迷人的丈夫仿佛生活在一个童话世界里。这倒不是因为巴菲特对家人不关心，他从来都是很善良的，家人都知道他甚至不愿意有意伤害一只蚂蚁。正如彼得所说的一样，只是有东西挡住了他的视线。

巴菲特的家人经常花很多时间来讨论到底是什么挡住了巴菲特的视线。他们都认为巴菲特的工作是伟大的，是值得他为之奋斗一生的事业，他在工作的时候是任何人也无法打扰的。从某种意义上讲，他们的判断是对的。巴菲特的童话世界里发生了很多事，而在 20 世纪 70 年代早期到中期，这个童话世界里发生的一切也是前所未有的。

巴菲特往往会拿起电话，在回应别人的一句“还好吗”的问候时都显得热情洋溢，仿佛无法控制内心的喜悦。巴菲特的一个股票经纪人克利福德·海斯回忆说：“巴菲特每天会打两个、三个、四个甚至五个电话来。”

> 他想要的就是信息，他不需要你跟他发表什么意见，他会不停地询问一些他感兴趣的公司情况。我会问：“你想要买多少，5 000 股，还是 10 000 股？”他会说：“全买进！”

他还会用手指着股票行情表上的市盈率一栏挨个地看，他发现很多股票的市盈率都不到 10 倍，这在华尔街也是很少见的：美国的股票在贱卖，却没人想要。巴菲特马上就做出了本能的反应：“当别人恐惧的时候，你要变得贪婪。”

如今，巴菲特追求的已经不仅仅是金钱了，他还有其他的想法。同 60 年代相比，这完全是一个大逆转。1973 年，管理 FMC 公司的鲍勃·马洛特让巴菲特帮一个忙，让他在公司挑选养老基金经理候选人的时候在旁边当一回考官。这些候选人个个都觉得自己很有能耐，但是巴菲特却觉得他们并不怎么样。“整整两天，”巴菲特回忆道，“我们一直坐在那里听他们高谈阔论，最后鲍勃·马洛特问我有什么想法，我对他说这两天完全是在浪费时间。”

后来，鲍勃·马洛特问巴菲特是否愿意为 FMC 公司打理一部分养老基金。巴菲特说：“可以，不过我事先要说清楚，我首先要替伯克希尔·哈撒韦公司考虑，其次是考虑我和苏珊的利益，第三位才是考虑 FMC 公司的利益。”巴菲特之所以能成为香饽饽，正是因为他头脑中总有无穷无尽的好点子。

对于马洛特来讲，巴菲特是幕后军师。不论是领取 FMC 养老金的人，还是股东，抑或是公众人士，都不知道是巴菲特在为公司打理资金。(在由巴菲特经营了 5 年之后，FMC 公司的证券投资组合价值增长了 51%，而在此期间道琼斯指数只上涨了 3%。)

不过，正如巴菲特自己所说的那样，他最关心的是伯克希尔·哈撒韦公司的利益。1973 年，他聘请所罗门兄弟公司通过出售优先债券为公司筹资 2 000 万美元。一位刚从哈佛大学毕业的投行人士丹尼斯·博温在拉古纳海滩和巴菲特相遇。他们欣赏着太平洋的美景，喝着百事可乐，规划着该怎样做这笔交易。丹尼斯·博温还不了解巴菲特在华尔街早已大名鼎鼎，后来他又在位于纽约的所罗门兄弟公司总部遇到巴菲特。当他们漫步走过宽敞的交易大厅时，人们都冲着巴菲特挥手，交易商们也发出了阵阵欢呼声，这一切都预示着巴菲特以后将给这家公司带来戏剧性的变化。股票交易商负责人罗伯特·施皮格尔见到巴菲特时兴奋地跑过来冲他说道：“沃伦，我刚买进很多……”施皮格尔拼命地向他推销股票。

巴菲特打算出售优先债券是基于自己的经验：趁着便宜多捞点钱进来。(如果等到需要一笔贷款时才去借钱，很有可能此时别人也想借钱，那么借款的利率就会提高。)

但是，借款人未必热衷于购买巴菲特公司的优先债券。所罗门兄弟公司得说服他们，说这些钱是给巴菲特投资用的，而不是投到纺织厂里去的，债券销售资料中再次注明伯克希尔·哈撒韦公司已经把投入纺织行业中的资金从 2 400 万美元降到了 1 100 万美元。即便如此，借款人还是坚持一条，那就是当巴菲特出售股票时公司就偿付借款。终于，巴菲特以 8% 的利率筹到了这笔钱。几个月以后，所罗门兄弟公司的唐纳德·马奇勒给巴菲特发去了一封贺信：

> 从一个旁观者来看，资金市场再次看出了巴菲特在财务方面的过人之处。我无法肯定今天能否为你再融到资……现在的筹资利率已经上升到了 9%，你筹资的时机真是挺不错的。

不过，唐纳德·马奇勒只知其一，不知其二。巴菲特已经开始慢慢入主《华盛顿邮报》了。当年 2 月，伯克希尔·哈撒韦以每股 27 美元的价位买下了 18 600 股《华盛顿邮报》的股票。到了 5 月，股价跌到了每股 23 美元。在所罗门低息融资的支持下，伯克希尔·哈撒韦又买进了 4 万股，但价格还是在大跌，巴菲特却还在买进。9 月，他又以每股 20.75 美元的价格买进了 87 000 股。到了 10 月，名气并不大的伯克希尔·哈撒韦一跃成为《华盛顿邮报》最大的外部股东。这份报纸可是巴菲特童年递送过的，也是他心目中极度渴望得到的媒体财富。

不仅如此，由凯瑟琳·格雷厄姆经营的《华盛顿邮报》旗下还拥有 4 家电视台、《新闻周刊》杂志以及印刷工厂。很多这类资产都是不公开上市的，因此难以估价。巴菲特认为它们至少值 4 亿美元，而《华盛顿邮报》的市值仅仅为 1 亿美元。

那些做空的人都是一些职业基金经理，他们对巴菲特估计的这些数字应该也不会有什么异议。那他们为什么要抛售股票呢？理由很简单，他们担心股价会继续下跌。他们担心别人也会继续抛售《华盛顿邮报》的股票。

当巴菲特独自将《华盛顿邮报》又冷静地分析了一番后，他认定这是一个千载难逢的机会。市场上目前人气不旺，信心低迷。在这样的背景之下，股票的价格和它所代表的资产价值之间其实是没有必然联系的，在现实世界中其实很难找到这么好的投资机会。巴菲特回忆说：

> 当你在做生意的时候，你便置身于一个现实的世界中，因为每

个人都在考虑股票的相对价格。当我们在一个月内买下《华盛顿邮报》8% 或 9% 的股份之后，卖给我们股票的人中没有一个人在想自己其实把价值 4 亿美元的资产以 8 000 万美元贱卖给了我们。他们之所以愿意把股票卖给我们，是因为电信业股票在下跌，或是因为其他人都在抛售股票，又或是因为别的什么原因。很多人在出售股票时的心态都是非理性的。

其实，我们很清楚他们抛售的理由，当巴菲特投资《华盛顿邮报》时，《华尔街纪事报》上有一群华尔街的媒体分析师在纷纷评价这个行业。他们一致认为，根据公司的基本面来判断，目前公司的股票提供了建仓的好时机，但是他们就是不敢出手。奥尔巴赫·波拉克－理查德森公司的肯德里克·诺布尔也表态说："《华盛顿邮报》的确是一家极富成长性的主流报纸。"但是，肯德里克·诺布尔也沾染上了华尔街最致命的惯性思维：

我认为市场正在逐渐抛弃对公司基本面的分析，根据我们对行情的分析来判断，我们认为这种熊市状态还将持续下去……对于注重分析公司基本面的分析师而言，这是一段相当困难的时期。

事实上，这正是注重公司基本面的分析师的黄金时期。媒体板块的股票都很便宜，只需一些简单的数学计算就能得出这一结论。关注媒体板块的分析师的工作性质并不复杂，他们的工作其实也只有一个目的，那就是对媒体类公司的股票做出评价。当这个板块的股票价格处于最低点的时候，这正是他们建仓的大好时机，而他们却让这么好的时机悄悄溜走了。

8 月，《波士顿环球报》的母公司联合出版公司上市了。大家普遍认为，联合出版公司只拥有《波士顿环球报》这一项资产，因而股票的风险很高，但是却没有人注意到，《波士顿环球报》占领了当地 2/3 的市场份额。有些人担心，万一发生什么事情（例如，波士顿市民不再想看波士顿红袜棒球队的比赛），股票就会陷入麻烦之中。

第一波士顿银行作为承销商只好把价格定得很低，在听说巴菲特对报纸很感兴趣之后，这家投行向奥马哈发出了一份试探性的建议，但巴菲特并没有明确表态。

不过，在私下里巴菲特一直都没有闲着。联合出版公司由两个古老的波士顿家族所控制，自 1872 年开始出版《波士顿环球报》。它的发行量、收入以及利润都在不断上涨，而且这种趋势还在加快。据巴菲特了解，它的竞争对手《旅行者先驱报》在上一年也倒闭了。谢天谢地，波士顿变成了一个由一家报业垄断的城市，或者说，正如巴菲特所预测到的，一架垄断的收费大桥正横跨在波士顿的查尔斯河上。在巴菲特看来，联合出版公司的垄断性并不是一个弊端，而是变成了一种优势，因为它皇冠上的宝石没有其他人可以染指。

当联合出版公司的股票上市后，伯克希尔·哈撒韦成了最大的买家。在写给联合出版公司总裁威廉·泰勒的一封信中，巴菲特告诉他买入这么多股票的理由：

> 哈罗德·安德森（《奥马哈世界先驱报》发行人）是我的好朋友，他可以向你作证我对好报纸是多么感兴趣。我同样也热衷于购买价格低廉的股票。如果能把两者结合到一起，那种诱惑力简直让我无法抗拒。《波士顿环球报》的股票市值只有不到 3 000 万美元，这在我看来简直少得有些荒谬。

巴菲特的投资技巧就是把钱用在刀刃上。由于巴菲特及时出售了优先债券，伯克希尔·哈撒韦就有了充裕的资金。之后伯克希尔·哈撒韦大量买进股票，尤其是媒体行业的股票，包括布斯报业、多媒体公司、哈特-汉克斯报业。

在这个时候，巴菲特向奥马哈的理查德·霍兰德提出了一个听起来十分幼稚的问题：拥有一家广告公司到底能带来什么好处？理查德·霍兰德根本没有多想，便口若悬河地和巴菲特谈起作为一家广告公司的老板感觉有多好。但是，他很快就发现了巴菲特的真正意图：伯克希尔·哈撒韦想要买进两家广告公司的大量股份——IPG（Interpublic Group）广告集团和奥美广告集团。①

巴菲特把广告业看成传媒业中的一张免费券。为什么说是免费的呢？与新贝德福德的纺织厂不同，广告公司不需要太多的资本投入，只需要一张桌子加上几支铅笔就足矣。对巴菲特来说，不需要大量的资本投入是他求之不得的一件好事，这样利润就可以直接流进企业所有者的腰包了。

华尔街大多数分析师的看法恰恰与此相反，他们认为如果一个公司的"资产"在晚上通过电梯被搬下来，这个公司就不复存在了。在他们看来广告公司里什么都没有，只有几个英语专业的人在玩弄文字。比尔·鲁安和巴菲特一样买进了相同的广告公司股票，他和《华尔街纪事报》谈到这一观点时有些不以为然。

> **《华尔街纪事报》**：（广告业）已经是一种开放的行业，任何人都能成立一个广告公司。你想要做的话明天就能开业。
>
> **比尔·鲁安**：我们谈论的不是几个留着长发、待在格林尼治村的办公楼里的艺术家。我们所说的是像 IPG 广告集团一样的大型企业，拥有像可口可乐公司、通用汽车公司以及埃克森公司这样的高端客户，年营业额高达 1.5 亿美元。

事实上，大型广告公司的经营状况都相当稳定。由于华尔街人气低落，巴菲特和比尔·鲁安在大单建仓时，这些公司的市盈率非常低。

截至 1974 年，伯克希尔·哈撒韦已经拥有 IPG 广告集团 17% 的股份。IPG 广告集团的执行副总裁卡尔·施皮尔沃格尔突然意识到巴菲特有可能在考虑收购 IPG 广告集团，于是赶忙打电话给巴菲特问他下一步

---

① 巴菲特仍然想暗中操作，但是按照规定，所有持股比例超过 5% 的投资者必须披露持股情况。

到底有什么计划。

巴菲特笑着问道："我的计划？"

听罢这话，施皮尔沃格尔反而有些担心了。巴菲特邀请他在下次飞往西海岸时顺便在奥马哈暂作停留。"太巧了，下周我就要去加州。"施皮尔沃格尔故意撒了个谎。因为他知道，"当时奥马哈的气温大概有零下10摄氏度，我走路时直打哆嗦。我没有穿高筒靴，因为我得假装自己正赶往加州"。

巴菲特向施皮尔沃格尔解释说自己买进IPG广告集团的股票纯粹是为了投资。他开始就自己的哲学侃侃而谈，包括城市里联系人与人之间的收费媒体"桥梁"、格雷厄姆等一整套投资理论。巴菲特讲的这些道理在施皮尔沃格尔听起来都过于简单了。身为麦迪逊大街上的智者，他没打算从中西部草原上的一位哲学家那里得到什么启示。实际上，他根本不相信巴菲特说的话。

这一点儿都不奇怪。尽管巴菲特在股市上屡有表现，但他的运作基本上还是相当隐蔽的，他在伯克希尔·哈撒韦公司的年报信件中写的内容都是事实性的，而且言简意赅，丝毫不像他写信给合伙人时那般文采飞扬，因此伯克希尔·哈撒韦公司更是让人感到难以捉摸。

公司的年度会议是在新贝德福德召开的，就在西伯里·斯坦顿那座陈旧的"象牙塔"里。在谈完正题之后，巴菲特让大家畅所欲言，提出各自关心的问题。这是每年唯一一次可以向巴菲特请教有关投资问题的机会，但是很少有人会提问。曾经和巴菲特一起听过格雷厄姆上课的科拉德·塔夫和他的弟弟，证券专家埃德温也前来参加，巴菲特则会花上几个小时来回答塔夫兄弟提出的各种问题。

人们对伯克希尔·哈撒韦公司几乎没有什么兴趣，甚至连报纸都不标出它的股价，任何人都可以买进它的股票，然后"免费搭上巴菲特列车"（就像合伙公司一样，大家无须为投资付费），但是几乎无人对它感兴趣。自从1973年年中伯克希尔·哈撒韦的股票达到了每股87美元的价位以后，它就一直在随大盘猛跌。到了1974年，它的价格竟然缩水到只有每股 40 美元。埃德温·塔夫回忆说：

> 人们普遍丧失了兴趣，即使那些认识沃伦·巴菲特的职业投资家也不例外。有人说情愿在每股 80 美元的价位买进，就是想等着股价一路翻红，结果巴菲特宣布了自己将要退休的消息，让这些人望而却步。

但是巴菲特在头脑里似乎已经为伯克希尔·哈撒韦的未来勾画了蓝图，他还在更多地买进股票，甚至让证券业内的朋友们罢手，以使那些零散交易的股票一旦出现就可以直接落入他的手中。巴菲特在奥马哈的经纪人查尔斯·海德说："沃伦·巴菲特不喜欢让别人买伯克希尔·哈撒韦的股票。"巴菲特决心巩固自己对公司的绝对控制权，他告诉公司的总会计师维恩·麦肯齐不要对自己的公司进行投资。（直到 1978 年，巴菲特才告诉麦肯齐说他可以投资了，此时已是麦肯齐受雇于公司以来的第 12 个年头。）

与此同时，巴菲特给伯克希尔·哈撒韦买入的股票也是一跌再跌，原先伯克希尔·哈撒韦买入这些股票花了 5 200 万美元，到了 1973 年年底，这些股票的市值跌到了只剩 4 000 万美元。巴菲特给洛克福特银行的吉恩·阿贝格写信说：

> 不管你觉得银行在 1973 年的经营业绩有多么糟糕，我的境况都比你更惨。幸亏我在进行这些投资的时候已经解散了合伙公司，这对我的合伙人来说应该是件好事。

到了 1974 年，巴菲特投资股票的账面损失看起来更加严重了。如果用伯克希尔·哈撒韦的股票价格来衡量，那么净值跌去了整整一半，但这似乎并没有影响巴菲特高昂的士气。

巴菲特之所以如此成功，也是因为他身上具备一种常人所不具有的能力，那就是能够做到不感情用事，他不会因为道琼斯指数影响到自己的判断和投资策略。20 世纪 60 年代，当他日进斗金时，他却满脑子在考虑万一遭遇熊市该怎么办。如今当他的投资陷入困境时，他却对股市掘金摩拳擦掌。在巴菲特写给伯克希尔·哈撒韦股东的信中，他的乐观情绪体现得淋漓尽致：

> 我们认为手中持有的一些股票在将来极具升值潜力，因此我们对自己的股票投资组合感到很满意。

例如，联合出版公司的股票就是巴菲特大单买进建仓的一个典型例子。尽管在 1973 年公司报告盈利增长了 40%，但是它的股价还是一落千丈。股票的发行价格为每股 10 美元，但是几个月来股价跌破 9 美元、8 美元和 7.5 美元的心理关口，此时公司的市盈率已经不足 5 倍了。当一种股票跌幅达到 25% 以上时，这对于投资者而言可谓是一种严峻的考验，因为投资者往往会开始怀疑自己的判断是否准确。不过，巴菲特坚信自己在判断股市方面的能力绝对在别人之上。于是，1974 年 1 月 8 日，他又大量买进了联合出版公司的股票，在当月 11 日和 16 日他又有增仓的大动作。在 2 月 13 日、14 日、15 日、19 日、20 日、21 日和 22 日，他又多次在股市上大单吸筹。他这种增仓的动作延续了整整一年，就好似一个久旱逢甘霖的人生怕自己手中的水桶会错过空中飘落的每一滴雨。有 107 天巴菲特都在买进联合出版公司的股票，最低买价仅为每股 5.5 美元。

让人感到有些奇怪的是，在投资史上，1973~1974 年的熊市竟然被人们忽略掉了，然而它确实有划时代的意义，甚至可以和 20 世纪 30 年代的经济大萧条相提并论。股票像瓜熟蒂落一般，掉在地上却鲜有人问津。一度热衷于以 80 倍的市盈率购买“漂亮 50”股票的基金经理们，现在却不愿意购买市盈率仅有 5 倍的联合出版公司股票。这些基金经理不是害怕有可能犯错，而是担心自己的投资节拍跟不上潮流。他们担心自己的想法跟不上别人的变化，他们的着眼点并不是长期投资，而是局限于某只股票在某一季度的短期表现。这一点从《华尔街纪事报》对奥本海默基金的管理者埃里克·T·米勒的一则采访上便可见一斑。埃里克·T·米勒住在纽约市宁静的布鲁克林郊区，他热爱球拍运动，一点儿也不喜欢熊市。

> 我也希望我们可以直接说出自己看好哪些独特的领域，但我们却做不到这一点，可能是大家觉得这不是逞能的时候……盲目冒进反而会带来更大的风险，除非你把我放到一个岛上让我细细观察上 3 年。

但值得一提的是，当时才是一个真正的造就英雄的时代。之前，基金经理宁可在模棱两可的股票上出高价，现在对于最好的绩优股竟都不敢买入了。乐观是他们的第二天性，但现在已消失无踪，他们心中残留的只有恐惧。

1974 年美国各大主流媒体的头版标题都揭示了人们的这种惶恐：《商业周刊》——“给自己壮胆”、“可怕的雪崩”；《福布斯》——“为什么买股票？”、“从悲观到绝望”、“未知的水域”、“经济局势失控了吗？”；《巴伦周刊》——“战战兢兢”；《财富》——“股市悲剧的典型”。

经济陷入了衰退，但是惯用的刺激经济的方法还没出台。1974 年的通货膨胀率高达 11%，这是经济的一种新病态，即便在 30 年代也没有出现过这种局面：通货膨胀和经济衰退并存。经济学家想出了“滞胀”（stagflation）一词来描述这种情形：政府如果采取措施缓解其中的一种局面，就必然会导致另一种局面恶化。利率上升到了 20 世纪以来的最高点。政府变得手足无措，而且还要面对水门事件的困扰。整个华尔街都屏住了呼吸。政治圈里的话题是弹劾，而金融圈里的话题是萧条。

在全球范围内，美国的资本主义都处于衰退之中。石油输出国组织（OPEC）获得成功，受此影响，第三世界国家正在纷纷组建卡特尔组织。经济学家们普遍认为，经济迅速增长的黄金时代已经结束，现在要做的只能是把一块同样大小的蛋糕分割成更小的份额，甚至在街角的加油站大家都可以明显地看出这种征兆。

华尔街完全笼罩在这种悲凉的气氛之中，“漂亮 50”股票跳水的幅度高达 80%。这些股票从峰顶跌到了谷底，宝丽来从每股 149 美元跌到 14.125 美元，施乐从每股 171 美元跌到 49 美元，雅芳从每股 140 美元跌到 18.625 美元。甚至连华尔街上最大的养老基金管理者，同时也是“漂亮 50”中的翘楚摩根保证信托银行也亏损了近 2/3 的客户资金，银行家信托公司不再为它的信托客户买进股票了。极具讽刺意味的是，现在却是买进所有股票的大好时机。

道琼斯指数在 7 月底下探到 757 点，到了 9 月底，更是下挫到 607 点。倘若用道琼斯指数作为衡量标准，美国工业企业的市值已经蒸发了 40%。但是，道琼斯指数还没有见到最后一跌的尽头。自 1968 年以来，股票的平均价格已经下跌了 70%，在夏季的一个交易日里，有 447 只股票集体跳水，当时的情形甚至比让人们谈之色变的大萧条时期还要严重。这一波熊市延续了 6 年，比 1929~1932 年的熊市整整涨了一倍。

和其他人一样，巴菲特对通货膨胀也是忧心忡忡。面对这样的市场格局，他的反应是要尽力挖掘潜力股，例如报业类的股票，因为它们的盈利前景一片光明。同时，他避免买入资本开支很大的公司（因为在一个通货膨胀的世界里，资本密集型企业注入的很多资金都转移到新设备和存货上去了）。

不过，巴菲特并没有根据人们对宏观经济形势的预测来指导自己买卖股票。举个典型的例子，位于费城的亚纳尔－比德尔公司敦促自己的客户赶紧抛售可口可乐、百事可乐、乐倍公司以及七喜公司的股票，因为有可能会出现能源危机：

> 各大超市里都出现了这样一种现象，顾客愿意每趟多买点东西而不愿意经常跑超市。顾客也许越来越不愿意在车上堆放又沉又笨的大箱软饮料了……

巴菲特应邀去哈佛商学院做演讲，这让他感到很诧异，因为这所名牌大学曾在多年以前将他拒之门外。巴菲特讲到投资者们正在以非理性和“极度悲观”的方式行事，也许他在说这番话的时候头脑中浮现出来的是霍华德·斯坦的影子。他曾在几周前出现在纽约证券分析师协会。霍华德·斯坦是一家名叫德弗斯的证券投资公司的董事长，该公司曾以一部经久不衰的广告片闻名，在这部广告片里，一只威风凛凛的狮子正徜徉在华尔街的人行道上。但到了现在，这头雄狮已经萎靡不振了。霍华德·斯坦承认当前的股票很便宜，但他却担心“我们面临着很多严峻的问题”。他预言还将出现股市投资动力匮乏的恐怖前景，在这样的新局面下，价值判断的标准将难以发挥作用：

> 市盈率、历史盈利状况、预期每股收益以及许多其他被我们所用过的分析工具似乎都脱离了现实……在那么多可能影响证券价格的因素中，我认为会出现来自某个特定行业以外的影响因素，这会让最出色的分析家睁大眼睛，在他专业之外的领域充分发挥想象力来进行解读。

在霍华德·斯坦对于投资世界神乎其神的解释中，似乎每股收益都已经变得无关紧要了。但是，巴菲特决定抛弃这种观点而专注于自己的“专业领域之内”，因为他觉得自己并不能解答为什么一个国家面临的问题会影响《华盛顿邮报》的股价，他觉得不需要把自己的聪明才智用于这样的猜测臆度。这是一个多元化的社会，推动它前进的动力是多种多样的，更不用说影响股价的种种因素了。战争有输赢，繁荣兴衰也终有时日。政治斗争以及四季轮回又何尝不是如此呢？分析这些因素是华尔街人士最钟情的游戏，也是他们最好的消遣方式。在投资专家喧嚣的聚会上，这样的话题很有噱头，但没有哪个因素是完全确定的，不论是总统，经济，还是石油输出国组织对百事可乐销量的影响。

但是，对于巴菲特而言，所有这些都无法取代对某只股票进行的严格的价值分析。当你买入了一股《华盛顿邮报》的股票时，你得到的最终收益并不会以是否爆发中东战争来衡量，你所购买的仅仅是企业的一份权益，是对它在出版业和电视业未来所获得的利润的一份分享权。如果你知道《华盛顿邮报》或任何一家公司到底价值多少，那你就不会被其他因素混淆视听，这正是巴菲特所竭力追求的境界。其他任何因素对他而言都显得无关紧要，更遑论那些对未来争执不休的嘈杂声了。霍华德·斯坦想要等待“局面更加稳定、预期更加准确的时机”，但是巴菲特却不愿意坐失良机。正如他曾经对合伙人说过的那样，“未来永远都是捉摸不定的”。对于巴菲特而言，真正可以把握的是某些股票可以用低于或远远低于其资产价值的价格买到，而其他的外在因素，例如他儿子的背部扭伤了、小鸡的叫唤等都无法进入他的参考坐标。

不过，霍华德·斯坦提出的让人费解的问题并没有得到回答，那就是：传统的价值判断标准是否已经过时？这让人不禁想起了20年前格雷厄姆在参议院作证时回答银行委员会主席J·威廉·富布莱特提问的场景。富布莱特当年曾经问他：“为什么廉价股票的价格必然会上涨呢？”

这正是该行业的神秘之处。

9月，格雷厄姆从隐退的生活中重新露面，对一些证券分析家发表演说，敦促他们留意他发现的“价值再生”。格雷厄姆提醒大家说：“投资，未必是天才的专利。”

> 投资需要这样几种素质：第一，理性与智慧；第二，完善的经营之道；第三点，也是最重要的一点，那就是坚忍不拔的性格。

还有其他人，比如比尔·鲁安和约翰·内夫都公开指出大举进军股票市场的时机到了。但是，总体而言，华尔街还停留在哈姆雷特式的自我矛盾心态中，华尔街的海登斯通证券公司发出了“买进还是不买进”的疑问。不过，事实清清楚楚地摆在面前，股票的市盈率达到了战后的最低值，股票真的十分廉价。即便如此，海登斯通证券公司还是痛苦地表态说：

> 我们面前还有一大堆问题，也许根本就无法解决……整个社会结构发生了极大变化……没有人能够预测未来……我们真能把握并驾驭这个时代吗？

股市的这种局面看似令人沮丧，海登斯通证券公司建议，如果要进行大单的股票交易，还要再往后推延一下，“等到局势更加明朗了再出手吧”。难道会有人在市场的契机到来之前提醒海登斯通证券公司吗？人们丧失的不是理性与智慧，而是格雷厄姆所说的坚忍不拔的性格，按照自己的信念百折不挠地一路往前走的决心。也就在这个时刻，1974 年 10 月初，巴菲特生平第一次对股票市场公开做出了预测。他是在接受《福布斯》杂志采访时做这番表态的，当时道琼斯指数下挫到了只有 580 点。

《福布斯》杂志的记者问他：“您有什么感想？”

巴菲特回答说：“现在正是投资的绝佳时机。”

他对未来的疑虑已经烟消云散，尽管他的股票价格都很低，但他的热情丝毫不减。伯克希尔·哈撒韦公司有一大堆股票，巴菲特还在日复一日地不断买进。

> 我把投资业称为世界上最伟大的事业，因为在这个棒球场上没有人逼迫你必须击球。你站在击球区，投手投来了每股 47 美元的通用汽车股票，又投来了每股 39 美元的美国钢铁公司股票！你即便不击球也不会受到任何惩罚，顶多丧失一些机会罢了。你可以整日以逸待劳，等到你喜欢的投球出现时再挥棒击球就行了，然后趁外场手打瞌睡的时候，向前一步将球击飞。

巴菲特早在 1969 年告别了股市，但当市场处于当前的低潮时，他又系好了钉鞋，拿起了球棒。对他而言，不存在“买进还是不买进”之类模棱两可的疑虑。正如他对《福布斯》杂志所说的那样：“现在正是投资的绝佳时机。”

巴菲特又回来了！

第 9 章

BUFFETT

共生的合伙人

在儿子霍华德的眼中，巴菲特是全天下第二号聪明人物，头号聪明人物当属他父亲在西海岸的“哲学家朋友”查理·芒格。对于作家莫里·伯恩斯坦而言，查理·芒格是“真正的神秘人物”，是一个行为古怪、与你保持一定距离的思想者。芒格是巴菲特的莫逆之交。巴菲特只让芒格走进自己的心房。两人之间有一种特殊的共生关系，就像一段美满的婚姻一样，两人彼此都不可或缺。之前安排两人见面的埃德温·戴维斯医生对他们俩的举止相似和意气相投一直记忆犹新。巴菲特的女儿认为他俩就像是“克隆”的一对儿，走路时都迈着相同的步伐，甚至连长相都有几分相似。

不过，他俩也有很多不同之处。巴菲特总是一副欢欣鼓舞的模样，而他这位洛杉矶的伙伴却显得很阴沉。他没有巴菲特那样平易近人，而且从来不会冒傻气。他常常在见面时连“再见”都懒得说，而且喜欢在谈完正事之后马上就从椅子上腾地突然起身，然后消失得无影无踪。

芒格对他身边的人都疑心重重，因此巴菲特把他叫作“怪人”。事实上，这倒能够帮助人们理解为什么芒格会成为巴菲特的知心好友。芒格对待生活的方式，就是总问可能会出现什么问题，这对投资者尤其有用。他总喜欢引用代数学家卡尔·雅各比的那句名言：“反过来想，一定要反过来想一想”。因此，在一所中学的毕业典礼上，作为演讲嘉宾的芒格并不是“宣讲”哪些品质可以给未来的人生带来幸福，而是大谈特谈哪些品质必然会导致生活中的悲剧。这正是应验了“一定要反过来想一想”那句话。

在多次收购活动中，巴菲特都聘请芒格做自己的律师。芒格还拥有巴菲特控股的多元零售公司的一些股份。除此以外，他们的职场道路几乎是不相交的两条平行线。

自从20世纪60年代以来，芒格一直经营着韦勒－芒格投资公司，这是一个合伙投资企业，位于太平洋股票交易所大楼内一个位置便利但是管道密布的办公室里。这种办公室氛围很合芒格的心意，因为这充分显示出芒格对那帮装腔作势的公司白领们不屑一顾。还有一点更是匠心独运，芒格把秘书安排在办公室后面的单人间里工作，他和他的合伙人则在敞开的前厅办公。

通常，不出一小时，人们就会听到芒格朝秘书高声喊道："给我接通沃伦的电话！"芒格的合伙人艾拉·马歇尔感觉到芒格与巴菲特的联系日益密切，而且芒格也想成为巴菲特的合伙人。奇怪的是，他们在职业上的联系纯属偶然。他们各自买了洛杉矶一家"蓝带印花票证公司"（简称蓝带公司）的股票。巴菲特为自己买了一些股票，也为伯克希尔·哈撒韦买了一些。到20世纪70年代初，巴菲特已成为蓝带公司的最大拥有者，芒格是第二大股东。

蓝带公司是一个褪色的美国商业产物。它向超市收费，并发售它的购物券，然后用"免费"的烤箱、草地椅以及类似的物品来换回这些购物券。巴菲特对烤箱没有任何兴趣，让他感兴趣的只是钱。

蓝带公司之所以富有吸引力，是因为它是在前端收取了现金，但是可以在很长的时间期限内分批偿还这笔钱，因为它的客户已经提前购买了购物券。这些购物券经常被顾客塞进抽屉里就忘掉了。在这期间，蓝带公司就可以无偿地使用这笔浮存金。对巴菲特而言，蓝带公司就像是一家还没有受到监管当局控制的保险公司。

它的"保费收入"（也就是出售给零售商的那些购物券）每年高达1.2亿美元。这样一来，对于巴菲特而言，除了在伯克希尔·哈撒韦拥有的大量财富之外，他又多了一个充裕的现金来源。他和芒格都加入了蓝带公司的董事会，接管了董事会的投资委员会，并且开始运作这些浮存金。

对于巴菲特来说，这是一场危险的游戏。他手里掌管着两个资金库，但是经营目标却可能发生冲突。不过，让人感到奇怪的是，由于巴菲特一向爱惜自己的羽毛，这种危机从未在他身上真正发生过，他和他的好友正享受着买入廉价股票带来的巨大快乐。当巴菲特偶尔待在加州的时候，两人会聚在一起，就挑选股票带来的简单快乐畅谈良久。

有一个例子是有关原始资本基金（Source Capital）的。它是一家封闭型的共同基金，位于洛杉矶。原始资本基金是由投机大师弗雷德·卡尔在1968年建立的。在70年代早期弗雷德·卡尔隐退之后，该公司的股票价格一落千丈。当然，这家基金公司的股票和别的股票一样被过度杀跌。尽管原始资本基金的资产价值达到了每股18美元，但公司的股价当时只有每股9美元。蓝带公司果断地买入了该基金20%的股票份额。就这样，巴菲特和芒格跨入了投机的盛宴，但此时其他投资者已经黯然离席。

芒格代表蓝带公司进入了原始资本基金的董事会，并且对任何他不满意的地方都大刀阔斧地进行了改革。有一次，芒格审阅了公司的投资组合之后，发现原始资本基金持有一些风险很高的股票。他直言不讳地对投资经理说："这是一份相当不错的Baa级股票清单，但对于原始资本基金，除了A级股票，其他的我都不想要。"巴菲特再也找不到比芒格更好的代理人了，尤其是巴菲特不擅长唱白脸，总想避开与人说话时不愉快的尴尬场面。

1971年，巴菲特和芒格得到了一笔极具潜力的"好生意"，这是芒格喜欢的，但又不同于格雷厄姆偏好的廉价股票。蓝带公司的投资顾问罗伯特·弗莱厄蒂得知加州一家精品巧克力连锁店喜诗糖果公司将要出售，蓝带公司的一位高管威廉·拉姆齐也很想买下喜诗糖果。他来到罗伯特·弗莱厄蒂的办公室，两人打电话给正在奥马哈家中的巴菲特，讲述了这个情况。

"哦，是罗伯特呀，"巴菲特说，"糖果生意？我们之前没想过要做糖果生意啊！"说毕，他就挂上了电话。

威廉·拉姆齐在听筒里听到他这番话后感到心烦意乱，不停地在屋子里踱来踱去，希望巴菲特能把电话再打过来。等待的每一分每一秒都是那样漫长。秘书慌乱之中又把电话错拨到巴菲特的办公室，结果没人接电话。

大约过了三四分钟之后，他们终于又和巴菲特取得了联系。他们还没来得及说话，巴菲特就说："我刚才在看它的财务数据呢。好吧，如果价钱合适的话，我愿意买下它。"

这些财务数据告诉巴菲特：加州爱吃巧克力的人们都乐意为喜诗糖果公司优质的糖果多付一些钱，购买公司的价格是 3 000 万美元。不过由于喜诗糖果公司的账面价值较小，巴菲特和芒格决定买入价格不能超过 2 500 万美元。结果，谈判就这样搁浅了。这一次，巴菲特犯下了一个常见的错误。

投资者常常认为账面价值表明了公司的"价值"，或者至少是公司价值的一个参考值。但事实上，这两种价值所表达的概念是完全不同的。账面价值衡量的是投入公司的资本加上留存下来的利润。而投资者真正关心的是将来能从公司里得到多少价值，这才是决定公司"价值"的真正要素（巴菲特常把它称作公司的"内在价值"）。

假设有一家新的公司要投资糖果生产，它的设备、店铺状况以及存货与喜诗糖果公司完全一样，但是这家新公司生产的糖果品牌却鲜为人知，虽然它的账面价值与喜诗糖果公司是一样的，但是这家公司品牌的影响力要差许多，其内在价值必然要小许多。那么这家刚起步的糖果公司，由于其未来的盈利能力要低很多，所以它的实际价值也要低很多。由于账面价值无法反映品牌等无形资产的价值，因而对于喜诗糖果这样的知名品牌公司而言，它的价值的标志作用便显得毫无意义了。

但是，巴菲特和芒格非常走运，喜诗糖果公司回复了电话，答应以 2 500 万美元的价格成交，这是巴菲特至此所做的最大一笔投资。倏然间，巴菲特的投资王国里已经拥有了糖果、纺织、零售、保险、银行、出版以及购物券这些部分。

巴菲特的策略是将这些投资完全分隔开来，好像每一部分都是他的独生子一样。他成了喜诗糖果公司的大股东，因此他恶补了糖业期货方面的知识。在他写给喜诗糖果总裁查克·哈金斯的信里，我们可以看出巴菲特已经洞悉了这一行业的大量细节：

我倒是不太愿意接受 12 月 29 日（周日）那天的价格……我现在的想法是每磅期糖价格在 20~30 美分……如果期糖的价格还像前几天那样继续下跌，我倒是倾向于延期购买，直到市场对精制糖的价格有了反应再说。

另外，巴菲特还不断催促查克·哈金斯进一步做大做强喜诗糖果公司的品牌。有意思的是，尽管巴菲特不是一个美食家，他却明白一家糖果公司真正要“销售”的应该是什么。

也许产自法国某一片 8 英亩葡萄园的葡萄是全世界最棒的，但我总认为它到底好不好，有 99% 是靠说出来的，只有 1% 是靠尝出来的。

之后，巴菲特又把注意力放到了购物券上。搞打折活动的超市从那些不用购物券的商店手里把生意抢了过来，顾客也越来越觉得光顾后者自己很吃亏。巴菲特一边告诉蓝带公司应该如何应对这种局面，一边进行自我分析，他承认营销工作并不是他所擅长的。

我的问题是，我考虑问题的角度总像一个会计师或是保险精算师。我的本能反应是要解释所有的事实，并为消费者进行完整的数学计算，然后证明他们买我们的购物券有多么划算。我想我能说服一大群数学家、保险精算师、证券分析师乃至会计师……却无法说服家庭主妇们。

巴菲特把蓝带公司 4 500 万美元的浮存金投入银行类股票，这和伯克希尔·哈撒韦的投资策略有异曲同工之妙。

迄今为止，巴菲特在这场危险的游戏中依旧安然无恙。他为伯克希尔·哈撒韦、蓝带以及多元零售 3 家公司打理投资。它们有各自独立的股东群，巴菲特则需要为每一个公司的股东做出最好的投资决策。他应该把《华盛顿邮报》摆放在什么位置呢？喜诗糖果公司又该放在什么位置呢？尽管巴菲特面对这样的利益纠纷会竭尽全力地保持公平，但利益冲突依旧是难免的。把三方面的利益都摆平难度的确很大，也不符合巴菲特的性格。而且如果利益冲突变得明显的话，这又会被证券监管当局盯上。

在这场疯狂的游戏中，有位股票经纪人向巴菲特提供加州帕萨迪纳市的韦斯科金融公司的股票。这家公司拥有一些储蓄与贷款业务。巴菲特对韦斯科金融公司再熟悉不过了，从 20 世纪 60 年代中期开始，他每年都会阅读几百家储蓄与贷款公司的年报，其中也包括韦斯科金融公司的年报。韦斯科金融公司的股价只有每股十几美元，比其账面价值的一半还要低。[①] 巴菲特和芒格两人一起核对了一番，芒格也认为韦斯科金融公司的股票很便宜，于是蓝带公司买入了它 8% 的股份。1972 年夏天，韦斯科金融公司是一个只有 200 万美元规模的小公司；到了 1973 年 1 月，韦斯科金融公司宣布要和加州的另一家储蓄和贷款业务公司圣芭芭拉财务公司合并。

巴菲特和芒格马上得出了同样的结论：韦斯科金融公司是要放弃自己的业务了。根据两家公司合并的条款，持有韦斯科金融公司股票的股东可以将他们手中价值被低估的股票换成圣芭芭拉财务公司的股票，而后者的股票价格似乎又被高估了。巴菲特曾说：

> 我看了合并条款之后简直不敢相信，芒格听了也感觉难以置信，但道琼斯行情确实是这么显示的。

芒格想多买进一些韦斯科金融公司的股票，并希望借此阻止这起公司合并，因为公司合并需要股东大会投票通过才行。巴菲特则不然，他

① 对于大多数银行而言，账面价值是一个非常有用的评价工具，因为银行的资产主要包括贷款和其他金融资产，诸如品牌等无形资产所占的比例并不大。

对偶尔出现的投资损失能够做到坚忍克己。巴菲特说："大不了就承认自己犯了个错呗！"然而芒格还是坚持自己的做法。在接下来的一个半月里，只要股市上有韦斯科金融公司的股票出售，蓝带公司就会通吃，从而慢慢地积累起了韦斯科金融公司 20% 的股份。

可是，他们还是无法阻止这起公司合并，而且现在蓝带公司已经陷得很深了。正如芒格所说的那样，他们就像被鼠夹夹住的老鼠，已经不再奢望奶酪了。

2 月，芒格给韦斯科金融公司的总裁路易斯 · R · 文森蒂打电话。在说话时，芒格的用词显得非常古怪，他说蓝带公司一直在买进韦斯科金融公司的股票，目的是"创造出一种氛围"，使文森蒂和韦斯科金融公司的其他董事不会因为感受到任何"道义上的责任"而进行合并。

而文森蒂坚持按原计划进行。他知道蓝带公司完全可以投票反对这一计划，而且会劝说其他股东也这样做。在芒格看来，这种平民派人士的做法真是低俗。他认为自己是一位有着高风亮节的人，两个人之间没有什么矛盾是解决不了的。他说自己很喜欢韦斯科金融公司的管理方式，还说文森蒂正是巴菲特和自己中意的总裁人选。实际上，芒格多次表示如果文森蒂当面向他提出请求，蓝带公司可以考虑停止买入韦斯科金融公司的股票。

文森蒂觉得芒格这些话古怪至极。他无法理解芒格为何要在普通的商业交易中掺入道义的元素，然而这也正反映出芒格的与众不同之处，他一直秉持着传统的伦理道德观念。他经常不厌其烦地引用本杰明 · 富兰克林的名言，他甚至认为富兰克林说的话比任何商学院教的东西都更管用。

不论是身在商界内还是商界外，芒格都表现出一种绅士风范。他对自己的想法会坚持到底，但是对最后结果引来的褒贬评价则很淡然。当一个庸医给他做了一次拙劣的白内障手术致使他视力减退时，他竟毫无怨言地承认这种情况发生的概率很低，却刚好被他赶上了，自此他开始热衷于研究眼科。

在工作之余，芒格积极投身于公益事业。继贝洛斯堕胎案之后，他又为在洛杉矶设立堕胎诊所立下了汗马功劳。身为萨马林坦慈善医院的志愿者负责人，他彻底改变了医院的经营目标并重组了专家组。巴菲特给人一种平易近人的印象，而芒格则俨然一副居高临下的样子，他会冲进会议室，自言自语地讲述那些在他看来耸人听闻的事件，仿佛是一位视力退化、拿着一个放大镜的“哲学家国王”。

“芒格这人非常有趣，不过也很清高。”巴菲特的一个朋友这样评价说，“他信奉一种贵族式的观点，认为这个世界上有一群出类拔萃、极富才华而且事业有成的精英，而他自己正是其中之一。”

芒格总是开玩笑说要建立一个“芒格王朝”，当他与第一任妻子（第一任“皇后”）离婚以后，他期望能找到一位理想的再婚对象，他和第二任“皇后”养育了 8 个小芒格“王子”和“公主”。

和他在奥马哈的好友完全不同，芒格的生活丰富多彩，他经常游历世界各地的名山大川，以钓鳟鱼、北梭鱼以及大西洋鲑鱼为乐。他在加州俱乐部里经常举办聚会，并且常常是聚会上当仁不让的主角，尤其是当他灌下一杯葡萄酒以后。艾拉·马歇尔还记得在贝艾斯举行的一个晚会上，芒格一个人声如洪钟，滔滔不绝地说着一些老掉牙的故事，自我陶醉。主人对艾拉·马歇尔说：“你能让芒格闭嘴吗？别人都插不上话了。”

芒格的挚友奥蒂斯·布思也有过一次不同寻常的体验。有一次，他们一起去钓鱼旅行。奥蒂斯·布思午夜时分醒来，发现芒格正端坐在那里专心地研读一本书，就好像那是一本秘籍。还有一次，在同奥蒂斯·布思以及艾拉·马歇尔去澳大利亚雨林探险的途中，他们的吉普车在丛林中颠簸行进，芒格却一直手不释卷地读一本艰深晦涩的古生物学著作。当天晚上，芒格便给同伴们分享他读书的新收获，艾拉·马歇尔回忆说：“他在我们没有任何心理准备的情况下，突然向我们讲述恐龙是怎样进化成鸟类的。”

芒格的很多朋友，包括巴菲特的许多朋友一旦听到芒格关于黑洞和爱因斯坦的滔滔不绝的演说就会头疼，更别提芒格那不可一世的傲慢态度了。有一次，巴菲特的朋友罗克珊·勃兰特说她以为洛杉矶的医院只有锡达·西尼亚医学中心一家，芒格立即毫不客气地反驳："那是因为你是犹太人。"

芒格外表看上去像一位令人敬畏的心理学家，但其行为举止却像一个不谙世事的小学生。他能够看透许多现象背后的原因，例如人们无力改变自己的思想状态，或者是他所谓的"第一印象偏见"。

芒格的洞察力对巴菲特产生了很大的影响，巴菲特在理解和运用这种思维方式的时候比芒格显得更自然。巴菲特确确实实是一个能够克服"第一印象偏见"的伟人。

关于韦斯科金融公司这件事情，在芒格与文森蒂交涉失败以后，巴菲特开始设法说服那些有能力阻止合并的董事。伊丽莎白·彼得斯是住在旧金山的一位富豪家族继承者，也是韦斯科金融公司最大的股东。

伊丽莎白的父母亲创办了储蓄与贷款机构，并于20世纪50年代末期将其打造为上市公司。伊丽莎白的兄弟们都无法胜任这项工作，重担自然就落在了她的肩上。她本来主修英语，但为了家族利益，她转读商学院。她发现自己不仅在经营方面得心应手，而且韦斯科金融公司也将其带入了一个与众不同的世界。

然而，到了70年代早期，韦斯科金融公司业绩平平，伊丽莎白迫切希望公司能够早日焕发生机，但其他董事似乎对此一直敷衍了事。

圣芭芭拉财务公司提出收购条件以后，尽管伊丽莎白知道收购条件非常苛刻，但是她希望两家公司的合并能够给韦斯科金融公司的发展注入生机。

巴菲特派蓝带公司的总裁唐纳德·科普尔去和伊丽莎白面谈，但伊丽莎白还是一如既往地支持这次企业合并。唐纳德·科普尔刚离开不久，巴菲特又打了个电话过来。他非常友好地向伊丽莎白做了一番自我介绍，并建议两个人找个机会坐下来好好谈谈。

几天之后，巴菲特和伊丽莎白便坐在了旧金山机场的一个贵宾休息室里。巴菲特说，他认为再过一段时间韦斯科金融公司的股价会比圣芭芭拉财务公司开出的价格高出许多。尽管这些话伊丽莎白从唐纳德·科普尔那里已经听了很多次，但从巴菲特嘴里说出来显得更有说服力。巴菲特同她说话时俨然是她的合伙人，好像他的投资利益都是和她绑在一起的。

伊丽莎白认为必须采取对策来激发韦斯科的活力，巴菲特说他很乐意亲自上阵。巴菲特谈到了自己和其他公司的关系，他称之为一种合伙人关系，他还介绍了自己的情况。巴菲特语气镇定，给人一种踏实可靠的感觉。

伊丽莎白发现自己很愿意成为这个人的合伙人，也喜欢上了巴菲特，应该说是非常喜欢，同时她也看到了一丝希望。

不过，伊丽莎白心头还留有一个疑问："巴菲特先生，如果我相信你，那么万一你在路口被卡车撞了我该怎么办？那时又该由谁来挽救韦斯科呢？"

巴菲特说有一位能力与自己相当的合伙人。如果真的发生了类似的"卡车"事件，他已经安排好由这个人来掌管伯克希尔·哈撒韦，并负责打理巴菲特家族的事务。他认为韦斯科完全可以被托付给自己或这位合伙人。

巴菲特说完以后，伊丽莎白下定了决心，合并终于化为泡影。

此后，巴菲特和芒格感到必须对伊丽莎白承担起维护韦斯科利益的责任，他们决定进一步提高对韦斯科股票的持有份额。他们本来可以在低价位买进股票的。因为通常情况下，合并付诸东流时，公司股价往往会被腰斩。但是由于对这次合并失败巴菲特和芒格是负有直接责任的，在这种背景下用低价吸进其他股东手里的股票，未免让人觉得有趁火打劫之嫌。因此，他们告诉股票经纪人在价格上可以慷慨一些。

之后蓝带公司以每股17美元的价位向韦斯科金融公司收购股票，这个价格是合并失败之前的平均价格。尽管此举非同寻常，但芒格说："我们在容易陷入狂乱的时刻做出了正确的决定，我们认为这是一条正确的道路。"

蓝带公司后来又把持有的股票份额提高到24.9%。后来，韦斯科金融公司的股票随着熊市行情一路下跌，蓝带公司也进行了几次要约收购活动。到了1974年年中，蓝带公司已经成为韦斯科金融公司的控股股东（伊丽莎白依旧持有相当数量的股票）。本来事情看似已经风平浪静了，然而有件事巴菲特和芒格并不知情，他们已经被美国证券交易委员会盯上了。

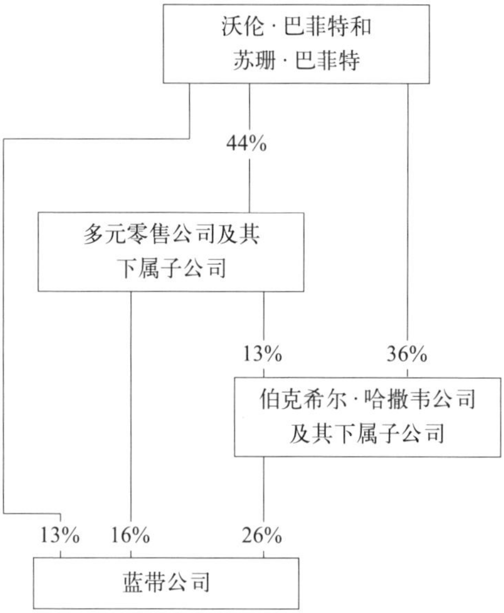

灾难来临的第一个征兆出现在1974年秋，这在一定程度上是由巴菲特和芒格两人之间微妙但并不合规矩的合伙人关系引起的。巴菲特和芒格在蓝带公司和多元零售公司中都拥有股份，不过芒格与伯克希尔·哈撒韦公司没有任何联系。所以，当巴菲特使用蓝带公司的资金时，两人之间是有合作关系的，而当他使用伯克希尔·哈撒韦公司的资金时，他又是独立的，这种错综复杂的关联所有权关系让人感到迷惑，也容易导致矛盾和混乱的局面。

作为解开这团乱麻的第一步，巴菲特和芒格宣布把多元零售公司并入伯克希尔·哈撒韦公司。但是美国证券交易委员会依然心存质疑，他们提出了一大堆问题。

起初，芒格以为也许是因为巴菲特和自己都是十分“有意思”的人物，美国证券交易委员会才会故意拖延。芒格的脑海中浮现出一幅怪异的画面：美国证券交易委员仔细审查蓝带公司，仿佛它是一只爬过显微镜的奇异臭虫。但是几个月过去了，芒格开始变得焦虑不安。在写给他和巴菲特在芒格的律师事务所的查尔斯·里克绍萨的信中，芒格显得很焦灼：

> 但愿我放弃这件事能让美国证券交易委员会感到满意，否则，你们就尽快让我收到答复，最好是打电话直接告诉我，这样我们就可以解决所有悬而未决的问题，以使我们的计划顺利完成。

可惜，芒格从未读过卡夫卡的小说，不知道何为人间噩梦。查尔斯·里克绍萨把一份措辞较为委婉的信件送给了美国证券交易委员会。当年12月，芒格就收到了他所要求的最快答复，尽管这一答复并不是他所期待的。美国证券交易委员会对奥马哈的那位投资奇才提出了控告：关于调查蓝带公司、伯克希尔·哈撒韦公司以及沃伦·巴菲特的HO–784号案件，这一下巴菲特成了被全面审查的对象。

> 蓝带公司、伯克希尔·哈撒韦公司以及巴菲特有可能单独或一同参与过一些商业活动……这些商业活动直接或间接地涉及商业诈骗的做法、方案或是预谋，也可能是其提供的陈述材料不真实或遗漏了……

美国证券交易委员会的调查集中在蓝带公司是否曾操纵了韦斯科的股价上，这确实是一项解决起来进退两难的棘手指控。美国证券交易委员会执法部门把它当作一个大案件来进行审查，而且调查的范围几乎涉及巴菲特买卖过的每一只股票。

按照美国证券交易委员会的要求，巴菲特把整整三大箱的档案材料运到了华盛顿，包括股票交易记录，他写给蓝带公司、纺织厂、喜诗糖果公司的信以及银行的每份备忘录，美国证券交易委员会一件都没有放过。在伯克希尔·哈撒韦公司的财务主管维恩·麦肯齐看来，“他们好不容易逮到一个富翁，便一口咬定他是个骗子。”

尽管巴菲特很担心，但他依然表现得很镇定。反观芒格，他早已紧张得方寸大乱了。

罗德里克·希尔斯曾经是和芒格合开律师事务所的合伙人，当时正担任白宫法律顾问一职。当调查工作进入紧要关头时，有消息称罗德里克·希尔斯受邀担任美国证券交易委员会主席一职。巴菲特和芒格的律师查尔斯·里克绍萨给希尔斯打电话，恳求他放弃这一职务，他们的理由是如果希尔斯接受了这个职位，那么美国证券交易委员会就会摆出不徇私情的姿态，从而在处理这起案件时更加严苛。“有什么进展吗？”希尔斯问到，其实他是暗指调查一事。查尔斯·里克绍萨说：“没什么情况，一切都是胡扯。”于是希尔斯并没有在意此事。后来芒格又打了次电话，痛斥希尔斯在巴菲特最需要他的时候没有伸以援手。不过，希尔斯最后还是接受了这一职务。

1975 年 3 月，芒格来到美国证券交易委员会做了两天的证人，他信誓旦旦地向负责调查的官员保证：“如果出了什么问题，巴菲特和我将承担全部责任”——似乎这种表态就能够结束这场风波。芒格认为这起案件是在考验他们的品性，因此芒格经常会提及各笔交易中各方都是有着高风亮节的人。

而美国证券交易委员会的年轻律师们根本不买他的账，打算即使掘地三尺也要挖出内幕。他们语气尖锐地指出，芒格可能密谋让想要兼并韦斯科的那家公司买不到股票来破坏这笔交易。芒格争辩说：“那可绝不是我们的做事风格。”他的语气听上去相当震惊，就好像一个忏悔者撞上了警察而不是自己的神父。

事实上，美国证券交易委员会怀疑其中有暗箱操作，特别是怀疑蓝带公司是否因为想要自己接管韦斯科才破坏并购。

提问：在2月26日之前多久，你和巴菲特先生就开始考虑这一做法（试图控制韦斯科）？

芒格：我早就说过了，我们把98%的精力都投在手头的业务上，我们都信奉这样一个道理：一个人需要做好的就是手头上的事，不应该为那些遥不可及的事煞费苦心。

美国证券交易委员会的律师们可不相信这番大道理，而是步步紧逼，问蓝带公司为什么愿意在买入韦斯科股票的时候支付溢价。

提问：你们完全可以用更低廉的价格买入股票，那又为什么愿意支付更高的价格呢？

芒格：我们希望在路易斯·文森蒂和伊丽莎白·彼得斯之间保持公平。

提问：那你们的股东该怎么办呢？难道你们不想对他们也做到公平吗？

芒格：哦，对于那些要求我们矫枉过正的股东，我们并没有义务必须做到公平。本杰明·富兰克林早就说过："如果你愿意相信的话，诚实乃上上之策……"你看上去好像感觉很迷惑？

提问：确实如此。因为在我印象里，商界人士总是致力于实现自己公司和股东利益的最大化。

芒格：也许我们致力于实现的是长期的利润最大化。如果我们希望和路易斯·文森蒂建立起一种和谐的长期工作关系，或许这才是公正的。

这番对话与巴菲特在旧金山和伊丽莎白·彼得斯之间的谈话内容十分相似，一种长期的投资关系绝非只是在某只股票上押宝，它是公司所有权的一种体现。一个大股东，即合伙人，既会有付出，也会有收获。对于巴菲特而言，"合伙人"的含义是非常深刻的，它体现了诸多暗含的责任感和忠诚，这与他对巴菲特合伙公司投资者的感觉一样。

在现在的投资经纪人看来，他们的工作就是紧紧盯着屏幕，买进或卖出。但巴菲特和芒格经常会谈起仅仅靠资金运作是远远不够的。芒格回忆说：“我对沃伦说过，我们可不想成为精明的吝啬鬼。我们不愿意在朋友和家人的印象中除了有钱以外什么都没有。”

可是，美国证券交易委员会的律师依旧满腹疑云。在他们看来，蓝带公司曾经有意拉高韦斯科的股价，或者通过“操纵”在股价达到更高的价位后再进行抛售。但蓝带公司又没有抛出这些股票，所以律师们就迷惑不解了。于是，他们又来审问巴菲特。

提问：从商业角度来讲，等到价格下跌时再买入股票不是更好吗？

巴菲特：如果单看一笔交易的话，这种假设是成立的。但是如果考虑到蓝带公司的整体局面，看到韦斯科的股东们觉得自己确实得到了公正的对待……我觉得蓝带公司在大家心目中的商业信誉从来没有像现在这么高过。

提问：你对蓝带公司的股东负有什么样的责任呢？

巴菲特：我自己也拥有相当数量的股票，因此这对我本身也会有影响，我花的每分钱并不都是来自别人的口袋。

提问：如果公司合并成功之后，你马上就抛出自己的股票，导致股价走低，你认为这种做法影响你的形象，对吗？

巴菲特：我觉得也许有些人对此会相当愤慨的。

提问：这个说法让我觉得很费解。你认为韦斯科的管理层会对你有怨言？我的意思是你为什么会对此在意呢？蓝带公司为什么会在意呢？韦斯科的管理层又为何会在意呢？

巴菲特：韦斯科的管理层对我们的印象是相当重要的。也许，你会说我们已经是公司的控股股东了，别人的感受并不重要，但实际上这种影响很大。路易斯·文森蒂其实不一定非得为我们工作，不过他是真的喜欢和我们共事，而我本人也愿意与他合作，这是一种良性的合作关系。如果他觉得我们是一群寡廉鲜耻的卑鄙小人，那么这种良性的互动关系就不复存在，要想调动路易斯·文森蒂的积极性是不能仅仅靠薪水的。

很难想象一个政府机构会去指责J·P·摩根过于注重自己的声誉，如果政府机构真这么做了反而会让人觉得不合常理。“你为什么会在乎自己的声誉？”对于与摩根同时代的人而言，提出这个问题会让人觉得不可思议。但是那个时代已经不复存在了。巴菲特和美国证券交易委员会的律师之间的谈话让人不禁觉得这不啻一场跨世纪的对话。这个政府机构以及这些对调查类似案件已经习以为常的律师把公司事务简单地定义成一系列交易，在他们看来，人们在做每笔交易的时候都是万分谨慎的，今天的合作伙伴明天就有可能反目成仇。巴菲特则愿意通过良好的人际关系来维系生意，让人情和生意都维系长久。他对自己的处事原则十分执着，就好像他对折盖书桌有非同寻常的偏好一样。但事与愿违，这却为别人的怀疑提供了口实。

巴菲特这种看似有漏洞的说法加剧了美国证券交易委员会的律师们的疑虑。他们觉得已经找到了案件的共谋，现在就只差罪证了。自然而然地，他们想从巴菲特和芒格之间看似神秘的合伙关系中去寻找。

提问：在蓝带公司，谁负责做投资决策？

芒格：通常是巴菲特先生，不过他一般都会和我事先商量一下，征得我的同意。

提问：那么在巴菲特先生下单买进韦斯科的股票时，他有没有告诉你他想继续买入这只股票？

芒格：这种事对于我们俩来说是很常见的，我俩根本没有必要每次都告诉对方心里到底是怎么打算的。

提问：那你问他了吗？

芒格：我没有必要这么做，我知道他脑子里到底在想什么。

提问：你是否觉得巴菲特先生是你“自己的化身”？

提问者这句不经意的话显然没有诚意。美国证券交易委员会的律师是从伊丽莎白·彼得斯那里听到这一说法的。他们又用同样的语气来质问巴菲特：

提问：你觉得他是你“自己的化身”吗？

巴菲特：这取决于你到底指的是什么。你知道，我们在一些投资项目上也曾意见相左，而在制定大多数投资决策时，我们的意见基本能够保持一致。

提问：自从你变成一个投资哲学家以后，你觉得自己在大多数投资问题上都征求了他的意见吗？

巴菲特：不……我是说这种做法在我们之间是常见的。

提问：好的，这么说来，你们经常一起讨论一些有关投资、哲学之类的问题喽？

巴菲特：确实如此。

提问：这么说来，在大多数情况下，你基本上都知道他买进或卖出了什么股票，而他也知道你投资股票的情况吧？

巴菲特：他知道我对什么股票有兴趣，我也知道他对什么股票感兴趣。不过，至于他在某个特定时刻到底买进或卖出了什么股票，那我可就不知道了。

巴菲特的节奏一点都没有被打乱。他曾经多次非正式地拜访美国证券交易委员会，似乎不辞辛苦地有意想要协助他的审问者。他很有耐心地对美国证券交易委员会的一位名叫劳伦斯·塞德曼的律师解释蓝带公司的结构与现状。在审讯间隙吃午饭的时候，巴菲特还对劳伦斯·塞德曼谈起他在华盛顿的童年时代，他总会找各种各样的机会向对方灌输巴菲特哲学。很快，劳伦斯·塞德曼就不知不觉地陷入了巴菲特编织的魅力蛛网之中，和伊丽莎白·彼得斯当年的情形一样。塞德曼回忆说：

> 我和他多次围坐在桌子旁探讨问题。他会对我说“你这儿错了，这家公司没有这笔资产”或者是“它一直都属于这家公司”之类的。我俩相处的时间并不短，我也不觉得他有什么敌意。他是一个很好相处的人，尽管我们处于完全对立的立场上。

对于现代某位公司高层管理者而言，要是在没有律师陪伴的情况下走进美国证券交易委员会，并且和一位无足轻重的调查律师谈自己的案子（事实上是在给调查官员提供信息），这一定是很少见也是让人觉得有些滑稽可笑的事。即便他有这种念头，这位高管身旁的律师们毫无疑问也会干涉并阻止他这样做。现在的人们总是患得患失，原先那种随心所欲的行事方式已经难得一见。这个时代鲜有伟人出现了，更多的是一些唯唯诺诺的虫豸而已。

巴菲特至少比这些虫豸要伟大一些。在这个时代看来，他就像一个古代的贤人，是一个没有律师陪同也敢说话做事的人。他觉得现代人，不仅是律师，还有政府工作人员、咨询师以及其他无数个顾问，他们不光是在发挥协助作用，还怀有控制欲。这些都让他生厌。不论成败与否，巴菲特都难以容忍别人对他指手画脚。

不过最终，巴菲特的努力收到了成效。美国证券交易委员会为他的开诚布公而感动，因为他的个人魅力而大受感染，也因为他的温文尔雅减少了对他的疑虑。巴菲特并没有直接驳斥劳伦斯·塞德曼，而是把他感化了。

“劳伦斯，”巴菲特说，“按照你的方法，似乎你是对的，似乎在技术上我们有违规的嫌疑。但如果按照我们的方法来衡量，事情就不是这个样子了。我们并不想做错事。你说现在我们该如何解决？”

这起案子在1975年一直拖着。美国证券交易委员会又把矛头转向了另一个目标——原始资本基金，这是巴菲特和芒格控制的另一个基金。到现在为止，巴菲特已经被各种各样的混乱局面搞得精疲力竭了。他告诉美国证券交易委员会，噩梦一旦结束，他希望自己的投资布局能够变得简单一些：

我们希望现在的业务还可以保留，但是不要这么头绪繁多。我真的很不喜欢这种错综复杂的局面。我们当时的操作看起来很简单，而现在却并非如此了。

到了 12 月，巴菲特的律师查尔斯·里克绍萨恳求了结此案。他解释说巴菲特没有犯什么错，不应该这样被彻头彻尾地调查。他把巴菲特 3 年以来毫无瑕疵的个人税务申报表记录与林肯总统的正直人格联系在一起。

自从他 14 岁开始为自己送报挣的血汗钱交税以来，30 年以来他从未间断过，累计上缴的税款已经高达数百万美元了，而且他的税捐估定误差一般都不会超过 200 美元。

到 1976 年，调查已经进行了两年，美国证券交易委员会终于对这起案件做出了审理。美国证券交易委员会正式宣布：蓝带公司买入韦斯科的股票，不仅仅是一种投资，同时也是为了阻止两家公司合并（这也的确是事实）。美国证券交易委员会还宣称，蓝带公司在 3 周内人为抬高了韦斯科的股价，蓝带公司承诺以后不会再有类似的举动，但并没有对所谓的罪行进行确认或否定。这是此类案件的常规处理方式。由于被指证说在交易中损害了韦斯科部分股东的利益，为此蓝带公司很不情愿地支付了 115 000 美元的罚金。

美国证券交易委员会并没有对巴菲特采取惩罚。相反，几周之后，他们盛情邀请巴菲特去参加一个专家研讨会，专门研究上市公司的信息披露情况。也许，美国证券交易委员会想用这一姿态来表明对巴菲特的赦免。不过，话说回来，鉴于美国证券交易委员会刚刚结束对其为期两年的调查，巴菲特所受到的这种礼遇实在是有些不可思议。

巴菲特似乎有一种“洗心革面”的诚意，他开始简化自己交叉投资的复杂局面。他出售了原始资本基金持有的蓝带公司的股份（投资收益已经翻了一番）。从此，他不再以 FMC 公司兼职资金经理的身份出现了。

他把韦斯科在蓝带公司旗下进行了整合。（他本来要买下整个韦斯科，但出于伊丽莎白·彼得斯的请求，巴菲特在买入韦斯科 80% 的股份时收手了。）在中断了两年之后，他更进一步，把多元零售公司并入了伯克希尔·哈撒韦。

让巴菲特感到高兴的是，这一系列合并活动让他和芒格之间的联盟关系也变得规范了。为了换取芒格手中的多元零售公司的股票，巴菲特让芒格得到了伯克希尔·哈撒韦公司 2% 的股票，与此同时，巴菲特还任命他的这位好友为公司的副董事长。芒格继续留在洛杉矶，从事多项投资业务，对自己在伯克希尔·哈撒韦公司中的职务始终保持低调，“从很大程度上来说，大多数点子都是沃伦想出来的”。然而对像巴菲特这样一个性格有些内敛的人来说，由聪明过人的芒格作为旁观者来给他出谋划策，也是非常重要的。

公司合并使伯克希尔·哈撒韦在蓝带公司占了最多的股份。实际上，巴菲特只剩下一个“钱袋”了，那就是伯克希尔·哈撒韦。除此以外，巴菲特没有与之相冲突的投资组合了，也没有为了个人利益进行的投资活动了。不过伯克希尔·哈撒韦是他从濒临死亡的纺织行业中挽救起来的企业，其实正是他的“个人”投资。

在巴菲特执掌伯克希尔·哈撒韦的最初 10 年里，巴菲特使公司的每股净值从 20 美元飙升到了 95 美元。他将公司改头换面，买进了保险公司、银行、股票组合、韦斯科金融公司的控股股份以及蓝带公司、喜诗糖果公司。

要是伯克希尔·哈撒韦是由另一位高管来掌舵，也许他会给公司起个新名字来体现公司如此多的重大变化，也许会把公司叫作“伯哈公司”或是“伯克希尔实业”。然而，巴菲特对这种换汤不换药的改变并没有什么兴趣，他喜欢公司现在的名字，它会让人想起公司的起源。虽然巴菲特并不是一个多愁善感的人，但他还是让肯·蔡斯从新贝德福德工厂的档案堆里找出昔日董事们的会议记录，把它们都运到了奥马哈。正如巴菲特对美国证券交易委员会解释的那样，他永远不会出售伯克希尔·哈撒韦公司。

> 我打心底喜欢伯克希尔·哈撒韦公司，我将长期与它为伴。虽然他是一家上市公司，但它现在就像我家里的生意一样。

巴菲特指的并非一段时间，而是他的整个余生。他的事业，甚至从某种意义上来说，包括他的生命都已融入了这家公司。不论他做什么，也不论他要进行什么投资，其实他都是在给这幅油画添上新的一笔。自从当初巴菲特从西伯里·斯坦顿手里得到这支画笔以后，他再也不会把这支画笔拱手让人了。到 20 世纪 70 年代中期，巴菲特拥有公司 43% 的股份，苏珊也持有 3%。为了得到伯克希尔·哈撒韦以及蓝带等下属公司的控制权，巴菲特投入了 1 540 万美元。这相当于给伯克希尔·哈撒韦公司的每股股票增加了 32.45 美元的市值，这是巴菲特愿意为之注入的最大资金额。对这幅油画的任何进一步修饰，即提高伯克希尔·哈撒韦股票的估值，或者任何增加巴菲特个人财富的做法，都将在每股 32.45 美元的投资以及他孜孜不倦为之努力的基础上不断体现出来。

BUFFETT

第 10 章 投资新视角

当沃伦·巴菲特空降到凯瑟琳·格雷厄姆的公司时，她正经历着一生中最重要的转变时期。她的父亲在1933年买下了濒临破产的《华盛顿邮报》，当时《华盛顿邮报》在拥有5家报纸的华盛顿影响力排名最低。在她那才华横溢但最后神经错乱的丈夫菲利普·格雷厄姆对着自己的太阳穴扣动扳机之后，凯瑟琳·格雷厄姆于1963年接管了《华盛顿邮报》。很多人在面对这种意外时都会手足无措，但是她比大多数人表现得更加坚强豁达。在年轻时代，凯瑟琳就从事新闻记者工作，但她从来都没有想过掌管家族的报业。结婚以后，她把精力都放在相夫教子上了。

在被推上权力高位时，她显得胆怯、忸怩又非常谦虚，她的男性同事则都有些桀骜不驯。凯瑟琳在一次采访中也坦言，在社会当今的运行方式下，"男人比女人更适合干这项工作"。她只是希望起到守业人的作用。实际上，责任成了一剂良药。当时，《华盛顿邮报》是一家透着智慧但是思想略有些狭隘的报纸。凯瑟琳聘用本杰明·布拉德利担任报纸的主编，他之前是《新闻周刊》的华盛顿分部主管。本杰明·布拉德利得到了凯瑟琳的鼎力相助，加上励精图治，终于把《华盛顿邮报》打造成了美国新闻界的翘楚。

1971年，当《华盛顿邮报》的股票刚开始上市时，凯瑟琳没有理睬其顾问摇摆不定的意见，她顶着尼克松政府施压的不利局面，发表了"五角大楼文件"，即美国政府在越南战争问题上的秘密档案（之前，美国政府已经通过一项禁令，限制在《纽约时报》上登载这一内容）。此后，尽管感受到了压力，但她仍然支持《华盛顿邮报》对水门事件展开调查。也许是在尼克松的唆使下，政府以不给《华盛顿邮报》公司在佛罗里达的电视台发执照相威胁。尼克松政府的司法部长约翰·N·米切尔对即将问世的文章进行审查时说："如果它见报，那么凯瑟琳·格雷厄姆无异于自掘坟墓。"但凯瑟琳知道，她已经达到了目的。

不过，凯瑟琳改变《华盛顿邮报》定位的第二大步骤还没有展开。尽管《华盛顿邮报》能够犀利地针砭时弊，但是作为一家企业，它的经营却平淡无奇。尽管这份报纸在华盛顿的市场上占据了主导地位，但它的利润率却只有少得可怜的 10%。它的电视业务也同样麻烦缠身。

1971 年，《华盛顿邮报》上市以后，凯瑟琳开始把注意力转移到公司的经营状况上来。她把公司的财务交给董事长兼顾问弗里茨·毕比律师来处理。1973 年春，弗里茨·毕比去世，凯瑟琳成为《财富》500 强企业的第一位女董事长。她曾大胆地向证券分析师们宣布，如果管理界也有普利策奖的话，她希望自己能够获奖，但是华尔街让她倒吸了一口冷气。这一切发生在巴菲特开始买进她的股票的时候。

凯瑟琳之前通过《华盛顿月刊》的查尔斯·彼得斯结识了巴菲特，但是她不清楚巴菲特到底是何许人以及有何打算。《华盛顿邮报》内部本来已经警报频传，凯瑟琳的儿子唐纳德当时正努力提高自己在公司里的地位，他警告说公司可能会落入某个"来自于内布拉斯加州的极端右翼分子"的手中。凯瑟琳也感到万分恐惧，于是拼命找出版界的朋友们打探有关巴菲特的消息。根据布拉德利的说法，凯瑟琳对"有关巴菲特的任何风吹草动都不会放过"。其实这样做完全没有必要，因为《华盛顿邮报》有两种股票，公开交易并有投票权限制的是 B 股，对公司形成控制权的是 A 股，而 A 股被格雷厄姆家族紧紧地控制在手中。但是，凯瑟琳·格雷厄姆仍是投资界的一个新手。《华盛顿邮报》旗下《新闻周刊》的资深副总裁彼得·德罗一直安慰她说："别担心，毕竟 A 股在你手中呀！"凯瑟琳还是惶惶不可终日，不停地说："有人想挤进我们董事会了！他究竟想干什么？"

巴菲特当时想，自己已经持有《华盛顿邮报》10% 的股份了，说话应该有些分量了。于是，巴菲特就写了封信给她："亲爱的格雷厄姆夫人……"信里讲述了他之前身为《华盛顿邮报》报童的那些"壮举"，否认自己有任何敌意收购的意思。凯瑟琳把这封信给熟谙游戏规则的朋友们看，包括安德烈·梅耶以及芝加哥的银行家罗伯特·阿布德等人。大家都警告她，巴菲特这番善意表态的背后也许是个大阴谋，建议她和巴菲特保持距离。

凯瑟琳对自己的顾问一向言听计从，但是这一次她相信了自己的直觉。她给巴菲特写了封回信，提议两个人当面谈谈。当凯瑟琳去拜访《洛杉矶时报》时，巴菲特从自己位于拉古纳海滨的家里开车去拜访了凯瑟琳，两人一起度过了凯瑟琳认为极其愉快的一段时光。巴菲特觉察到凯瑟琳心中的忧虑不安，主动提出暂时不再买进《华盛顿邮报》的股票。凯瑟琳尽管对巴菲特还不能说是知根知底，但还是邀请他去东部时顺便参观她的公司。

在时局紧张的那段时间，巴菲特和苏珊住进了离《华盛顿邮报》仅有一个街区之隔的华盛顿麦迪逊酒店。当时印刷工人消极怠工，警察和工会成员们正在街上对峙。巴菲特设法借来了一根黑领带，偕妻子去和凯瑟琳·格雷厄姆共进午餐。当时，他坐在芭芭拉·布什和简·马斯基中间，等着凯瑟琳·格雷厄姆做出让步。

但是，谁也没有表态。最终，大都市公司董事长（也是巴菲特的朋友）汤姆·墨菲和凯瑟琳·格雷厄姆共进午餐，建议她邀请巴菲特进入董事会。当凯瑟琳·格雷厄姆去拉古纳海滨拜访巴菲特时，他还试图讨她欢心，买来了一把太阳伞和沙滩椅，这在巴菲特家引起了一场轩然大波，因为家人从来都没见过巴菲特下水。凯瑟琳·格雷厄姆侧过身子对巴菲特说："我希望有一天您能加入董事会。"巴菲特说："哦，那您还等什么呢？"当巴菲特开车送她回洛杉矶时，她说："如果您想对我说什么就尽管说吧，只要委婉些就行。如果有人冲我大喊大叫的话，我倒宁可去上吊。"巴菲特是何等聪明的人物，根本不需要凯瑟琳·格雷厄姆来提醒他。

1974 年秋天，巴菲特成了《华盛顿邮报》的一名董事。其他的董事，包括凯瑟琳的亲戚、《华盛顿邮报》的高管以及凯瑟琳的朋友，他们对巴菲特都心存戒备。用《新闻周刊》副总裁彼得·德罗的话来说：

> 沃伦是个来自奥马哈的外人，他一下子就吃进了公司10%的股票。我们的反应是："为什么之前从来都没有听说过他？"这让我们感到有些忐忑不安，他是一位不速之客。

对于这样的矛盾心态，巴菲特自然心知肚明。他以三寸不烂之舌告诉这些董事，他投资《华盛顿邮报》的原因，以及从个人体验来说，这家公司给予他的那种宾至如归的感觉。

他签署了给唐纳德·格雷厄姆的股权授权委托书（这使凯瑟琳·格雷厄姆的儿子和继承人拥有了伯克希尔·哈撒韦公司的投票权），以这种不同寻常的方式表达自己对管理层的信赖。同时，他还以书面形式承诺伯克希尔·哈撒韦公司希望能够"永久"地持有它在《华盛顿邮报》的股份，这种做法估计在现代的投资专家看来也是不明所以。巴菲特通过各种方式来表明自己不仅仅是个外来的投资者，还是一个值得信赖的合伙人，这和他对伊丽莎白·彼得斯的态度如出一辙。

巴菲特开始频繁地往来于奥马哈与华盛顿之间。在召开董事会议的前一天晚上，他会住在凯瑟琳位于乔治城的富丽堂皇的家里。当时的本杰明·布拉德利已经是见过很多大世面的人物了，不过他还是评价说："我们都有些目瞪口呆了，我们从来没想到他是这么有钱的人。"

> 他似乎被我们的魅力迷住了，我们对他也是佩服得五体投地。多年以来，巴菲特总是穿着一件蓝色的呢制西服，每个人对他的这身打扮都不屑一顾，我想这也正是他这样装扮的原因。开董事会的时候，编辑们路过会议室时会聊些闲话，他也会上去凑热闹。他很喜欢和大家打成一片，喜欢我和凯瑟琳之间并不拘束的关系。有一次我们在打网球，我把凯瑟琳逼到了球场旁的围栏边。沃伦评价说："对那些敢把老板逼到围栏边的人我都是很佩服的。"他身上有一种极能感染他人的激情。

《华盛顿邮报》的高管们都习惯于将自己定位为新闻记者，踏踏实实地完成主人的指令。但巴菲特开始向他们点点滴滴地灌输财务方面的知识。有一次，他突然跑进彼得·德罗的办公室，询问有关《新闻周刊》的事。后来，他开始阐述自己对《新闻周刊》特许经销商的看法，他用汉堡连锁店进行类比，听起来浅显易懂。

“听完以后，我对它的理解更深刻了，”彼得·德罗说，“巴菲特就像一束激光，能够让你集中思想，但决不会让你觉得自己是个笨蛋。”

特别值得一提的是，巴菲特几乎成了凯瑟琳的家教。每次来华盛顿，巴菲特总会带上一大堆公司年报，教凯瑟琳一字一句地阅读。有一天，巴菲特送给她一张迪士尼公司年报封底上的图片，上面画着一个在婴儿车中熟睡的孩子。巴菲特在上面写着一句话：“这就是读完第 20 份公司年报之后的你。”凯瑟琳的有些同事指责巴菲特试图操纵凯瑟琳，但凯瑟琳却对巴菲特信任有加。巴菲特从来没有劝凯瑟琳该做些什么，只是提出建议和忠告。巴菲特的魅力在于他富有耐心，这让凯瑟琳觉得他像磁铁一样富有吸引力。凯瑟琳对巴菲特了解得越深入，就越发喜欢他的真知灼见。

不久之后，巴菲特提出一个重要的建议——《华盛顿邮报》应该回购一大部分自己的股票，凯瑟琳觉得这简直是件疯狂的事。如果一个公司的资本总是在自己的钱包里循环，那它又该怎样成长壮大呢？巴菲特则认为，公司整体的业务增长率并不重要，重要的是每股收益增长率，就像把一张比萨少分几份。如果公司的股票可以用低价收回（当时《华盛顿邮报》的股票非常廉价），那么每一块比萨上分到的奶酪就会更多。巴菲特还帮凯瑟琳从数学上解答了这个难题。

在凯瑟琳自己接受了这些观点以后，她就和《华盛顿邮报》的其他高管探讨这一问题，他们发现凯瑟琳竟然用起了大量的金融术语。她经常在公开场合引用巴菲特的原话，有时候引用频率之高甚至让有些人生厌。面对职员们提出的建议，她的答复方式也令人生气：“有意思，那我们去问问巴菲特吧！”

巴菲特加入董事会一年以后，凯瑟琳决定在《华盛顿邮报》一显峥嵘。她一直渴望缓解印刷室冗员的问题，并且把控制权从桀骜不驯的印刷工人工会手中抢过来。有的印刷工人甚至砸坏了机器，罢工变得越发严重。（有个罢工工人举着的标语牌可谓恶毒，辱骂时连凯瑟琳·格雷厄姆已故的丈夫都不放过——“菲利普·格雷厄姆开枪时杀错了人”。）在那些没有参加罢工的工人的鼎力帮助下，《华盛顿邮报》才勉强出版，而在当地仅次于它的《华盛顿明星报》则乘虚而入，不断挖走它的广告客户。

凯瑟琳担心《华盛顿邮报》会赢得罢工但输掉生意。她说：“我需要找到一个完全可以依靠的人。”此人便是巴菲特。他许诺亲自来打理《华盛顿邮报》的生意，并且在他认为罢工会对《华盛顿邮报》的基石造成长远威胁时提醒她。《华盛顿邮报》的这种经营成就正是他投资的理由，他绝对不会让《华盛顿邮报》的帝国变得摇摇欲坠。4 个月之后，罢工的工会组织瓦解了，《华盛顿邮报》继续在华盛顿的各家报纸中保持领跑者地位。

后来，《时代周刊》收购了在竞争中败下阵来的《华盛顿明星报》，并建议同《华盛顿邮报》联营，理由是联营可以降低成本，而且也可以替市民考虑，让华盛顿有两家报业公司。[①]《时代周刊》提出来的方案中，两家公司均可以从联营得到的收益中分得一部分收益。

对这一建议，巴菲特坚决反对。在他看来，《华盛顿邮报》已经拥有整个华盛顿报业市场 66% 的份额，而且马上就要占领整个市场了，完全没有必要对排名第 2 的公司妥协让步。受到巴菲特的影响，凯瑟琳提出了更加苛刻的反向收购提议，遭到了《华盛顿明星报》的拒绝。没过多久，《华盛顿明星报》破产了，《华盛顿邮报》便一统江山。

---

① 1970 年颁布的美国《报纸保护法》允许存在竞争关系的报纸整合业务，但需要保留各自独立的编辑人员，前提是他们能向司法部证明，如果不这样做，其中一家报纸将会倒闭。

凯瑟琳几乎每隔一天就会和巴菲特谈上一次，而凯瑟琳每次要演讲时都会发怵，她也会给奥马哈那边打电话，巴菲特不假思索就能给她一个演讲大纲，而且在逻辑上滴水不漏。她曾录下他们的谈话内容。

> 等他说到了结尾部分，我说："什么？你能再说一遍吗？"他说不行，这些话都是即兴说出来的，因为语速太快，他自己都已经想不起来了。这真是让人惊得目瞪口呆。

有一次，当凯瑟琳·格雷厄姆打电话来时，巴菲特中学时代一起经营弹子球生意的伙伴唐纳德·丹利正在奥马哈看望他。当天，凯瑟琳·格雷厄姆非常担心《今日美国》会对《华盛顿邮报》采取行动，巴菲特极力安慰她。让唐纳德·丹利感到诧异的是，她竟然在电话里和他聊了半小时之久。

巴菲特担任了一段时间的董事之后，就开始督促凯瑟琳变得更有主见一些。有一次，凯瑟琳让巴菲特到华盛顿协助她一起参加一项谈判。

"不，我就不去了。"巴菲特对她说，"你自己去谈吧！"

"那好吧！那你告诉我该出价多少？"凯瑟琳又问道。

"别光问我，你自己想想，肯定能算得出来。"

尽管如此，但实际上巴菲特的影响力已经渗透到《华盛顿邮报》的每项重大决策之中了，尤其是他劝阻凯瑟琳不要盲目参与那些近乎白热化的媒体资产抢购大战。相对而言，凯瑟琳·格雷厄姆只是一个传媒业新手，一旦遇到发展势头强劲的大都市公司董事长汤姆·墨菲，以及似乎看到好东西就会出手的蒂姆斯·米勒等传媒大鳄，她总是心惊胆战的。她也很想跟随他们的脚步，但是巴菲特却在旁边不断提醒她不跟进并不是罪过。

肯塔基州的报纸发行人巴里·宾厄姆提出，只要凯瑟琳·格雷厄姆的报价不低于甘尼特报业集团，他就愿意把《路易斯维尔信使报》和《路易斯维尔时报》转手。凯瑟琳·格雷厄姆自然马上就给巴菲特打了个电话。尽管巴菲特意识到这一报价高得惊人，但他还是没有明确表态，以免打击凯瑟琳·格雷厄姆的积极性。从某种更微妙的意义上来说，这样做效果反而更佳，因为校长充分信任一名小学生，那么这位诚恳的小学生也绝不会辜负校长的期望。“要知道凯瑟琳是多想做成这笔生意呀，”唐纳德·格雷厄姆评价说，“但她最终还是放手了。”

还有一次，那位曾想投资登普斯特尔机械制造厂的戴维·施特拉斯尔想把一家有线电视公司卖给《华盛顿邮报》。他在纽约与巴菲特和凯瑟琳·格雷厄姆一起吃了顿饭。两人交谈时轻松愉快的气氛给戴维·施特拉斯尔留下了深刻的印象，但与此同时他也预感自己的计划要落空了。

“凯瑟琳对有线电视公司很感兴趣，”戴维·施特拉斯尔回忆道，“她非常老练，考虑的是公司的战略发展，但我对自己说，‘巴菲特是不准她花那么多钱的。’”

有一点是在大家意料之中的，那就是凯瑟琳不仅把巴菲特当成商业顾问，在其他方面也很倚重巴菲特。身为一个富有的寡妇，她对其他追求者都很不信任，过着近乎隐居的生活。她性格脆弱，总是拒人于千里之外。《华盛顿月刊》的查尔斯·彼得斯说：“凯瑟琳需要一位密友。”她觉得巴菲特不会给她带来任何威胁，于是两人往来更密了。凯瑟琳曾邀请巴菲特到她位于弗吉尼亚州的农场以及在马撒葡萄园的家中去做客。巴菲特也回请她去位于拉古纳海滩的家中度假。凯瑟琳还开始参加巴菲特组织的本杰明·格雷厄姆门徒的聚会。

他们俩的性格中都有一些幽默搞怪的潜质，这也缘于两人不同的背景和品位。当巴菲特邀请凯瑟琳去奥马哈做客时，他确信她压根儿就不知道奥马哈到底在哪里，于是就决定好好整整她。登上飞机以后，巴菲特让她画一张美国地图并试着标出奥马哈的位置。凯瑟琳画的这张地图简直蹩脚到极点，巴菲特想要赶紧抢过来留作“证据”，但凯瑟琳手更快，一下子就把它撕成了碎片。

还有一次，他们在纽约拉瓜迪亚机场着陆之后，凯瑟琳急着要打电话，便问巴菲特有没有10美分的零钱，巴菲特在口袋里摸出一枚25美分的硬币。也许和所有来自内布拉斯加州的亿万富翁一样，巴菲特可舍不得浪费15美分，于是就跑出去想换零钱，只听得凯瑟琳在后面大声喊道："巴菲特，得了，能给我25美分吗？"

巴菲特去华盛顿时很少带自己的妻子，而总是陪着凯瑟琳在城里四处闲逛。作家杰弗里·考恩说："凯瑟琳·格雷厄姆的社交圈子也扩大了很多。"另一位朋友说："《华盛顿邮报》着实改变了巴菲特的生活，因为它改变了他的交友圈。"突然之间，来自小城奥马哈的沃伦·巴菲特就和亨利·基辛格之类的社会名流打起了交道。专栏作家利兹·史密斯说，自从巴菲特成为凯瑟琳的座上宾和顾问以后，他就成为万人瞩目的风云人物了。利兹·史密斯又说道："整个华盛顿的社交界都感受到一股清新的空气，因为不管就餐时在座的人是怎样的社会名人，巴菲特只喝百事可乐。"不过，巴菲特不事张扬，只喜欢在凯瑟琳家里和许多社会名流相聚。

在凯瑟琳生日那天，各界名流纷纷前来道贺。报纸发行人兼文学鉴赏家马尔科姆·福布斯带来一瓶上等的葡萄酒，这瓶酒的灌装年份恰好是凯瑟琳出生的当年。马尔科姆在说话时流露出的语气是，这瓶酒可是耗费巨资的。当侍者端着葡萄酒来到巴菲特身旁时，这个只喝百事可乐的内布拉斯加人用手捂住杯子说："不用了，谢谢，能把这杯酒所值的现金给我吗？"

当巴菲特在华盛顿的时候，凯瑟琳总让厨师为他做汉堡，还在位于曼哈顿的公寓内堆满了巴菲特最喜欢吃的零食——油炸花生和草莓冰激凌。"当他来的时候，"她语带嘲讽地说，"这儿就只有奶酪汉堡和炸……叫什么来着？对了，炸薯条！上面沾满了盐粒。"为了让巴菲特的举止变得更优雅一些，她带他去吃扁豆，还建议他多买些衣服。

作为回礼，巴菲特也会把凯瑟琳带到一些具有文化里程碑意义的地方去，比如位于新贝德福德的伯克希尔·哈撒韦的纺织厂等地方。"他想让我去看看。"凯瑟琳说。她把巴菲特当作"最贴心的朋友"，不论是私人的还是生意上的事情，都常向巴菲特征询意见。在某种程度上，巴菲特也成了凯瑟琳孩子的叔叔。他至少每个月会去华盛顿一次，在凯瑟琳家的客房留一些换洗的衣服，连巴菲特的孩子们都不知道该拿他怎么办。

在一次采访中，凯瑟琳说：“我还很年轻（巴菲特进入董事会时她正好 57 岁），所以会有人感觉不爽。”不过这句话并没有激起关于她私情的谣言。汤姆·墨菲也曾专门拜访过巴菲特，她戒备地说：“谁要是说我利用他的话，那可是件令人不快的事。”

巴菲特有很多不同寻常的女性朋友，包括《财富》杂志的作家卡罗尔·卢米斯、鲁斯·芒克莫尔、芭芭拉·莫罗等。芭芭拉·莫罗认为他是位“女权主义者”，因为他总是平等地对待女性。她说：“巴菲特对女性很有人情味。”在巴菲特身上，还有一种现在男性身上已经不太常见的侠骨柔情。

巴菲特有这么多女性朋友，苏珊不仅不吃醋，还感到很轻松。有人提醒她，巴菲特把那么多时间都花在了华盛顿，苏珊却面无一点儿难堪，大方地回答说，她对事物外在的形式并不感兴趣，只看重内心的纯净。（巴菲特夫妇在华盛顿时，他们两个人都住在凯瑟琳家。）

但是，到了 20 世纪 70 年代中期，巴菲特家的生活让人感觉有些失去凝聚力了。苏珊之前把很多时间用来照顾巴菲特，她对一个朋友说，现在她也想多为自己的事奔忙了。她积极投身于一个挽救当地高中的项目之中，由于种族问题，这所高中的学生流失现象十分严重。她也开始独自外出旅行。显然，她对巴菲特的工作了无兴趣。彼得是最后一个还留在家里的孩子，他发现这个家已经变得越来越散了。爸爸经常待在华盛顿，妈妈似乎总要外出，彼得只好经常自己弄饭吃。

巴菲特意识到，像自己一样，妻子的生活中也需要有《华盛顿邮报》这样一个重心。他们谈到了快要成人的孩子们，巴菲特说道：“苏珊，你就像一个工作了 23 年之后又丢掉了饭碗的人，现在你打算做些什么呢？”

苏珊的梦想是当一名歌手。家里人对此并不感到惊奇，因为巴菲特在工作时，苏珊总是一边哼歌一边在家里走来走去。如今，她有了一些自由的时间，就自己创作一些曲子，和当地一个名叫“鲍勃·埃德森三人组”的乐队一起合作，在一些私人聚会上表演。每当想起要公开演出时，她总是有些忐忑不安，但巴菲特给了她坚定的支持，告诉她如果现在因为胆怯就退缩的话，那么迟早有一天她会后悔的。1975 年，在一位名叫尤妮·德内伯格的朋友的帮助下，苏珊克服了恐惧心理，出现在位于奥马哈郊区的一家名叫“蒸汽动力”的夜总会舞台上。

从此以后，苏珊开始在位于奥马哈集市街区的法国咖啡屋里表演。这个咖啡店的老板是两个周游过世界的奥马哈人，一个是舞蹈演员迈克尔·哈里森，另一个是文化前卫人士安东尼·阿勃特。之前，苏珊曾在这家咖啡屋举办过一场义演。还有一次，她为了赈济非洲灾民在这里举办了一场义演。她和客人们一样，穿着带褶皱的印花棉布上装，系着花色丝巾，赤着双脚。在奥马哈，一个 40 多岁的家庭主妇登台演出可是难得一见的新鲜事。但是在此以前，城里的人就知道巴菲特太太是一个思想自由、开放的女人。

在法国咖啡屋里，苏珊在一个光线昏暗的石窖中表演。她身材窈窕，显得十分性感，浑身缀满的金属片闪烁着迷人的光彩。她似乎比当初结婚时显得更加美丽动人：高高的颧骨，一头棕色头发散发出妩媚，还有一双摄人魂魄的水汪汪的大眼睛。她说话的声音略显单薄，但是当她唱起歌来的时候，却显得很有磁性。她会演唱经典的爵士乐和流行音乐，比如忧郁的史蒂芬·桑代姆经典的《让小丑进来》。第一轮演出历时一个半月，吸引了大批观众，反响强烈。奥马哈的一位艺术家肯特·贝洛斯评价说：“苏珊作为一名餐厅歌手，充满了激情，让人眼前一亮。记得有天晚上，巴菲特也在场，他脸上的表情显得那般陶醉。”

只要苏珊登台表演，巴菲特就会满心欢喜地去看表演，如痴如醉。他告诉一位朋友说：“苏珊的嗓音，实在是太甜美了，几乎让我无法呼吸。”

谈到他们在台下的生活，巴菲特脸上也洋溢着幸福的甜蜜。他常常说，在见到苏珊之前，自己一直是郁郁寡欢的；如果没有苏珊，他根本不会有今天的功成名就。作为一对夫妻，他们摒弃了那种传统的生活模式。尽管他们的兴趣、生活安排都不一样，但巴菲特一直都很依赖苏珊。即使现在，她也会在公开场合依偎在他身边，跟他十指相扣，仿佛两个人都是十几岁的孩子。苏珊明白自己就像巴菲特的保护神一样，永远不会对他说一个“不”字。

相形之下，巴菲特和凯瑟琳在一起时就完全不同，因为她缺少金融方面的知识，而且没有安全感，所以她很依赖巴菲特。巴菲特给予她很多帮助，但是对其他同事他也从来没有吝啬过自己的关心。他主要是想从《华盛顿邮报》那里赚取一些利润，但这种意图并没有抹杀他和凯瑟琳关系密切的事实，而且他本人对她也非常宽容大度。

报纸发行人斯坦福·利普西曾陪巴菲特和凯瑟琳一同前往尼亚加拉大瀑布。“我不知道到底该怎样界定他们的关系，”斯坦福·利普西说，“从他们身上，我看不出他们有那种男欢女爱的迹象。凯瑟琳很强势，又很腼腆。我想 1 000 个人中有 999 个人在和她说话时都会思量再三，而沃伦才不会来这一套，因此他俩成了莫逆之交。”

其实，不论如何解读，人们似乎都难以解释巴菲特为何把这样一段关系驾驭得游刃有余。也许这与他带给她的年度报表有关，巴菲特好为人师，就像他给合伙人写的信一样，而凯瑟琳恰好是一个非常虚心、接受力很强的学生。《华盛顿邮报》的一位董事说：“有些人的猜测太愚蠢了，她总在开董事会前就餐，我们离开后可能沃伦还没有走，但我从来不认为这和性有什么关系。”

不过，公司的高管和董事们看到，巴菲特与凯瑟琳这一联盟确实给企业带来了重大的影响，乃至对巴菲特的投资都带来了影响。现在要想让凯瑟琳打开支票簿签字是一件难于上青天的事，对此大家完全有理由归咎于巴菲特。在奥兰多市成为旅游胜地之前，公司负责广播事务的乔尔·查斯曼有个机会用 1.2 亿美元的价格买下当地的一家电视台。“这本来是一笔绝佳的买卖，”乔尔·查斯曼说，“你完全可以预见它将来一定会大有市场，但是公司最高层中不知道是谁在作梗，这么好的提议竟然被驳回了。”

觉得有人从中作梗？凯瑟琳曾给巴菲特打过电话，巴菲特认为要价太高了。

在《华盛顿邮报》常常发生这种放弃收购机会的事，很多公司高管都感到万分沮丧。巴菲特对移动电话和有线电视业务都没什么兴趣，因为它们需要大量的投资。（他当初投资《华盛顿邮报》是因为它的出版业和电视业能够产生直接的现金流，而不需要用大量的利润重新进行投资。）对于创办新企业或是应用新技术，他都持怀疑态度，因为这些业务对于巴菲特而言实在太新了，就好像要求他不要吃汉堡，而改吃外国食品一样。

如果巴菲特不能亲眼看到一家企业，他是不会轻易投资的。对他而言，仅仅有某个专家对他信誓旦旦地保证是远远不够的，而这种保证却是很多高管所依赖的法宝。巴菲特与众不同，如果对某种冒险的事业没有理解透彻，那么他会本能地觉得自己在投机，他是绝对不会在上面下注的。

由于凯瑟琳对巴菲特的依赖，《华盛顿邮报》有时会错失良机。但在董事会办公室里主政的凯瑟琳甚至连那些巴菲特不擅长的事情都会去找他商量，因此巴菲特身上明显的保守主义态度逐渐渗透到了整个董事会。

在加盟《华盛顿邮报》之前，乔尔·查斯曼曾在纽约的 WINS 电台创办了一个全新闻栏目。20 世纪 70 年代后期，他曾提议《华盛顿邮报》创办一个全新闻的有线节目，泰德·特纳也提出过同样的点子。然而，这一提议在《华盛顿邮报》的第一次董事会议上就没能通过。乔尔·查斯曼说："我觉得他们根本没打算要买什么，这与企业的创新精神是相违背的。"查斯曼备受打击，于是他想把《华盛顿邮报》的广播部门脱离出来变成一家独立运营的公司。《华盛顿邮报》的总裁马克·马尔在辞职时写了一封长信，极力主张把《华盛顿邮报》私有化，因为在他看来，这样一个故步自封的公司手里还掌握着大量公众的资金是很不明智的。理查德·西蒙斯后来接替了马克·马尔的位置，在另一项提议遭到拒绝之后，他语带揶揄地说道："奥马哈的圣人又开口说话了。"

尽管如此，但有意思的是，对于巴菲特的判断，《华盛顿邮报》的高管们并没有太多的争议。马克 · 马尔某次在意见遭到拒绝之后说："我没有意见，因为价格的确太高了。"而且从个人的角度来看，主管们都很难抗拒巴菲特身上散发的独特魅力。和其他人一样，理查德 · 西蒙斯也曾踏上过前往奥马哈的朝圣旅程。这趟旅程的行程总是多年不变，包括一顿牛排晚餐，去巴菲特童年常去的地方来一次怀旧之旅，并倾听一席充满智慧的巴菲特谈话。

在《华盛顿邮报》的董事会会议上，巴菲特很少说话，但有灵感的时候也会插上几句。在一次会议上，一位致力于寻找新投资领域的年轻人、工商管理学硕士杰弗里 · 爱泼斯坦就受访者在传媒和娱乐业上的花费情况做了一番综述。他指出，家庭娱乐业的潜在市场目前已经高达 50 亿美元。

听罢，巴菲特兴奋地说道："50 亿美元，这数字很有意思，这就意味着如果美国有 2 000 万十几岁的青少年的话，那么他们每人每月在录像上都要花费 20 美元。"这就是巴菲特的思维方式——数字，数字。不过他很快意识到，即便杰弗里 · 爱泼斯坦的这一数字是真的，它也不可能长久，更何况《华盛顿邮报》从来没有涉足过家庭娱乐业。

让人震惊的是，在巴菲特的董事任期内，《华盛顿邮报》几乎没有任何大的商业运作。在整整 11 年之中，《华盛顿邮报》公司只创办了一家体育杂志，后来又关闭了，还在华盛顿买下过一家报纸，在特伦顿出售了一家，在手机电话和其他领域中的动作都不大，其中的一些业务后来又被出售了。和之前一样，公司 98% 的利润依旧来自《华盛顿邮报》、《新闻周刊》以及旗下的 4 家电视台。

与此同时，《华盛顿邮报》公司每年的收入增长率保持在 12% 左右，这个比率虽然很稳定但并不十分可观。唯一显著的变化是公司的盈利能力大为改观。1974 年，公司每 1 美元销售额中包含的经营利润仅为 10 美分；到了 1985 年，这一数字已经上升到 19 美分，相当于股本收益率翻了将近一番。

当然，如果没有巴菲特的话，在华盛顿的报业大战中，《华盛顿邮报》也会取得胜利。而且，他对公司旗下电视台盈利水平翻番这样的业绩增长并没有起到促进作用。

直到为公司赚得了大把的利润之后，巴菲特的贡献才变得彰明较著。巴菲特给格雷厄姆家族带来了一种新的视角，这种看问题的视角是以股东利益为导向的，而与此同时，其他媒体公司都在迫不及待地把自己帝国的地盘扩张得越来越大。巴菲特不断提醒《华盛顿邮报》公司的高层，就像多年前他在纺织厂给肯·蔡斯忠告一样：企业规模并不是终极目标，股东的高回报才是要致力于争取的目标。从表面上来看，《华盛顿邮报》似乎错过了良机，但其实他是让《华盛顿邮报》真正悬崖勒马了，因为稍有不慎，企业就会把本应属于它的利润白白扔进业绩糟糕的垃圾业务之中。

不过，在巴菲特的劝说下，《华盛顿邮报》用它的闲置现金买入了自己公司的750万股股票，占到了总股份的40%。因为在这期间，公司的净收益增长了7倍，而每股收益，也就是每块比萨上分到的奶酪，增加了整整10倍。

诚然，那几年整个传媒界生意火爆，但是就巴菲特所认可的唯一尺度——投资者的利润回报而言，《华盛顿邮报》在整个行业中都是独占鳌头的。

试想一下，在1974~1985年这11年间，《华盛顿邮报》为股东平均每1美元的资本挣到了可观的23美分，而大都市公司和《时代镜报》的业绩仅为19美分。

《华盛顿邮报》的股票以年均35%的惊人速度不断增值。加上红利，其全年的收益高达37%，大都市公司是32%，而《时代镜报》勉强达到24%。《华盛顿邮报》比它们都更胜一筹。截至1985年年底巴菲特离开《华盛顿邮报》董事会，伯克希尔·哈撒韦当年所投入的1 000万美元资金已经升值到2.05亿美元。

在巴菲特加入《华盛顿邮报》董事会后不久，他又重新对另一家老字号公司产生了兴趣。这家公司在华盛顿历史悠久，而且巴菲特在早年就读哥伦比亚大学时曾坐火车前去拜访，不过当年巴菲特叩开这家公司大门时，它还只是一家很小的公司。在随后的几年中，它成长异常迅速。洛里默·戴维森，这位曾在多年前的那个周六耐心倾听巴菲特提出问题的人，已经晋升为公司的首席执行官，政府雇员保险公司也一跃成为全美国最大的汽车保险商。

然而，在 20 世纪 70 年代初洛里默·戴维森退位以后，政府雇员保险公司有了新的管理层，公司的掌舵人换成了拉尔夫·C·佩克，公司的气氛也随之发生了变化。保险公司被新出台的“无过错”保险法规以及日益加重的通货膨胀挤压得焦头烂额。拉尔夫·佩克努力想克服这些问题，谋求自身的发展，于是放宽了公司只为最低风险驾驶员承保的一贯做法，而且保费依旧和过去一样低。自然而然地，保费收入增多了，现金也滚滚而来。

在一段时间里，这一切都显得太平无忧。但是让人揪心的是，高风险驾驶员因为屡屡发生交通意外而开始要求更多的保险赔偿也是意料之中的事。不仅如此，通货膨胀也使得政府雇员保险公司负担的医疗费用和汽车维修费用大大上涨。

雪上加霜的是，政府雇员保险公司的管理层没有预留足够的资金来弥补损失，在 1974~1975 年间 15 个月的紧要关头，公司在这一问题上对华尔街和自己都采取了否认、人为降低亏损额或欺骗的态度。公司江河日下，依旧在公司担任董事的洛里默·戴维森不断抱怨，但即便是他都没有充分意识到情况到底有多么糟糕。

> 当董事会雇用一个独立的保险核算公司核算完毕后，我们才意识到问题有多严重。1975 年圣诞节前夕，我们拿到了报告，这可真算是件“圣诞礼物”了。我们的亏损额高达 5 000 万美元，更要命的是我们口袋里根本就没有这么多钱。

1976 年年初，政府雇员保险公司宣布上一年度亏损额高达惊人的

1.26 亿美元。1974 年，公司的股票价格还曾创下每股 42 美元的纪录，而如今已经惨跌到了每股 4.875 美元。

巴菲特早就把手中为数不多的政府雇员保险公司股票卖掉了，但他一直有个心愿，那就是某一天能够风风光光地重返这家公司，就像回到《华盛顿邮报》一样。对于巴菲特这样理性的人来说，当年卖掉这家公司的股票可能还有些让他耿耿于怀。（尽管在公司股票价格很高时，他并没有昏头昏脑地考虑要重新买入。）现在，政府雇员保险公司股票的价格已经很低了，并且它已陷入水深火热之中。巴菲特当年在哥伦比亚大学就读时，本杰明 · 格雷厄姆就是政府雇员保险公司的董事长，而且至今还持有该公司的股票。这么一来，挽救这家深陷水火之中的公司便具有双重含义：巴菲特一方面可以跟随格雷厄姆前进的足迹，另一方面可以拯救他的公司。

当时，本杰明 · 格雷厄姆正和情人马洛过着一种只羡鸳鸯不羡仙的生活，一半时间待在海滨小城拉荷亚，另一半时间待在法国普罗旺斯的艾克斯。在他 80 大寿的聚会上，全家人都来到了拉荷亚。他满怀深情地回忆往昔，丝毫没有提及他在华尔街的辉煌岁月。尽管他很少进行股票交易了，但这位“证券分析之父”会来到股票交易所，在角落里一张不起眼的桌子旁坐下，翻看他钟爱的《标准普尔股票指南》。一个前来拜访格雷厄姆的人曾在他的书桌上发现一本希腊语的书，在起居室里则看到了一座罗丹的雕像。

大约是在政府雇员保险公司陷入困境的时候，本杰明 · 格雷厄姆让巴菲特与他合著《聪明的投资者》的修订版。他俩通过写信互相联系，但是巴菲特发现自己和老师之间有一些根本性的分歧。巴菲特希望在修订版中有一个章节专门论述何为“优秀企业”（例如喜诗糖果公司），而格雷厄姆认为这样的内容对于一般读者太过艰深了。而且，格雷厄姆建议一个人投资于股票的资产占个人总资产的比例上限为 75%，而巴菲特更加激进，他认为如果某只股票价钱合适的话，他会押上全部家当。巴菲特执意坚持自己的观点，因此放弃了合著者的身份，只是让自己的名字出现在这本书的致谢部分。

有意思的是，没有什么比政府雇员保险公司的股票更能彰显两人在投资哲学上的分歧了。格雷厄姆说它缺少安全性，在公司濒临破产时的确如此。巴菲特则认为，如果管理得当，这将是一个千载难逢的投资机会，于是他紧密地关注着公司的变动。

1976 年 4 月，政府雇员保险公司召开了年度股东大会，400 位股东把华盛顿斯塔特勒希尔顿饭店挤得水泄不通，让公司高层下课的呼喊声响彻整个饭店。不到一个月，拉尔夫 · 佩克就遭到解雇，接替他的是来自旅行者财产事故保险公司 43 岁的保险业老手约翰 · J · 伯恩。约翰 · 伯恩四处奔走。在新泽西州，他去拜访了州保险委员会主席詹姆斯 · 希让，要求他提高保险费率。后来伯恩发现自己走投无路，便从口袋里抓出一张纸，猛地掷到希让的桌子上，说道："还给你该死的执照，我们不再是新泽西州的公民了。"然后，他马上解雇了 700 名员工，并且通知全州的 30 万投保人去另寻新的承保人。

约翰 · 伯恩在全美国共关闭了 100 家机构，裁员近一半。即便如此，公司的苦难日子还没结束。华盛顿的保险业监管部门威胁说，如果政府雇员保险公司找不到其他保险公司来分保一部分业务的话（就是所谓的再保险），就要让它关门大吉。伯恩看起来得到了这些同行们的支持，但是到了 7 月初，美国保险业的旗舰企业州立农业保险公司和旅行者财产事故保险公司都背信弃义地抛弃了它。

现在政府雇员保险公司的市值已经跌到谷底，巴菲特非常敏锐地把握住了这一形势，决定涉足投资政府雇员保险公司。和往常一样，巴菲特找来其他人为他的介入铺平道路。遵照巴菲特的旨意，凯瑟琳给约翰 · 伯恩打电话说："我有个朋友想见见你。"伯恩说回头再找个时间吧。后来约翰 · 伯恩的前任洛里默 · 戴维森打电话给约翰 · 伯恩，问他是否怠慢了巴菲特。洛里默 · 戴维斯在听说确有其事时，不禁大声叫道："你这个笨蛋！还不赶紧去拜访他！"

7 月，在《华盛顿邮报》召开董事会会议的前夜，约翰 · 伯恩赶到了凯瑟琳·格雷厄姆家。当时，政府雇员保险公司的股票价格已经跌到每股2美元了。这个过去不可一世的公司很有可能成为保险业有史以来最大的失败者，用巴菲特的话来说这就是“保险业的泰坦尼克号事件”。

当巴菲特把约翰·伯恩领进富丽堂皇、有着高高吊顶的书房时，一些神秘的回忆袭上巴菲特心头。25年前，他敲开政府雇员保险公司的大门，由看门人领着去见洛里默·戴维森的情景历历在目。虽然他的处境完全变了，但他处事的方式还是和从前一模一样。他还是渴望了解政府雇员保险公司的全面情况。据约翰·伯恩回忆说，巴菲特把他拷问了好几个小时。

> 我们大概谈到凌晨两三点钟左右，他想知道我准备采取的对策，以及我对企业存活能力的看法。我记得当天晚上我们聊了很久，谈到了家庭和其他一些东西，但大多数内容都是关于政府雇员保险公司的，大概有80%的时间都是我在说话。

经过这番彻夜长谈，巴菲特对政府雇员保险公司几乎无所不知了。政府雇员保险公司依然延续了过去的低成本运营方法，就是不依靠销售代理人来进行经营，这个方法曾使它很有优势。粗略地说，政府雇员保险公司每获取1美元的保费收入，只需要支出15美分的费用，而其他保险公司的平均费用大约为24美分，这就使得政府雇员保险公司可以降低保费，并在挑选客户时更有选择空间。后来，它显然放弃了这个行之有效的办法，但公司潜在的成本优势依旧没有变化。巴菲特相信只要它能安然无恙地渡过当前的危机，它的盈利能力就能重新焕发生机。

巴菲特的天才之处在于，当政府雇员保险公司的经营乱作一团而且面临破产威胁时，他清醒地看到了这一点。和20世纪60年代的美国运通公司一样，政府雇员保险公司也是“一个正在经历暴风雨洗礼的伟大企业”。但即便是在阴霾密布的时候，巴菲特也能预见暴风雨之后的艳阳高照。

当晚，巴菲特其实也对约翰·伯恩个人进行了一番考察，伯恩给他留下的印象很深。伯恩的言谈举止更像是公司的主人，而不像一个颐指气使的经理人或是官僚。他坚毅果断，具有杀伐决断的气概，这正是一个企业渡过危机所必需的。也许伯恩性情多变因而不能在和平时期有效地率领部下，但作为一个战争时期的将领，巴菲特认为他是绝佳的不二人选。

> 我并没有问："约翰，摆脱危机需要多长时间？"因为这根本无法预测，但是他对这个问题的方方面面都理解得很透彻。

约翰·伯恩会用某种方式做到这一点，而且一旦他做到了，这么便宜的股票自身就证明它是一片价值洼地，也许还有更加诱人的投资回报。

在约翰·伯恩离开几小时以后，巴菲特就给自己在高盛公司的经纪人罗纳德·卡特曼打电话，让他以每股2.125美元的价位买进50万股，并说随时准备"再买几百万股"。在《华盛顿邮报》的董事会会议上，兴奋过度的巴菲特泄露了消息："我刚刚投资了一家也许会破产的企业。有可能下周，所有的投资都会化为泡影。"但是只要巴菲特开始投资了，他就绝对不会轻易收手。伯克希尔·哈撒韦很快便投资400多万美元买进政府雇员保险公司的股票。

约翰·伯恩事后评价说："在凯瑟琳·格雷厄姆家的那个晚上是一个转机。"不过，政府雇员保险公司还远远没有脱离险境。首先，约翰·伯恩需要说服监管当局给它足够的时间来摆脱危机；其次，他需要说服自己的竞争对手为它提供再保险，以此来降低政府雇员保险公司发生损失的风险。

巴菲特让伯克希尔·哈撒韦为政府雇员保险公司提供了一部分再保险，同时还亲自给美国保险业监管当局负责人马克西米利安·沃勒克打了电话。巴菲特告诉他说，如果伯克希尔·哈撒韦在深思熟虑后对政府雇员保险公司投入了数百万美元，那么马克西米利安·沃勒克就不该这么着急地要把这家保险公司关掉。

与此同时，约翰·伯恩也在尽量争取其他保险公司承担再保险，但是仅仅以“如果”二字做担保是无法让人信服的，政府雇员保险公司必须筹集到新的资本。约翰·伯恩跑遍了华尔街的8家大公司，但是都吃了闭门羹。在极度沮丧的情绪中，他来到了当时还是小字号的所罗门兄弟公司。

所罗门兄弟公司当时的二把手约翰·古特弗罗因德其实早就已经拒绝过约翰·伯恩。但是有位名叫迈克尔·弗林凯利的分析师曾邀请约翰·伯恩到所罗门兄弟公司在午餐时发表一个演讲，由于约翰·伯恩本来就要来公司，古特弗罗因德便同意让他顺路造访一下自己的办公室。

当约翰·伯恩坐定以后，古特弗罗因德拿下嘴里叼着的雪茄，不屑一顾地冷笑了一下，甩了一句：“谁脑子进水才会买你那见鬼的再保险协议呢。”

伯恩心平气和地答道：“你对自己所说的见鬼的东西一无所知。”

伯恩所表现出来的男子汉气概给古特弗罗因德留下了深刻印象。他把伯恩送出门去以后，告诉分析师弗林凯利注意研究一下政府雇员保险公司，然后写出一份建议书。弗林凯利得出的结论是政府雇员保险公司可以得到挽救，而且值得去挽救。如果它恢复了元气，他说，“这对投保人会很有价值，同时投资者也可以大赚一笔”。听到巴菲特已经出手投资的消息后，古特弗罗因德就觉得更加安心了。

当年8月，古特弗罗因德同意帮政府雇员保险公司承销价值7 600万美元的优先股，这可是惊天动地之举，其他公司认为这笔买卖风险很大，都不愿意担任承销商。一般来说，一旦承销失败，所罗门兄弟公司就得自己为这7 600万美元买单了。

当参与这项交易的一位律师在一些细节上与所罗门兄弟公司的投资银行家不厌其烦地纠缠时，古特弗罗因德大声呵斥道：“你有什么可担心的？你只不过是打工罢了，钱是我出的。”11月，在承销的前几天，所罗门兄弟公司似乎要赔得血本无归了。

在承销前不久，巴菲特告诉古特弗罗因德，说他愿意买下所有的股票，而且由他自己来定价。约翰·伯恩希望以每股10.50美元的价格出售，但古特弗罗因德很清楚巴菲特的上限，坚持以每股 9.20 美元的价格出售。他不做任何让步，一分钱都不让，因为他知道巴菲特是他的后盾。

最后，承销大获成功。伯克希尔·哈撒韦投资了 2 300 万美元买下了 25% 的股份。幸亏有了“第二十二条军规”①，投资一旦做出，就不会再有风险了，新注入的资本使政府雇员保险公司脱离了险境。在约翰·伯恩眼中，此次搭救公司的英雄是古特弗罗因德，他在其他人都不愿意冒险的时候给公司带来了滚滚的现金流。古特弗罗因德也给巴菲特留下了颇佳的印象，很显然，古特弗罗因德正是他欣赏的那种投资银行家。

不到半年，政府雇员保险公司的股价就上升到了每股 8.125 美元，达到了原来低谷时的 4 倍，这表明公司还大有潜能可挖。在接下来的几年里，伯克希尔·哈撒韦又把所持股份额翻了一倍，使巴菲特成了政府雇员保险公司的控股股东。政府雇员保险公司似乎也引入了巴菲特的模式，其实巴菲特对许多公司都发挥了类似的影响力。政府雇员保险公司和《华盛顿邮报》一样，开始回购自己的股票，政府雇员保险公司的高管也养成了经常拜访巴菲特的习惯，整个公司完全被巴菲特化了。约翰·伯恩是一位老练的行家里手，但是他在处理与巴菲特的商业关系时和凯瑟琳·格雷厄姆几乎没有什么差别。约翰·伯恩说：

> 我会问巴菲特各种各样的问题，他会告诉我各种有效的融资方法。他从不吝惜自己的时间，但他从来都没有要求我必须接受他的建议。沃伦·巴菲特在很久之前就已经想明白了，他完全可以只做一个乐善好施的股东，而且替伯克希尔·哈撒韦赚进大把的银子。

每年巴菲特都会和政府雇员保险公司的高管们举行一次提问对答式

① “第二十二条军规”，来自美国作家约瑟夫·海勒 1961 年所著的同名小说，用来形容任何自相矛盾、不合逻辑的规定或条件所造成的让人无法脱身或左右为难的困境。——译者注

的活动。他在台上显得从容自如。他回答问题时全用短句，他还会在中间插入一个小故事，其中常常蕴含着深刻的投资哲学，而且他的表述深入浅出，易于理解。他的谈话风格很随意，但是在遣词造句上可谓字斟句酌，这样的互动无法不令人心动。

约翰·伯恩信誓旦旦地说，政府雇员保险公司的一些管理者宁可取消假期，也不愿错过与巴菲特互动的机会。有一次，巴菲特说，一个投资者在投资股市时，应该记住自己手里拿着一张要终生使用的计次卡。每次他买入一只股票，就相当于在卡上打了个洞。当这卡上已经有 20 个洞时，他此生就不再做更多的投资了。显然，投资者要对每只股票进行仔细甄选，并挑出其中最值得投资的潜力股。负责为政府雇员保险公司打理投资组合的卢·辛普森说，巴菲特的这个比喻让他受益良多。

实际上，巴菲特早就认为政府雇员保险公司值得在他的投资计次卡上打一个洞，并且不遗余力地想让约翰·伯恩明白这一点。不论是在私下里，还是在伯克希尔·哈撒韦公司的报告里，他都表达了这样的想法。在当时，上市公司的管理者们要么被迫抬高股票价格，要么就会面临被别人收购的危险。但是，巴菲特希望约翰·伯恩在对公司进行管理的时候要立足长远，并且一再强调自己一定不会将政府雇员保险公司的股票卖掉。

当一家《财富》500 强企业很想收购政府雇员保险公司的时候，巴菲特的这一承诺就得到了现实的检验。约翰·伯恩给巴菲特打电话询问他的想法。巴菲特说："你来定吧。"约翰·伯恩说："噢，你总得给我一点提示吧。"巴菲特还是什么都没说，但是同意陪伯恩深夜去纽约的沃尔多夫－阿斯托里亚酒店和收购方进行商谈。

收购方和他带来的投资银行家自然热情地先向这位控股股东做了一番自我介绍。巴菲特说："你们找错谈话对象了，他（伯恩）才是你们要说服的人。"约翰·伯恩把巴菲特拉到一边恳求道："你就悄悄给我报个价行吗？"巴菲特依旧缄口不语。

"这真是让人难以置信，"约翰·伯恩回忆说，"我们要谈的是 10 亿美元的大买卖，他却把决定权完全交给了我。”

最后，约翰·伯恩报的价格超出了收购方所能承受的范围，谈判终止。其实，这正是巴菲特想要的结果，他觉得政府雇员保险公司的好日子还在后头呢！那他为什么只是袖手旁观呢？约翰·伯恩坦言：“要想琢磨巴菲特脑子里究竟在想些什么是一件很困难的事。”

毋庸置疑，巴菲特想让约翰·伯恩知道自己信任他。而且他也知道，如果自己能够表现出这种信任，伯恩是不会让他失望的。谁都可以说巴菲特是幸运的，但是幸运女神总是眷顾他。

回想起政府雇员保险公司的坎坷波折，巴菲特在格雷厄姆－纽曼公司时的同事沃尔特·施洛斯评价说整个过程“非常悲壮”。有些人成了百万富翁，有的人根本没得到任何好处，还有的人甚至倾家荡产。政府雇员保险公司创办人的儿子里奥·古德温在低谷时期退出了，落得个血本无归的下场。本杰明·格雷厄姆还一直保留着手中的政府雇员保险公司股票，但是在 1976 年 9 月，恰好在公司危机结束之前，格雷厄姆在法国的家中安然去世，享年 82 岁。

本杰明·格雷厄姆去世以后，评论家们经常讨论巴菲特与格雷厄姆在投资理念上有什么区别。大家认为，巴菲特是青出于蓝而胜于蓝。除了恩师的指点以外，他还受到查理·芒格的影响，也受过作家兼投资家菲利普·费舍尔的影响。他们都强调一个经营完善的好公司与只从数字上来看便宜的公司是不完全相同的。当然他受自己成长经历的影响也很大。

在分析公司的时候，巴菲特比本杰明·格雷厄姆要更加主观一些，他能够发现一些公司的内在价值，比如喜诗糖果公司，而这些公司是本杰明·格雷厄姆不曾涉猎的。这些差别的存在使人们难以看出巴菲特对本杰明·格雷厄姆衣钵的继承。股票有交易价格之外的“内在价值”这一思想，其实巴菲特也是从格雷厄姆那里学来的。的确，很难想象的是，如果巴菲特没有读过格雷厄姆对“市场先生”的那番生动比喻，巴菲特不会在股市高歌猛进的时候终止合伙公司，而在 1974 年市场陷入低谷时又重返股市。在刊登在《金融分析师》杂志上的一篇文章中，他对本杰明·格雷厄姆分析方法的历久弥新给予了盛赞：

> 在对上市公司进行分析的过程中，有些人即便在分析了几周或是几个月之后，都没能得出什么有见地的观点。但是本杰明·格雷厄姆的分析方法总是奏效——在经历了一场金融风暴之后，上市公司的价值往往会增加，而且能够更好地被人理解。

多年之后，巴菲特承认他买的那些股票与格雷厄姆可能会买的股票一定是不同的。不过，他从本杰明·格雷厄姆那里得到了“关于公司基本面恰当的判断”，那就是买入公司股票时要考虑价值原则，要有充分考虑公司股票安全性的稳健态度以及不为每日市场行情涨跌所动的超然。

巴菲特从来都没有否认过自己是格雷厄姆的追随者，也从来没有否认过对这位“言传身教、悉数相授”的恩师的情意。多年后，当巴菲特与撰写自己生平的作者谈到他的事业的时候，他对心目中的英雄的崇敬之情毫不隐瞒：“我人生中最成功的事就是选对了自己心中的英雄，我的灵感都来自于格雷厄姆。”当作者告诉巴菲特他已经和格雷厄姆的孩子谈过话时，巴菲特不禁动容地说：“我真希望你能有机会和格雷厄姆当面对话。”

第 11 章

BUFFETT

报业大亨

1976年圣诞节的前几天，巴菲特在《新闻周刊》报社和凯瑟琳·格雷厄姆、她儿子唐纳德·格雷厄姆、《华盛顿邮报》的前总裁马克·马尔会面，那里正有个聚会。《华盛顿邮报》的这几位董事们进入一个房间，并带进来一位客人文森特·麦努，他是一位报业经纪人。麦努这次前来是想看看《华盛顿邮报》有无兴趣竞标收购《布法罗晚报》。下午发行的报纸往往销量不好，而《布法罗晚报》（以下称《晚报》）却一直生意兴隆，因为它长期以来在当地享有盛誉，而且布法罗的蓝领阶层起得很早，一直要到下午下班后才有时间看报。

但《晚报》也有自身的缺点，它没有周日版。在周日的时候，许多读者愿意浏览一下报纸，而且广告商都很看好周日。布法罗这座钢铁城市不是一座适宜居住的城市，陈旧阴冷，满是铁锈。更糟糕的是，这家报社被13个工会组织控制了，它们替报社的工会会员争取到了越来越优厚的待遇。在美国报业员工同盟的131家报纸中，《晚报》的职工收入排名第7。

尽管如此，《晚报》依然是巴菲特心目中理想的大城市主流报纸。它在当地家庭中的占有率比其他大城市的报纸都要高。人们的阅读习惯很难改变，布法罗的大部分人口都是土生土长的，《晚报》伴随着他们长大。尽管这座城市的发展正如同夕阳西下，但巴菲特认为它稳定的人口是一个优势，况且他正想自己买下一家报纸而不再是仅仅替别人出谋划策了。巴菲特想事先让凯瑟琳知道，如果《华盛顿邮报》不买下《晚报》，他可要出手了。

《晚报》成立于1880年，是一家亲共和党的报纸，一直由巴特勒家族经营，该家族还拥有当地一家电视台和美洲航空公司的部分股票。近几十年来，该家族的业主是凯特·罗宾逊·巴特勒，她是一位显赫的贵妇人，总是带着卷毛狗坐着劳斯莱斯到处兜风。巴特勒家族建了一家豪华的印刷厂，工厂周围种着热带的奇花异草。为了避免与工会组织发生矛盾，巴特勒家族一向在花钱上毫不吝啬。凯特·罗宾逊·巴特勒在1974年去世之后，她的家族打算出售这家报纸。

在《新闻周刊》报社与其他人碰过面之后，凯瑟琳认为《华盛顿邮报》刚刚镇压了一场罢工，这样一家报纸在一个工会气氛浓厚的城市里是不会受欢迎的。《芝加哥论坛报》也决定不参加投标。于是经纪人文森特·麦努把开价从4 000万美元降到3 500万美元。没过多久，他就接到了巴菲特的电话。

“你星期天工作吗？”巴菲特问。

麦努回答说：“这重要吗？”

“我觉得你会认为重要的。”

1977年新年之后的第一个星期六，巴菲特和芒格来到了麦努家中。巴菲特代表蓝带公司提出想用3 000万美元收购《晚报》，麦努不同意。巴菲特把价格提高到3 200万美元，结果还是不行。

巴菲特和芒格离开了那个房间。与《晚报》少得可怜的收益相比，他们的出价已是相当慷慨。1976年《晚报》的税前收益只有区区170万美元，但巴菲特相信它有更大的盈利潜力。他知道在那么多城市中，大报的实力会越来越强大，而小报只能苦苦挣扎或等待破产。《晚报》实际上已经占有了布法罗的整个市场，它的日发行量是早报《布法罗信使快报》（以下称《信使快报》）的两倍，广告收入也比后者多75%。

过了一会儿，当巴菲特和芒格回来的时候，芒格在一张黄色信笺上龙飞凤舞地写下了3 250万美元的开价。麦努说，这应该差不多了。

不久，布法罗历史上最大的一场暴风雨就来临了。巴菲特和芒格到《晚报》报社签订合同的时候，整个城市仍在苦苦挣扎。久经考验的芒格还是感到有些不安，毕竟买入《晚报》是他们迄今为止最大的一笔交易。他俩在参观豪华的印刷厂时，芒格脱口而出：“工人们为什么要在宫殿里印刷报纸呢？”巴菲特戏称它为东方泰姬陵。买下《晚报》对他而言是一大进步，因为这不仅仅是一笔股权投资，而且代表着他完全拥有这家企业。这一次，凯瑟琳不会在旁边插手，一切都由他自己来操作。

在买卖成交前，巴菲特似乎就为经营这家报纸制定了一项战略。当他同执行主编莫里·莱特见面时，巴菲特就问道：“你觉得办一份周日版的报纸怎么样？”莫里·莱特说这几年来他一直在劝发行人办周日版。巴菲特没有表态，但莫里·莱特明白巴菲特的构想。

合同签署后，莫里·莱特在家中为巴菲特办了一个欢迎会。在那个春光明媚的日子里，一大群雇员聚在莱特家迎接新老板。巴菲特说：“新闻是不分昼夜的，一天 24 小时，一周 7 天，时时刻刻都有新闻。”这明显在暗示他想要筹建周日版。

尽管如此，还是谣言四起，有人说《晚报》不会发行周日版，因为这是之前巴特勒家族与康纳家族达成的君子协定，康纳家族正是《信使快报》的东家。《信使快报》的历史更为悠久（曾为马克·吐温所有），言论更自由，而且处于几乎不赢利的状态。对于《信使快报》而言，周日版正是它的生命线，这一点我们从两家报纸的发行情况中可见一斑。

《晚报》	《信使快报》	《信使快报》周日版
26.8 万份	12.3 万份	27 万份

我们从两家报纸登载广告的情况也可以得出相同的结论。每周《晚报》与《信使快报》的广告收入之比为 4 ： 1，《信使快报》只能靠周日版来维持生计。

但是，在巴菲特和芒格看来，这种状态并不令人满意。如果没有周日版，《晚报》最终可能失去现在的优势，而且很可能江河日下。当年夏天，邻近地区的《多伦多每日星报》宣布发行周日版。巴菲特知道，除了《布法罗晚报》外，只有《辛辛那提邮报》、《克利夫兰报》和《纽约邮报》几家大报纸没有发行周日版。巴菲特匆匆忙忙地给芒格写了张便条，幽默地提醒他说，在发行周日版的行动方面，《晚报》不应该成为垫底的：

> 苏珊常说，她不介意我是全美国倒数第二个还留平头的，但我要是成了倒数第一个，她就受不了。我想《晚报》下一步应该采取什么行动是不言自明的。

不久，作为《晚报》董事长的巴菲特就让莫里·莱特着手筹备周日版。莫里·莱特专门组织了一个攻坚小组，巴菲特每月亲自检查筹备进展。莫里·莱特说：

> 同事们会绞尽脑汁地整理出一些事实和数据报送到巴菲特的办公室，当他们犹犹豫豫说不清的时候，巴菲特就会说出正确答案。对于呈交给他的报告，他比报告撰写者懂得还要多。

巴菲特情绪高涨，帮助同事设计报纸版面，考虑广告报价、制定推销方案和定价。

但是，布法罗人担心当地萧条的经济状况不允许有两家报纸殊死搏斗。到了 11 月，也就是《晚报》周日版发行期邻近时，一些商场出于自身利益的考虑，打算在两份周日版上都做广告。经营百货公司的凯斯·阿尔弗德说："不论是从广告的角度出发，还是从新闻的角度出发，没人愿意放弃其中任何一家报纸。"美国报业员工同盟派驻当地的代表兼《晚报》专栏作家雷·希尔说："我们早就知道这一时刻终会到来，两家报纸中肯定有一家会被挤垮的。"

《信使快报》对此心知肚明。《晚报》出版周日版的半个月之前，《信使快报》发起了一场出其不意的攻击，控告《晚报》违反了《谢尔曼反托拉斯法案》。《信使快报》企图在《晚报》周日版于 11 月 13 日发行之前让它胎死腹中。

《信使快报》指控《晚报》的做法是典型的垄断行为，指控巴菲特想要用周一到周五赚钱的报纸为这份赔钱的周日版提供补贴，就像连锁商店依仗总店的支持在某一区域进行倾销来抢占市场一样。

> 巴菲特先生的《晚报》正致力于……运用自己的垄断力量来挤垮他在布法罗的竞争者《信使快报》。

《信使快报》提供的证据包括《晚报》计划在5周的推销期内7份报纸只卖6份报纸的价钱，以及周日版每份仅售30美分。而《信使快报》的周日版就像在锡拉丘兹、罗切斯特、奥尔巴尼和宾厄姆顿等城市一样每份卖50美分。

巴菲特对这种指控提出异议，他坚信《晚报》的周日版完全有望赢利。他说发行新报只会促进竞争而不是减少竞争，并明确表示不管后果如何，《晚报》和其他报纸一样有权发行周日版。换言之，巴菲特没有义务帮助其他竞争者开展业务，要怪只能怪竞争者自己太没有防备心理了。

《信使快报》全文刊登了这起法律诉讼的原文，好像这起诉讼是一起世纪大案一样。《信使快报》那位在旧金山夸夸其谈的法律顾问弗雷德里克·弗斯也提醒市民一定要注意巴菲特这个外地佬，要毫不客气地给他泼冷水，以维护当地现存的格局。

法庭要求《信使快报》出示它的对手意图摧毁它的证据。某些商业做法（例如价格低于成本）确实有失公平，很可能损害《信使快报》的利益，但这种竞争策略与违法之间的界限非常模糊。问题的关键在于《晚报》是否有垄断市场的企图。

弗雷德里克·弗斯认为，《信使快报》需要确定一个具体的“妖魔化”对象。在法庭上，他把矛头指向巴菲特，称他是“奥马哈来的外地佬”。弗雷德里克·弗斯的核心观点就是，巴菲特这个外地来的亿万富翁根本不关心布法罗，他一心只想挤垮《信使快报》，从而最大限度地抬高自己报纸的价格。

针对这一指控，巴菲特陈述了自己的观点。在出庭前，他提供了自己祖父和父亲与报业的关系、自己以往当报童的经历以及自己管理《奥马哈太阳报》时赢得普利策奖的经历：

这对我而言不仅仅是生意那么简单。我自然希望报纸在经营上获得成功，但如果报纸无法在新闻方面有所作为，我是不会满足的。

1977 年 11 月 4 日，当来自伊利湖的暴雨横扫布法罗的时候，巴菲特站到了联邦法庭上。整个长廊上都挤满了《信使快报》的雇员和他们的家人，他们把审判当成了保住饭碗的最后一根救命稻草。在他们眼中，巴菲特不啻一条毒蛇。在法庭上，弗雷德里克·弗斯向巴菲特发起了猛烈的攻击，巴菲特则泰然自若地回答他的问题，小心翼翼地避开种种圈套，尽量只用事实来回答问题。巴菲特不动声色，对方不管怎样挑衅都无法激怒他。

弗斯：蓝带公司决定购买《晚报》时，你考虑过这份报纸的盈亏状况了吗？

巴菲特：我只是大概估算了一下它的现状、发行能力和缺陷、过去的盈利情况和将来的潜力、价格以及其他市场问题。要仔细计算的话我还得考虑一大堆其他因素。

弗斯：你是说你没有做过书面分析，只是推敲了一些数字，用当前流行的财务术语来说，是不是叫作……

巴菲特：那只是你的一面之词。我根本就没有推敲，只是想估计《晚报》到底有多大的潜力。

弗斯：你查了报纸前几年的收入吗？

巴菲特：我查了过去 5 年来的收入、发行量、广告量等方面的情况。

（这是一场奇怪的审判：罪犯似乎已经确定，唯一关键的就是找到他的犯罪动机。弗斯的策略无非就是要推翻巴菲特的理由，并嫁接以自己的逻辑。弗斯力图证明巴菲特购买《晚报》并不完全是出于经济原因，他并没有花多少时间去了解这家报纸，他只是想要控制它，进而击垮竞争对手。巴菲特则耐心地反驳说自己是在估算了相关情况和数据之后才决定购买的，他有自己的一个基本判断，但这正中弗斯下怀。）

弗斯：这么说，你只是根据文森特·麦努提供的信息就决定购买这家报纸了，是吗？

巴菲特：不，我在决定购买时不仅考虑了他提供的一些信息，自己也收集了一些信息，还有自己对整个报业现状的了解。

弗斯：那你没有对工厂、设施、报房检查一番吗？没有和报社的员工讨论过上述问题吗？

巴菲特：没有。

弗斯：那么，巴菲特先生，你是在购买《晚报》之前就已考虑过要出版周日版了，对吗？

巴菲特：在我看来，一个城市的主流报纸如果没有周日版是很奇怪的一件事。我当然要调查这种操作的可能性。

弗斯：那你做过这方面的调查研究吗？

巴菲特：基本上没有，我只是自己考虑了一下。

弗斯：只是你自己一个人吗？

巴菲特：是的。报纸的发行量和排名，这些数据我在行业出版物上就能查到。

（也许有必要补充一点，面对一个 3 250 万美元的投资项目，普通的商人不会在不做任何可行性研究的情况下就拍板，他们通常会做好几个类似的研究。这样做主要是给投资者一种安全感，毕竟一些专家提供了所谓的保证，尽管这种保证也并不一定真的可靠。最后，会有一个人来评估各种分析情况，这个人应该是公司的首席执行官。如果没有数据和分析支持，首席执行官通常不会贸然向董事会提议。巴菲特就是要把决策层和自己之间的所有决策链都打破，而对大多数人而言，如果没有数据支持，他们就会觉得可疑。）

弗斯：好吧，先生。你在布法罗待了多久？

巴菲特：大概每月会来这里一次，每次待上一天左右吧。

弗斯：也就是说你总共来布法罗只有五六次？

巴菲特：差不多吧。

弗斯：那你是不是在买下《晚报》后的 5 天内做出了成本估算？

巴菲特：不仅仅靠你讲的这 5 天时间，还根据我定期审阅的公司财务报告、电话交谈、我对整个报业的了解以及我对《晚报》经营状况的掌握。

弗斯：还有你对整个报业的了解，你指的是《华盛顿邮报》、《特伦顿时报》以及你父亲和祖父积累起来的知识吗？

巴菲特：我祖父跟此事没什么关系。

（弗雷德里克·弗斯的助手丹尼尔·梅森觉得巴菲特与他想象中的完全不一样。他朴实无华的风格、皱巴巴的西服都出乎他的意料，丹尼尔·梅森就算再怎么绞尽脑汁也猜不到这个人是个大富翁。

巴菲特说话的风格平易近人，但是很有说服力。巴菲特竭力想证明布法罗的民众会因为多了一家周日出版的报纸而受益良多。当法官小查尔斯·L·布里安特要求巴菲特解释为什么步《信使快报》的后尘发行周日版时，巴菲特随手打了几个简单贴切的比方。）

巴菲特：你们都觉得《信使快报》的周日版已经发行很多年了，独此一家，人们往往会有很强的惯性思维。每天早上我刮胡子都先刮同一边，每天穿鞋都先穿同一只，我们作为人类都是具有惯性思维的动物。这样一来，人们多年来一直在使用的产品就变得很有独占优势了。

他私下里曾经这样和凯瑟琳·格雷厄姆说过，不论何时何地，如果要让他来谈对自己业务的了解，他都能讲得头头是道而且言简意赅，但巴菲特不想让别人觉得他太聪明。不过，在弗斯对巴菲特步步紧逼的过程中，法庭上所有人都已经看出来，巴菲特对《晚报》经营状况的了解比任何人都要深入。

弗斯：巴菲特先生，你有没有想过《晚报》发行周日版可能会把《信使快报》逼上绝路?

巴菲特：没有。

弗斯：从来没有过吗?

巴菲特：我觉得《信使快报》还可以经营很长一段时间呢。

弗斯：你从来都没有和别人讨论过这个问题，是吗?

巴菲特：是的。

弗斯觉得总算让对手上钩了。他走向法官席，手里挥舞着一份《华尔街日报》上最近关于巴菲特的一篇文章的复印件，大声朗读了其中一段，目的是证明巴菲特其实一直都有垄断报业的念头。

> 沃伦·巴菲特希望拥有一家具有垄断或市场主导地位的报纸，就像拥有一座不受约束的桥梁收费站一样，然后他就可以随心所欲地抬高价格，想有多高就设定多高。

这里引用的是戴维·戈茨曼的话，他是巴菲特经营第一曼哈顿公司时的一位朋友。巴菲特试图辩解，不过桥梁收费站这个比喻太形象了，大家都明白到底是怎么一回事了。

弗斯：巴菲特先生，你有没有跟朋友说过拥有一家占有垄断地位的报纸就像拥有一座不受管辖的桥梁收费站?

巴菲特：也许我是说过拥有一家占有垄断地位的小型报纸，尤其在像内布拉斯加的佛里蒙特这样的小城市里，在没有电视台竞争的情况下这会是一笔大生意。可是我不记得打过桥梁收费站之类的比喻，只是说这是笔好生意，在佛里蒙特也许比桥梁收费站还要好。

法官布里安特：你举的佛里蒙特这个例子有什么特别之处吗?

巴菲特：法官大人，佛里蒙特的报纸生意处于没有竞争对手的状态，在那儿你无法花钱做电视广告。

法官：那你在佛里蒙特拥有报纸吗?

巴菲特：没有，我倒真希望自己能拥有一家。

弗斯：那你是说在一个小范围里拥有一家垄断性或主导市场的报纸，就像拥有一座可让你随心所欲的桥梁收费站，对吗？

巴菲特：对这种措辞我不想和你争辩，不过这确实是一个非常非常好的商机。

弗斯：因为你可以不受约束地想把价格定多高就定多高，对吗？

巴菲特：我没有你说的那么强的金钱欲，不过到时候我确实有提高价格的权力。

弗斯：这就是你想要拥有的生意，对吗？

巴菲特：我还没有呢，要真是能拥有一家倒也不错。

弗斯：巴菲特先生，你和别人谈起过让人随心所欲的桥梁收费站这样的说法，是吧？

巴菲特：我只说过在通货膨胀十分严重的情况下，如果没有什么约束，能有一座桥梁收费站是很不错的。

弗斯：为什么？

巴菲特：因为你已投入资本，你用过去已经不太值钱的资本来建桥，而且也不用担心要更换桥梁。

弗斯：你用“不受约束”这一说法，意思是说你就可以随心所欲地提高价格了，对吗？

巴菲特：没错。

弗斯：你所说的有了桥梁收费站就可垄断整个过河交通了，是这个意思吗？

其实弗斯根本就不知道，当巴菲特还是个小孩子，看着他朋友鲍勃·拉塞尔家门前车水马龙的状况时，他就梦想着拥有一个收费站了。蓝带公司确实拥有底特律国际桥梁公司 24% 的股份，该公司拥有底特律与温萨普之间从布法罗跨越伊利湖的大使桥。它的确是一座收费的桥梁，而且其股份是美国的股东们可以持有的，巴菲特持有 1/4 的股份。弗斯忘了这一点，但他还是伤害了巴菲特。

蓝带公司的律师团认为巴菲特的证词十分出色而且可信。不过他是不是说得也太无保留，太过可信了？他是否流露了太多控制报业的欲望？法庭上的每个人都在想着形象的桥梁收费站的比喻。

11 月 9 日，也就是在《晚报》要发行周日版的 4 天之前，法官布里安特下令在审判尚未结束时禁止《晚报》发行。尽管他没有完全给予《信使快报》想要的审判结果，但是他那冗长的表态（加之快得让人喘不过气来的语速）对巴菲特很不利。

布里安特法官要求《信使快报》在法庭上证明它的对手使用了不正当的竞争手段，其目的是垄断报业，否则，《信使快报》就会败诉。

> 现在布法罗只剩下两家报纸，如果《晚报》发行周日版的计划如我想象中那样进行的话，将来布法罗就会只剩下一家报纸了。

在布里安特法官令人敬畏的陈词中，他认为巴菲特虽然令人印象深刻，但他是个地地道道的商人——非常精明而且城府很深。巴菲特一页又一页地翻找，但是怎么也找不到能够显示他动机的话。布里安特法官并不知道巴菲特习惯根据数字来判断是否购买企业，认为他连报社的印刷车间都没去看，也没有与工人交谈就买下《晚报》，正是“企图垄断当地报业的证据”。甚至在法官给案件陈词写的副标题——“巴菲特先生来到了布法罗”中，都能明显可以看出他的偏见。布里安特法官宣称：“动机只存在于人们不可知的心中。”其实，法官从巴菲特的举动中并不难发现他的目标：

> 巴菲特先生并没有掩盖他的商业动机，也没有佯装对情况不知晓。他充分认识到《晚报》如果在市场上占有垄断地位，会给他这个业主带来怎样的利益。但是由于意识到这种可能性，因此外人从他以这种价格、全部用现金支付并用这种方式买入《晚报》的行为中，并不能看出来他将能获得很大的经济收益。

布里安特法官最后判决《晚报》周日版可以发行，但是严格限制了它的促销、营销和针对读者及广告商的营业能力。尽管判决对《晚报》进行了限制，但是最沉重的打击当属布里安特法官强硬的表态。他的表态使《晚报》在这个关键的时刻失去了一部分公众的支持。《信使快报》大幅刊登了审判结果，还附上了这位站在他们这一边的法官的照片，旁边还登着一些溢美之词和证言。代表布法罗 122 000 名员工的美国劳联－产联主席的话——“别买那份周日报”，也在头版被引用。为了让每位读者都知道它在与谁斗争，《信使快报》还不忘在头版加上一个标题：“布法罗人共有，布法罗人共营”。

在《晚报》周日版发行的前一天晚上，巴菲特带着穿蓝色牛仔裤的苏珊到报房鼓舞士气。巴菲特在印刷机上按了个电钮，报纸就印出来了。但是，报纸的负面形象影响了销量的增长。读者和广告商都担心《信使快报》一旦关门大吉，就会造成大量的失业，于是都站到了弱者一边。最让人痛心的是，《晚报》上上下下对这种不利局面无能为力，因为法律不允许他们对《信使快报》发表诽谤性言论。到了 12 月 18 日，《晚报》发行第 5 期周日版的时候，他们只有 147 英寸的广告版面，而《信使快报》的周日版有 579 英寸，尽管《晚报》的新闻版面要比对手多出 40%。简而言之，巴菲特的报纸是逆水行舟、困难重重。如果以巴菲特的总资产来衡量，伯克希尔·哈撒韦公司的股票价格在 1977 年反弹到了每股 132 美元，巴菲特的个人总资产接近 7 000 万美元，其中有大约 1/5 的资产都压在了《晚报》上。

两家报纸展开了古老的新闻肉搏战，在巴菲特看来，最后只有一家报纸能够存活下来。《信使快报》觉得法院的判决为它的反扑赢得了时间，于是赶紧加快自己的现代化步伐，他们采用自动排字技术并改进了设备。《信使快报》的执行主编道格拉斯·特纳评价说：“这一契机使报社批准了几年来我一直梦寐以求的东西——扩大了版面，增设了瞭望版、扩大了漫画版和杂志介绍版，我还在现有规模上扩招了 25% 的员工。”

《信使快报》新招聘的这些记者就像“第五纵队”成员一样在全城

搜罗新闻。《晚报》的一名记者罗伯特·麦卡锡说道："如果遭到《信使快报》的攻击，你根本就不敢露面，而且需要彻夜不眠地去想该怎样反击他们。"

巴菲特能控制的只有自己报纸新闻版面的大小，对此他毫不松懈。"我们当时力争比别家报纸的新闻更加丰富。"巴菲特回忆说："如果他们有 8 版体育新闻，我们就会力争拥有比他们更多的版面，我和报社的员工说，就让所有的传统做法都靠边站吧！"

在报社的编辑部里，大家都觉得新老板与众不同。一位资深记者说："沃伦·巴菲特看起来真的很投入。"他有时会给报社送去一张便条，对某篇精彩的报道表扬一番，还会穿着 T 恤参加职工们的野餐会。报社的记者大多是一些愤世嫉俗之人，他们都喜欢巴菲特身上的那种怀疑精神。他没有一味地要求报纸给他赚回多少美元，而是希望记者们帮助他更深地挖掘一个他自己关心的话题，那就是很多富豪是多么贪婪和没有良知。

有一篇报道讲到加利福尼亚小镇圣罗莎的一个叫波希米亚森林的秘密集会场所。每年夏天，像梅夫·格里芬、杰拉尔德·福特和雷·克罗克这样的商人会都会乘私人飞机飞到那里，在红杉林中聚会，感叹西方文明的没落。《晚报》的资深记者李·科波拉回忆说："巴菲特希望报道切入的角度是调查他们在购买私人飞机时有没有避税。当时正值石油危机，巴菲特认为那样做有违道义。"李·科波拉据此在头版刊出了一篇极具分量的报道。他拒绝了其他报社开出的优厚条件，留在了《晚报》，因为他很期待巴菲特给《晚报》带来新气象。

但是在争夺周日版霸权的斗争中，《晚报》仍在流血，依然承受着经济损失。1978 年，每个周日，《信使快报》的发行量都比《晚报》多 10 万份。随着布法罗的经济陷入萧条，人们眼见一些工厂解雇了大量的工人，都对《信使快报》产生了恻隐之心，害怕有朝一日它也会倒闭。"人们买报往往是为了救某家报纸于水火之中。"执行主编莫里·莱特回忆说，"每周三或周四我都会给巴菲特打电话，告诉他有多少公司预订了这周日的广告版面，其实我们的广告商数目非常有限。”

巴菲特会经常打电话给莱特，他们会在莱特家中商量怎样才能使《晚报》周日版的销量实现腾飞，两人至少也要谈一个小时。“巴菲特对周日版的方方面面都有浓厚的兴趣。”莱特评价说。巴菲特会亲自来布法罗会见大的广告商和零售商，并亲自审批营销和竞争战略。“我们拼尽了全力。”巴菲特回忆说。

> 我们成立了一个特别的发行小组。他们每周都会告诉我：“上周我们又推销出828份，这周又推销出750份。”周五晚上，我就能预测出周日版的发行量，比如说减少到412份之类的。

在这种困境下，巴菲特特别希望找到一个得力助手，他也萌生过向哈里·博特或是向肯·蔡斯求助的念头。巴菲特非常希望好朋友、《奥马哈太阳报》的发行人斯坦福·利普西能助他一臂之力。但是，斯坦福·利普西不想去布法罗。

“你不想长期待在布法罗我也不会勉强你，但是你每个月去布法罗一次，看看有什么地方需要改进的，你给出出点子，行吗？”巴菲特问他。

斯坦福·利普西思忖片刻，问道：“这工作到底需要我干些什么？”

巴菲特思量再三，说道：“这工作只要你出马，就一定会有起色的。”

斯坦福·利普西最后来到了布法罗，每次以助理发行人的名义在那儿待上一周，而发行人在《晚报》前任东家出售报纸之后就负责打理一切。

法庭的判决依然给《晚报》的经营带来了重重障碍。布里安特法官要求《晚报》出示每个订阅周日版的读者名单。不仅如此，《晚报》的推销员、高管和工作人员说的每字每句都要经过前后思量，因为一旦被竞争对手的律师抓住把柄，这就会被当成违反法庭判决的证据。有一次他们又指责《晚报》藐视法庭，这可是一顶非同小可的大帽子。《信使快报》的一位律师马桑说：“《晚报》的日子可不太好过，因为我们可以监控他们的所作所为，他们的一举一动都在我们的眼皮底下。”实际上，《晚报》

基本要靠一位联邦法官的恩赐艰难度日。

1978 年，《晚报》税前损失高达 290 万美元，这是巴菲特损失最惨重的一年。斯坦福·利普西定期从布法罗给巴菲特打电话，他对巴菲特知道遭受巨额损失后的泰然自若感到很诧异。“他把自己所有的钱都投进去了，周日版让他很是头疼，他还要面对所谓企图垄断市场的指控。尽管如此，他的态度却很乐观，还打电话向我表示感谢。”

芒格的情绪则截然不同。在得知有关藐视法庭的指控之后，巴菲特恰巧要在某个地方发表演讲，他情绪激动地给莫里·莱特打了个电话：“你的话他还算听得进去，你跟沃伦说，让他说话时注意点儿分寸。”芒格很担心在法庭上听到桥梁收费站一类的指控，巴菲特对此却不以为然。

但是芒格觉得《晚报》只能听天由命了。在蓝带公司的年度报告中，他甚至提到了这一点：

> 众所周知，人人嫌恶的官司不仅费时、费钱、无用而且不可预测，甚至连《晚报》的最终命运都还是个未知数，需要苦苦等待很长时间。

1979 年 4 月，也就是在蓝带公司买下《晚报》两年后，纽约联邦上诉法庭推翻了对《晚报》的禁令和对它藐视法庭的指控，布里安特法官还受到了严厉的指责：

> 考虑到巴菲特发行周日版的意图，我们找不到任何证据表明他买下《晚报》是为了挤垮《信使快报》。《晚报》并没有采取不正当竞争手段来挤占《信使快报》独占的周日报业市场，而是给这个市场带来了更多的竞争……所有的证据只能表明巴菲特只想尽可能地办好《晚报》，并没有谋划过他的竞争行为会给《信使快报》带来什么严重后果。这种做法恰恰是《反垄断法》所提倡，而非压制的。

虽然在法律上巴菲特占了上风，但实际上这场旷日持久的官司已经给《晚报》带来了实际的损害。虽然《晚报》在周一到周五仍然主导着市场，但是《信使快报》周日版的发行量仍以超过《晚报》10万份的优势遥遥领先。在联邦上诉法庭推翻原判决两个月后，《信使快报》被出售给了明尼阿波利斯的考尔斯（Cowles）家族旗下的明尼阿波利斯星报和论坛报业公司（Minneapolis Star & Tribune Co.）。现在，《晚报》需要和一个同样来自外地而且财力雄厚的富豪家族展开持久战了。1979年，《晚报》的亏损达到了历史上最严重的460万美元。这是巴菲特和芒格第一次在投资中遭受这么大的损失。

1980年，斯坦福·利普西开始全职在布法罗工作。巴菲特没有要求他这么干，可是斯坦福·利普西从巴菲特全力以赴的态度中看出，巴菲特实际上迫切地希望他能全身心地投入。斯坦福·利普西本人也早已深深地卷入与《信使快报》的战争旋涡之中。

在斯坦福·利普西开始负责打理《晚报》后，报社又面临着工人引发的新危机。早在巴菲特之前，报纸的13家工会组织已经从公司得到了很多好处，用芒格的话说就是“得寸进尺的好处”。为了打破这种不利的局面，巴菲特和芒格在1980年初蓝带公司的报告中针对工会写了这么一段：

> 如果《晚报》再次发生罢工，报社只能停业并进行破产清算。

不过，报社的卡车送报工打算试试深浅。1980年年底，他们要求增加人手，还要求在不工作的时候也拿钱，这可是涉及报社管理权的大问题，巴菲特断然拒绝了。在12月一个星期一的晚上11点钟，《晚报》的谈判代表找到美国报业员工同盟派驻报纸的代表雷·希尔（他代表着《晚报》里最大一家工会的利益），希望让他从中斡旋，防止再次发生罢工事件。雷·希尔了解巴菲特，知道他并不是真吓唬人，于是劝说司机们不要向他挑衅。卡车司机推选的代表是马丁·布鲁根，他曾在酒吧当过打手，在报社过去历史上唯一一次罢工中还是个小头目。马丁·布鲁根以为巴菲特不敢在与《信使快报》斗争的紧要关头铤而走险。有人找来了一个调解人。谈判持续了一夜。最后调解人对雷·希尔说：“你看，雷，他们还是要罢工。”星期二早上 6 点钟，司机们开始罢工游行了。

在其他工会组织的帮助下，报社勉强印出了报纸。随后纠察队占领了卡车，印刷工人停止工作，拿走了纸版，工作只好停顿下来。在这场纠纷中，《信使快报》渔翁得利，趁机拿到了很多订单。布法罗的报业大战经历了最可怕的一幕。

据巴菲特的一位心腹描述，巴菲特当时急得像热锅上的蚂蚁一样。他知道如果报纸长期停产，他丢掉的市场占有率会是致命的。他要么赶紧复工，要么就关门大吉。但是如果他对卡车司机妥协的话，其他 12 个工会组织也会不依不饶地相继罢工。

星期二一大早，巴菲特毅然决然地宣布，如果报纸不能正常出版，他就不发工资，并解雇全体员工。不仅如此，巴菲特还宣布，如果司机们影响了最重要的周日版的出版发行工作，他宁可取消周日版。《晚报》的主要谈判代表理查德 · 费舍在和巴菲特通完电话后知道这是他的真实想法。

马丁 · 布鲁根由于受到其他工会的压力，也感到如芒在背。雷 · 希尔对他说：“布鲁根，不管你要争取什么，你们都做得太过火了。”最后，布鲁根妥协了，司机们也体面地让步了。到星期二下午，大街小巷上又看到了《晚报》。

雷 · 希尔对巴菲特说：“巴菲特，我希望这件事了结之后，我们双方的合作能继续下去。”

“雷，光有诚意是不够的，还要有行动。”

雷 · 希尔认为巴菲特这话的意思是，如果他的工会会员能帮助报社战胜《信使快报》，就能够得到奖赏，但是权力的天平已经倒向巴菲特一边，正如雷 · 希尔自己所说的那样：“在每一次罢工之后，世界就不再是从前那样了。”

布法罗严重的经济萧条给这两家报纸都造成了极大的伤害。可争夺周日版市场的硝烟仍在弥漫，《晚报》取得了一些进展，但是与《信使快报》在发行量上的差距依然存在。5 年后，两家报纸周日版的发行量分别是 19.5 万份与 26.5 万份。尽管《晚报》赔得少了一些，但仍在赔钱。

自从巴菲特买下它，它的税前总损失已高达 1 200 万美元。到了 1982 年年初，芒格认为他们的损失已经是永远都无法填满的无底洞了。

> 除了《晚报》的赤字，我们还有 7 000 万美元的资产和每年 1 000 万美元的利润。但是不论布法罗将来会发生什么变化，我们都百分之百确信，如果当初不买《晚报》，我们现在的利润会更多。

在接下来的几个月，《晚报》周日版的发行量突破了 20 万份大关，尽管比《信使快报》周日版还少一大截，但是布法罗也盛传着会有一家报纸关张的猜测。巴菲特断然否认自己会让报社破产的说法，说他从来没有动过这个念头，可是这座城市确实养不起两家报纸，问题在于谁能撑到最后。到了 9 月，《信使快报》倒闭了。

《信使快报》每年在早报业务上要亏损 300 万美元，是《晚报》的两倍。雪上加霜的是，《信使快报》的母公司明尼阿波利斯星报和论坛报业公司的董事长奥托·西尔哈坦言，母公司的经营业绩也不理想。但奥托·西尔哈知道，蓝带公司有一棵他所没有的摇钱树，那就是财源滚滚的喜诗糖果公司。

《信使快报》关门的那一天，《布法罗晚报》更名为《布法罗新闻报》，并开始发行《晨报》。不到半年，发行量就上升到了 36 万份，远远超过了竞争对手早先创下的纪录，其广告收费也急剧上升，反映出这家历尽劫难的报纸的市场主导优势和垄断地位。《布法罗新闻报》成了一座金矿，甚至可以说是一架收费桥梁。芒格早先那番悲观丧气的话很快就被证明是错的，《布法罗新闻报》不仅赚钱，而且日进斗金。

在没有竞争对手的第一年里，《布法罗新闻报》的税前利润高达 1 900 万美元（这些利润完全属于已经兼并了蓝带公司的伯克希尔·哈撒韦公司）。到了 20 世纪 80 年代后期，《布法罗新闻报》的年均盈利在 4 000 万美元左右，比巴菲特在蓝带公司和伯克希尔·哈撒韦公司上的总投资还要多。巴菲特的投资走上了越来越景气的良性循环，整个投资链也变得越来越强劲有力。蓝带公司可以为喜诗糖果公司提供资金，喜诗糖果公司也能为《布法罗新闻报》不断补充弹药，而《布法罗新闻报》更是让巴菲特赚得盆满钵满。

但是，巴菲特击碎了员工期望变得同样富有的奢求。《信使快报》关张后不久，巴菲特参加了在布法罗斯塔特勒饭店举行的一次报社中层领导会议。会上有人提出："能给报社的编辑和记者们分多少钱呀？"这一请求听起来合情合理，因为他们都立下了赫赫战功。

让大家倍感诧异的是，巴菲特冷冰冰地答道："干日常工作的人（编辑和记者），都无法为公司增加利润做什么大贡献。"这番话让所有的人都目瞪口呆，尽管巴菲特信奉自己残酷却公平的资本家信条。《布法罗新闻报》的经理人在困难的岁月里忍辱负重，而当年那些员工并不愿意与之共担损失，现在他们也一样别想分到什么成果。

当时在场的一位夜间编辑阿尔文·格林说："当时，我简直不敢相信自己的耳朵，这话好像是甩给所有记者和编辑听的。"

《布法罗新闻报》雇员们的薪水尽管都提高了，但没他们原先期望的那么多。正如阿尔文·格林所说的那样："最让我们失望的就是，尽管我们赢得了斗争，也涨了不少薪水，但这些也没什么特别的，大家心里都感到有些失落。"

在《信使快报》倒闭之后，《布法罗新闻报》员工的收入在美国报业员工同盟的排名从巴菲特购买报纸前的第 7 位下滑到了第 13 位。不过，美国报业员工同盟的代表雷·希尔认为巴菲特已经兑现了诺言。雷·希尔说，如果他处在巴菲特的位置也会这么干。

作为布法罗市唯一幸存的报纸，《布法罗新闻报》面临着过去从未有过的挑战。巴菲特在写给伯克希尔·哈撒韦公司合伙人的年度信件中指出，具有垄断地位的报纸就没有保证其质量的经济动力了。

> 报纸的业主自然而然地希望他们的丰厚盈利来自报纸完美的质量。这话说起来容易做起来难……不论质量好坏，具有垄断地位的报纸总能赢利……

巴菲特承诺要保证报纸的质量，而且从数字的角度来看他也做到了。《布法罗新闻报》的新闻栏目和广告数量大体上保持了平衡，在全美国所有的日报中都是最高的。

巴菲特和斯坦福·利普西仍旧是好朋友，不过他来报社不像过去那么勤了，记者们也听不到他读完文章后的评价了。渐渐地，他手下的员工都觉得有些失望了。无论如何，巴菲特还是个为人不错的老板，也不像其他老板那样苛刻。不过这些记者们希望他即便不能像之前那样天天待在报社，至少也能多在报社出现几次，因为他们觉得报纸已经丧失了当年和《信使快报》竞争时的那股闯劲儿。

以调查见长的记者李·科波拉离开了报社，转投了广播业，后来成了布法罗市的助理检察官。他之前曾因为巴菲特的到来而感到热血沸腾，之后他仍然同巴菲特偶尔保持着通信联系。像那些曾经对巴菲特寄予厚望的人一样，李·科波拉的心情也很复杂。他说："我的梦想没能实现。"不过，他又补充了一句："但直到今天，我依然很尊敬他。"

在与《信使快报》那场腥风血雨的战斗结束10年之后，《布法罗新闻报》走进了布法罗市75%的家庭，在全美国的各大城市报纸中独占鳌头。但是，布法罗变得比拥有两家报纸时更穷了，整个城市的读者群比《信使快报》经营时要少了很多。

诚然，巴菲特有权利和充分的理由来办周日版，使布法罗的报业竞争局面就像其他城市一样。不过，即使巴菲特没来布法罗，这个城市也同样养不起两家报纸。事实上，巴菲特只是帮着那双看不见的经济之手推了一把而已，其中一家报社肯定会倒闭，还会有人失业。人的心思难以揣摩，也许巴菲特早就想到过事情的结局会是这样的，甚至他在法庭上就想到了这一点。我们不妨看一下他对一位同事谈起的另一家报纸生存的前景：

> 在过去数年里，数以百计的报纸业主也在增加投资。不过，我想，而且很多"专家"也相信，其实在一个大城市里，并不允许有一家以上的报纸同时兴旺经营，事实就是这般残酷。

这是巴菲特在1972年写的，比他考虑买入《晚报》的打算还要早5年。巴菲特早就明白，不是市场上第一宠儿的报纸注定要失败。他只是在布法罗证明了这一点罢了。

在伊利湖边，人们久久不能忘却两家报纸之间你死我活的肉搏战。多年以后，《信使快报》的那些老雇员还对该报的关张唏嘘不已。就连他们的孩子都对巴菲特的《布法罗新闻报》心怀敌意，可是他们同《布法罗新闻报》员工的孩子们一样，还得每天花钱买报。弗斯的助手（后来的合伙人）丹尼尔·梅森暗自念叨："巴菲特终于笑到了最后，垄断了市场。"

第 12 章 BUFFETT

股东利益至上

巴菲特经常乘飞机来往于纽约、华盛顿和布法罗之间，他和苏珊之间相处的时间越来越少，两人之间的距离也越拉越远。苏珊对自己的演唱事业越来越上心了。尼尔·希达卡在奥马哈听了她的演唱之后，建议她当个专业歌手，她很受鼓舞。巴菲特在投资界的朋友比尔·鲁安还特意安排她在曼哈顿的几家夜总会试唱，包括特兰普斯夜总会和舞厅夜总会。巴菲特在纽约的朋友发现苏珊唱得很不错。罗克珊·勃兰特之前也是一位歌手，她说："如果苏珊走在大街上，你根本看不出她是个富家太太。"

当一些公司请苏珊回纽约讨论签约的时候，她已经开始考虑发行专辑和巡回演唱的相关事宜，甚至还同威廉·莫里斯星探公司签订了合约。

1977年春，当巴菲特忙于收购《晚报》时，苏珊在奥马哈的法国咖啡屋演唱。她和同事们偶尔会在演出结束后回到家中欢饮畅聊。巴菲特有时会和他们待上一小会儿，然后就会躲到书房，让苏珊一个人忙前忙后招待大家。儿子彼得回忆说："我给他们拍过一张照片，妈妈和咖啡屋的人来家里的时候，爸爸就像个家长，总在楼上书房看书，妈妈和她的朋友们则像一群孩子。"

巴菲特夫妇在生活中的隔阂非常明显。1977年4月他们庆祝银婚时，斯坦福·利普西让一位漫画家画了幅漫画，画中的巴菲特和苏珊在结婚蛋糕上面擦肩而过。

他们的兴趣差别是如此大，以至于当孩子们都不在家的时候，苏珊会倍感失落。家中的常客、画家朋友肯特·贝洛斯认为他俩的婚姻是一段"美妙的姻缘"，两人是典型的异性相吸。更多的时候，巴菲特都会把自己封闭起来，专注地阅读《标准普尔股票指南》，忘我地思考有关投资的问题。从情感的角度来看，他和苏珊恰好是两个极端，苏珊对贝洛斯说："巴菲特只要有一本书和一个 60 瓦的灯泡就足够了。"

苏珊想要的肯定不只这些。她很外向，感情世界也很丰富。她乐于体贴别人，为他人着想，对于这一点巴菲特自然体会最深。女儿小苏珊说："正是因为有了妈妈这个贤内助，爸爸才能有那么多时间专注干自己的事。爸爸做事总是很用心、全情投入。"儿子彼得说得更明确："妈妈是为别人而活着。"直到深夜，苏珊才有时间一个人静下来听听音乐。

苏珊很少接受媒体的采访。有一次《奥马哈世界先驱报》在采访她的演出生涯时，苏珊说她很感激巴菲特支持她的演唱事业。这篇采访在他们结婚 25 周年纪念日之前两天发表了，不过其中苏珊对巴菲特的描述被删掉了。谈起他们的恋爱史时，苏珊说她当时"正疯狂地爱着另一个人"，但最后还是顺从了父亲的意见，发现巴菲特是个"相当不错的人"。不过苏珊没有说为巴菲特而疯狂过，也没说她是否会常常想起过去与米尔顿·布朗的那段浪漫史。20 多年过去了，她还经常谈起如果当初嫁给布朗而不是巴菲特的话，生活又会是什么样子。（这时，米尔顿·布朗已是艾奥瓦州德梅因的一位成功的食品经销商。）

当时，家里只剩下巴菲特夫妇俩了。女儿已经出嫁，在加利福尼亚州欧文市的《21 世纪报》工作。霍华德则从南达科他州奥古斯塔纳大学退学了，他用从伯克希尔·哈撒韦公司股票中套现的钱购买了掘土设备，在奥马哈附近创办了一家巴菲特挖掘公司。小彼得刚被斯坦福大学录取。

1977 年 9 月，苏珊在奥菲厄姆演出了一晚上，那是奥马哈城一家富丽堂皇的多功能剧场。在那个特别的晚上，面对所有家乡的父老，苏珊把自己柔情似水的音乐风格表现得淋漓尽致，她唱了首伤感的歌：《让我觉得我们还在相爱，好吗？》。

没过几天，45 岁的苏珊离开丈夫，搬出了巴菲特在法纳姆大街的家，去旧金山租了套公寓。（儿子霍华德被突如其来的家庭变故弄懵了，彼得则觉得母亲弃家而去是早晚的事。）苏珊告诉自己的孩子，不论是从法律意义上还是在别的方面，她并没有和巴菲特离婚，只是早就想自食其力而已。

这对巴菲特来说不啻晴天霹雳，他感到惊愕、绝望和无助。他原来有一方恬静的港湾，不论在大海上航行时遇到了什么风雨险阻，都能回到港湾中休憩，让他专心工作。现在他的港湾已经不在了，他的家庭温暖与快乐已经不在了，苏珊对他心灵的温存慰藉也已经不在了，没有人能够代替她的位置。巴菲特对姐姐说："25 年来，苏珊一直是我心中的阳光和雨露。"

巴菲特不明白苏珊为何要离开家，为何她会感到孤独。在给苏珊打电话时，巴菲特哭成了一个泪人。苏珊安慰巴菲特说，她离开只是两人关系的一种建设性调整，并不是说两人从此就成为陌路人了，他们还可以通电话，还可以一起旅行，甚至像过去一样去纽约和位于拉古纳海滩的别墅度假。苏珊说他们仍是夫妇，关键是"两人各有不同的追求"。

巴菲特的女儿回家陪了他几个星期，小苏珊得到了慈父的呵护和关心，她也很喜欢父亲。当时小苏珊短暂的婚姻也正处于崩溃的边缘。小苏珊的到来给空荡荡的房子增添了无限的生机，她帮父亲收拾家务，免得巴菲特一天到晚只能吃爆米花，脏衣服也没人洗。巴菲特对女儿疼爱有加，对她能够在一下午洗完一大堆衣服赞不绝口。小苏珊回忆说，爸爸并不经常谈起妈妈。

> 那时他很难表达自己的感受。我记得他坐在椅子上看书，会和我谈谈洗衣服的事。我说："如果你录一盘磁带，里面有妈妈回来时开门、关门和说'我回来了'的声音，其实一切都好像没有改变，你会觉得她还在家里。"

那些一向称赞巴菲特夫妇是模范夫妻的亲朋好友对此也感到震惊和痛心。但是，在大多数人看来，巴菲特夫妇并非通常意义上的离婚。虽然苏珊身在加州，但他们几乎每天都通电话。一到圣诞节，他们就和孩子们在位于拉古纳海滩的别墅团聚。春天来临的时候，巴菲特和苏珊还和往常一样去纽约度假半个月。

当巴菲特发现妻子变化并不大时，他的情绪才有所好转。在内心深处，他最害怕的就是改变。巴菲特其实打算要搬到加州南部生活，这样他就离家人都要近一些，但是他最终没有搬，其中一个重要的原因就是伴随他多年、对他忠心耿耿的秘书戈拉德·凯瑟，更主要的还是因为他讨厌改变，不愿抛弃熟悉的一切去重新开始一段新的旅程。

与之相反，苏珊住在一套像学生公寓一样简陋的公寓里，屋子里的摆设让人觉得像是小姑娘的房间，例如房间里装有米老鼠造型的电话。她对这样的自由自在感到由衷的满足，尤其是她人到中年才拥有了这份来之不易的悠闲自在。苏珊的一些私生活对巴菲特有所保留，巴菲特也不会强求她告诉自己一切，家里人也都理解苏珊有自己的需求。全家人还是一如既往地保护着巴菲特，希望让他继续干好自己的事业。他的妹妹罗伯塔说："我们都很想保护巴菲特，我不知道这究竟是怎么回事，不过应该是日积月累的结果。"

苏珊其实比任何人都更加呵护巴菲特，她仍在注视着他、关心着他。苏珊编织人际关系网的才能绝对不比巴菲特逊色。她甚至建议奥马哈城的几个女人请巴菲特看电影，或为他做晚饭，其中一位叫阿斯特丽德·蒙克斯，是在法国咖啡屋工作的 31 岁的金发女招待。阿斯特丽德为巴菲特做过几次汤，并开始经常来探访巴菲特。苏珊对她很是支持。

如果说在奥马哈有谁的生活方式和巴菲特截然不同的话，那就是阿斯特丽德。她住在一个嘈杂市场上的一处阁楼里，附近到处是理发店和咖啡厅。她出生于拉脱维亚，小时候来到了奥马哈。她年幼丧母，做侍者的父亲便把她寄养在孤儿院里。认识阿斯特丽德的人对她的评价最多就是个"劫后余生者"。她是旧货店和廉价商店里的常客。她面容姣好，棱角分明，即便是穿着旧衣服，她也显得楚楚动人。一到冬天，她会裹着阿富汗大围巾，穿着皮毛大衣，牵着自己那条心爱的红毛狗，迎着奥马哈的寒风和鹅毛大雪走在街上，看上去就像《日瓦戈医生》中的一个角色。

阿斯特丽德似乎认识奥马哈城里所有放荡不羁的人，但她喜欢给别人带去帮助和温暖，而且不爱出风头。当苏珊在法国咖啡屋唱歌的时候，她总在演出间隙为苏珊端茶送水。她的本能中有一种对人呵护有加、谦逊善良的美德。

在苏珊搬出巴菲特家一年后，阿斯特丽德住了进去。巴菲特的这个决定让儿子霍华德感到困惑，也让其他人迷惑不解。画家肯特·贝洛斯知道阿斯特丽德是旧货店的常客，所以对她找到全市最富有的男人感到大跌眼镜，他大声问阿斯特丽德："你和巴菲特到底是怎么回事？"

有人说巴菲特不过是找了个厨子罢了，可事实上他们确实是天造地设的一对。阿斯特丽德和巴菲特性情相投，他们在一起也能相处融洽。巴菲特会不停地搜寻廉价股票，阿斯特丽德则去旧货店或超市为这位亿万富翁买回打折的百事可乐。巴菲特待在书房里时，阿斯特丽德就会待在花园里。阿斯特丽德喜欢待在家里，这样一来，巴菲特就不用为生活琐事操心了。如果彼得乘夜间火车回家，阿斯特丽德还会去火车站接他。

也许阿斯特丽德过去的生活太孤单了，因此她在生活中总能迎合巴菲特，而且一点儿都不觉得丢脸或没面子。当然她有时也会反对巴菲特，不过那种反对完全是轻描淡写的，两人之间的这种关系显得有些奇特。阿斯特丽德找到了一个伙伴和一种安全感，巴菲特则多了一个家人和一起吃牛排的人。但是阿斯特丽德自住进巴菲特家起就明白，他并没有打算再婚，因为他在精神上还眷恋着苏珊。不过，阿斯特丽德给了巴菲特一个温暖舒适的家，还把他的衬衫熨得笔挺，好让他体面地去见苏珊。

起初，阿斯特丽德宁愿离开奥马哈城也不愿待在空荡荡的家里。但是，过了一段时间之后，她就习惯了巴菲特的来去匆匆，和巴菲特的家人也变得熟稔起来。让人觉得不可思议的是，阿斯特丽德与苏珊的关系非常密切。苏珊来奥马哈时，她们会一起做饭，尽管苏珊不住在法纳姆大街。在伯克希尔·哈撒韦公司的一次年会上，这两个女人并肩坐在一起窃窃私语，她们共享的男人巴菲特则在台上主持仪式。

这个让人难以捉摸的三人组合形成了一种难以名状的韵律美。阿斯特丽德日复一日地照顾巴菲特的衣食起居，巴菲特离开奥马哈后则由苏珊负责照顾他。他们会一起去纽约和加州看望老朋友。在所有正式场合中，比如参加半年一次的本杰明·格雷厄姆门徒聚会时，巴菲特总是带上他的妻子。

从表面上看，巴菲特和苏珊的个性都没有变。艾奥瓦州的零售商乔·罗森菲尔德经常与巴菲特夫妇在加州会面，他说："他俩和别的夫妇看起来没有什么区别。"小苏珊说她父母之间的关系基本上没有变。儿子彼得认为这真是一种"超现实主义"的关系，他俩的住处相隔 1 500 英里，可好像什么都没有改变。

霍华德·纽曼（本杰明·格雷厄姆合伙人的儿子）甚至戏谑地称巴菲特同时占有了两个女人。可是，巴菲特并不是这种玩笑所指的那种"花花太岁"。他对待这两个女人是有准备的，而且对待两人的方法也不相同，就像事先写好的剧本一样。事实上，苏珊和阿斯特丽德是两种类型的人，这也让巴菲特的朋友们感到有些难以适应。尽管他们后来习惯了这种三角关系，但还是觉得不可思议。

有人想知道巴菲特对婚姻到底有过多少探究（例如，彼得就曾经问过是不是父亲和母亲交往之初就想过要和她结婚，巴菲特对此不予置评），或者他重新找一个贤内助只是为了让自己继续干好工作而已。但是，不管朋友心中有多少困惑，巴菲特还是找到了，或者说创造出了一种对自己有利的解决办法。与苏珊保持关系，虽然相隔甚远但能够给他一种渴望多年的延续感，这是当年他迫不及待地回到奥马哈想要寻找的感觉。这还能够使他免受离婚的创伤，也不必大费周章地去重新界定离婚后的生活状态。

这种深思熟虑确实是巴菲特的一大特点。"我喜欢自己的生活，安排好了生活，我就可以安心做我想做的事了。"有一次他对记者这样说道。巴菲特依旧不修边幅，对所谓的社会清规戒律也嗤之以鼻。对于这种奇妙的两女一男的关系他不愿意多谈，在一次公开发表言论时，他简单地评价说，这种关系让三个当事人都受益："如果你对他们每个人都很了解，你就会理解这种关系了。”

不过，巴菲特在与朋友们的谈话中曾提过阿斯特丽德是托了苏珊的福。阿斯特丽德住进巴菲特家后，当年和巴菲特一起经营弹子球生意的唐纳德·丹利来奥马哈拜访过他，丹利自然很想了解阿斯特丽德的情况。唐纳德·丹利发现他俩晚上睡在一起，巴菲特告诉丹利这两个女人都是他的朋友。唐纳德·丹利说：“我想这对他很重要，他的意思是跟我表明他不会干什么偷偷摸摸的事。”

在儿子彼得看来，母亲离家出走后的头几年里，巴菲特过得很凄凉。彼得说：“在很长一段时间里，他都很伤心，也很空虚。”巴菲特的一位女性好友也说他“内心十分焦虑孤独”，但是让这位朋友感兴趣的是他是如何应对这种局面的。只有和巴菲特很亲近的少数几个密友才知道他的悲痛欲绝。据他的儿子回忆说，有时父亲会试着忘记不快，专心工作。他就像一匹“戴上眼罩的马”，谨小慎微地安排自己新的生活。

当少年时代遇到坎坷时，当被困在不喜欢的华盛顿时，巴菲特就做起了报童。尽管他现在已经是当年所送的几家报纸的老板了，但是他的工作状态并没有多大的改变。天还没亮，他就迫不及待地起床，好像办公室里还有一大捆报纸等着他去送。在两个女人的悉心照料下，他现在打电话的声音都更洪亮了，就像生活中从来都没有不快一样。他的密友乔·罗森菲尔德从未见巴菲特沮丧过：“他的全部精力都投入到伯克希尔·哈撒韦公司中了。”

巴菲特并没有因为婚姻的嬗变就在投资上消沉下去，而是愈挫愈勇。20世纪70年代后期，就像别人之前很难估计他是如何把握投资时机一样，巴菲特的伯克希尔·哈撒韦陆续进行了多项投资。当股市疲软时，他兴致勃勃地用伯克希尔·哈撒韦旗下保险公司的大量浮存金来买入股票，包括美国阿美拉达赫斯公司、美国广播公司、政府雇员保险公司、通用食品、奈特－里德报业集团、通用媒体、西弗科（Safeco）保险公司、F·W·伍尔沃思公司等多家公司的股票。

市场上当时有谣言说，只要巴菲特买进某只股票，他就能把股价往上推动 10%。经纪人阿特 · 罗斯尔说："通用食品的股价都涨疯了，不过巴菲特不承认他在买进这只股票，等别人在低价位抛售时他又会大单买进。查理 · 芒格会大声咒骂：'这群家伙的又在跟风了。'"①

巴菲特一边投资，一边写作。他有几次是为经济杂志撰文，主要还是为伯克希尔 · 哈撒韦公司写年度报告。以前巴菲特的内心总有一种渴望，那就是记录下自己的投资进展状况，直到巴菲特合伙公司开张后他才辍笔。现在他多是写些投资、管理和金融方面的书信体报告。

我们不知道是什么时候开始的，但他后来重新印制了这些信件。最初这是从他 1977 年写的一封信开始的，当时正是苏珊离家的那段时间。这封信介绍的是巴菲特最基本的投资理念，但是估计没有多少人读过它。巴菲特介绍了自己评价股票的方式，就像他评价一个企业一样：他寻找的是自己能够深入了解的公司，它有一个诚实干练的管理团队，有着良好的成长前景，而且股价不高。他对短期套利交易不感兴趣。

巴菲特写这封信的灵感来自 70 年代末期华尔街股票交易市场上的奇怪景象。巴菲特推荐的股票遍地皆是，但就是没人愿意购买。1979 年夏天，道琼斯指数下挫到 800 多点，甚至比 1969 年的平均点位还要低。因为 70 年代中期美国经济不景气，所有大报头版都刊登着阴霾笼罩的消息：美元贬值、日元升值、石油输出国组织动作频繁、美国国内能源短缺、民众普遍认为美国在走下坡路。表里不一的尼克松被赶出白宫，但是新入主白宫的吉米 · 卡特却有德无能。乔治 · 布什决心力取白宫，但对日益堆积的联邦政府债务感到震惊。他发誓，如果当选，自己在第一届任期内就要实现预算平衡。

5 年前，美国经济也面临着同样的衰退局面，最后华尔街渡过难关，迎来了历史上最强劲有力的一波经济复苏。但是这并不能给人以安慰。金融市场的运行是有周期的，不过只有在回眸的时候才能看清楚。而在市场行情展开的时候，投资者却像被迷雾遮住视线一样，难以预知未来，

① 伯克希尔 · 哈撒韦公司当时在年末公布了大规模的投资交易情况。

市场上的每一点变化似乎都是独特的。70 年代末，通货膨胀率高达让人头疼的 13%，华尔街的贷款利率也达到了两位数。在内地还出现了一大批商品投机商，他们买卖黄金、钻石、艺术品、房产、稀有金属、冷冻食品，并为别人提供如何渡过通货膨胀难关的建议。这些人的观点是："别把资产都压在股票上。"

巴菲特认为股票代表着美国投资者的未来，因此他备受冷嘲热讽。在 1979 年的一封信中，巴菲特写道，他惊讶地发现"养老基金经理们当年只把手头 9% 的资金投入了股票，他们本应该着眼于长线投资，这种做法实在是鼠目寸光"。巴菲特还忍不住补充了一句："我们对伯克希尔·哈撒韦的投资组合充满了希望。"

其实任何人都不否认股票很便宜，但是与过去的每次熊市一样，这些基金经理都在等待"局势明朗"的那一天。制造商汉诺威（Hanover）从市场中抽出了 60% 的资金，资深投资顾问维克多·梅隆解释说："有些问题还悬而未决，局势还不够明朗。"詹尼·蒙哥马利·斯科特公司（Janney Montgomery Scott）副总裁海因茨·H·比尔也持同样的观点：

> 知道股价很低并不意味着人人都会买进，因为未来的天空很可能继续乌云压顶。

《商业周刊》的预言更是让人感到揪心，在 1979 年 8 月的第一期，它的封面标题让人过目不忘——《股票的终结》。这篇文章写得很有创意，细致入微地刻画了股市的不景气。作者建议人们投资于货币市场、快餐特许经营权或珍贵的邮票等，股票则已经过时了。股价太低，这是"一潭死水"，证明股市不仅人气不旺，而且已经步入了坟墓。

巴菲特的观点恰好相反。同一周，他在《福布斯》杂志上撰文批评了这些养老基金经理胆小懦弱的本性和过时的观点：

> 未来之事永远没人知道，但是等到大家都看好股市的时候再入场，价格就高了。那些着眼于长远的投资者一直都需要学习如何与

不确定性周旋。

这篇文章反映出巴菲特想要解读股市的渴望，而且他希望这种解读比自己在 60 年代的思想更加深入。他说基金经理们都把资产集中到了当时年利率为 9.5% 的公司债券上。原因很简单：股票没有利息，而且风险太大，这在当时的熊市中更是如此。

但是，巴菲特看到的不仅仅是表面现象。实际上，他认为当时的股票风险是降低了，而非增加了。因为巴菲特不仅仅看到了股票本身的风险大小，也看到了它背后所隐藏的企业的实际经营状况。股票与债券一样，都是对公司所有权的一种证明。股票其实也有利息，那就是企业的盈利，只不过不明显罢了。

比方说，列入道琼斯指数中的某家公司的账面价值增加了 13%，这是某个公司很容易就实现的业绩，但是它的估价可能会低于账面价值。在巴菲特看来，如果闭上眼的话，这只股票其实就是一只“道琼斯债券”，利息为 13%，这比一般公司债券的利率高得多。如果某个投资者有耐心，他一定会得到这 13% 的回报率。

即使在熊市中，巴菲特的股票仍在升值。现在伯克希尔·哈撒韦的股票价格已经高达每股 290 美元，使巴菲特的财富增加到了 1.4 亿美元。不过有一点让人们迷惑不解，那就是巴菲特的年薪只有 5 万美元，他却从不出售伯克希尔·哈撒韦的股票来套现。他甚至连 1 股伯克希尔·哈撒韦的股票都不舍得卖，他觉得自己的股票弥足珍贵。他也不让公司给股东分红，从他那蒸蒸日上的公司里刮出点儿钱来简直是难于上青天。

因为巴菲特要负担两个家的开支，所以他向奥马哈的一位股票经纪人查尔斯·海德诉苦说：“我的一切收入都来自伯克希尔·哈撒韦，我想再捞点儿外快。”

到了 20 世纪 70 年代末，他用个人账户买入了一些股票。他在用自己的钱投资时，显得大方一些。比如他曾经买入过特勒丁公司的股权，股权投资的风险是很大的，他要么投资失败，要么大赚一笔。他的一位朋友还说，巴菲特曾经买过黄铜期货，这完全是凭运气在投机。

“巴菲特赚钱太容易了，简直让人感觉有些可怕，”伯克希尔·哈撒韦的一位雇员说，“他对自己要买的股票先分析一番，然后钱就如潮水般向他涌来了。”当一个朋友建议巴菲特在房地产领域拼杀一番时，巴菲特皱着眉头笑着说：“在股市赚钱这么容易，我为什么非得跑到房地产领域去呢？”经纪人阿特·罗斯尔说：“巴菲特在股市赚个300万美元只是举手之劳。”

虽然巴菲特已经大富大贵，但他的生活一如既往的简朴清淡，至少奥马哈城里的人是这样看的。他开着那辆老林肯车到位于凯威特广场的办公室上班，和另外5个人在那里处理伯克希尔·哈撒韦的业务。他的主要消遣就是打打桥牌，翻翻经济学读物，看看电视上的体育比赛和谈话节目。他和阿斯特丽德出去吃饭通常都到格兰特餐厅，这是巴菲特的小学同学开的一家不起眼的牛排馆。

不过，巴菲特的交际圈、事业和写作业已经逐渐延伸到奥马哈之外。他的40岁生日是在奥马哈的一个高尔夫球场度过的。在1980年夏天他过50岁生日时，苏珊在纽约的大都会俱乐部给他办了一个盛大的聚会，所有来宾都穿着正式礼服。斯坦福·利普西给巴菲特带来了一大包爆米花和很多欢笑。前来道贺的还有他在宾夕法尼亚大学的同学杰里·奥兰斯、中学同学唐纳德·丹利、当年在格雷厄姆－纽曼公司的同事沃尔特·施洛斯、泄露“桥梁收费站”说法的戈茨曼，还有凯瑟琳·格雷厄姆、卡罗尔·卢米斯和马歇尔·温伯格。巴菲特还特地带来了当年第一次创立的威尔逊弹子球公司的资产负债表。主力歌手苏珊为自己的男人动情地演唱，朋友们纷纷向他道贺，最后是芒格煽情的祝酒词。

当天，在那间大木屋里，大家玩得都很尽兴。巴菲特穿着一双鞋底都几近磨平了的鞋子，梳着大背头，嘴角微翘，看上去就像个地地道道的教授。他依然面庞清瘦，杂乱的眉毛给他平添了几分思想家的气质。实际上，当天参加聚会的人不仅感到快乐，而且心情都很激动，甚至对巴菲特有些崇拜。凡是持有伯克希尔·哈撒韦股票的人都发财了，当时股价已经达到了每股 375 美元。

不过，第二年，巴菲特差点儿命丧黄泉。他和芒格共同的好朋友、基金经理里克·戈林的妻子突然死于非难。在奥马哈的巴菲特给在加州的里克·戈林打了个电话。

“我的心都要碎了。”里克·戈林说。

“我能理解你的心情，”巴菲特说，“我父亲去世时我也有这种感觉，就像有人在我胸口狠狠地捶了一拳一样。”

稍过片刻，巴菲特建议说：“你看这样好吗，你带上儿子飞到查理·芒格在小岛上的别墅去，我们一起在那儿住上三四天散散心吧。”

芒格的小木屋在明尼苏达州的一个湖上，芒格带着他们乘坐摩托艇去钓鱼。当摩托艇转弯时，水从船舷处涌了进来。里克·戈林提醒大家小心。不过，芒格没有留心，继续加油门。没过多久船就沉了，巴菲特被卡在船底，差点儿被淹死。身强力壮的戈林设法把巴菲特拉了上来。虽然他们都极力安慰巴菲特，但是巴菲特还是惊魂未定，不停地发抖。芒格也由此得了个新外号——“芒格船长”。

巴菲特为了陪里克·戈林散心而把手边的一切工作都放下，里克·戈林为此十分感动，他说：“他很有同情心，只是很多人都没有机会发现他这个特质而已。这对我而言是一份厚礼，因为他给了我这么多时间。”

除了得到里克·戈林这样的亲密伙伴的崇拜之外，巴菲特的信件开始在华尔街广为流传。银行家们开始复印这些报告，相互传阅。巴菲特第一次在投资界拥有了大批拥趸。巴菲特敏锐地观察到，伯克希尔·哈撒韦开始拥有一批“单股股东”，他们只买入伯克希尔·哈撒韦公司的 1 股股票，为的只是弄到巴菲特的这些报告。

芒格说巴菲特只是恰巧经营了一家上市公司，他要是在奥马哈开一家私人公司，肯定会更开心。这话虽然有道理，但是他没有考虑到巴菲特作为一个布道者的收获的乐趣。巴菲特在写那些信的时候找到了自己的舞台。他能抓住伯克希尔·哈撒韦某一方面的问题，例如某个会计问题或是某个保险问题，写出洋洋洒洒的一大篇专题文章。从这个角度来考虑，巴菲特的那些信就是对公司鞭辟入里的分析。一个投资者如果读完了通用汽车公司的年度报告，那么他只能了解通用汽车公司，却看不到公司高管的偏见，因为这样的报告通常是严谨的、实事求是的，就像西伯里·斯坦顿写出的报告一样。而巴菲特的文章充满了他对性、贪欲、人性弱点甚至自身的批判。巴菲特的文章虽然在结构上有哈佛商学院的学院派气质，但语言却有富兰克林《穷理查德年鉴》的平实风格。这样的报告不仅仅适合凯瑟琳·格雷厄姆这样的高管阅读，而且全华尔街和全美国的民众都看得懂。

巴菲特的朋友杰克·拜伦在读信时就有这种醍醐灌顶的感觉。一位来自特立尼达岛的年轻企业家理查德·亚茨刚虽然不认识巴菲特，但他在 19 岁时拜读了巴菲特写的信之后，就有一种茅塞顿开的感觉："我得到了一份伯克希尔·哈撒韦公司的年度报告，真是上天对我的恩赐。"

有人认为这是因为天才的巴菲特无比巧妙地揭示了美国资本主义和伯克希尔·哈撒韦公司的运行规律。商业大亨并不罕见，写信的人更是多如牛毛，但现在出了一个 J·P·摩根式的人物，并且用戏剧演员威尔·罗杰斯式的幽默在调侃戏谑。他的笔下妙语连珠，旁征博引，文间常常引用哲学家帕斯卡尔、经济学家凯恩斯、影星梅·威斯特和著名棒球教练优吉·贝拉的名言。你如果不仔细阅读这些文章，就会错误地以为他是个乡巴佬。不过，语言的要素只是其次，最重要的是巴菲特能把一些看似错综复杂的问题条分缕析地解释清楚。

20 世纪 80 年代早期，人们发现巴菲特的信件中有三个经常出现的主题，其中之一就是巴菲特非常担心再次发生通货膨胀，他担心政治家们是否真的有能力控制货币发行的节奏。巴菲特总是把通货膨胀视作一种痼疾，其实这种观点是有些褊狭的。"价格和贞操一样，人们可以保护它，但不能在失去之后又重新拥有它。"其实，巴菲特是担心通货膨胀会破坏长期债券的基础，然而事实证明并非如此。

不过，巴菲特的洞察力使他（和许多细心的读者）把通货膨胀造成的损失尽量降低。他对通货膨胀给保险业带来影响的论述很有见地。通货膨胀会使债券的价值受损，而保险公司的大部分资金都投在债券上，这是一种谨慎的做法。巴菲特发现，当债券损失上升时，保险公司不愿像往常一样卖掉部分资产来还债，因为不管谁卖掉债券，都会遭受巨大损失。因此，他意识到，保险公司并不急于收回债券业务上的投资。

> 购买债券的大量资金来自保险客户和投保者（他们通常是流动的），这些钱不过是暂时存放在保险公司那儿罢了。

保险公司筹资的另一种方法就是接受更多的投保，巴菲特认为这只能导致保险公司无限量地扩张业务，使保费下降到近乎不能带来盈利的地步，最终导致巨额损失。他在信中明确地说明了这一点。伯克希尔·哈撒韦只持有很少量的长期债券，巴菲特说，买了长期债券就相当于在 30 年内把自己的“钱”贱卖了。在通货膨胀时期，这就好比一种自杀行为，就像提前几十年给伯克希尔·哈撒韦出厂的纱锭定了价一样。

不过，尽管人们明白通货膨胀的道理，可是谁也无法阻止它的发生。巴菲特痛苦地指出，他接手伯克希尔·哈撒韦的时候，它每股股票的账面价值等于当时的半盎司黄金，15 年以来他殚精竭虑地使股价从原来的每股 19.46 美元上升到每股 335.85 美元，但现在还是只能用 1 股股票买到半盎司黄金。

他认为最好的办法是投资于那些对通货膨胀抗跌性强的公司，例如通用食品公司和雷诺工业公司（美国第二大烟草公司）。巴菲特认为，公众认可度高的消费品可以随着通货膨胀而提高价格，例如卡夫食品旗下的 Post 品牌谷类食品和雷诺工业公司旗下的云丝顿香烟（Winston）。他还买入了一些矿业公司的股票，如美国铝业公司、克利夫兰－克利弗钢铁公司、汉迪哈曼机械公司以及恺撒铝业及化学品公司。不过，巴菲特在信中也提醒读者，伯克希尔·哈撒韦和任何人一样，都没有根治通货膨胀的良方。通货膨胀是“一条巨大的企业蛀虫，它不管企业是死是活，每天都会无情地吞噬掉企业的巨大资产”。

在华尔街，通货膨胀引发了人们对企业资产的疯狂购买。公司也和个人一样，火急火燎地要把现金换成纸币以外的其他资产，这导致了20世纪80年代早期的兼并狂潮。许多久负盛名的公司，诸如德尔蒙特、国民航空公司、七喜、斯图贝克汽车公司和纯品康纳公司都被人以高价买断。这使得亿万富翁巴菲特对华尔街提出了最为尖锐的批评。

在他看来，企业经理人的虚荣心会使他们达成一些愚蠢的交易。这些秉持“适者生存”法则的经理人个个精力旺盛，可往往像动物一样“有勇无谋”。他们会根据自己城堡的大小来评价自己的实力，而不像巴菲特一样有严格的收益评价标准（巴菲特认为这才是唯一明智的评价标准）。这些经理人不像巴菲特那样会在低价位买下公司的一小部分股份，而是喜欢花一大笔把整个公司一下子都买下来。不过不用为他们担心，这些狂妄自大的经理人自认为是优中选优的人才，有能力付出高昂的代价。

> 很多公司高管的做事方式就像童话故事里的情节一样幼稚，一个美丽的公主吻了一下他的额头，那位被变成癞蛤蟆的王子就变回了原来的英俊面容。因此，他们自以为自己的天才之吻能给公司换回巨大的利益……这样的吻我们见多了，但是奇迹却很少出现。

这段话是巴菲特在1981年的报告中写的，当时正值兼并狂潮的初期。第二年，他忍不住再次提笔。许多公司的高管开始通过发行新股的方式来募集资金，进行收购活动。巴菲特对这种天真幼稚的做法进行了无情的批驳。他首先指出，这些看似在兼并其他公司的高管不仅在买进资产，其实也在卖出自己的资产。由于发行新股，现在所有股东拥有的公司所有权的比重都减少了。为了掩盖这个事实，首席执行官们的说法是“A公司买入了B公司”。但是，“细想一下，真实情况应该是‘A公司出售了自己的部分资产来交换B公司’，这一说法虽然难听多了，却和现实情况更加吻合。”

那么他们为什么要用这种障眼法呢？大多数股票，包括收购方的股票价位都很低。在这种情况下，收购方其实是在用自己并不心疼的货币来买东西，就像美国人在巴黎购物一样，因为美元的价值被低估了。当他买下其他企业时，他同时也把自己公司的一部分廉价出售掉了。

巴菲特建议这些管理层和董事们“擦亮眼睛”，问问自己是否愿意以这种低价出售整个公司，如果不愿意，那为什么还要卖掉其中的一部分呢？

> 管理上如果有小错误但是不能纠偏，那么日积月累，千里之堤会溃于蚁穴的。（赌城拉斯韦加斯就是靠人们的财富转移建设起来的，人们也以为小赌一把也输不到哪里去。）

最让巴菲特有切肤之痛的，是这些公司高管用股东的钱来扩建自己的帝国，而他们的首要职责本应是为股东服务。巴菲特认为，这样的经理人“最好到政府部门去任职”。

巴菲特形象地把公司的高管们比作官僚，因为他知道这样能够形象地揭示出他们身上的痼疾。不过在生活中巴菲特与许多首席执行官都是好朋友，经常和他们一起吃饭，因此他在写信的时候尽量保持小心谨慎，不提及他们的名字。尽管如此，巴菲特还是与业界的朋友们疏远了。（关于白领阶层犯罪，他写道：“用笔偷一大笔钱比用枪抢一点儿钱要安全得多。”）

巴菲特谈论得最多的话题，就是公司经理人和股东之间的关系。巴菲特认为，替别人打理财产的压力是很大的，这是他在 1980 年说的，当时修改后的一项联邦法律要求伯克希尔·哈撒韦必须让旗下的罗克福德银行独立经营。巴菲特计算了一下，这家银行占伯克希尔·哈撒韦总资产的 4%，于是他让股东们选择是增持公司股票还是增持银行的股票，或者两种各占一些，完全由股东自己决定。唯一没有选择权的是他自己，他得接受别人选剩的所有股票，因为切蛋糕的人必须享用别人挑剩下的蛋糕。

本着同样的精神，1981 年由查理·芒格提出构想，巴菲特设计了一项独特的企业慈善计划。对于公司每 100 万股股票（当时卖到了每股 470 美元），股东可以自行选择一个慈善团体，伯克希尔·哈撒韦公司将为每股股票捐献出 2 美元。也就是说，如果有人持有 100 股公司的股票，他就能决定让谁接受这 200 美元的礼物。在其他上市公司里，通行的做法是由股东们出钱，由公司的高管或董事来选择慈善团体。巴菲特觉得这种做法太虚伪，其实高管们往往会花股东的钱为自己在母校博得声誉。巴菲特认为："许多公司高管对政府怎样分配纳税人的钱感到不满，自己却随意支配股东的钱。"

巴菲特用自己的言行思想改变着伯克希尔·哈撒韦，使它变成了一个富有巴菲特色彩的公司。实际上，他正在把伯克希尔·哈撒韦塑造成一个具有之前合伙企业性质的上市公司。近 2 000 名股东中有一部分是原来合伙公司的合伙人，当然大多数人都不是。他写那些信的目的之一就是吸引并组织一个股东群体，让他们像之前的合伙人一样紧随他的脚步。

巴菲特这一独特的方法值得介绍。在当时的美国，股票的高换手率不仅常见，公司高管还鼓励这种做法。在大多数公司高管的眼中，股东是一个不固定的流动群体，借用投资学家菲利普·费舍尔的话说，这些股东就像在高速路休息站停车吃饭的人一样多变。而伯克希尔·哈撒韦公司股票的换手率却很低，巴菲特在信中也提到了这一点，这也正是他所希望的"咖啡屋"模式："我们希望股东对我们的服务和菜单感到满意，以后每年都成为回头客。"

在全家前往拉古纳海滩的途中，巴菲特假想收信人是出国一年的妹妹罗伯塔，他会草草地在黄色便笺上写下 7 500 字的长信，告诉罗伯塔公司发生的变化。这些信由朋友卡罗尔·卢米斯编辑后发表在《财富》杂志上，信里全是他自己的观点，听起来就像在与人交谈一样，其规劝之词让人感到通俗易懂。

这些书信还以公司报告的名义印成册，封面上有一条竖黑带。里面没有喜诗糖果的巧克力照片，没有其他首席执行官那样故作沉思状的巴菲特和芒格的照片，也没有光彩夺目的图表，有的只是实实在在的文字。

从某种角度来说，巴菲特的年度报告之所以写得好，也是因为他读得多。这样的报告是典型的广而告之文体，文中并不披露公司的实际经营状况，却很能吸引新的投资者。许多公司的年报里只有首席执行官们言不由衷的一番致辞，甚至可能是别人代写的。巴菲特每年都要看几百份公司年报，但就是找不到与公司高管谈话的感觉，也无法了解公司的实际经营状况。

> 不论是过去还是现在，你们的董事长认为股东有权从首席执行官那里得知公司的实际运营情况和他的评估结果。你们是这样要求私人公司的，也应该这样来要求上市公司。

巴菲特对有些首席执行官经营业绩不理想就偷梁换柱的做法感到很愤慨。当企业经营状况不佳时，他们就采用一种“弹性更大的评估体系”，也就是说，“他们先把箭射到一个白色的箭靶上，然后再把靶心按照箭头所在的位置画上去，他们用这样的办法来向股东交差”。

巴菲特写的介绍会计学专业知识的书很能给人道义上的警示。因为华尔街的公司往往注重报表是否好看，所以很多首席执行官会把自己公司的报表先“打扮”一番再拿出去。这种做法的危险之处在于：首席执行官其实是在自欺欺人。许多首席执行官的经营目标并非公司经济效益的最大化，而是报告数字的最优化。巴菲特警告说：“强调会计数字好看而忽略实际经济实力增长，长此以往只能是鸡飞蛋打、一事无成。”

那么，一个企业的首席执行官到底应该对公众说些什么呢？理论上讲，他们该像经理们向他汇报经营业绩那样向股东汇报实情。巴菲特希望肯·蔡斯能坦白地向他报告纺织厂的经营情况，巴菲特自己也需要同样坦诚地向社会投资者汇报情况，尽管两者的复杂程度可能不尽相同。

实际上伯克希尔·哈撒韦的报告很少美化自己，它只是向阅读者提供充分的信息，让他们自己去评估。与当年经营合伙公司时一样，巴菲特一再向投资人说明，他不一定能确保公司一如既往地取得成功。巴菲特像个虔诚的教徒，只有忏悔后才会觉得心安理得。如果说他的报告还有不够完美之处，那是因为他有点儿自以为是。而且，他坦言失败和言不由衷的自我忏悔有时候显得有些牵强。不过，他的谦逊并不是为了欺骗别人，至少不是为了欺瞒股东。

1982 年，伯克希尔·哈撒韦的股票价格大涨到每股 750 美元。这个数字可以反映出伯克希尔·哈撒韦在投资组合上的盈利，同时公司离开华盛顿这个重心转移到别处发展的时机也已经成熟。当时的美联储主席保罗·沃克尔一直在努力紧缩银根。这一政策首先带来了经济停顿，然后又是一波通货膨胀。到了 1982 年，保罗·沃克尔自认为可以降低利率了。当时白宫是一派乐观景象，里根躲过了暗杀并开始实行减税政策。

在此之前，整个华尔街一直惶恐不安。现在，就像躲在地下室里偷吃猫食的人撕去伪装获得解放一样，经纪人和银行家又满怀信心地回到办公桌前。1982 年夏天，利率不断下调。6 月国库券的利率还高达 13.32%，到了 8 月就跌到了 8.66%。刚开始，股票对这种刺激并没有反应。8 月股市连跌 8 天，道琼斯指数跌到 15 年来的最低点 777 点。8 月 13 日周五，道琼斯指数回升了 11 点，但是持乐观态度的人还是占少数。到了第二个周一，道琼斯指数又回升了几个点。周二上午 10 点 41 分，亨利·考夫曼，这位素有“悲观博士”之称、永远以忧郁姿态露面的所罗门兄弟公司的经济学家来了一个 180 度大逆转。亨利·考夫曼表示，与过去安慰别人的情况不同，他现在认为利率还会继续下跌。这番表态使得股市投资者信心大涨，道琼斯指数在一天内猛涨了 38.81 点，是到当时为止历史上单日涨幅最大的一次。第二天的《华尔街日报》预言：“有人认为这是 20 世纪 80 年代经济腾飞的先兆。”人们的信心得到了很大的提升。

到了当年 9 月的第一个周一，道琼斯指数大涨了 100 点，到了 10 月又上扬了 100 点。到了 1983 年，经济增长恢复到正常水平，通货膨胀率下降到 3%。全世界的人都发现，石油不是太少，而是多得卖不出去。债券市场仍然兴旺，长期利率从两年前的 15% 下降到了 11%。股市持续稳步上扬，这是自 20 世纪 60 年代以来都很少见的情况。自从 60 年代股市疯涨行情结束，新股发行受到冷落，现在又蔚然成风。华尔街的共同基金交易也火爆起来。到了第二年 5 月，道琼斯指数已经攀升到了 1 232 点，比《商业周刊》宣判股市死刑时高出 366 点，《商业周刊》现在又说股市已经复活了，不过其在高位做出的判断比在股市低位高了整整 42%。“华尔街到处流传着这家杂志重新发现了股票价值的惊人消息，”《巴伦周刊》的艾伦·阿尔本戏谑地说，“它当时的报道引起了一片恐慌，寡妇们在哭泣，孤儿们在流泪，股票交易所的地板上扔满了股票销售单据。”

在伯克希尔·哈撒韦持有的股票中，《华盛顿邮报》股票的平均买入价为每股 5.6875 美元，现在其价格已经上涨到每股 73 美元；联合制衣公司当时的买入价仅为每股 5 美元，那时除了伯克希尔·哈撒韦外无人愿意购买，它在年底的收盘价达到了每股 38 美元；IPG 广告集团的股价从每股 6.375 美元涨到每股 52 美元；政府雇员保险公司被买进时是它经营最惨淡的时候，现在它的股价已经大涨了 9 倍；两年前买进的时代公司现在股价翻了一番；雷诺工业公司的股价涨了 17%；通用食品公司涨了 40%。不过，巴菲特买卖股票也有失手的时候，伯克希尔·哈撒韦在折扣零售商弗兰多公司上损失了 300 万美元，在绿色食品生产商斯佩里－哈钦森公司上也损失了一些，这两只股票都是他在 70 年代买进的。巴菲特在一些金属类股票的套利中表现也不尽如人意。但是总体而言，伯克希尔·哈撒韦原来连一分钱的股票都没有，到了 1983 年，公司名下的股票总市值已经高达 13 亿美元，这一业绩已经十分出色，而且所有这些业绩都是巴菲特从纺织厂的资金中集腋成裘地创造并累积起来的。

伯克希尔·哈撒韦自己的股票当年也十分看好。当年股票的开盘价为每股 775 美元，春天时只差 15 美元就涨到了每股 1 000 美元；在 9 月 30 日，股票的报价为每股 1 245 美元，比道琼斯指数还高。巴菲特刚接手时，伯克希尔·哈撒韦的股价为每股 18 美元，那时候道琼斯指数为 931 点，现在伯克希尔·哈撒韦的股价已经涨到当初的 50 多倍，开始与道琼斯指数比肩而行。道琼斯指数那年收盘时为 1 259 点，伯克希尔·哈撒韦的股价更是上涨到每股 1 310 美元。巴菲特的身家也因此上升到了 6.2 亿美元。根据《福布斯》杂志的说法，他成了当时最富有的美国人之一。

股东们要求巴菲特进行拆股，理由是大多数人都认同的逻辑，那就是低价股对投资者似乎更有吸引力，更能激发大众的购买兴趣。但巴菲特在 1983 年的信中拒绝拆股，理由是把比萨切成许多块并不能增加它的实际尺寸（不信你可以拿一个比萨来试试）。

当然拆股肯定能吸引更多新的投资者，增大交易量，至少在短期内可以提升伯克希尔·哈撒韦的股价，但它只是把某个投资者占有的企业财产分配给另一个人而已。如果有人出更高的价，别人也会被迫跟着买进。但从总体上讲，伯克希尔·哈撒韦的股东并不会变得更富有，因为他们拥有的企业，如喜诗糖果公司、《布法罗新闻报》，其股票实际价值并没发生什么变化。“这些耗资巨大的做法充其量只能决定让谁吃饼或不让谁吃饼，却不能把饼做大。”实际上，如果把增加的经纪人费用都计算在内的话，伯克希尔·哈撒韦的股东只会变穷，不会富起来。经纪人自然喜欢股票的“高换手率”，但是巴菲特却嘲讽说这种频繁的交易只对“服务生”有利，因为顾客多了他们可以多收小费。

巴菲特的观点虽然有些极端，但是他坚持一点：凡是与“股东利益至上”原则相抵触的方法他一概不用。其他首席执行官多数都没有这样强的原则性，他们在这些方面甚至连想都没想过，但是巴菲特对此很在意。他希望打造一个志同道合的股东群，他们和他一样，都关注公司的长期价值。如果有人因为与价值无关的原因买入股票，比如说拆股，那么说不准什么时候他又会把股票卖出去。巴菲特尽量不让这样的异教徒成为他的伙伴。这也可以体现出他对伯克希尔·哈撒韦的深厚感情，这毕竟是他苦心经营的“职场”。

在 1983 年的年度报告中，巴菲特公布了几项原则，目的也是吸引和稳定他想要的投资人。表面上，这些原则没有什么特别之处，但是细读之后人们就会发现，其实巴菲特和芒格承诺对投资人开诚布公并对他们的金钱负责。这种企业家精神与 19 世纪进行创业的实业家奥利弗·蔡斯的风格很相近，却与巴菲特自己所处时代的精神不一致，这个时代的企业家似乎更加急功近利。巴菲特关注的是具有良好成长性的企业，而不是频繁地买进卖出，或者用名目繁多的财务或其他手段把比萨切成很多小块（将股票的价格拆分得很低）。我们通过巴菲特厌恶的这些手法可以看出他在投资上是很保守的。他坦言自己不愿意借债，也不想玩只有花架子的投资游戏，尽管这种态度可能会让伯克希尔·哈撒韦的赢利前景变得更光明。

> 不管价格多高，只要我们还能从中获得一点儿好处，只要我们还对劳资关系感到满意，我们就无意卖掉伯克希尔·哈撒韦拥有的好公司，也不愿发行股票和债券。我们希望不要在分配资金时犯下错误……弃车保帅的做法并不是我们的风格。

在风平浪静时说这番话也许没有什么了不起，但是，20 世纪 80 年代的金融界可谓风起云涌，美国遍地都有恶意收购、垃圾债券和杠杆收购。很多大企业家都不会像奥利弗·蔡斯那样白手起家、艰苦创业了，而是成了华尔街上的赌徒。那时的热门词语就是“流动性”，不仅是股票，就连整个公司都在被随意转手、肢解、重组。这段时期的信仰稍纵即逝，信誉只是做做表面文章，动荡不安则是必然结果。如果奥利弗·蔡斯复活，大家可以想到他会吓成什么模样。如果他有机会再读读自己公司的年报，他会不会认为这个世界已经变得不可理喻呢？

第 13 章 BUFFETT

地毯夫人

巴菲特在分析一家公司时经常扪心自问：如果自己有足够的资金、员工和从业经验等必要条件，那么我们与该公司竞争的难度有多大？

1983 年夏天，在经过一番分析之后，他走进罗斯牛排屋对面的一家大商场——内布拉斯加家具商场。他穿过放着可折叠沙发和餐具的大厅，走进一个铺着地毯的房间，见到了该店的主人。看到这位身高不足 1.5 米的女人站在点缀着蓝色亮点的大地毯上，巴菲特感到有些惊讶，停住了脚步。不过，在巴菲特心中，这女人足有 3 米高。

罗斯·布朗金（奥马哈人都管她叫 B 夫人）正开着自己的高尔夫球车巡视商场。她穿过一条过道，一边与一个店员高谈阔论，一边精力充沛地朝客人打着手势，看她那活力四射的样子，似乎她的年纪只有实际年纪 90 岁的一半。她脸色红润，留着一头蓬松的棕色头发，只有鬓角有些许斑白。巴菲特觉得他宁可“和猩猩厮杀搏斗”，也不愿和 B 夫人刀刃相见，这也正是他来商场拜访的原因。

巴菲特小心翼翼地询问她是否愿意把商场卖给伯克希尔·哈撒韦公司。

B 夫人爽快地说：“愿意。”

“您想要多少钱？”巴菲特问。

“6 000 万美元。”B 夫人脱口而出。

他们旋即握手成交。巴菲特拿出一页纸的协议，这是巴菲特迄今为止最大的一笔收购案。B 夫人已经不能写字，连阅读都很困难了，于是就在合同底部画了个押。几天后，巴菲特就给了她一张价值总收购金额 90% 的支票（布朗金家族仍持有一小部分股份）。她看也不看就把支票折了起来，然后说：“巴菲特先生，我们要把所有竞争者都碾得粉碎。”交易就这样达成了。

B 夫人正是巴菲特理想中的商人，她就像是从他的年度报告中走出来的一样，似乎是巴菲特创造了她，并让她来辅助实现他理想中的价值。B 夫人坚决、果敢、聪慧，就像巴菲特开杂货店的祖父、零售商本杰明·罗斯纳和巴菲特崇拜的其他英雄一样。她的经历就是一个让巴菲特熟悉和感动的典型的美国梦，那就像霍雷肖·阿尔杰的一个剧本，再配上《屋顶上的小提琴手》的主题音乐，美得简直让人难以置信。

1893 年，罗斯·格里克出生于莫斯科附近的一个小村庄。她共有七个兄弟姐妹，大家挤在一个房间里，睡在稻草上。父亲是个犹太牧师，可罗斯却不是一个虔诚的教徒，因为她发现父亲的祈祷并不能给家里多弄来一个床垫。她常常半夜醒来，看见开食品店的母亲正在火炉上烤面包。她不愿母亲如此辛劳，所以懂事的她 6 岁时就开始在食品店里帮忙了。

格里克一家无力供孩子们上学，因此罗斯从未见过教室是什么模样的，但她在另一个富有的家庭里学会了阅读和算术。深受母亲的影响，罗斯也有一身骨气，坚信乞求别人是件可耻的事。13 岁时，她毛遂自荐在明斯克的一家干货店谋到了个职位。16 岁时，这家店就由她经营了，一个未成年的小姑娘管着 5 个大男人。1914 年，她与伊萨多·布朗金结婚，后来随丈夫到了美国。她打算跟着移民过去，但是因为第一次世界大战爆发了，她当时没能成行。1917 年，罗斯登上了穿越西伯利亚的火车。在中俄边界，因为没有护照，她被一个俄国士兵扣下了。B 夫人告诉这个士兵她正为军队采购毛皮，并保证回来时给他带一瓶伏特加。就这样，她穿过满洲里来到了日本，然后设法在一艘运花生的船上弄到个铺位。一个半月之后，她终于到了西雅图。

1919 年，她和丈夫在奥马哈城定居下来。尽管经济拮据，她还是把父母和兄弟姐妹都接了过来，一大家人住在一起。伊萨多·布朗金经营着一家当铺和旧服装店。为了多赚点钱贴补家用，B 夫人把地下室的家具卖掉了。她一句英语都不会说，就让正在上学的孩子们教她。

1937 年，B 夫人 44 岁，她一共攒下了 500 美元，于是就在法纳姆大街租了一个店面，位于巴菲特祖父家杂货店东边的一个街区。她给杂货店起名为“内布拉斯加家具商场”，希望自己的生意能够越做越大。从她当年的照片中我们可以看到她那张坚毅的脸。她的生意经就是：“薄利多销，童叟无欺”。

大品牌的生产厂家认为她的卖价太低，没法带来太多的利润，于是拒绝向她供货。可 B 夫人是个精明的生意人，她不辞辛苦地坐火车跑到芝加哥或堪萨斯城，在那里像马歇尔·菲尔德这样的零售商会以略高于成本价的价位把多余的商品卖给她。当她实在拿不到货的时候，她就把自己的家具搬出来卖。有一次，她那已长大成人的女儿接到她的电话：“快把家里放小孩玩具的那个柜子清理出来，我这儿来了个顾客。”

当B 夫人向银行申请贷款的时候，那些银行都让她吃了闭门羹，还对她冷嘲热讽，从此她对“金融大亨”都恨之入骨，唯一能使她的业务维持下去的就是她钢铁般的意志。一年 365 天，她天天工作。B 夫人发现自己的业务对工薪阶层和中产阶级很有吸引力，她称他们是“可爱的美国人”，因为当 B 夫人有货时，这些忠实的顾客总会带着现金前来购物。

1949 年，莫哈威克地毯厂把她送上了法庭，控告她违反了《公平贸易法》。当时莫哈威克地毯厂的最低标价为 7.25 美元，而 B 夫人只卖 4.95 美元。“那又怎么了？”B 夫人反问道。最后官司不了了之。第二天，法官来到内布拉斯加家具商场，买了价值 1 400 美元的地毯。

第二年，B 夫人没有足够的现金来支付供货商的货款，有位友善的银行家给了她为期 3 个月、5 万美元的贷款。B 夫人破釜沉舟，干脆租下了一个大厅，3 天内购入价值 25 万美元的家具，并发誓日后永不欠债。就这样，在 B 夫人 57 岁时，她多年前的梦想终于实现了。

她对自己的雇员很苛刻，对家庭成员也不例外。“你这个没用的废物！”她会大声咆哮，“你这个混蛋！懒鬼！”只有她儿子路易才使她有了些改变，路易和他母亲一样精明，不过性情要温和许多。当推销员走进来的时候，B 夫人会狠狠地杀价，路易反而会唱红脸，帮着加点儿价。有时 B 夫人把帮手们解雇掉，路易就会再把他们聘请回来。“妈妈很强势，”路易说，“可我喜欢温和待人。”伊萨多·布朗金去世后，路易继续留在店里帮忙。不论 B 夫人说什么，路易总会柔声细语地说道：“妈妈，你懂得最多。”

B 夫人的经营之道其实十分简单：大批购进货物，尽量减少开支，有钱就存起来。她的卖价通常只比成本价高 10%，当然也有例外的时候。如果有对年轻夫妇来了，看上去他们手上的钱不多，而且诚心诚意地想要一个折叠沙发，B 夫人就会只收一个成本价，之后这对夫妇便会成为这里的回头客。

内布拉斯加家具商场几乎成了奥马哈人一切大事的见证者，当地人无论是举办婚礼、有孩子出生或升职，总会到这儿来选购家具。在 B 夫人的店里买过家具的奥马哈人以后每逢搬迁，或他们的孩子搬家时都会再来。B 夫人尽管年岁渐高，但是依然风风火火。有一次龙卷风把商店的屋顶给掀掉了，但她还在继续营业。还有一次商店失火，她就给消防队员送了几台免费电视机。B 夫人从不休假。“我从不撒谎，”她说，“从不骗人，也从不信口开河，我相信这会给我带来好运。”

巴菲特的妻子苏珊与布朗金一家关系不错，巴菲特从苏珊那儿听说了这家装扮了半个奥马哈城的商店。其实巴菲特在刚从事投资业时就想买下它，但是当时 B 夫人拒绝了，因为他出价太低。

但遭到拒绝只能让巴菲特的兴趣变得更加浓厚。此后，他一直密切地关注着这家商场，观察 B 夫人是怎样击败一个又一个竞争对手的。20 世纪 70 年代初期，当巴菲特和作家亚当·史密斯在城里开车兜风的时候，巴菲特指着这家商场如数家珍地给他介绍销售量、营业面积、营业额等数字。

“您为什么不买下它？”史密斯问道。

“这不是一家上市公司。”

“噢。”

“不过总有一天我会买下它的，”巴菲特说，“等着瞧吧！”

当这一天到来的时候，路易和他的三个儿子正在经营该店。B 夫人则是董事长兼地毯部的全职经理。巴菲特听到她想出售此店的消息后，先去拜访了路易，打听一下价格，看看自己到底能不能听懂 B 夫人那口音极重的英语。

在购买内布拉斯加家具商场之前，巴菲特先查看了它的纳税记录，上面写着它每年的税前利润为 1 500 万美元。巴菲特并没像很多人那样去做账目审计，也没查存货、应收货款和财产名录。一般来说，一个美国人在花 6 000 万美元时肯定要看很多份报告。但巴菲特的做法在现代社会里有些与众不同，这与 J · P · 摩根的观点不谋而合，他们都认为商业伙伴最重要的是人品。巴菲特说，如果他信不过布朗金一家，为什么还要与他们合作呢？

常常有人忍不住问巴菲特，事情就这么简单吗？问题的答案是他有化繁为简的能力。在这笔生意之前，他曾在 1982 年的报告中写了一份“收购声明”，给出了他认定的收购标准。他允诺尽快对开价做出反应，“一般只用 5 分钟”。巴菲特的意思是他做事不会拖拖拉拉的，当然这次收购机会也是他感兴趣的，布朗金家的内布拉斯加家具商场自然是这样的机会。

这家店是全美国最大的家具商场，年营业额高达 1 亿美元。在奥马哈的同行中，它的营业额就占了整整 2/3，这个比例也是其他地方的大型商场无法相比的。正因为如此，诸如迪拉德百货公司（年营业额高达 40 亿美元）等都不愿在奥马哈开设分店，免得与 B 夫人争个头破血流。巴菲特也许认为，B 夫人拥有奥马哈家具市场的“桥梁收费站”。

内布拉斯加家具商场的生意如此红火，以至于它都不敢让驶向其他州去运送沙发的卡车上出现其标志，免得激怒当地的商人。比如，“如果有谁胆敢做美泰牌洗衣机的广告，她就会把人家的广告撕下来，贴在自己的美泰牌洗衣机上，”巴菲特不无钦佩地说，“与她竞争简直就是自讨苦吃。”

买下内布拉斯加家具商场那一天，从前与巴菲特一起经营弹子球生意的唐纳德·丹利也在奥马哈。晚餐吃过牛排之后，巴菲特带着唐纳德·丹利逛了逛内布拉斯加家具商场，向他详细地讲述了布朗金一家的非凡经历。同行的好莱坞制片人诺曼·拉尔说："巴菲特对 B 夫人简直崇拜得五体投地，他提到 B 夫人时就像小孩提到自己的祖母一样。"

由于巴菲特自己无意经营该商场，也不可能亲自监督运营，因此他就想找一个能力出众的管理者，好让商场在易主那天就步入正轨。B 夫人正是最佳人选，是巴菲特做梦都想得到的帮手。巴菲特当年刚把自己的年薪加到 10 万美元，但是付给 B 夫人的年薪却高达 30 万美元。平常巴菲特提起她时就像提到心目中的偶像。

巴菲特心里明白 B 夫人其实就像他自己的翻版，虽然有些地方不尽相同，但是两人在本质上非常相近。她 90 多岁时还坚持每天工作 10~12 小时，年复一年，从不休息，这并非仅仅是她的习惯而已。而且她对银行也不是很信任，她的商场从未做过任何抵押。巴菲特评价说："她靠 500 美元起家，结果却把所有的竞争对手都横扫出局。"这是她唯一的目标。《奥马哈世界先驱报》采访她时，问她最喜欢哪部电影，B 夫人说："太忙了，没时间看。"当被问到最喜欢哪种鸡尾酒时，她回答说："不喜欢，喝酒的人容易破产。"那么爱好呢？"开车去四处窥探竞争对手的经营情况。"

一个去过 B 夫人家的记者说，她的起居室简直就像个商场：情侣座、玻璃咖啡桌、各种水晶饰品和黄铜雕塑摆放得整整齐齐，灯罩上还挂满了未拆掉的价签。B 夫人不常待在家里，也从来不宴请宾朋。"我不像其他富人，"她说，"没钱的时候，富人们曾对我很粗鲁，我忘不了那种伤心的经历。"

作为一个没有受过教育的美国移民，她认为巴菲特写的东西又复杂又无用。她对商业术语一窍不通，但她却能告诉巴菲特自己的现金余额，一分钱都不会有偏差。巴菲特在哥伦比亚大学商学院讲课时说 B 夫人对货币贬值和利率增长的理解"比所有在场的人都要深刻"，尽管她没听说过这两个专业术语。他认为，B夫人有一种本能，那就是能抓住自己熟悉的东西不放，这点与巴菲特也很相似。由于巴菲特的推崇，纽约大学授予B夫人“荣誉商学博士”称号，同获此殊荣的还有美联储主席保罗·沃克尔和花旗银行首席执行官沃尔特·里斯顿。

一次，有位访客在周日下午拜访B夫人时发现她正在工作，她穿着毛衣和蓝色细纹套装，篮子里放着块地毯样品。

当看见一位少妇正对某块地毯指指点点时，她马上就兴冲冲地走上前去，脸上带着兴奋而又好奇的表情。

“39美元，这地毯很漂亮。”

“我已有蓝色和粉红色的了。”这位少妇迟疑地说。

“这块地毯与什么颜色搭配效果都很不错。”

B夫人开着小车来到柜台，女售货员正在给一位买了地毯还没付账的人打电话。

“挂了，”B夫人说，“让他去见鬼吧，让他自己丢人现眼吧。”

那个售货员还想试试。

“快挂了！跟他费什么劲！”

电话那边正在抱怨颜色不好，售货员不得不听。

“我一辈子都老老实实做人，跟他说‘再见’，然后挂电话。这小子这么滑头，会得癌症不得好死的。”

要不是注意到她脸上凸起的血管，你一点也看不出她已经是90多岁的人了。她的菜谱就是水果和蔬菜，她每天5点钟起床，也不锻炼，虽然做过换膝手术，但身体依然硬朗。这也许正是巴菲特由衷钦佩的一点。

巴菲特一想到生病或死亡会迫使他放弃工作就受不了，他还经常开玩笑说将来要显灵来管理公司。巴菲特总是用幽默的方式表达自己最恐惧的事。人们知道他总有一天会死的，在这一方面，B夫人是巴菲特的榜样。在给股东们写报告时，他还把B夫人的年龄与自己联系起来。

> 我想，她的时日已经不多了，最多还有 5~10 年的时间。因此，我说服董事会制定了到 100 岁强制退休的政策。（时间已证明：每过一年，这个政策对我来说就显得越发愚蠢。）

B 夫人的脾气变得越来越粗暴，这是她的缺点。她与两个孙子关系很糟，他们都是商场里的经理。其中一个孙子罗纳德·布朗金受够了祖母的责骂，甚至都不愿跟她说话了。布朗金家的家务事对巴菲特来说无关紧要，因为内布拉斯加家具商场还在日进斗金。

巴菲特对布朗金一家评价甚高，后来伯克希尔·哈撒韦又买下一个家族商店——奥马哈城的波仙珠宝店。波仙珠宝店的发展史也是一波三折。1948 年，B 夫人的姐姐丽贝卡和姐夫路易·弗里德曼买下了这家小店。现在波仙珠宝店已成为全美销售量排名第二的大型珠宝店，紧随纽约著名品牌蒂芙尼之后。与内布拉斯加家具商场一样，波仙珠宝店的宗旨也是薄利多销，当然珠宝的利润会比地毯高得多。

在巴菲特看来，这两家商店有着相似的活力，它们都有让竞争者无法近身的护城河。（关于巴菲特对竞争的嫌恶，我们从《布法罗新闻报》上可见一斑。）不论谁要同内布拉斯加家具商场较劲，他都得有足够的投资并打一场持久战，光是这种恐惧心态就足以让很多敌手敬而远之了。

巴菲特站在内布拉斯加家具商场的柜台旁，看着员工们打个电话生意就成交了，心里十分兴奋。他常带着外地的客人去拜访 B 夫人，甚至为伯克希尔·哈撒韦的年会提供班车，安排股东们来参观这家商场。在一定程度上，内布拉斯加家具商场已经代替新贝德福德的纺织厂，成了伯克希尔·哈撒韦的象征。实际上，内布拉斯加家具商场在 15 个月内为巴菲特赚的钱就相当于纺织厂 19 年赚入的利润。

这种对比很能说明问题，因为伯克希尔·哈撒韦是个无所不包的大型集团，而内布拉斯加家具商场则不是。纺织厂和别的竞争厂家相比并没有太多差异化优势，终端消费者甚至不知道它的存在。

B 夫人的商场虽然营业额很大，但很少把宝贵的资金闲置在存货上，但是纺织厂却要花大量的投资。每当有别的工厂改进设备，伯克希尔·哈撒韦的纺织厂也被迫要跟着改进设备。因此，在这种情况下没有人能得益，竞争者彼此之间并没有一条护城河，各个企业都得耗费巨资。

尽管巴菲特对此心知肚明，但有时他也忍不住想，如果再投入点儿资金，或许情况就会有所改观。20 世纪 70 年代中期，他在新罕布什尔州又买下一家纺织厂。从账面上看，这次收购便宜至极，但事实证明这不啻一场灾难。回首往事，巴菲特认识到纺织业其实是个无底洞。

> 如果单看每家纺织企业的情况，似乎每家企业的投资决策都是有效而明智的；但如果考虑到整个行业的发展前景，这些所谓的效益就被抵消了，投资是不明智的。（就像在观看游行时，人人都踮起脚尖以为能多看到点儿什么，其实什么也看不到。）

越来越多的股东问他为什么还在继续经营纺织厂。巴菲特解释说，纺织厂是当地的一个大雇主，工会组织也很合作，至少它还能挣到点儿利润。他认为肯·蔡斯也勤勤恳恳，一开始就是靠他在经营。他提醒股东说，最初就是肯·蔡斯努力经营纺织厂，从而为伯克希尔·哈撒韦的多元化发展提供了动力。不过，在私下里他也警告肯·蔡斯："看起来工厂开始赔钱了，我可不想出现这种局面。"

肯·蔡斯继续忘我地工作，其敬业态度和 B 夫人不相上下。他换了生产线和纺织面料，改进了机械设备，与工会领导的关系也改善了（他们知道住在奥马哈的老板是个吝啬鬼）。可肯·蔡斯不能在与同行的竞争中跑得更远，因为竞争所需的投入似乎永无止境。巴菲特从中悟出了一条真理：一个好的经理人在一个糟糕的行业中也等于巧妇难为无米之炊。对于身陷困境的公司，人们经常会说"要想改善局面绝非易事"。

1980 年，巴菲特暂停了曼彻斯特的纺织厂的生产，并把新贝德福德的纺织机数量减少 1/3。尽管如此，1981 年，纺织厂还是亏损了 270 万美元，甚至赶上了西伯里·斯坦顿时代经营最不景气的年份。巴菲特对肯·蔡斯说："如果你不减少开支，我就让你停工。"最终，肯·蔡斯在困境中绝地逢生，这让巴菲特又惊又喜。

巴菲特在 1983 年买下内布拉斯加家具商场后，纺织厂经营的不理想局面变得更加明显。巴菲特后来拐弯抹角地承认，由于对本杰明·格雷厄姆的崇拜，他想长期拥有带有厂房的产业，例如纺织业，从而忽视了像 B 夫人从事的这种行业。

> 我出局太晚了，部分原因是我受老师的影响太深，他的很多教诲直到今天都显得很有价值。

但是，之后巴菲特的观点有了很大的转变。第二年，肯·蔡斯退休了，接替他的是加利·莫里森，一个拥有纺织学工商管理学位的经理人。莫里森申请新的资金，被巴菲特断然拒绝。没有钱，工厂肯定要遭受损失。到了 1985 年，巴菲特就把它关闭了。

纺织厂的 400 多名员工，大多是技术熟练的葡萄牙裔工人。如果几个月前就事先得到通知并得到了从业技能培训，至少他们可以去干些工资比现在略低的工作，不至于分文无收。工人们要求得到比合同约定的更高的离职金，新贝德福德美国纺织工会的财务秘书戴维·利马回忆说："对于即将失业的人来说，这些东西其实也没什么用。"

工会会员还要求与巴菲特单独会面，巴菲特再次断然拒绝，他认为这样的会面毫无意义。加利·莫里森认为："沃伦想要的是公平，他的确很公平，但是不够慷慨。"

巴菲特对这些关于他的议论很敏感。在后来对这一事件的评论中，巴菲特写道：在过去的 5 年里，全美国已有 250 家纺织厂关门了，伯克希尔·哈撒韦公司的纺织厂也亏损了 500 多万美元。他认为，在历时这么久的经营中他已找到一个"中间地带"，既不像亚当·斯密那样不顾工人的利益，也不像卡尔·马克思那样样样兼顾，他愿意承受"一时不景气的盈利状态"，但不是"永无宁日的亏损"。

当然，巴菲特也有他“马克思主义”的观念，只是隐藏得很深。他想调和一下亚当·斯密的经济学理论，牺牲自己“一小部分”的盈利，但这并不意味着彻底放弃亚当·斯密的思想。巴菲特的中心观点依旧是：如果抛弃了亚当·斯密，那就是抛弃了资本主义，其结果将是毁灭性的。他遵从亚当·斯密的理论，把钱投到纺织厂以外的行业中去了。巴菲特还提到一家名为伯灵顿工业公司的纺织厂。伯灵顿工业公司没有把钱分散到别处，而是专注于纺织业。在伯克希尔·哈撒韦公司盈利颇丰的那一年里，伯灵顿工业公司又在纺织业中投入了30亿美元的资金。它现在是全美最大的纺织公司，不过这可能只是个徒有虚名的美誉，因为在过去的21年里，它的股票只是从每股60美元上涨到每股68美元。如果扣除通货膨胀因素，它的投资人实际上还亏损了2/3的购买力。马克思可能会同意它的做法，但亚当·斯密和巴菲特是绝对不会赞成的。

> 这些股东之所以损失惨重，主要是因为他们把大量精力和资金投放到了错误的行业中，他们从一开始就错了。这种情况可以用塞缪尔·约翰逊的马来打个比方：一匹能数到10的马是了不起的马，但绝不是了不起的数学家。

同样，一家纺织厂经营得再好，也不能证明那是一个好行业。

肯·蔡斯在退休后回到了缅因州海岸，他说巴菲特经营这家工厂已达10年之久，时间确实很长了。肯·蔡斯强调，他珍惜与巴菲特一起奋斗的经历，“和巴菲特在一起工作时的那种兴奋真是难以言表”。不过，他也希望巴菲特能对他的付出有所表示，但是巴菲特一直都没有表态。“有件事总是让我感到很困惑，”肯·蔡斯坦言，“我不明白他当初为什么选择了我。我辞职时，他说：‘我记得自我走进这家工厂的第一天起，你对我就一直很坦诚。’这就是他最后的表态。”

工厂之后的命运证明肯·蔡斯关于巴菲特关闭工厂太迟的评价是正确的。所有的设备仅仅以163 122美元的低价被拍卖给了一群趁火打劫的商人，这笔钱少得让人感到可笑。工厂在 1981 年以每台 5 000 美元的价格买进的纺织机，在 1985 年仅以 26 美元就被廉价处理掉了。但巴菲特坚持要保留在考夫大街上的地产，后来厂房租给了制造丝网、乐器和数字处理软件的小公司，它们不会记得这儿曾有过一个纺织厂。但是，人们不会忘记这曾经是伯克希尔·哈撒韦公司的总部，西伯里·斯坦顿曾在那座象牙塔里威风八面地发号施令，而且曾经有座大工厂像一艘几近发霉的大船一般搁浅在这座城市的南端。

BUFFETT

第14章 收购交易

1984 年，在纽约市洛克菲勒中心的时代公司总部，巴菲特拜访了它的首席执行官 J·理查德·门罗。伯克希尔·哈撒韦当时已经拥有时代公司 4% 的股份，巴菲特和门罗常常在一起讨论媒体的经营问题。现在他们两人都知道，传言有人想要收购时代公司。

巴菲特认为自己可以帮助这个媒体巨人保持独立。“你想要一个白衣骑士吗？”巴菲特问道，这是 20 世纪 80 年代的通行说法，他其实是在提出交易的建议。门罗的说法是：

> 沃伦·巴菲特本来可以成为我们的大股东，而且他同意决不把手中的股票出手。可当我把这个意见带到董事会时，他们却问：“沃伦·巴菲特是谁？”

时代公司可能以为自己是刀枪不入的。门罗写道：“情况还没到最糟的时候，我们还不至于夜不能寐。”但是，不久之后公司就发现自己完全不是刀枪不入的。华纳通信公司提出了恶意收购的要求，如果收购成功，时代公司的资产负债表就得完全改写。时代公司可能会成为这个兼并狂潮年代的经典反面教材。事后，门罗对巴菲特的提议感慨万千：“我们当时没抓住机会，真是大错特错呀。”

门罗和其他人都会发现，戏剧性的嬗变随时都有可能发生。10 年前的第一波士顿公司还是一家死气沉沉的小公司，只有 4 个人在策划兼并和收购交易，现在已经拥有 110 多位精英，每小时都有交易在发生。此时的兼并步伐大大加快了，1975 年整个华尔街的并购交易量仅为 120 亿美元，到了 1984 年这一数字已经猛增到 1 220 亿美元。原先几乎陷于沉寂的投资银行家们，现在却招来了旁人很多艳羡和嫉妒的目光。他们年轻、富有、衣着光鲜，而且喜欢用军事案例来打比方，他们这些人让华尔街主流公司的高管们都敬畏三分。

一个世纪以来，华尔街一直充当着帮助公司进行融资的角色。风水轮流转，现在华尔街的游戏规则制定者掌握了主动权，美国的很多大公司只能对他们俯首帖耳。进行恶意收购的人拥有了一种新的利器，那就是垃圾债券。开创这一先河的是人们谈之色变的德崇证券公司，其他公司只能接受它开出的价格，不论价格有多高。从这一点来看，20 世纪 80 年代与过去高歌猛进的投机时代极其相像。实际上，原来在投机年代提倡股票迅速转手做法的弗雷德·卡尔摇身一变，成了德崇证券公司垃圾债券的推销者。

当然，华尔街对于投机已熟视无睹，对兼并狂潮也并不陌生。但是，整个华尔街的架构已经和从前大不相同。《财富》500 强公司现在已经被养老基金和共同基金这样的机构投资者所控制。它们的叫价一向很高，左右着市场。过去，大股东对某家公司（至少是对经营业绩良好的公司）的承诺能够有效地防止公司被收购，现在这种承诺用不了半杯茶的工夫就会失效。冠军国际集团的首席执行官安德鲁·西格勒抱怨说，他的股东变动太频繁，他都记不住他们的面孔。

巴菲特的观点也变了。之前，他完全站在股东的角度来看待华尔街，步入中年后，他的观点已与很多公司的首席执行官趋于一致，就像理查德·门罗和安德鲁·西格勒一样。他时刻提防操纵股市者，防范他们在董事会会议室里掀起风浪，对因为收购风潮带来的股价猛涨也是时刻警惕。巴菲特再一次从心底感觉到和之前的投机时期一样，华尔街做得有些过头了。但是巴菲特这次不想罢手，他很想做成几笔大交易。

巴菲特是从 1985 年 2 月 26 日开始玩这种大游戏的。在华盛顿停留的那几天，他接到了大都市公司董事长汤姆·墨菲打来的电话。

“沃伦，你可能不相信，”汤姆·墨菲欣喜若狂地说，“我刚买下了美国广播公司，你快点儿来教教我该怎么付账。”

汤姆·墨菲与巴菲特一样，都出身于政治家庭，他父亲是布鲁克林的一位法官。家中曾经接待过托马斯·杜威[①]和阿尔·史密斯[②]这样的贵宾。汤姆·墨菲的童年过得很是悠游自在，后来进了哈佛大学商学院。他的同班同学詹姆斯·伯克（后来成了强生公司的董事长）认为汤姆·墨菲天生就是一块搞政治的料。汤姆·墨菲个子很高、秃顶，招呼别人时总爱称“伙计”，看起来平易近人。从利华兄弟公司（Lever Brothers）辞职后，他在哈得孙谷广播公司找到一份年薪18 000美元的工作，管理着奥尔巴尼市一家濒临破产的超高频广播电台。

哈得孙谷这家电台的节目连退休了的老修女都喜欢，1957年它设法买下另一家电视台并上市，股价为每股72美分。几年之后，汤姆·墨菲搬到了纽约一间用褐石建造的办公室，并任命丹尼尔·伯克（詹姆斯·伯克的弟弟）为他的副手。他俩紧密合作，汤姆·墨菲负责制定整体战略和交易，作风强硬的丹尼尔·伯克则负责具体管理工作。他们经营的这家公司即现在的大都市公司，已逐渐发展成一个集广播、有线电视和出版为一体的传媒帝国，但是公司领导层的风格却与公司巨大的规模极不相称。汤姆·墨菲和丹尼尔·伯克掌管着巨大的财富，但他们的办公室却十分简朴。大都市公司没有法务部，也没有公共关系部。汤姆·墨菲十分节俭，有一次在粉刷奥尔巴尼的总部时，他只让刷面朝大街的两面墙，对着哈得孙河的那两面墙就免了。他和伯克的完美配合再加上节俭的作风，使大都市公司的事业蒸蒸日上。

巴菲特是在70年代早期认识汤姆·墨菲的。1977年，伯克希尔·哈撒韦买下了大都市公司3%的股份，但在股市上运作一段时间后又卖掉了，后来巴菲特说这种决定“简直是疯了”。与此同时，墨菲和他的副手丹尼尔·伯克开始在每次大手笔运作之前都先与巴菲特商量。有一次沃尔特·安纳伯格准备卖掉他的传媒帝国中的《电视导报》和《每日赛马

---

① 托马斯·杜威，美国政治家，1943~1955年任纽约州州长。——译者注

② 阿尔·史密斯，美国政治家，曾任纽约州州长，前民主党总统候选人。——译者注

快报》，巴菲特说："墨菲，我们两家各出一半买下它们怎么样？"他们到贝弗利山去面见安纳伯格，开价 10 亿美元，却遭到了拒绝。之后他们只好退而求其次买下了斯维森冰激凌公司。但巴菲特仍然希望成为墨菲的合作伙伴，他说墨菲和伯克这对儿搭档是全美国商界最成功的。

巴菲特早就对美国广播公司感兴趣了。在 60 年代后期，美国广播公司已同意出让给美国电话电报公司，但美国司法部不同意。这桩买卖流产时，巴菲特正在太平洋股票交易所。他对芒格的助手爱德华·安德森说："要知道，美国广播公司的命运完全掌握在股票交易者手中，每个人都有控制它的机会，我手头要是有这么一大笔钱就好了。"1979 年，巴菲特买下了美国广播公司的一部分股份，到 1984 年又买了一部分。当巴菲特接到墨菲的电话时，他已经拥有美国广播公司 2.5% 的股份了。

墨菲对美国广播公司同样很感兴趣。它的地方电视台是一棵摇钱树，遍布全美国的电视网更是价值连城。1984 年后半年，大家都看出来美国联邦通信委员会想提高一个公司对一家电视机构的最高持股比重，这就使得兼并一家电视机构成为可能。墨菲马上拜访了美国广播公司的创始人兼首席执行官、79 岁的莱昂纳多·H·戈登森。他们在纽约的美国广播公司大楼会面。"莱昂纳多，"墨菲说，"我不想被你从 39 层扔下去，不过我还是想告诉你我的想法。"莱昂纳多·戈登森并没有把他扔下去，因为他知道美国广播公司已被一群喜欢公司并购的人盯上了。他们如果成功了，就会把他用毕生心血打造起来的公司弄得支离破碎。如果莱昂纳多·戈登森真到了非卖不可的地步，墨菲当然是最好的人选，至少他可以保持公司的完整性。

两天后，巴菲特就和墨菲与伯克在纽约会面了。

巴菲特最初说得很谨慎："请你想想它可能会给你们的生活带来什么变化。"墨菲和伯克马上就明白了。虽然大都市公司拥有像《妇女时装日报》和《堪萨斯城星报》这样的报纸，但是圈外人对它们知之甚少，而且墨菲和伯克的生活也像隐士一样。如果现在收购成功的话，墨菲这位虔诚的天主教徒（他喜欢在上班途中去圣帕特里克大教堂）就要和坐着豪华轿车的电视网络大腕们共事了。

墨菲很感动——巴菲特首先能想到这将给他的个人生活带来的改变。不过，墨菲心意已决，他要继续前进。

巴菲特心中还有一个墨菲和伯克都不曾想到的担忧：一旦大都市公司买下美国广播公司，华尔街残酷的并购风暴会把大都市公司也卷进去。

“那我们该怎么办，伙计？”墨菲问道。

“你最好有头900磅重的大猩猩给你撑腰，”巴菲特说，“一个拥有大量股票的人，是不会不顾价格高低随便卖出的。”显然，这个人必须富有、忠诚。

“你愿意当大猩猩吗，伙计？”

巴菲特后来说，直到那时他才想到自己的作用，可当时他还能想到别的大猩猩吗？伯克原来还认为一切都搞定了。不过墨菲刚一提议，巴菲特就列出了前进途中的两块绊脚石。

大都市公司在布法罗有家地方电视台。如果伯克希尔·哈撒韦成了它的股东，按照美国联邦通信委员会的规定，电视台与《布法罗新闻报》不能并存。巴菲特说他不能卖掉报纸，他说“我把毕生精力都投入这家报纸了”。于是，墨菲只得同意卖掉他的地方电视台。

第二件事更棘手。还是根据美国联邦通信委员会的规定，巴菲特不能同时兼任《华盛顿邮报》和大都市公司的董事。巴菲特对《华盛顿邮报》情有独钟，与格雷厄姆一家的交情也非同一般，因此巴菲特需要慎重考虑。

大家在纽约分别。巴菲特飞回了奥马哈，左思右想之后，他认为即使不当《华盛顿邮报》的董事也仍能持有它的股票，而且他与《华盛顿邮报》的关系并不会改变。[①]

---

① 后来，巴菲特的朋友比尔·鲁安取代了他在《华盛顿邮报》的董事职位。大都市公司要想兼并美国广播公司就得卖掉旗下的有线电视公司，经巴菲特的提议，它被卖给了《华盛顿邮报》。

当天晚上，巴菲特给墨菲打电话，提议由伯克希尔·哈撒韦以每股 172.50 美元的价格买下大都市公司 300 万股股票，这是当时的市场价（创业之初，大都市公司的股价只有每股 72 美分）。墨菲马上就同意了。就是说巴菲特将以 5 亿多美元买下大都市公司 18% 的股份，这是他与 B 夫人交易额的 8 倍，也是他第一次在传媒业的投资（《华盛顿邮报》）的 50 倍之多。大都市公司则靠伯克希尔·哈撒韦输送的弹药来购买美国广播公司。

在与美国广播公司谈判时，他们遇到了一些波折。负责电视网事宜的是第一波士顿公司负责并购事务的副总裁布鲁斯·沃萨斯坦。这位身材矮胖、头发散乱的银行家想要抬高价格，他在替客户工作时就像一头精明的狐狸。大都市公司最初的报价是每股 110 美元，由于布鲁斯·沃萨斯坦的讨价还价，墨菲、伯克和巴菲特很不情愿地把价格提到每股 118 美元，这是美国广播公司近期股价的两倍。尽管如此，布鲁斯·沃萨斯坦还是贪心不足。1985 年 3 月 12 日，墨菲迈着沉重的脚步来到纽约第 3 大街世达律师事务所的摩天办公大楼，告诉美国广播公司的律师约瑟夫·弗朗，大都市公司准备放弃了。但是约瑟夫·弗朗不让他走，说事情还有挽回的余地。

当天下午，双方在世达律师事务所再次谈判。对方是一群 80 年代的代表人物：约瑟夫·弗朗早在 50 年代就开始在股海沉浮了，现在每一次大的兼并案中都会出现他的身影。他的朋友（也是他的宿敌）马丁·利普顿正在代表大都市公司与他交涉。布鲁斯·沃萨斯坦则带来了为美国广播公司撑腰的一群银行家。（由于巴菲特和芒格的反对，大都市公司没有聘请一家投资银行。）就这样，双方展开了漫长的交涉。

其实，谈判是在巴菲特和布鲁斯·沃萨斯坦两个人之间进行的。美国广播公司的首席财务官迈克尔·马拉迪对这两人之间的明显差异感到惊讶：一个来自中西部，为人坦率、言谈随和；另一个出生于纽约布鲁克林，年富力强、开朗沉着。沃萨斯坦发现巴菲特在谈判时，随便用几句玩笑或是调侃就能让谈判气氛变得轻松活跃，不过双方的差距还有 1

亿美元。渐渐地，沃萨斯坦的语气变得强硬起来。他强调除了收现钱之外，他还要求对方保证美国广播公司的股东有权购买大都市公司的股票。换言之，沃萨斯坦希望有保持公司部分股份的权利。“我们想，巴菲特是个精明的家伙，他要买的东西我们为什么就要卖呢？”沃萨斯坦回忆说，“我们希望能够留一手。”

巴菲特完全不同意。他简短地进行了一番表态，大意是他讨厌卖股票，他在年度报告中一直批评这种做法，这已成了伯克希尔·哈撒韦的一种禁忌。沃萨斯坦反驳说，美国广播公司的股东仍有权再得到些利益。随后，他带着美国广播公司的人离开房间，谈判陷入了僵局。

当他们重新回到谈判室时，巴菲特眨眨眼说：“我想将来我会后悔的。”他宣布沃萨斯坦方面可以认为交易已经成功了。美国广播公司一方大吃一惊。现在双方得算算这笔交易到底值多少钱了。沃萨斯坦他们开始用计算机处理一大堆数据和公式，大都市公司方面则由巴菲特来计算，他只是胸有成竹地心算了一下就行了。

巴菲特已经省下了一笔投行费用，不过沃萨斯坦方面获利更大。芒格对这笔交易并不感兴趣，巴菲特则不同。他对美国广播公司的期望很高，他现在成了它最大的股东。巴菲特的预言果然没错，后来他的确后悔了。

巴菲特给大都市公司开出的股价相当于16倍的市盈率，这个出价在他的恩师格雷厄姆看来太高了。巴菲特也向《商业周刊》坦言：“对于我这个交易决定，格雷厄姆未必会赞成。”巴菲特把赌注押在墨菲和伯克未来能从美国广播公司的电视台中榨出更多的利润上。可实际上，事与愿违。股价在不断上涨，伯克希尔·哈撒韦要发展，巴菲特需要大笔的投资，而且小规模的投资是毫无成效的。除了美国石油领域，美国广播公司这笔价值35亿美元的收购案是有史以来最大的。

然而，这个纪录并没保持多久。紧跟着又出现了几笔大的收购案，很多都是恶意收购。投行也放弃了传统的方法，刚刚收完一个企业的佣金，转身又会把矛头对准它。很多小型企业甚至吞掉了一些行业巨鳄。

华尔街变成了血流成河的战场。

套利者同时声名鹊起。他们把自己看作能够翻云覆雨的大人物，至少也成了大公司的股东。巴菲特做成这笔大生意的同一周，《时代周刊》的封面上登出了号称“油神”的石油投资商 T · 布恩 · 皮肯斯的照片，他称自己是那些“思想古板”的企业家的死对头。像他这样的企业家并不指望在买下企业后进行什么改造，他只希望买下足够多的股票，然后再转手出让他家，自己从中牟取暴利。

不过，被兼并方的首席执行官的一些手法也不高尚。许多首席执行官用股东的钱来贿赂套利者，让他们离开，好保全自己的饭碗。甚至一些大公司，如迪士尼公司等被索尔 · 斯坦伯格威胁，被迫花出一大笔钱以息事宁人。菲利普石油等公司担心被投机猎手卡尔 · 爱康盯上，他们想尽办法让自己的表现不够出色，于是大举借债，把资产负债表弄得一团糟，免得那些企业狙击手向它开火。

这种奇怪的企业狙击游戏为巴菲特提供了一个机会。他听到好几位首席执行官说自己已是四面楚歌。他突然产生了个念头，想让伯克希尔 · 哈撒韦当一名救火队员，因为它的老板向来就有遇事从容、处变不惊的美誉。不用融资，它就可以快速采取行动，因为一个被逼上绝境的首席执行官如果既不愿被兼并者牵着鼻子走，也不想采取贿赂对方的自杀性行为，他很可能会走第三条路——把公司卖给巴菲特。因此，巴菲特在他的报告中常常把伯克希尔 · 哈撒韦公司比作一个避风港：“对于合适的行业和合适的人，我们可以提供一个安全的港湾。”

1985 年秋天，机会又来临了。斯科特－费兹公司是俄亥俄州一家名不见经传的综合型企业，其业务范围从《世界百科全书》到柯比牌吸尘器，一应俱全。不过，它在华尔街一直默默无闻，直到 1984 年董事长拉尔夫 · 斯奇利想以每股 50 美元的价格买下它的控股权。这个价格并不高，只比市场价每股高出 5 美元。投机商愿意出价每股 53 美元，他们认为这已是最高价了。两周后，投机商伊万 · 波亚斯基出价每股 60 美元。这个投机魔头凭借与德崇证券公司的关系而富得流油。人们当然不知道，伊万·波亚斯基私下进行了非法的股票操作（一旦曝光，他是要进监狱的），这只是华尔街暴发户的一个缩影。说话做事絮絮叨叨的斯奇利讨厌为波亚斯基卖命，但波亚斯基坚持索要400万美元的“放弃费”。斯奇利拒绝后，问题就变得很棘手了。波亚斯基现在手握斯科特－费兹公司7%的股票，随时可能将其卖给另一个买主。

斯奇利又想重新计划一次杠杆收购，出价每股62美元，但是计划失败了。更糟糕的是，如此一来，公司的很多股票都被波亚斯基这样的短期投机商控制了。他们唯一的目的就是把公司转手卖掉。斯奇利现在能做的就是抢在他们之前找到一位买主。斯奇利在1985年夏天得知李尔兄弟手里握有公司6%的股票。这兄弟俩是新一代投机商的代表，他们手里掌握的股票不多但是债权不少，就这样他们已经收购了一系列小公司，这让斯奇利心生寒意。兄弟俩知道杠杆收购有着无穷无尽的威力，于是也开始关注斯科特－费兹公司的前景。拉尔夫·斯奇利的确是遭遇80年代的寒流了。

巴菲特其实也一直在关注斯科特－费兹公司，而且买进了不少股票。该公司现在的投资回报很丰厚，而且，《世界百科全书》正是巴菲特渴望涉足的出版领域（他小时候就读过它）。看到斯奇利在报纸上的广告之后，巴菲特认为时机已到。10月，他给拉尔夫·斯奇利写了一封短信：“我们现在拥有贵公司25万股股票。我们对贵公司印象一直很好，不会做不友好的交易。如果您有意寻求买主，请给我打电话。”

对拉尔夫·斯奇利来说，这不啻来自天国的福音。他同意在芝加哥与巴菲特和芒格会面，他们共进了晚餐。第二天早上，即10月23日，巴菲特开价每股60美元，用现金支付。拉尔夫·斯奇利提出了两个要求：第一，这是实盘，不能中途放弃；第二，没有“放弃费”。通常情况下，这样的交易信息会告知一家投资银行，但巴菲特并没有聘请投资银行。巴菲特只是轻松地耸了耸肩，让斯奇利回去起草合同。一周后，巴菲特以3.15亿美元的价格又买下了一棵摇钱树。

巴菲特这次收购所用的现金是从另一宗交易中得来的。这笔生意发生在 10 月：菲利普·莫里斯公司以高价（恶意）收购了通用食品公司。作为通用食品公司最大的股东，伯克希尔·哈撒韦从中赚到了 3.32 亿美元的利润。“我并不算高兴。”巴菲特笑着说。现在他的公司的股价又创纪录了，达到每股 2 600 美元。当月《福布斯》杂志的资产在 10 亿美元以上的富翁排名中就有巴菲特的大名，紧随沃尔玛的创始人山姆·沃尔顿，IT 巨人、佩罗集团董事长罗斯·佩罗和房地产大亨哈里·赫尔姆斯利之后。

公司收购显然让巴菲特的钱包变得更鼓了。不过，尽管巴菲特盈利颇丰，但他还算不上是这个时代的代表。与收购狂潮的代表人物罗纳德·O·佩雷尔曼相比，巴菲特还是显得与这个时代格格不入。

巴菲特和佩雷尔曼的购买欲都很强，对公司的判断也很敏锐。作为投资者，他们也很相像。佩雷尔曼运用的高科技手段较少，总是以钱铺路。佩雷尔曼目光长远，但从本质上讲，他是个金融家而非一个优秀的经理人。有一次在接受《福布斯》采访时，他说，他平均每周要读 10 份公司年报。

另一方面，咄咄逼人的佩雷尔曼经常从事恶意收购，巴菲特则不然。佩雷尔曼只对控股权有兴趣，这一点也与巴菲特不同。他们的最大区别在于，巴菲特只以上市公司的股东身份参加交易，他所赚取的利润和他所持有的股份比重相仿，而大多数的交易人是靠内部渠道（如各种收费项目）赚钱的。

佩雷尔曼就是通过把美国特艺色公司（Technicolor）、马克安德鲁斯–福布斯公司（MacAndrews and Forbes）的其他股东排除在外的方式获得了巨额财富。他的开价都很不公平，而且每次交易都会惹上官司。巴菲特之前曾经同意作为控方（他的朋友比尔·鲁安）的专家证人来证明佩雷尔曼有罪。比尔·鲁安拥有马克安德鲁斯–福布斯公司的部分股票。当时参与诉讼的一位律师说，巴菲特说佩雷尔曼在“榨干股东的利益”，佩雷尔曼则矢口否认。最后官司了结，避免了一场可能会发生的冲突。

在巴菲特买下斯科特－费兹公司的同时，佩雷尔曼又向世人展示了华尔街的一条新游戏规则，它一旦被使用就能置某家独立公司于死地。科尼·布鲁克在《猎者盛宴》（*The Predator's Ball*）杂志上评论说，佩雷尔曼对露华浓公司的进攻就像阶级战争一样。这家化妆品公司的贵族董事长迈克尔·博格里斯认为叼着雪茄的佩雷尔曼和德崇证券公司的金融家都是“开当铺”的。他粗鲁地拒绝了收购要求，说这家公司不准备出售。佩雷尔曼则反击说迈克尔·博格里斯是典型的老古董企业家。博格里斯在巴黎有处豪宅，还有管家，佩雷尔曼称它为“博格里斯城堡”。在一般人看来，这场战争显得很奇怪。佩雷尔曼的武器 PP 公司（Pantry Pride）的规模只有 1.45 亿美元，而露华浓则价值 10 亿美元。可是佩雷尔曼通过垃圾债券融资反而占了优势，他买下了露华浓，博格里斯失业了。事实证明，博格里斯说露华浓不卖的话错了。其实，任何东西都是可以买卖的。

1985 年 11 月，在佩雷尔曼买下露华浓一周后（他保留了管家和城堡），巴菲特在哥伦比亚大学法学院的研讨会上做了关于恶意收购的演讲。参加研讨会的有企业首席执行官、银行家、并购律师以及诸多学者，著名律师马蒂·利普顿也在其中，他在露华浓防御战中受的伤还没痊愈呢。对他们来说，公司收购只是家常便饭。大都市公司与美国广播公司之间的交易才过 8 个月，很多细节还没最后敲定，又有 5 起更大的并购案发生了。华尔街的财富转手速度快得让人目不暇接，露华浓收购案的律师费和投行费用就高达 1.2 亿美元。因此，我们可以想见这么多人跑来这家常春藤校园不是来吃晚饭的，而是想拜见巴菲特。

毋庸置疑，每个人心头都在想着露华浓的收购案，但是巴菲特并没有提到它。他做的是即兴演讲，谈的是喜诗糖果公司和他自己。自从他 11 岁时买了 3 股城市设施优先股以来，他搞投资已有 40 多年了。在他那些久远的记忆中，股东们是“理所当然的老板”。

> 我想在报纸上读到某条报道，说我是城市设施公司的老板，经理层正在按我和其他几位股东的意思经营这家公司。如果有人想买那家公司就得找我商量。

成年之后的巴菲特还是这么想。如果有人向喜诗糖果公司的管理层开出了收购价而管理层没告诉他，他就会觉得自己“被忽视了”。如果必须有人决定是否要出售，那必须由股东来决定，因为公司毕竟是他们所做的投资。像博格里斯这样的首席执行官，喜诗糖果公司是万万不会要的。

但是，巴菲特并没有否认股东们能从收购事件中受益，他自己就从通用食品公司的收购案中狠狠地赚了一笔。他说：“因为我母亲今晚不在这儿，所以我承认我也玩过股票投机。”他也曾经从这种做法中获利。但是，股市的投机商越来越多，这也让他深感忧虑。一些公司的首席执行官是他的老相识，很多还是他的朋友。他发自内心地对这些投机者的恶意收购感到担忧。

> 我认为，在经济学领域内，达尔文的进化论正在起作用。只要有人出价进行收购，看不见的手就会挥动起来，最终的结果可能是提高管理人员的素质。几年来，两件事一直困扰着我，其实我也不知道缘由何在：第一，我知道一些经营完善的公司常常会以低于实际价值许多的价格被出售……

理论上，收购对公司的弊端是有诊治作用的，这种做法能帮一些企业剪去大树上的枯枝。在理想的经济模式中，资产将流向出价最高的人，因为理论上他们能最高效地利用这些资产。

但实际上股市并非总是处于理想状态。即便是一个优质公司的股票，如大都市公司，其股价可能也不高。股市投机者往往会抓住这种时机，这并不是因为墨菲和伯克是大树上的枯枝，只是因为他们公司的股票价格不幸跌入低谷。就连布恩·皮肯斯也抱怨说，石油公司通过“在纽约证券交易所兼并其他石油公司，要比在地下采油划算得多”。华尔街今天炒石油，明天就会炒别的。在巴菲特看来，这并不是经济学的达尔文主义，而是经济学大轮盘赌局。像汤姆·墨菲这样的人由于别人用钱搅局而破产，对这个世界可没有什么好处。

让巴菲特感到不安的另一点是，他发现收购会扰乱市场价格。商人就像政客一样，他们花别人的钱总比花自己的钱大方得多。好几个首席执行官都告诉过巴菲特，如果公司能给他们报销的话，他们就坐头等舱，在豪华餐厅用餐。

> 我还发现他们买公司时，对待股东的钱和对待自己的钱的态度并不一样。

如果能借鸡下蛋，股市投机者在收购一家公司时可能会花比实际价值更多的钱。华尔街对垃圾债券的巨大胃口也提供了大量来之甚易的钱，垃圾债券成了一种“虚假货币”。（之所以说它是“虚假”的，是因为买主们根本没有仔细想过，就天真地提供给借方经济能力之外的融资。）不管谁能借到最多，最后他都会把这笔钱用来实现自己的收购目标。巴菲特对此大为恼火。问题在于总有人上钩，很多人都信以为真，而且这种局面将长期存在。巴菲特说：“我个人认为，在一切都结束之前，垃圾债券将一直存在。”

对于1985年的美国经济界而言，巴菲特的这番话可谓振聋发聩。垃圾债券的发展势头迅猛，违约现象鲜有发生。投资者纷纷觊觎联合百货公司、美国大陆航空公司、梅西百货公司和特朗普公司等优质企业以及后来许多申请破产的公司。

密歇根大学金融和法学教授迈克尔·布拉德利在哥伦比亚大学研讨会上曾经抗议：“用‘垃圾’这样一个贬义词来称呼这种盈利丰厚的债券，真是让我很费解。”迈克尔·布拉德利的观点是：垃圾债券的风险其实已经被它的（高）利率抵消了，就像资信评级为3A的债券一样，垃圾债券并不是坏债券。

理论上巴菲特也同意这种观点。一年前，伯克希尔·哈撒韦通过购买华盛顿公共电力服务公司廉价的债券也赚了一笔。濒临破产的借款人要求的贷款往往让人觉得物有所值。德崇证券公司的垃圾债券代理人迈克尔·米尔肯就是靠经营这种债券起家的。最近一段时期，垃圾债券又出现了新的特点：它们的价格居高不下，尽管以票面价格发行债券的人的资信不高，但是债券的价格久久降不下来，当然也鲜有抬升。

不过，巴菲特一针见血地指出，这种垃圾债券的发行人和承销商一样赚得盆满钵满。在巴菲特看来，收购游戏就像是在吸毒，华尔街只能不停地用垃圾债券这个“针头”来扎自己的肌肤，因为华尔街已经因为毒瘾而精神恍惚了。巴菲特预言说：“除非遭受重大挫折，否则垃圾债券不会消失，因为重赏之下必有勇夫。”

1986 年 1 月，大都市公司收购美国广播公司之后没多久，巴菲特一直在反复思考这些问题。在大都市公司的管理层按惯例去凤凰城度年假时，巴菲特突然现身。他指出，现在有许多投资人是按“每小时变化的股价”来决定自己的忠诚度的。巴菲特发誓说他在投资理念上决不会朝三暮四，直至他进入坟墓的那一天。事实上，即便在他进入坟墓之后，这一点也不会发生改变。

> 有人问我，万一我在路上被卡车撞了怎么办，我通常会说我为那位肇事的卡车司机感到难过。因为我已经安排好一切，即便我死了，伯克希尔·哈撒韦也无须卖出 1 股股票。我是言必信、行必果的。

巴菲特的诺言是为了防范像布恩·皮肯斯或克拉维斯一类的投机商。他不仅给了墨菲和伯克代理他股票的权利，而且保证他们有权限制伯克希尔·哈撒韦出售股票。他甚至连改变主意的选择权都已经没有了。

巴菲特试图用经济学的原理来解释这种不同寻常的安排，这样墨菲就可以专心经营而不用担心遭人收购了。但巴菲特还有来自个人和职业发展的动机。“个人因素”在这次投资中也占了很重要的位置。巴菲特对一位记者说：

> 我愿终生都与大都市公司相伴。这就像你有一个生病的孩子，但你不会在5年后卖掉他，因为他是我们的亲人。

即便如此，这笔交易的确有问题，这在交易还没完全收官时就表现出来了。电视的广告收入锐减，美国广播公司的生意一落千丈。不管是黄金时段的节目还是新闻节目，该电视网的评级在美国只能屈居美国三大电视网的末席。后来它还在棒球、橄榄球、冬奥会赛事转播和两个制作糟糕的电视剧节目上遭受亏损。它的成本控制也无章可循。

巴菲特的一位朋友说："我认为巴菲特不清楚美国广播公司有多么浪费，它的管理又有多么混乱。"据彼得·巴菲特回忆，父亲在检查各种费用时，竟然发现美国广播公司有一次付给一位园艺师的费用就高达6万美元。伯克在谈判时也被美国广播公司气派的大楼吓了一跳，墙上挂满了著名画家杰克森·波洛克和威廉姆·德·库宁的名画，后来美国广播公司又把这些名画卖了，为的是应付年度资产负债表上的赤字。

美国广播公司被转手后一年，它从原来赢利1.3亿美元变为亏损7 000万美元。要是墨菲和伯克没有减少大笔开支，情况会变得更加糟糕。墨菲第一次去洛杉矶时，公司的娱乐节目部派了一辆白色的高级加长轿车去接他。从那以后，墨菲改为只坐出租车。他关闭了纽约总部的私人餐厅。几个月后，墨菲和伯克把整座大楼卖给了一位日本投机商（价格是创纪录的每平方英尺365美元）。他们还解雇了1 500名员工。

巴菲特密切关注美国广播公司的发展，但并没有插手。有一次，当美国广播公司为周一晚间的橄榄球赛事转播权重新谈判时，他来到了纽约。伯克估计美国广播公司为此将损失4 000万美元。由于美国广播公司已经砍去了许多重大事件，包括体育赛事的报道，公司不想再错过全美橄榄球联盟的赛事。"巴菲特插手进来了，"伯克回忆说，"很显然他想让我们抓住这个机会。"巴菲特的话不多，他只是在一旁静静地观察，用伯克的说法就是巴菲特“嗅到了商机”。当他们苦苦等待全美橄榄球联盟的答复时，巴菲特郁郁寡欢地说：“可能他们把我们的电话号码给弄丢了。”对方没把电话号码弄丢，但美国广播公司在这次合约争夺战上的失利比他们想象的还要惨重。

墨菲和伯克大刀阔斧地减少开支，可是整个传媒业内部的竞争日趋激烈，因为当时的电视节目和报纸让人目不暇接。收看三大电视网有线电视节目和家庭录像带的人越来越少。有一次，巴菲特和墨菲一起在大屏幕彩电前看周一的橄榄球赛时，巴菲特兴奋地说：“画面不错呀！”墨菲却感慨地说：“我更喜欢 8 英寸黑白电视机的时代，那时只有三大电视网。”

毋庸置疑，要是只有一家电视网，巴菲特会更高兴。虽然在媒体的竞争中没有占到上风，但他并不打算就此罢休。在兼并后的几年，沃尔特·安纳伯格飞到奥马哈，就是否把他的杂志王国卖给鲁珀特·默多克向巴菲特征求意见。巴菲特建议说，虽然传媒业仍是个好行业，但仍有走下坡路的危险。安纳伯格选择了急流勇退，但巴菲特却不想退出媒体王国的争夺战。

伯克认为，巴菲特为此付出了高昂的代价。大都市公司的股票价格曾一度猛涨到每股 630 美元，伯克知道巴菲特很清楚这个股价明显被高估了。他说：“巴菲特本可以把股票卖掉的。”不到一年，大都市公司的股价又重挫至每股 360 美元。

有位杰出的年轻银行家认为，从某种意义上说巴菲特失败了。他评论说：“巴菲特有过三种职业。过去他是个猎手，猎取的是低价位的股票。后来他又成了一个投资者，以合适的价格买了不少好企业。再后来，巴菲特又说：‘如果我不能再以合理的价位买到好企业，我就得靠自己的规模取胜，我要让全世界的人都从我这里学到一课，看看长期投资的威力。’我想，现在他把投资弄得一团糟。他真傻。”

巴菲特和芒格都曾想过能否在股市频繁的买进卖出中获得更大的利润。不过，他们认识到：第一，只买不卖的投资人所缴的税将更少，长此以往这就是一笔可观的收入；[1]第二，长期持股也能创造不少机会，包括B夫人和拉尔夫·斯奇利这样的人都愿意与巴菲特合作；第三，巴菲特知道，一旦投资就不轻易撤出的话，他在选择合作伙伴时必须更加谨慎。他和那些没有想过什么时候撤资的投资者一样，在进行投资时非常挑剔。这与婚姻一样，如果你在挑选伴侣时谨慎对待，那么婚后生活往往会更加圆满。

不过，巴菲特一直没有卖出大都市公司股票的一个原因在于，他认为这样做会让他觉得内心空虚（不管你觉得这样想是不是很傻），只要他还在与墨菲合作，他就会感到十分满意。正像他对《商业周刊》说的那样："卖掉一只熟悉的股票就像把照顾了自己多年的妻子给休了一样。"这话从一个妻子已经搬出家门却不愿和他离婚的人嘴里说出来，确实是入木三分。巴菲特在一份报告中再次使用了这个比喻：卖掉好股票就像嫁入豪门一样，这种错误时有发生。巴菲特认为，"如果一个人本来就有钱还这样做的话，那他简直是疯了"。

对股票只买不卖在财务上是讲得通的，但也有人认为这是巴菲特"怪异"的性格使然，是他个人因素和经济因素综合作用的结果。他不喜欢失去自己珍视的东西，包括股票、伙伴和一切可以永续的东西。在巴菲特看来，做人出尔反尔，因为别人多出了两倍或3倍的价格就把自己珍视的东西卖掉是一种"疯狂"的做法。而其他投资者，诸如那位年轻的银行家，却认为巴菲特才是一个疯狂的家伙。不过，巴菲特一直靠保持连续性来赚钱：同一个合作伙伴、同样的股票和同样的公司。他向来不喜欢改变。

因为巴菲特的个性使然，他会竭尽所能地避免举债。1986年，资产评级为"3A"的埃克森公司的资产债务比为4 ∶ 1，伯克希尔·哈撒韦

---

① 当然，巴菲特也出售股票，不过通常是在买入并持有了很久之后。伯克希尔·哈撒韦公司对于大都市公司、《华盛顿邮报》和政府雇员保险公司的股票以及旗下喜诗糖果公司等全资子公司都是不出售的，巴菲特打算"永久"持有它们。

公司则是 25 ∶ 1，这个比率几乎可以让任何一个清教徒安心睡觉了。过多的债务有时不能保证经营的连续性，这可能比抛弃糟糠之妻更让巴菲特感到痛苦，他害怕失去对伯克希尔·哈撒韦的控制力。巴菲特在凤凰城说过，债务是金融界的狐狸精，会给人以“温柔的致命一击”。

> 这可太悲惨了。如果某人的经营非常成功，但他有点儿小毛病，比如说贪杯或是爱占小便宜，这就是他致命的弱点。金融市场的致命弱点往往是这种借来的钱。

因为这种根深蒂固的观念，巴菲特对债务一向不屑一顾，对杠杆收购的推销商也颇有微词。他们在交易一开始就已经谋划好了“逃跑”的退路，并把债务转移给第一个愿意上钩的冤大头（通常是公众）。巴菲特认为投资就是从企业的经营中获益，而不是赚取差价。杠杆收购的推销商其实不能算是真正的“投资者”，他们充其量只是把资产从一个口袋转移到另一个口袋的倒爷。他们并不创造价值，即巴菲特认为的给社会提供必需的、有用的产品和服务。而这些投机商们的利润，通常只是依赖于把资产变成债务后节省的一笔巨大的税款。

巴菲特对此提出异议，他认为这种人不配获得如此丰厚的收益，而社会将因为税收的减少而变穷。巴菲特的传统观点其实是有偏向的，他认为 B 夫人的工作比美林证券的工作对社会更有价值，也就是做比萨的工作比分比萨的工作更有价值。他在大都市公司的一次聚会上谈到，杠杆收购者既不能“让牛排更美味”，也不能“让衣服更保暖、更结实”。

> 布恩·皮肯斯和吉米·戈德史密斯这些人口口声声说为股东创造价值，其实他们并没有。他们只是把社会的财富转移到了股东手中。这样做是否合适姑且不说，它完全没有创造新价值，因为他们没有像亨利·福特那样推动汽车业的发展，也没有像麦当劳的创始人雷·克罗克那样做出更美味的汉堡……就在过去的几年里……一

家又一家公司被熟谙此道的人改头换面。这就意味着每个公民都要为政府提供的服务和商品再多付一些钱。

在大都市公司控股的美国广播公司，巴菲特试图创造一个人们不再研究“逃跑战略”的世界。在收购之后，美国广播公司这家曾经最动荡不安的电视网，现在财务状况稳定，它播出的肥皂剧、晚间新闻栏目和黄金时段的节目都很受欢迎。与之相比，哥伦比亚广播公司（CBS）和全国广播公司（NBC）则由于反复易主和对新东家拉里·蒂什及通用电气公司的不信任而苦苦挣扎。伯克认为巴菲特的投资使他感到安心，要是没有他，“我们的感觉就完全不一样了”，尤其是在传媒业经历这么严重的衰退的关键时期，公司很有可能被人进行杠杆收购而不能正常运作，从而遭遇与时代公司同样的命运。现在墨菲和伯克不断获得巨额利润，而且巴菲特的支持也使大都市公司的股价迅速反弹。

第 15 章 BUFFETT

公与私的两面

当大都市公司的交易还在进行时，巴菲特已经有很多拥趸了。在奥马哈城就有 50 人因为巴菲特而成为百万富翁，在全美国则不下好几百。当他去哥伦比亚大学商学院做关于投资学的演讲时，整个演讲大厅座无虚席，甚至有 200 位热心听众因为没有找到座位而在门外站着听。《福布斯》杂志称他为“民间英雄”。在堪萨斯城和纽约分别有人给爱犬取名为“巴菲特”和“巴菲”。一位名叫威廉·奥本德福的斯坦福大学商学院毕业生在见过巴菲特之后，便辞了麦肯锡公司的工作，毅然投身于投资事业。基金经理克里斯托弗·史塔文给儿子洗礼后为他取名亚历山大·巴菲特。奥马哈的股票经纪人道格拉斯·斯特朗对巴菲特崇拜已久，当他的妻子马莎即将分娩时，他拿了份《财富之王》杂志对着妻子大声朗读有关巴菲特的章节，好像这样做能够提高即将出生的孩子的智商一样。

到 1986 年早期，伯克希尔·哈撒韦的股价已突破每股 3 000 美元。在 21 年里，巴菲特把一家不起眼的纺织厂变成了一个聚宝盆，其股价涨了 167 倍；而在同期，道琼斯指数只不过上涨了一倍而已。整个华尔街对他也是又敬又怕。当巴菲特告诉房利美公司的董事长戴维·麦克斯韦，说他对房利美进行了投资时，麦克斯韦兴奋得一蹦三尺高，跑到窗前冲着窗外高声大喊：“沃伦·巴菲特买了我们的股票！”各大报刊都称巴菲特为“迈达斯”[①]、“投资奇才”、“奥马哈的智者”以及“奥马哈的先知”。

很多素不相识的人都涌向巴菲特要和他“做生意”。一个巴基斯坦的移民要把自己的报摊卖给他，还有个密西西比州杰克逊市的女人想

① 迈达斯，希腊神话中的人物，拥有点石成金术。——译者注

要把一幢美国南北战争之前盖的大楼出售给他。（“我出点子你出钱，我们会发财的。”巴菲特开玩笑说道。）最惊人的是，一个内布拉斯加州林肯市的人张口就要让巴菲特给他 1 亿美元的“贷款”，好让他来买农场，巴菲特拒绝后，他竟拿着手枪来到凯威特广场以武力相逼，结果被美国联邦调查局逮捕。当时，巴菲特泰然自若地坐在他的办公桌旁纹丝未动。

尽管巴菲特已经成了公众人物，但是他的私人生活还是一如既往的平凡宁静。和现在的首席执行官不同，他不会事先预约时间，而是率性地想干什么就干什么。当凯瑟琳·格雷厄姆的儿子比尔·格雷厄姆问巴菲特什么时候方便拜访他时，他回答说：“什么时候都行，我没有固定的日程安排。”《华盛顿邮报》的总裁理查德·西蒙斯对他房间里的简朴宁静感到不可思议：墙壁涂成了翡翠绿色，里面几乎连一件装饰品都没有。在一个玻璃罩下有一台老式的爱迪生牌股票行情自动收录器、一张《奥马哈太阳报》获普利策奖的奖状、几张家庭相片，还有一张本杰明·格雷厄姆的照片。房间里有一张格子花呢的长沙发，上面落了一层灰，说明这其实也只是一个摆设。巴菲特没有电子计算器，没有股票行情显示终端，也没有电脑。“我的脑袋就是电脑。”他曾经这样告诉一位记者。当他在办公室时，理查德·西蒙斯对此形容说：“看起来好像并没有什么大事会发生，只是有时他的股票经纪人比尔·斯科特会探进脑袋来问：‘买进 1 000 万美元，每股 125.125 美元，行不行？’巴菲特办公室的电话铃声也不像有些首席执行官的那样响个不停。与一般的首席执行官相比，巴菲特的时间显得很充裕。”他每天都过得悠然自得，还会惬意地喝上几杯加了樱桃汁的可乐。他会坐在红木桌旁悠闲地看书，一待就是几小时，仅靠电话与外界联系一下（而且是他本人接电话）。他有三条私人电话线路，分别通向所罗门兄弟公司、美邦公司和高盛集团。

有人说他第一眼看到巴菲特时，会感觉回到了一个天真烂漫的年代。一个年轻的投资经理塞什·卡拉曼与这位亿万富翁在波士顿的丽思卡尔顿酒店一起吃了顿早餐。塞什·卡拉曼发现巴菲特跟“传说中”的一样，他静静地站在服务台前等候，旁边没人跟他搭讪，也没人知道他到底是谁。“他超凡脱俗的一点，是吃了几根长条香肠和几个鸡蛋，估计他是全美国最后一个爱吃长条香肠的人了。”好莱坞制片人诺曼·李尔在奥马哈机场遇到这位略微有些发福的亿万富翁时，错把他当成了司机。巴菲特长相普通的脸上戴着副玳瑁眼镜，头发稀疏杂乱，手里拿着车钥匙，只有杂乱的眉毛方能显出他的个性。

作家亚当·史密斯在《超级金钱》中写道：“这位功成名就的中部美国佬有点怀旧。”这位亿万富翁自己开车，自己理财，住的房子也是在1958年花31 500美元买的。他就像美国很多经典传说中描写的那样，以正义和品德打败了大都市的尔虞我诈，用冷静执着应对着瞬息万变的现代快节奏。伯克希尔·哈撒韦的股东中不仅有著名的基金经理马里奥·加贝利等人，还有艾奥瓦州的专栏作家埃皮·莱德勒，他们与巴菲特都一见如故。巴菲特为几百万普通的美国人提供过家庭理财建议，他还是华尔街的专栏作家。

20世纪80年代中期，巴菲特因其平民化色彩而大受欢迎。称赞他的文章常以《噢，原来是沃伦·巴菲特》和《爱吃爆米花的资本家》这样的调侃字句作为标题，文章讲述的是他自我批评时的幽默感和简朴的生活作风。卡罗尔·卢米斯的一个朋友在报纸上写道：“巴菲特并没有对这些称颂的报道津津乐道。”但不久事实就证明这话错了。有人问伯克希尔·哈撒韦自从60年代以来的财务主管维恩·麦肯齐老板有什么变化，麦肯齐说巴菲特比之前开心多了，他说：“我从来不知道他原来这么喜欢镁光灯和引人注目的感觉。”

其实他一直都喜欢别人的关注，只是过去他并没有吸引很多观众罢了。他一向健谈，喜欢开玩笑，而且希望自己名垂青史。不过他善于在接受采访时把自己伪装成轻松惬意且衣着寒酸的寒碜模样。他总会兴高采烈地谈论自己的工作成绩，不管是与朋友、同事交谈还是在发表演讲时，他都很愿意抬高自己过去取得的成就。他喜欢包装自己的过去，使其变得完美。巴菲特的中学同学唐纳德·丹利还清楚地记得，他们经营的第一台弹子球游戏机是丹利自己买的，而巴菲特后来跟人说是他们一起掏钱合买的。小学时代的玩伴鲍勃·拉塞尔回忆，他们曾经做过一套为赛马者准备的“必胜马仔系统”，当时是用铅笔写的，复印之后被拿到赛马场去出售，巴菲特则说它是正式印刷的。

不过，巴菲特的很多说法并没有夸大自己的成功，反而隐去了许多雄心壮志和精打细算。比如，他说自己去哥伦比亚大学念书是因为与本杰明·格雷厄姆的不解之缘，而不说是因为哈佛大学没有给他录取通知书，所以他才决定去屈居次席的学府念书。同样，他说自己放弃在格雷厄姆-纽曼公司的职位去奥巴哈不是为了当“小池塘里的大青蛙”，组建巴菲特合伙公司也是听了亲友的劝告，这可以体现出巴菲特并没有居功自傲。当《奥马哈世界先驱报》报道巴菲特从纽约返乡归来时，他的合伙公司已经开业 3 周了。他还说，让他当汤姆·墨菲后盾的点子完全是墨菲的杰作，似乎他想把自己的成功刻画成上天的安排，而非他个人一生努力追求财富的结果。

其实，朋友们最喜欢他的一点就是他为人认真诚恳，从来不会心不在焉。诺曼·拉尔说：“他一生都在给人带来快乐，他几乎没有缺点。”这种印象也是巴菲特真诚坦率、精力充沛甚至有些像老顽童的形象造成的。他为人随和但并不草率，意志坚定但又绝非一个苦行僧。

巴菲特能把生活中平凡的细节都转化成快乐。有一次《纽约客》杂志说他“经常喝百事可乐，还喜欢在里面加一点儿樱桃汁调味”。巴菲特过去在奥马哈的邻居唐纳德·基奥曾经拒绝给年轻的巴菲特投资，现在他已经是可口可乐公司的总裁了。他碰巧读到了这篇报道，当时就被激怒了，他给巴菲特写了封信，提出要让他尝尝另一种“琼浆玉液”——可口可乐。几次通信之后，巴菲特同意尝试一下新出的“红色可口可乐”。唐纳德·基奥说：“在试饮期间，巴菲特立刻对红色可口可乐上瘾了。”实际上，巴菲特一天要喝 5 罐（他对可口可乐爱不释手，已经不喝百事可乐了），而且常常像小孩子一样给唐纳德·基奥写张便条说他喝得有多开心。据一位来访者说，他的办公室里堆满了薯片和几千罐红色包装的可乐瓶子。在 1986 年的白宫招待会上，唐纳德·基奥再次遇到了巴菲特，他认为这位老邻居一点儿也没变："这家伙还是那么热爱生活。"

每当伯克希尔·哈撒韦公司召开年会时，都是让巴菲特感到最兴奋的时刻。过去在奥马哈，只有稀稀拉拉的几个当地股东参加在国民赔偿公司的餐厅举行的股东会议。后来，当有几个外地股东也前来参会时，巴菲特便把会议地点改在红狮饭店的地下室。到了 1986 年，股东们如潮水般从四面八方涌来，他就租下了宽敞的有粉红色大理石装饰的乔斯林艺术博物馆。股东们拿着他的报告，就像清晨枝头上的鸟儿一样挤满了奥马哈森林。其中有巴菲特的崇拜者、基金经理、格雷厄姆的追随者、纽约的银行家、退休的富人和向往富有的年轻投资人。其中有些人西装革履，有些人穿着短袖衬衫，有些人来自东部，有些人从南部赶来，也有些人来自西海岸。很多公司的股东年会几乎不会吸引任何人，因为其中很多议程几乎就是在浪费时间，而这次来奥马哈参加股东年会的竟然有 450 人之多。会议结束后，巴菲特带他们参观了 B 夫人的内布拉斯加家具商场，当时 B 夫人正指挥手下从卡车上卸下价值 1 万美元的东方地毯。

会议当天名流云集。桌上放着咖啡壶，还有装满了可口可乐的红色大桶——这是公司指定的"官方饮料"。95% 的与会股东都持有 5 年以上的伯克希尔·哈撒韦的股票，这种忠诚度在华尔街是绝无仅有的。其中很多人把毕生的积蓄都花掉买了这只股票。这些股东对他的依恋简直到了顶礼膜拜的地步，巴菲特成了他们心中的神。他们会留意巴菲特的举手投足，似乎他的每个动作和表情都值得用相机拍下来挂在墙上留作纪念。他们感到兴奋和荣耀，因为他们觉得虽然自己不是天才，却发现了一个天才。这个"教派"有自己的教义——"格雷厄姆和多德投资学"，它的门下都是一些感觉良好的虔诚教徒。

他们当中有来自图森市并且读过格雷厄姆和多德著作的冶金工程师詹姆斯·莱克，有在爱达荷州波卡特洛市经营保险公司的罗纳德·梅尔顿，还有来自奥斯汀市的摄影师迈克尔·奥布赖恩。奥布赖恩是在外出拍片时了解到巴菲特的，他在读了巴菲特的书信体报告后就买了他的股票。一位来自杰克逊维尔市名叫萨德·麦克纳尔蒂的基金经理，他对巴菲特非常崇拜，于是带着妻子来这里庆祝他们的结婚纪念日。

还有一个忠实拥趸是来自密西西比州杰克逊市的蒂姆·C·梅德利，他是一位理财经理。他的妻子有一天吃惊地问他："你准备花 1 000 美元跑到内布拉斯加，仅仅就是为了听那个人讲话吗？"梅德利手里只有一股伯克希尔·哈撒韦公司的股票，他坦言道："也许我是有点儿过于着迷了，但就像忠实教徒会常去教堂一样，巴菲特能给我这样的动力。"

梅德利第一次遇见巴菲特是在乔斯林艺术博物馆的走廊里，当时巴菲特正在迎接投资者。他头发乱糟糟的，穿着蓝色西服和肥大的灰色裤子，皮带扣眼的地方都磨破了，看上去就像一个中学篮球教练。就这么一个"外表平凡的人"，却是梅德利敬仰的偶像。

当巴菲特和芒格走上演讲台时，怀着崇敬之情的人们会倏然间安静下来。台上放着一罐红色可乐，就像教堂里的圣餐一样。巴菲特很快地介绍了一下公司的基本业务情况，然后就进入了问答环节。他会故意板起面孔说，想提早走的人只能在芒格发言时离席，他说话的时候可不允许这样做。接下来的几小时，他们俩轻松坦诚地谈到了公司年报的方方面面，回答了关于伯克希尔·哈撒韦业务的各种问题。

巴菲特几乎抢了所有的风头，他兴致勃勃地开了一个又一个玩笑，讲得眉飞色舞。他喜欢看到熟悉的面孔，喜欢见到他相识多年的朋友，喜欢见到因为他而变得富有的人。例如安格尔医生之前并不富裕，现在他名下的财富已经超过 1 500 万美元。巴菲特对一个朋友说，他觉得自己在创作一幅巨作，所有认识他的人都艳羡不已。也许他在伯克希尔·哈撒韦这种救世主般的地位正是他连 1 股股票都不愿卖出的理由，他把股东大会当成了一种盛典。他就通货膨胀、B 夫人和公司的管理侃侃而谈，并回答了关于投资、大都市公司和本杰明·格雷厄姆的问题。他还时不时用某个言简意赅的小故事来说明一个深刻的道理，让人听起来那么轻松自在，似乎演讲者不是站在台上，而是在某个夏日慵懒地躺在安乐椅上闲聊一样。

有一次巴菲特在大都市公司做即兴演讲，有人问他有什么管理技巧可以推荐。他讲了一个陌生人在一个小镇上的故事。这个异乡客想与当地人交朋友，他走到村子的广场上，看见一个长得像“德国牧羊人一般猥琐的”老头儿。巴菲特接着说：

> 他小心翼翼地看着老头儿身边的狗，问道：“你的狗咬人吗？”老头儿说：“不咬人。”于是他弯腰拍了拍这条狗，这条狗凶狠地扑了上来，咬了他的手臂。这个异乡客一边整理被撕烂的衣服，一边战战兢兢地问老头儿说：“你不是说你的狗不咬人吗？”老头儿说：“这不是我的狗。”

这个故事告诉经理人们一个道理，那就是提出正确的问题是很重要的。

巴菲特的话语里经常会闪烁这种智慧的光芒，即便在私人场合也不例外。有一个周六，一个喜欢夸夸其谈但并没有在巴菲特的保险公司投保的潜在客户史蒂文·格卢克斯滕飞到奥马哈来想问几个问题。史蒂文·格卢克斯滕在报纸上曾经读过关于巴菲特的评论，现在他急切地想要看看他到底是怎样的一个人。见面时，他看到巴菲特身穿法兰绒衬衫和卡其布裤子，他一下子就轻松多了。在谈起风险问题的时候，巴菲特根本没有扯出什么大道理，而是用最生活化的语言对他说：“嘿，史蒂文，要知道你玩扑克牌时总有一个人要输钱，如果你看不出周围谁要倒霉，那估计就是你自己了。”

巴菲特正是通过这种独特的方式提醒他，不要在自己看不清形势的情况下就冒险。格卢克斯滕觉得他言语简洁但字字珠玑，当即就接受了巴菲特的忠告。

人们回想起多年以前，巴菲特在参加朋友聚会时，被大家围绕着，洒脱地回答大家提出的问题；人们也会想起他坐在朋友罗克珊·勃兰特在纽约曼哈顿的家中，身边围坐了很多崇拜者的情景，罗克珊·勃兰特称之为“耶稣和门徒的聚会”。当时巴菲特是在非公开场合，现在身处公开场合，巴菲特依然是众星捧月般的人物。

对巴菲特而言，公与私的界限变得有些模糊了。他的朋友也变成了他的崇拜者。他们经常来拜访他，为的是讨教投资建议。斯坦福·利普西甚至还让巴菲特给他出点子摆脱一个女友的纠缠。得克萨斯州一位名叫理查德·雷恩沃特的金融家特意跑到奥马哈请教关于支票的问题。1986 年，当理查德·雷恩沃特举棋不定时，巴菲特告诫他不要为了一点儿蝇头小利就轻举妄动，这么做不值得。这事让理查德·雷恩沃特印象深刻，因为不久之后华尔街的几个大佬都因为违规操作惹上了麻烦。

每隔一年，巴菲特的核心圈子，即所谓的格雷厄姆的门徒们都要开一次碰头大会。刚开始只有巴菲特和几个投资伙伴参加，会议一般都开得很简单。记得他们在佛罗里达州棕榈海岸开第二次碰头会时，有个饭店的服务生对他们给的区区一点儿小费根本看不上眼，竟然把钱摔到门上就走了。还有一次，富得流油的戴维·戈茨曼跟他们一起在机场碰头然后准备去开会，到机场之前他一直以为大家都是坐头等舱，结果别人都说不是，窘得戈茨曼结结巴巴地把他的秘书数落了一通，最后跟着大家一起坐了经济舱。

现在他们开会可不再是这般寒酸了，参会者的范围也扩大了。他们往往是到亚利桑那州的斯科特斯戴尔、爱达荷州的太阳谷这样的景区会面，还会乘坐伊丽莎白二号游艇。巴菲特还邀请了金融界之外的一些朋友，例如卡罗尔·卢米斯和汤姆·墨菲。有一次他们在科罗拉多河上玩漂流，颇有贵族气质的凯瑟琳·格雷厄姆不好意思地说："我的屁股从来都没有弄得这么湿过。"

巴菲特认为与朋友们的会面让人感到神清气爽。他喜欢朋友，别人对他也一样。这种聚会也带有一种神圣的气氛，虽然与年会不完全一样。尽管这些朋友个个都是功成名就的精英，但他们都愿意听巴菲特的安排，好像是专为他开庆功会一样。客人名单由巴菲特决定，只有他才有权决定到底邀请谁。一个常客说："大家心里都期待能与巴菲特同坐一张桌子，你忍不住会想，他会坐在我旁边吗？”尽管巴菲特在这类聚会上非常放松随意，但是大家还是能体会到朋友对他的极度崇拜。

巴菲特的许多朋友也是他的股东，因此他觉得有责任让朋友们也过上富足的生活。他们甚至在走路时都津津有味地谈论巴菲特和股票。巴菲特的朋友如果卖掉了伯克希尔·哈撒韦的股票，他们每走一步路都会感到痛苦。股票经纪人马歇尔·温伯格曾建议不要在伯克希尔·哈撒韦股价为每股 77 美元时卖出，说还会涨，当股价到了每股 105 美元时他还是给出同样的建议。巴菲特的另一名老朋友亨利·勃兰特也总是不停地向别人介绍伯克希尔·哈撒韦公司的光明前景。当股价涨到每股 1 700 美元时，他有点发怵了，于是就卖掉了妻子的股票。

从理论上来说，把伯克希尔·哈撒韦的股票卖掉和让巴菲特来代为理财是矛盾的。只是伯克希尔·哈撒韦的股价高得异乎寻常，让人们有些不知所措。雷诺兹证券公司的董事长凯斯·威林曾以每股 40 美元的价格买了一些伯克希尔·哈撒韦的股票，后来又在每股 43 美元的价位买了一些，当股价达到每股 50 美元时，他就等着价格回落了。可他等了又等……最后在每股 3 000 美元的价位又买进了一些。

与巴菲特相识几十年的温伯格总喜欢分析巴菲特去世后股价会怎样下跌，每股会跌 1 000 美元，还是跌 2 000 美元？有这种想法的人不只他一个。巴菲特的健康状况竟然成了关系股价走势的一个因素。在伯克希尔·哈撒韦公司的一次年会上有这么一段对话：

> **提问者**：巴菲特先生，我一直想买伯克希尔·哈撒韦的股票，但不得不考虑万一您个人出现什么意外，那我可承受不了这样的风险。
>
> **巴菲特**：我也承受不了。

巴菲特在家中的角色定位也变得模糊了。他有几份书信体年报是假想给他妹妹罗伯塔写的。可当他们在一起时，他对罗伯塔又敬而远之。罗伯塔住在加利福尼亚州，她不想影响哥哥的工作，因此在问他问题时都尽量用最简洁的语言。

罗伯塔发现哥哥的回答绝对是“很棒的”，但她不像与“其他人聊天那样”与哥哥交谈。罗伯塔说她明白在和哥哥说话时“随意插话”是不合适的，因为这样“他就得重新找回思路，他做什么事都很专注投入”。

巴菲特也承认自己在公众生活和私人生活中有着双重人格。用他的话说就是，他在家内向，在家门口的大马路上外向。关于这一点，我们从他的两个亲密女伴身上就可见一斑。苏珊是巴菲特参加的多数社交活动中与之十指相扣的女伴，比如在格雷厄姆门徒的聚会上，或是伯克希尔·哈撒韦的年会上，抑或是在他与朋友们在纽约和加利福尼亚州一起度假的时候。

苏珊本人非常外向，尽管名义上她住在旧金山一间简朴的公寓里，但她也不常在家。当她的孩子们或朋友需要帮助时，以及亲友生病或病危时，她会二话不说就赶去陪护他们几周。她到过许多地方（也许是因为她热衷于人口控制的缘故吧），包括印度、土耳其和非洲国家等遥远的国度。正如苏珊自己说的那样：“我是个空中飞人，很多时间都是在飞机上度过的。”她在旧金山也照顾过病人，还曾把一个艾滋病患者带回家护理。不过，她后半生近似“游牧族”的生活并不是围绕着家庭或生活琐事，而是以所有需要她的人（包括她丈夫）为中心的。巴菲特的一个朋友评价说：“让人想不通的是，巴菲特仍然疯狂地爱着她。”

巴菲特在奥马哈的伴侣阿斯特丽德则是一个典型的居家型乖乖女，这与巴菲特在奥马哈时的生活习惯非常吻合。她每天早上都去当地的动物园照看植物，人们经常可以看到她身穿牛仔裤和毛衣在那儿挖土。在奥马哈的时候，她和巴菲特都不常参加社交活动。巴菲特在家时，经常会躲在起居室旁的“小窝”里，那里是家中的日光浴室，他喜欢把报纸和书放在那里，还有一个大电视。巴菲特一日三餐都吃得很简单，经常是啃一个火腿三明治或是捧着盒子吃香草冰激凌就已经很满足了。这种平和的家庭气氛让阿斯特丽德觉得很舒服，毕竟她的童年是在不安定中度过的。有一次在节日家庭聚会中，巴菲特的姐姐多丽丝冒失地问她和巴菲特生活得怎么样，阿斯特丽德的脸一下子就红到了耳根，说巴菲特是“一个最适合一起过日子的男人”。

巴菲特很希望凯威特广场第 14 层能再安静点儿、再简单点儿、再朴素点儿，他“号称”那里是伯克希尔·哈撒韦公司的“全球总部”。尽管他的公司已经跻身《财富》全球 500 强了，但在 80 年代中后期总共只有 11 名员工：两名秘书、一名接待员、三名会计师、一个股票经纪人、一个财务主管、一位保险经理、格拉迪丝·凯瑟（一直是他的助理）和他这位老板。伯克希尔·哈撒韦没有律师，没有战略规划师，没有公共关系部门或是人事部门，也没有门卫、司机、信使或顾问等后勤人员。不像其他现代金融企业，公司里甚至没有坐在相连的电脑终端前的一排排的分析师。

公司这种简单的风格是巴菲特特意安排的，以使机构尽可能风格简约。如果他雇了一层楼的股票经纪人，他们肯定会自己去找点儿可做的买卖；如果他聘请了律师，毫无疑问他们就会找人打官司。

> 一个机构精干的组织会把时间都花在打理业务上，而不是花在协调人际关系上。

华尔街曾有个投资银行家长途跋涉来到奥马哈这座投资城堡，当时的所见所闻让他终生难忘。这位名叫约翰·奥特的银行家来自贝尔斯登公司，他在第一次看到简朴的红狮饭店时就吃了一惊。与他同行的客户准备出售一家天然气公司，当他们告诉饭店的门卫说要去伯克希尔·哈撒韦公司时，门卫目光呆滞地看着他们，好像没听说过一样。费了九牛二虎之力，他们总算找到了凯威特广场，这座位于比萨店对面的小楼更是让他们大跌眼镜，在办公楼内外都没有任何沃伦·巴菲特的公司标志。

巴菲特穿着一双像是在超市里买的廉价鞋接见了他们。简单寒暄几句之后，他要求约翰·奥特的客户大概介绍一下情况，此时巴菲特就变得全神贯注了。他双唇紧闭，眉头紧蹙。听对方介绍了一个半小时之后，巴菲特提了几个问题。天然气行业是头绪繁多的，会受到监管当局严格的管制，也会涉及较多的法律问题和社会问题。约翰·奥特事先给巴菲特寄了一些材料，巴菲特对此已是心里有数。当这个客户透露新信息时，巴菲特又重新计算了一些财务数据。约翰·奥特发现巴菲特没带记事本，也没有助理跑进跑出为他提供一大堆数据资料。他唱的完全是独角戏。三四个小时后，巴菲特根据他所掌握的情况报了个价。这回他又让约翰·奥特目瞪口呆了，因为一般的首席执行官不会只面谈一次就报价的。最后，这笔生意告吹了。

巴菲特总能从纷繁复杂的线索中抓住要旨，这是他的一种天赋。他能够精妙地把握住问题的实质，而且说话办事都干练爽快。他认为一个公司如果有太多的领导层，反而会分散大家的注意力，尽管中层管理者可能都是一些聪明、热情而又好心的经理人。但是巴菲特认为他们所做的许多“工作”都是不必要的。巴菲特的格言是：“不值得干的事就不值得好好干。”他不喜欢拖拖拉拉的办事方式，也不喜欢拉锯战一样的讨价还价。他的谈判风格是想好一个价格，要么成交，要么走人，不过他一旦决定就绝不改变初衷。

巴菲特和比尔·斯科特两人负责整个公司的投资事宜，换成其他公司，估计得有几十个股票经纪人和分析师为之忙个不停。比尔·斯科特还不是全职工作，他每天下午 3 点钟就下班去一个波尔卡舞伴奏乐队表演。几乎在所有情况下，巴菲特都是一个人安安静静地进行研究并做出投资决定（有时候会通过电话与芒格商量一番）。与这个一个半人的投资团队相比，投资组合规模与伯克希尔·哈撒韦相当的哈佛大学基金会的职员竟然超过了 100 人。

巴菲特在凯威特广场的同事不过是他的陪衬，这不会妨碍他的思绪，他们并不发挥太多的主动性，也不会犯什么过错。巴菲特的女儿苏珊说：“办公室里的那些人都不怎么说话，只是埋头干自己的事。”

巴菲特最重要的职员要数他的助手兼秘书格拉迪丝·凯瑟。她负责把所有的来访者拒之门外，语气平淡地回答各种问题。

负责财务的维恩·麦肯齐是内布拉斯加州弗里蒙特市人。他身材瘦小，蓝色的眼眸里透出坚毅的目光。他对巴菲特忠心耿耿，自 20 世纪 60 年代以来，麦肯齐从来没有要求巴菲特加薪。“如果我觉得自己做得不够，或是他不够满意的话，那肯定是我错了。”麦肯齐语带自嘲地说道。20 世纪六七十年代，巴菲特给他的薪水很微薄；但到了 1986 年，他拿到了 19.8 万美元的年薪。

自 70 年代早期麦肯齐从新贝德福德回到奥马哈以来，巴菲特从未在他面前大声说过话，也从未向他坦露过自己内心的想法。“如果我觉得可能会伤害到他，我就会保持沉默，”麦肯齐说道，“不过巴菲特有时很内向，我想跟他深谈也不可能。”

这群忠实的同事中没有人能像巴菲特这么聪明，也没有谁会去打扰巴菲特宁静的思绪。巴菲特与员工们相处得很融洽，但是不如和朋友在一起时话那么多。除非有客人来需要应酬，否则他往往是单独进餐，一般是叫秘书去麦当劳订餐——“要一个 1/4 磅的奶酪汉堡，再来份薯条”。巴菲特曾与两个儿子谈起一起经商的想法，可惜他的公司没有空闲职位可以留给他们。芒格说，幸好伯克希尔·哈撒韦旗下公司（如喜诗糖果公司）的负责人不在同一间办公室工作。他的属下都知道要想和巴菲特比肩是“自不量力的做法”，他的神通广大是可望而不可即的。

巴菲特曾经收过一个徒弟，名叫丹尼尔·格罗斯曼，是个生于奥马哈的年轻网球明星，在斯坦福大学获得了工商管理硕士学位。不过，格罗斯曼不愿谈这些经历，据同事们说，他看起来不太适应工作环境，很有可能是因为巴菲特这个老师一般都保持缄默，没有目的他是不说话的。奥马哈的一个律师是这样评论巴菲特的：“他的脑子总是转个不停，在那儿工作没有分析型的头脑是不成的。”

我们不知道巴菲特希望与丹尼尔·格罗斯曼塑造一段怎样的关系。巴菲特的儿子彼得说：“这是父亲第一次尝试着把自己所学的知识传授给下一代，可惜没有成功，他也觉得很为难。”巴菲特从不给员工们布置任务，其实他也不需要他们帮忙。“如果丹尼尔想看看他是怎么工作的，想从他那里学习一点儿操作经验，这是不太现实的。”巴菲特的女儿说，“你什么东西都看不见，所有财富都装在他的脑子里。”在办公室里巴菲特总是坐在那里沉思或阅读一些东西。① 丹尼尔·格罗斯曼最终放弃了，不过他后来在加州成了一名出色的投资者。

1986 年，巴菲特破天荒地买了一架二手猎鹰飞机。与其他公司的豪华飞机相比，这架只花了 85 万美元的私人飞机显得有点儿寒酸。但是对于巴菲特而言，这已经算是破天荒地奢侈一把了，之前他一直批评有些公司热衷于摆阔。他在年度报告中还提起了这架飞机，戏谑地抱怨说“太贵”、“太奢华”了。尽管他并不喜欢公司购买飞机的做法，但他对这架飞机还是非常中意的。其实这并没有改变巴菲特的一贯作风，他只是飞到天上图个清静而已。他曾对朋友说他现在旅行更多了，很多民航客机上的乘客也都认识他了，他们经常向他打听股市上的事，而这正是最让他反感的事。

尽管巴菲特拥有投资天赋，但是他为人处世的方式使他很难成为一个优秀的经理人。他更擅长于处理抽象的问题而不是琐碎的公司事务，他更喜欢和数字打交道而厌烦实际问题。在处理日常事务时，他不愿意与别人有太多的纠缠。

到了 1986 年，他管理的已是一个大集团企业，这是他之前没有想到的。为了取长补短，巴菲特避免在管理上插手太多，只负责管理出版《世界百科全书》的斯科特－费兹公司和喜诗糖果公司的业务以及其他重大决策。② 巴菲特经常说，一个人其实并不需要面面俱通，但关键是要知道自己到底有几斤几两。巴菲特对自己的缺陷有自知之明，因此在管理上他会给经营者搭好舞台，但是不会跑到台上去表演，例如他不会对 B 夫人指手画脚。有许多管理者经常因为干涉下属的微观管理而给自己惹了一身麻烦，巴菲特大胆放手的做法反而使他避免了这个问题。

巴菲特从不要求旗下公司的负责人预测盈利情况。（计算机模拟程序

---

① 巴菲特经常阅读的报纸杂志包括《华尔街日报》、《奥马哈世界先驱报》、《纽约时报》、《今日美国》、英国《金融时报》和各种杂志、行业周刊以及大量的财务报告。

② 他这种“甩手大掌柜”的管理方式有个特例：他会决定喜诗糖果和《布法罗新闻报》的涨价幅度。

是靠不住的，它经常会做出一些“错误的精确预报”。）巴菲特也不安排会议，喜诗糖果公司的总裁查克·哈金斯有20年没来奥马哈了。巴菲特更不会把他的伯克希尔·哈撒韦“文化”强加于人。在斯科特－费兹公司，曾在哈佛大学饱读经书的董事长拉尔夫·斯奇利用的是现代化的企业预算、战略规划工具，而B夫人用的则是完全不同的方法。但他们都对巴菲特感恩戴德，因为巴菲特给他们绝对的自主经营权，很少会让他们感到掣肘。

从这个角度来看，伯克希尔·哈撒韦确实是一个很奇怪的集团，它根本不像一个现代组织。现代社会是个专业化的社会，人们对专业化万分狂热。在各个现代组织，人满为患的现象日益严重，主要原因是历史学家、橄榄球教练和首席执行官们都害怕承担责任，甚至不敢拍板做出重大决策。

巴菲特的伯克希尔·哈撒韦公司在结构上就像亚瑟王的圆桌会议，整个组织的权力链只有两层——执行人和巴菲特本人。作为首席执行官，巴菲特可以雇用或解雇执行经理，并控制他们的资金动向。他的第三项工作就是激励员工，因为下属中有些人就是他的朋友，例如斯坦福·利普西。

拉尔夫·斯奇利与巴菲特的关系仅限于在工作场合。他每月给巴菲特交一份财务报告。（巴菲特要所有公司都给他提供这样的报告，而且他能把这些数字都牢记于心。）偶尔，拉尔夫·斯奇利也会给巴菲特手写一份简单的经营情况介绍，每个月他们都会通过电话交谈一次。但是，拉尔夫·斯奇利必须主动打电话，因为巴菲特从不会主动给他打。在经营企业方面，拉尔夫·斯奇利拥有相当大的自主权，这对其他公司的高管而言是很难得的。

有一次，拉尔夫·斯奇利计划重新调整《世界百科全书》的销售经理，虽然巴菲特对此表示怀疑，但还是放手让他去干了。结果这次人事调整的后果被证明是灾难性的——销售量下滑了20%。“这种事绝不会再发生了。”拉尔夫·斯奇利最后承认了自己失策，但是巴菲特也没有数落过他一言半语。

除了在每年 6 月 30 日和 12 月 31 日拉尔夫·斯奇利必须把利润上交给奥马哈以外，他觉得每一天的业务都是自己家的。在现实中，他可以像对待自己的生意一样长期经营公司的业务。与伯克希尔·哈撒韦的其他经理人一样，他会因为业绩优异而获得加薪。（只有巴菲特和芒格除外，他们的年薪为固定的 10 万美元。）拉尔夫·斯奇利因为巴菲特的人格魅力而深受感染。用拉尔夫·斯奇利自己的说法：就像小孩给家长汇报成绩一样，他不愿给巴菲特带去任何坏消息。

“巴菲特在我们心中注入了一种独一无二的责任感，”拉尔夫·斯奇利解释说，“我们不能像巴菲特管理我们一样管理斯科特－费兹公司。我们企业的办公室有 40 人。我们有预算、有年度计划和长期计划，还得制定公司规则。我们和伯克希尔·哈撒韦公司可不一样。”

如果巴菲特有什么地方会让经理们抱怨的话，那就是他为人太孤僻了。他从不愿意主动表态，如果别人询问他有什么建议，他总是三言两语就说完了。一个经理人说他偶尔会“漏点儿真经”，这正是巴氏禅宗派资本主义教义，他总是欲言又止，好像他的经理人也是他的“门徒”一样。

但是，对于有些经理人而言，偶尔“漏点儿真经”是远远不够的。当波仙珠宝店的负责人去世后，接替他的是商界新手、他的女婿唐纳德·耶鲁，唐纳德需要有人手把手地帮自己。唐纳德发现巴菲特对数字很在行，但不情愿或是不能够帮助他熟悉如何经营业务。当他问巴菲特一些经营问题时，巴菲特总是泛泛而谈或是搪塞过去。

巴菲特胸襟宽广，从没解雇过任何经理人，他从事投资业长达几十年，做到这一点真是难能可贵。20 世纪 70 年代，他显然对位于伊利诺伊州莫里斯山的国民州立银行董事长乔治·阿得顿心有不满，这是伯克希尔·哈撒韦旗下的一家小型企业。（巴菲特给他写信说他的报告不准确，太让人“恼火”和“心烦”了，这已是巴菲特最严厉的措辞了。）但他没有开除阿得顿，而是把银行给卖了。

巴菲特解雇下属的谨慎态度当然对公司经营有利。巴菲特对人忠诚宽厚，他甚至认为“人”的因素也是持有某只股票时需要考量的。他喜欢用平和的方式激励人，而不喜欢用棒子催着人走。他不喜欢与人对立，所以人缘相当好。在一篇典型的公司赞歌中，他写道：

> 当我叫经理们的名字时，如布朗金、弗里德曼和赫尔德曼家族，还有查克·哈金斯、斯坦福·利普西和拉尔夫·斯奇利，我就觉得热血沸腾。我想只有米勒·哈金斯在1927年宣布他的纽约洋基棒球队的豪华阵容时，才能体会到和我一样的荣耀。

尽管他的事业获利颇丰，不过企业的发展速度并不够快，巴菲特对此是负有一定责任的。他对再投资过分谨慎，也许这是因为他在纺织业上遭遇过滑铁卢吧。因此，《世界百科全书》过了很久才开始发行电子版，波仙珠宝公司也错过了增加店面和做大品牌的好时机。

其实，巴菲特并不是不愿扩展业务，他只是要求布朗金、利普西或斯奇利向他证明他们能挣到的钱比让他和芒格在别处投资挣得更多。如果不能说服巴菲特，他们就只能按惯例把红利送往奥马哈。巴菲特对自己也是这么要求的，如果他和芒格找不到更好的投资机会，那么他宁可让伯克希尔·哈撒韦暂时停止发展，把红利还给股东。

第 16 章 BUFFETT

大崩盘

我从未见过谁能够预测市场。

——沃伦·巴菲特，伯克希尔·哈撒韦公司1987年年报

20世纪80年代中期，伯克希尔·哈撒韦的保险业飞速发展。其中打头阵的当属国民赔偿公司，它的总部在奥马哈，纽约和其他地方都设有办事处，为巴菲特赚取巨额利润并提供了大量投资所需的资金。用巴菲特的说法，保险公司的浮存金就是“许诺”未来可能要给投保人的钱，保户首先以现金支付，而且将来不一定会提出索赔。巴菲特对保险业中涉及的计算都了然于胸。巴菲特几乎在考虑所有问题的时候都会想到数学概率，包括赛马、飞机失事甚至是发生核战争的可能性。有一次，一共有25人来参加格雷厄姆门徒的聚会，巴菲特跟卡罗尔·卢米斯打赌说在来客中至少有两人的生日相同，卡罗尔·卢米斯起初不相信，后来竟然惊奇地发现巴菲特的判断是对的。巴菲特的解释很简单，却又让人意想不到，因为从概率的角度来计算，这种可能性为60%。保险业其实也是用概率来计算生活中所有可能性的。巴菲特的保险事务主管约翰·伯恩永远忘不了在华盛顿的一个大学生俱乐部里第一次遇见巴菲特的情景。巴菲特当时带着3个骰子，上面的花色与普通的骰子不太一样。巴菲特提议让伯恩随便挑一个，然后他从剩下的两个里面再拿一个。巴菲特信誓旦旦地说，只要掷上20次，他就能赢约翰·伯恩。“我赶紧拿出夏普计算器进行计算，”伯恩回忆说，“因为我不想在自己的强项上丢人。”

计算了可能性后我挑了一枚骰子，巴菲特从剩下的两个中挑了一个，结果他赢了14次。他说：“还玩吗？赌一顿午饭吧。”这次

我挑了他赢的那枚骰子，结果他又赢了16次。我又拿出计算器来算，可是巴菲特坐在那儿正狡黠地咧着嘴乐。

因为这几个骰子是相互牵制的，只要你选对了骰子再玩上足够多的次数，你就永远也输不了。保险业亦是如此：只要你能计算出飓风或3辆车相撞的可能性，并相应地制定价格，那么你就像玩这种骰子一样永远不会输。

巴菲特对保险业的关心远远超过其他业务。他知道保险的发展往往会超过自己原先的预期，这和糖果业的发展不一样。当然，其他行业的发展历程中所经历的曲折和保险业相比可谓小巫见大巫。70年代，发生在佛罗里达州的汽车保险骗局和加州工人要求加薪的风波使伯克希尔·哈撒韦公司元气大伤，公司被迫关闭了在得克萨斯州、明尼苏达州和艾奥瓦州的保险机构。伤亡事故巨额赔偿金的日益增长也使公司的日子越来越不好过。当巴菲特与国民赔偿公司的经理们见面时，他只说了一句话："跟我说说有什么坏消息吧。"但是，不管他们多么努力，保险商们总是对自己的损失估计过于乐观。

1982年，巴菲特实际上承认了自己在经营保险业务上的失败，他聘请了年仅36岁、之前在伯克希尔·哈撒韦工作过几年的前麦肯锡公司顾问迈克尔·戈德伯格来打理公司的保险业务。和巴菲特手下其他远离奥马哈的经理人不同，戈德伯格的办公室就在凯威特广场上巴菲特办公室的隔壁。如果还有人能在这种清冷的工作环境中干出点儿名堂来，那估计就要数戈德伯格了。戈德伯格觉得巴菲特其实要找的是一个"个性不要太强的人"，他正是这样的上佳人选。

戈德伯格是一个瘦削的纽约人，充满活力。有位同事说，谁也不会怀疑戈德伯格的智商有180。不过，作为一个毕业于纽约布朗克斯理科中学的优等生，他的身边还有更多聪明绝顶的人。巴菲特认为，戈德伯格的价值在于他对风险的敏感度甚至超过了自己。戈德伯格除了工作以外对什么都漠不关心，他的那辆奥兹莫比尔牌的座驾破烂不堪，有次把他一个下属的外衣都给蹭坏了。当时他的年薪已高达200万美元，他和妻子尚未生养小孩，住在离巴菲特家不远的一套两户合住的公寓里。

但他与巴菲特不常来往。他们的关系只限于保险事务，巴菲特经常找他谈论一些数学问题。（总是巴菲特去他的办公室，这样巴菲特就可以借机离开办公室。）戈德伯格偶尔也会拿一些保险条款去征求巴菲特的同意。但巴菲特明确表示，他不想花很多时间来回答问题，他只是给戈德伯格的团队指明一个大致的方向而已。

伯克希尔·哈撒韦最喜欢的业务就是“再保险”，这其实是一种批发型保险销售业务。与向家庭和司机销售几千份小型保单不同，再保险业务把保险公司自己的投保分销给其他几家同行，让它们来共担风险。这是典型的“长尾”业务，因为很久之后才会有人要求索赔。因此，一家再保险公司可以把保费长期投资于预备金，直到最后一刻才知道它的盈利或损失是多少，所以许多再保险公司过分乐观地估计情形也就不足为奇了。巴菲特十分睿智地形容说：

> 最开始时，每天一大早你就能接到增加了很多现金流而鲜有索赔的好消息。它给人带来一种愉悦感，甚至是近乎天真的喜悦，就像一个人第一次拿到信用卡时的那种兴奋。

不过，保险业内部的竞争步伐一直都没有停歇过。巴菲特认为，增加保单的数量与一般的商品不同，它只需承保人签个名就行了。因此当保险费率升高后，新的保险公司就会像雨后春笋一样出现。这常常会引发周期性的保费下降。80年代的前5年就是这样，保险费一直不高。但巴菲特对保险业衰退局面的反应却与众不同。

巴菲特喜欢把这项业务与扑克牌联系在一起，这样在考虑具体的输赢比率时就要形象得多。每隔一年，他就会和汤姆·墨菲、查理·芒格和其他一些朋友到加州的圆石滩去打高尔夫球或桥牌。他们经常会想出些名目繁多的赌注。20世纪80年代初有一年，政府雇员保险公司的董事长约翰·伯恩想出了一个新花样。他说如果那个周末有人打高尔夫时能一杆进洞他就拿出 1 万美元，否则别人每杆都要给他 11 美元。大家都跃跃欲试，只有巴菲特冷静地计算了一番，认为 11 美元一杆的“保费”太高了。朋友们都不敢相信这个亿万富翁会这么抠门，都开始嘲笑他。巴菲特也笑着说，在他看来，11 美元的赌注和 1 100 万美元并没有区别。他总是把自己的钱包看得死死的。

巴菲特在经营保险业时也是如此。当别的公司为了保住市场份额而纷纷降低保费时，巴菲特则认为这纯粹是在碰运气，他和戈德伯格不愿效仿这种做法，他们宁可让公司的总保费收入在 1980~1984 年从 1.85 亿美元下降到 1.34 亿美元。如果某一行不再赚钱了，巴菲特宁可不干这行。他在 1982 年写到，亏损会让一些保险公司对继续经营望而却步，他只要坐看风云变幻就行了。

人们自然想了解为什么别的保险公司不采取巴菲特的做法。因为这些公司的股东和经理人接受的教育是要注重公司的“稳定”增长，放弃到手的业务是与这种精神不相符的。伯克希尔·哈撒韦的保险业务则没有这种压力，因为公司也没什么“保险文化”。纽约分公司的总裁康斯坦丁·伊沃达奴说当他在写保单的时候，心里很清楚自己在拿“巴菲特的支票簿”作赌注，这就避免了伊沃达奴在工作中盲目地去碰运气。

到了 1985 年，保险市场果然江河日下。保险业遭受了巨大损失，很多公司出现了赤字，不得不缩小承保范围。巴菲特认为“承保能力”更多的是一种“心理判断”，而和公司的“实际能力”无关。在 1985 年，许多公司的“心理判断”和资金供应都一落千丈，于是保险费率又大幅上升。

巴菲特现在可以从之前的保守态度中获取双倍的盈利了。商业大客户认识到来自一个资金不充裕的保险公司的承诺其实是毫无可信度的。现在客户追求的是服务品质，而伯克希尔·哈撒韦保险公司的资金规模是其他公司平均水平的 6 倍，它的资产负债表也是全美国同行中最棒的。因此，当伯克希尔·哈撒韦开出了一个富有吸引力的保单价格之后，它的顾客就变得源源不断了。

1985 年，巴菲特打出一则惊人的广告，愿意以 100 万美元以上的保险金为难以找到承保人的大客户承保任何风险。相应地，投保当事人必须自报价格。如果巴菲特或戈德伯格认为某项投保不合理，他们会断然拒绝，绝不给客户第二次报价机会。这一招立刻给伯克希尔·哈撒韦带来了 1 亿多美元的保费收入。

这种强者愈强的局面在再保险行业中尤为明显。一些传统保险公司的损失越来越大，它们为了生存而苦苦寻求支撑。再保险公司的日子也不好过，很少有再保险公司敢再接保。它们在保费比较低的时候遭受了损失，此时在任何价位都不敢承保了。巴菲特用马克·吐温的形容来描述这种“一朝被蛇咬，十年怕井绳”的心态：“如果一只猫曾经在热炉子上烫了屁股，以后它就再也不敢往上坐了，哪怕炉子是冷的。”

伯克希尔·哈撒韦则不同，它之所以敢接任何大的保单，主要得力于它雄厚的资金规模和巴菲特的“心理判断”。只要风险与保费的比率合适，巴菲特甘愿承担任何大风险，哪怕是损失高达 1 000 万美元的地震灾害。在 1985 年的报告中，巴菲特语气激昂地说：“现在太阳从西边升起来了，我们拥有别人所没有的承保能力。”1986 年，伯克希尔·哈撒韦的保费收入高达 10 亿美元，是两年前的 7 倍，这为它提供了 8 亿美元可用于再投资的浮存金，第二年浮存金的规模更是达到了 10 亿美元。

到了 1987 年，伯克希尔·哈撒韦的资金更加充裕，但是人们并不知道巴菲特将如何使用这些钱。巴菲特开玩笑说：“宁可买好股票，也不买好飞机。”可惜，当时他找不到便宜的股票，那时的股市正值牛气冲天。当年春天伯克希尔·哈撒韦召开年会时，道琼斯指数上蹿到让人眼前一亮的 2 258 点，伯克希尔·哈撒韦的股价为每股 3 450 美元。除了“永久”保留的大都市公司、政府雇员保险公司和《华盛顿邮报》3 只股票之外，巴菲特已经悄悄地卖掉了其他股票，但他很难找到可以重新投资的地方。

巴菲特并不相信所谓的市场预测，他提醒伯克希尔·哈撒韦的股东不要忘记，当道琼斯指数只有 400 点时，本杰明·格雷厄姆依然预计市场会继续走低。不过，巴菲特还是没有掩饰住自己的悲观情绪。他有一次在回答别人提问时说，当时的股市平均市盈率已经达到了 20 倍左右，因此如果股市被整体腰斩，他一点儿都不会觉得奇怪。最近股价上涨的幅度已经超过一些公司每年 12%~13% 的实际盈利水平，巴菲特认为股市正处于一个危险地带。

有个对多年前的情形仍记犹新的股东问巴菲特，目前股市的状况是不是很像 1969 年，当时巴菲特关闭了合伙公司。巴菲特回忆说："那时没有太好的投资机会，我就退出了市场，把钱都还给了合伙人。"但是，现在的巴菲特已不能退却，因为他旗下的保险公司、B 夫人等都在源源不断地给他输送弹药。他需要一个可以投资的天堂。

那年的春夏两季，股市的牛市氛围愈演愈烈，道琼斯指数在当年 7 月达到 2 500 点，到了 8 月更是上扬至 2 700 点。许多人从牛市中大发横财，但像巴菲特这样在一旁观望的人却错过了 20 世纪最大的一波股市上涨的行情。虽然伯克希尔·哈撒韦的股价又创造了新纪录，达到了每股 4 270 美元，但这几乎已经无关紧要了。同 1969 年一样，巴菲特又把钱投到了地方政府债券上，因为他找不到其他更好的投资机会。不久之后，他接到了所罗门兄弟公司老板约翰·古特弗罗因德的电话。

自从 10 年前帮政府雇员保险公司渡过难关之后，古特弗罗因德与巴菲特的联系越来越紧密。古特弗罗因德由于位高权重，所以常有一种高处不胜寒的感觉，他常打电话向巴菲特求教。巴菲特对古特弗罗因德也很敬佩，认为他是个出类拔萃的投资银行家。古特弗罗因德以辛辣讽刺的语风而闻名，但是他在处理业务时还是很保守的。尽管他知道每笔交易的利润都相当丰厚，但他还是拒绝让所罗门兄弟公司承销垃圾债券，而且拒绝为客户进行恶意收购。与之相反，他让所罗门兄弟公司把注意力都集中在主营交易业务上。在查理·芒格看来，古特弗罗因德体现了所罗门文化中特有的贵族气质，尤其是在投资审慎这方面，古特弗罗因德身上有一种新一代高管层所不具备的独特品质。

当年夏天，巴菲特向古特弗罗因德提出，如果所罗门的股价再便宜一点儿的话，他将有兴趣大量买进。尽管当时所罗门的股价已经比最高位低了 1/3，但巴菲特还是不够满意，它的业务正好遇上了麻烦。

当时，所罗门最大的股东矿藏和资源公司正蠢蠢欲动。矿藏和资源公司受控于南非的哈里·奥本海默公司（Harry Oppenheimer）。它委托一位投资银行家菲利克斯·鲁哈顿声明，矿藏和资源公司正迫不及待地要出售资产。尽管所罗门 14% 的股票正攥在别人手里，但是古特弗罗因德还是随波逐流地听之任之，这是个致命的做法。到了 9 月中旬，当他得知菲利克斯·鲁哈顿找到的买主竟然是罗纳德·佩雷尔曼的露华浓时，不由惊得目瞪口呆。

不得已，古特弗罗因德只能向这些投资银行家们屈服了，他同意让所罗门接受被收购的命运，他从未想到自己会落到这一步田地。一年前他在一次收购其他公司的圆桌会议上还有说有笑，当时与会的还有布恩·皮肯斯、著名并购律师乔·弗洛姆、德雷克塞尔公司总裁弗雷德·约瑟夫、检察官鲁道夫·朱利亚尼、收购商詹姆斯·戈德史密斯爵士和巴菲特。当时的主持人刘易斯·卡登虚设了一个“哈里”的形象，这是一个致力于公司长期价值的传统型首席执行官，他突然间遭受到了收购商的威胁。

> **古特弗罗因德**：我们别再浪费时间讨论哈里了。
>
> **主持人**：（认同哈里的作用）你这是什么意思？这家公司可是我一手创办并逐步发展壮大起来的。
>
> **古特弗罗因德**：你之前确实干得很不错。但是对不起，这就是现实，董事会有权开除他。
>
> **主持人**：开除他公平吗？
>
> **古特弗罗因德**：这不是公平不公平的问题。时光无法倒流，不管是改善管理后自力更生还是被别人接管……哈里都已成为过去了。

现在，当古特弗罗因德照镜子时，发现“哈里”正盯着自己呢！

古特弗罗因德同意与佩雷尔曼会面。佩雷尔曼向他保证“收购的动机是友善的”，并希望古特弗罗因德能留下来。但佩雷尔曼希望自己在董事会能有两个席位，并暗示最多会买下 25% 的股票。古特弗罗因德听毕显得很镇定。

所罗门的支持者们很快就发现佩雷尔曼派来的代表是布鲁斯·沃萨斯坦，因此担心如果佩雷尔曼获得控股权，布鲁斯·沃萨斯坦很快就会掌握公司的主动权。佩雷尔曼对这种猜测嗤之以鼻，表示自己不会掏腰包为沃萨斯坦找一份好工作。尽管如此，但是除了对所罗门的整体业务表示赞赏之外，佩雷尔曼并没有明确表示自己的收购动机。不过无论如何，古特弗罗因德和所罗门的人还是不信任佩雷尔曼。菲利克斯·鲁哈顿说：“他们认为沃萨斯坦和匈奴王阿提拉一样富有侵略野心。”佩雷尔曼当时正对吉列发起第二次恶意收购进攻，并从中大捞好处。所罗门兄弟公司的精算师马丁·莱博维茨说：“人们不可能会为佩雷尔曼工作，我们都不是那种人。”

可惜啊！所罗门过于粗心大意了。对于矿藏和资源公司，其实只要有人愿意开出理想的价格，他们就会同意转让股份。所罗门自己买不起，佩雷尔曼则准备以每股 38 美元的价格买进（当时的市场价为每股 30 美元多一点），总收购价约为 7 亿美元。此时正值 9 月 21 日（周一）早上，鲁哈顿认为所罗门最多只能争取在周末前再找到一个买主了，于是古特弗罗因德不得不往奥马哈打了电话。

没过两天，巴菲特就安排在纽约与古特弗罗因德和所罗门的首席财务官吉拉德·罗森菲尔德会面，地点是在古特弗罗因德的法律顾问马蒂·利普顿的办公室。巴菲特独自一人踱进了房间，他套了件蓝白相间的泡泡纱衣服就来了，而且衣服的里衬已经磨破，胳膊下还夹了张报纸。看到这副穷酸相，吉拉德·罗森菲尔德不由得倒吸了口冷气，难道此人就是所罗门的救世主吗？

巴菲特和古特弗罗因德两人很快就切入主题，互相试探对方的意图。半小时后，罗森菲尔德也加入了谈话。巴菲特开始向他询问所罗门的经营前景，包括 5 年内股价能抬升到什么水平。他们一致认为大概可以上升到每股 65 美元左右。巴菲特认为让他买进大量普通股太冒险了，只要伯克希尔·哈撒韦的税后年收入增长能达到 15%，他就更愿意投资于一种可转换优先债券。大家都已经明白巴菲特心中的这种想法已经越来越明确了。

可转换优先债券在很大程度上也是华尔街金融创新的产物。它有债券的属性——固定的息票和债券发行人的本金保证，持有人还可将其换成普通股。人们把它形象地称作“优质国库券”，持有人的投资风险较小，而且机会合适的时候持有人还可以大赚一笔，尽管利润不如购买普通股那么高。

巴菲特坚持要 9% 的利息回报和两个董事席位——一个给自己，另一个给芒格。所罗门的高管对此展开了激烈讨论，他们认为巴菲特给自己争取的条件过于优厚了。他们说：“这给人的感觉是，买方给的溢价很低（每股只有 38 美元），但要求的分红却很高，他两样都占全了。”所罗门芝加哥办事处的负责人威廉·麦金托什回忆说，伯克希尔·哈撒韦公司每年得到的 6 300 万美元分红（与其他公司的同类收入一样）基本上是免税的。但在另一方面，巴菲特的资金可以将所罗门从矿藏和资源公司手中买回来，同时还避免了来自佩雷尔曼的威胁。在所罗门高管的心中，巴菲特和佩雷尔曼之间的人心向背不言自明。

周六晚上，古特弗罗因德与佩雷尔曼在纽约市东部幽雅的雅典娜广场酒店见了面。这一次，古特弗罗因德礼貌而直率地告诉对方，佩雷尔曼不是所罗门欢迎的投资者。两天后，受挫的佩雷尔曼说他愿意接受和巴菲特同样的条件，还可以少拿利润，不过他威胁说如果遭到拒绝，他将在公开市场上买断所罗门的控股权。古特弗罗因德再次拒绝了他。

接着古特弗罗因德告诉公司的董事们，要么让巴菲特成为最大的股东，要么就干脆换一个首席执行官。古特弗罗因德预言，巴菲特肯定能帮助经营好公司。其中一位股东莫里斯·格林伯格对此坚决反对，但董事会最终还是通过了这项决定。促成此次耗资巨大的交易的唯一原因其实是一种对未来的憧憬，那就是所罗门在巴菲特手中会比在佩雷尔曼手中运转得更好。

当 9 月底这条消息公布后，整个华尔街都震惊了。《华尔街日报》评论道：“这笔交易似乎对谁都合适，唯独一人除外。”巴菲特在一个投资公司里一次性投入了 7 亿美元，这是他迄今为止最大的一笔交易。巴菲特对古特弗罗因德十分尊敬，他后来曾说过：“我和芒格都喜欢约翰，敬重他，信任他。”而且这笔交易的风险并不高。在华尔街声名显赫的贝尔斯登公司的首席执行官阿瑟·格林伯格认为巴菲特“为伯克希尔·哈撒韦的股东们做成了一笔好买卖”。如果古特弗罗因德处理不当，把市场拱手让人，那就是他的失策。

不过负面批评声也是不绝于耳。《福布斯》的编辑艾伦·斯隆指出，巴菲特的融资使得所罗门屈从了矿藏和资源公司的讹诈。一些巴菲特的崇拜者也感到有些失望，因为他们认为巴菲特现在和华尔街的投机商已经是一丘之貉了。一年前巴菲特还语带揶揄地写到，如果有某位刚毕业的工商管理硕士问他致富捷径，他会一手捂着鼻子，另一只手不屑地指向华尔街。甚至连巴菲特最忠实的朋友卡罗尔·卢米斯都在《财富》杂志上感慨道：

> 巴菲特投资所罗门，其中最让人意想不到的地方就在于他与华尔街同床共枕了，而在过去，他一直对华尔街口诛笔伐。

事实很快就证明，巴菲特当时的判断是大错特错的。过去巴菲特只是所罗门一个非常重要而且备受礼遇的客户，而且他对所罗门的估计过于乐观了。两周后，所罗门宣布解雇 800 名职员并关闭两个部门，此举是为了减少 6 700 万美元左右的开支，这让人感觉到古特弗罗因德好像完全失控了。此番举措也引起了股市和债券市场上的普遍焦虑。

股市的长牛格局已经延续了 5 年。尽管在 1987 年的大部分时间，利率一直在上升（这会使公司的内在价值缩水），但是股市的表现依然抢眼。到了 8 月，道琼斯指数所涵盖股票的平均市盈率达到了让人感觉有些摇摇欲坠的 22 倍。

就像万事皆有因果一样，牛市也有自身的内在机理。在 1987 年，人们认为支撑这波牛市行情的是充裕的“流动性”。这种“傻瓜”理论认为：一些不知名的股民的资金（流动性）可以继续托起大盘。当时，日本股票的平均市盈率是 60 倍。尽管美国国内的股价已经高得离谱，但是日本的股价高得更邪乎，因此人们认为美国的股市还是比较安全的。当然这种解释没有提醒人们关注之前突然大涨的牛市行情也会以眼泪收场。当然，牛市就像恋爱一样，你的这一次恋情肯定也是之前所不曾拥有过的。

威灵顿管理公司的高级副总裁宾克利·肖茨就是持这种观点的代表人物。他是毕业于哈佛商学院的工商管理学硕士，有三个孩子，而且对华尔街的情形了如指掌。他承认股市现在很火，而且动力十足：

> 股市吸引了许多外资，因为这里的股票比他们自己的要便宜一些。因此，这波牛市可能会持续下去，尽管它目前有点儿离谱。

其实股市价格偏高是大家心知肚明的，但大家依然坚信牛市还会延续下去。《商业周刊》声称“昨日的评价标准”今天已经失灵了。巴菲特觉得基金经理们已经放弃了对股票的评价标准，他说：“对他们而言，股票只是一种游戏符号，就像《大富翁》游戏里的顶针和熨斗之类的道具一样。”

在计算机股票软件的帮助下，基金经理们在市场这个“大篮子”里狂买股票，他们会先买几百万股通用汽车股票，再买几百万股美国电话电报公司股票，又买一些西屋公司的股票。同时在芝加哥还出现了股指期货。这是继猪肉和牲畜期货后的又一新型期货合约，它使人们可以对整个股市的走势进行投机交易。对格雷厄姆和多德这样的投资人来说，股票的价值当然来自相应公司的业务增长，但现在出现的一批投资人士会买下整个市场的股票，他们甚至不知道自己拥有了哪些股票，更谈不上进行风险分析了。

在华尔街，“资产再分配”的浪潮风起云涌。投资经理们第一次决定对“某类”股票，而不是具体的某只股票该投资多少。他们的投资总额一直摇摆不定，经常出现高换手率的情况。很多投资经理过分依赖计算机软件，甚至完全让计算机来操控交易。1987 年 9 月，《机构投资者》杂志告诫说，如果过分依赖技术专家，这种做法只会带来一种“自以为是的错误观念”。

但大多数人对这种警告置若罔闻。基金经理们都认为高科技的手段是万无一失的。按照这种策略，他们事先设定在市场价格下跌时自动卖出股指期货，跌幅越大卖得越多。因为他们认为售出期货比卖出股票更加容易，基金经理们觉得可以用这种方式来对冲风险。

明尼阿波利斯第一银行系统的投资顾问肯特·格林说，当有人想卖出股票时，他会发现“有些股票的流动性不好”，也就是说没人想买它们。另一方面，如果有必要的话，他可以走芝加哥期货市场的旁门。“期货的流动性，”肯特·格林说，“现在是股票的 4 倍。”

肯特·格林说得不够准确的一点是，他无须眼下就卖出股指期货，只是在股市下挫时他才需要这么做，那时大家都会采用这样的投资策略。以投资银行家尼古拉斯·布雷迪为首的白宫研究团队通过调查表明，当时机到来时，有 600 亿 ~900 亿美元的期货交易资金会像肯特·格林说的那样去运作。

回想起来，人们对当年 10 月最深的记忆并非是那时突然发生的变化，而是人们对未来的种种猜测。当时到处都弥漫着悲观的市场气息。新闻评论员查尔斯·阿尔蒙说那是一次“类似于 1929 年的大崩溃”。看跌者认为股市价格太高了，看涨者也持同样的看法，不过大家都想再捞上一票。从 1 月 1 日到 8 月达到最高点 2 722.4 点时，道琼斯指数已经增长了惊人的 44%。大家都被冲昏了头脑，甚至连摩根士丹利的投资战略家、华尔街最重要的风向标之一拜伦·R·威恩都准备放弃原来的规则办事了。他在 8 月说，甚至连利空的消息都不能阻止股价继续上涨：

……一股神秘的力量正推动着市场不断发展……也许现实与股

价之间的联系并不像我们在商学院所讲述的那样紧密。

天有不测风云，一周以后，现实揭开了神秘的面纱。通货膨胀的苗头正在出现，贸易赤字居高不下，美元的贬值幅度令人担忧。为了抑制通货膨胀和保持美元坚挺，美联储在 9 月的第一个周日宣布提高贴现率，这是美联储向商业银行提供融通借款时采取的利率，因此备受关注。受这一因素的刺激，债券市场交易额旋即狂跌，道琼斯指数也在一天之内下挫了 38 点。

到了 10 月初，长期债券的收益率从 3 月的 7.4% 上升到近 10%。10 月 6 日，道琼斯指数下跌了 91.55 点，创下了单日最大跌幅的纪录。市场让人捉摸不透，局势的发展更让人感到难以驾驭，而且过去出现过的股市暴跌局面似乎随时都有可能重现。从短期来看，市场还见不到拨云见日的那一天。

10 月 12 日左右，巴菲特卖掉了至少一批他本来想用来赚取更大利润的股票。除了他的 3 只“永久持有”的股票外，他几乎把所有的股票都卖了。他的一位朋友说：“巴菲特的指令很明确——统统清仓。”

巴菲特并不是在盲目预测。他只是遵守了两条宝贵的原则：第一，永远不要亏损；第二，永远不要忘记第一条原则。芒格说：“沃伦绝不会说他能够洞悉市场走势。”不过，也许巴菲特现在更注意他墙上那张 1929 年的报纸了。随后的一周内，美国的利率超过了 10%。日本的股市还在继续上涨，但华尔街已没人关心日本了。10 月 16 日，一个黑色星期五，道琼斯指数重挫 108 点。

华盛顿急得像热锅上的蚂蚁。每当市场下跌时，政客们总指望胡乱找出一个罪魁祸首，不管是投机商还是瑞士的大银行家，都行。有人把市场下挫归罪于“29 岁的技术专家们”。美国风度翩翩的财政部部长在周末的一个电视节目上说，他认为美联储不可能再采取紧缩政策了。可惜这番表态来得太迟了。

10 月 19 日星期一，证券交易所里堆满了出售股票的交易单，导致道琼斯指数 30 只股票中有 11 只在开盘一小时后都无法正常交易。同时，证券保险售出程序自动启动。股指期货市场就像自由落体运动一样快速下降，引发了股票市场的进一步下挫。最后，大家都关注哪些股票可以马上套现。毕竟股票可以售出的通道显得太少了，不能保证所有人都把手中的股票售出，股指期货也没能挽救大盘。当日黄昏时分，恐慌性抛售终于演变成了大崩盘。

在波士顿的富达投资集团门口，等待赎回基金的人排成了长龙。报纸上出现了让人“歇斯底里”的绝望消息。纽约的金融中心则比平日里安静了许多。人们待在办公室里紧张地盯着计算机屏幕，黑色星期一成了当代社会的一次历史性事件，它的影响似乎无处不在，当日道琼斯指数急挫 508 点，跌幅高达 22.6%。

巴菲特的损失也高达 3.42 亿美元。他可能是全美国为数不多的并非每时每刻都关注股市崩溃的投资人士之一。只有一次，他走进戈德伯格的办公室，平静地告诉他伯克希尔·哈撒韦该做些什么，然后就回到了自己的办公桌旁。

两天后，巴菲特召集格雷厄姆的门徒在弗吉尼亚州的威廉斯堡聚会。尽管股市仍然动荡不安，但这些人似乎都置身事外，这让人感到很惊讶。中途没有人离开过会议室去查看股票行情，甚至大家并没有谈论太多这方面的话题。他们在秋高气爽的时节参观了一个植物园，对那儿的观赏植物赞不绝口。参加这次聚会的温德汉姆·罗伯森是一所大学的校长，也是一名记者，他问巴菲特这次崩盘“意味着什么”，巴菲特只说了一句：“也许它上涨得过高了吧。”

与 1929 年大崩盘的黑色星期四相比，这个黑色星期一让人觉得匪夷所思，因为它并没有引发什么经济萧条或是其他风波。起初人们还以为这次股市崩盘会成为社会经济领域里的里程碑事件。专栏作家们欢呼这个股市博利时代的结束，对银行投资暴发户遭受的重挫更是感到兴高采烈。不过，在短暂的停顿之后，华尔街又开始继续运转了。事实上在 1988 年，银行家们取消的交易比以往任何时候都多，很多股票也收回了失去的阵地。这次崩溃好像没留下任何痕迹，只是在股票经纪人的电脑显示屏上留下了一条锯齿形曲线。

“崩盘”的意义并不明显。在它发生之前一周，伯克希尔·哈撒韦的股价是 4 230 美元。在 16 日（星期五），它的收盘价为每股 3 890 美元。在黑色星期一，它跌到了每股 3 170 美元。伯克希尔·哈撒韦经过巴菲特 22 年的辛勤经营，现有资产近 50 亿美元。公司什么都没变：在斯坦福·利普西的带领下，《布法罗新闻报》的销量未减，《世界百科全书》还是安静地摆在学生们的书架上。不过，在那一周里，公司的市值蒸发了 25%，一代人辛苦经营的成果有 1/4 消失了。这确实令人难以置信。

BUFFETT

第 17 章

有效市场之争

如果少一些从众心理（经常表现为盲目的从众心态），我们的经济理论会得到更多的称赞。

——投资大师伯纳德·巴鲁克

本杰明·格雷厄姆曾把股票的波动比作一个友好却善变的“市场先生”，一会儿阴，一会儿晴。所有人都想预测“市场先生”的下一步反应，但任何人的猜想都是漫无边际的。因此，对投资者而言，真正好的投资策略就是别去理会“市场先生”那不可测的情绪变化。1987 年 10 月 19 日，所有投资者都遭到了“市场先生”的诅咒，他们只能痛苦地卖出了所有股票。

巴菲特早就预料到，格雷厄姆的理论会遭到抛弃。格雷厄姆被认为是一个“巫师”般的学者，传授的是一些“神秘的方法和技巧”。尽管格雷厄姆的理论永远是对付“严重市场传染病”的良方，但很少有哪个商学院会拿格雷厄姆的理论作为教材。巴菲特在悲剧发生后感慨地说道：“市场专家和学者们讨论的只是有效的市场、动态套期保值和股票的同其他 β 值[①]。”

这次股市崩盘暴露了华尔街在知识结构中的空白之处，但相关学术争辩已经持续了几十年。自 20 世纪 60 年代以来，在巴菲特的带领下，格雷厄姆和多德学派的投资家们与现代金融理论家展开了激烈的论战。奇怪的是，这位前无古人（也许是后无来者）的出色投资家竟然被该领

① 同其他 β 值，代表个别股票对系统风险的敏感性，若股票的 β 值小于 1，代表股价变动比市场价格变动幅度小，为较保守的投资选择；β 值大于 1 则代表股价变动比市场价格变动幅度大，可被视为风险较高的投资选择。—译者注

域的多数学者忽视了。那些现代金融理论的卫道士把巴菲特当成是异端，而巴菲特却认为，那些卫道士正煞费苦心地用各种华丽的辞藻来证明地球是方的。

巴菲特的职业原则是，理性的分析（尽管很难且带有主观性）是挑选股票的前提条件。有时候，一些股票的价格往往会低于它们的实际价值，精明的投资者只要买入就能获利。

与巴菲特的这种投资理论不同，很多人提倡一种看似简单但具有迷惑性的理论，叫有效市场理论（Efficient Market Theory）。这种理论认为，不论在什么时候，一个公司的所有公开信息都可以从它的股价中体现出来。当关于某只股票的消息披露后，股票交易者会迅速采取相应行动，或者买入或者卖出，直到它的价格达到一个新的平衡点。前提是，股票原来的价格是基于股票交易商“聪明的”相机抉择，因此，股票以后的价格变化也会变得合理。在这种理论体系下，股票交易商就扮演了亚当·斯密那只“看不见的手”。

因为一家公司所有值得关注的必要信息已经从它的股价中体现出来了，因此证券分析在很多人看来“基本上是不完整的，也是没有价值的”。股价未来的走向依然取决于（未知的）新信息。它仍是不可测的、随机变化的。

如果市场是随机的，那么投资就不啻在碰运气了。这样看来，巴菲特也只不过是一个走运的投资人罢了，算不上是一个老练的投资人。就像掷硬币总能掷出有字那面的人，他只不过是运气好罢了，而不能被称作掷币高手。这种理论相当于直接对巴菲特的专业性提出了质疑。

不过，巴菲特过去成功的投资记录对这种理论提出了挑战，因为巴菲特骄人的投资业绩和这种理论所表明的观点是相悖的。巴菲特辉煌的业绩就是对这些理论最好的嘲讽。有一个事实是不言自明的：“如果你们这么聪明的话，那为什么我会变得这么富有呢？”

但是所有的商学院和大学的经济系都把有效市场理论奉为经典，其他不同的理论则被打入了冷宫。这种理论渗透了整个华尔街，并作为一种投资文化经常出现在各种金融论坛上，见诸各大报端。这种理论成为“将鸡蛋分散到 1 000 个篮子里”的投资极端多元化理论的基础，也成为大多数投资者眼中的利器。

这一理论还渗透到其他很多领域。20 世纪五六十年代，为它做出重要贡献的是麻省理工学院的著名经济学家和教材编著者保罗·A·萨缪尔森，他属于凯恩斯学派。尽管凯恩斯认为股市不过是一个大赌场，萨缪尔森却笃信股市价格。在 1950 年前后，萨缪尔森花 125 美元购买了一种股市内情通报。不久萨缪尔森就断言，如果这种内情通报的编写者真的知道内情，它的要价就绝对不止 125 美元，或者他根本不会愿意与别人分享宝贵的内幕消息。有一个关于有效市场理论家的笑话，说的是两位经济学家在校园里散步时，看到地上有张 10 美元的钞票，其中一人弯下腰去捡，另一个说：“别费劲了，如果它真是 10 美元的话，早就轮不到你捡了。”萨缪尔森在 1965 年发表了一篇具有里程碑意义的文章《论准确预测价格的随机性》，给这种观点披上了学术外衣。萨缪尔森的观点其吸引人之处就在于，它认为将来要发生的事“总会在之前投下影子”，即它们会反映在当前的股票价格上。

> 当你确认股价即将上升时，其实它已经上升了……你不可能不付出任何代价就有所收获。

两年之后，萨缪尔森站到了参议院委员会的讲台上，谈了他对共同基金的看法。人们留意到，在股市一路狂涨的时候，共同基金对基民的收费是很高的，但它的投资经理们其实并不配坐享这么高的收入，很多基金的盈利水平甚至都跑不赢大盘。萨缪尔森解释说，“聪明的投资人一直在四处寻找物超所值的股票”，他们会低吸高抛，一有好的投资机会就会牢牢把握并消化掉。共同基金公司的表演如此糟糕，它们本该做得像掷飞镖高手一样好的。委员会主席约翰·斯巴克曼听罢愣住了，萨缪尔森刚才说的是飞镖吗？

萨缪尔森：我的报告表明，能力平庸的基金经理可以拿到这么高的收入，但是他们的表现并不比在市场上随意挑选 20 只股票要出色到哪里去。

斯巴克曼：你说的“随意”挑选是指闭上眼睛胡乱去抓一把的那种吗？

萨缪尔森：完全正确。

斯巴克曼：或者是由您这样的经济学家来挑选的那种？

萨缪尔森：不，完全是随意的。我说的“随意”，您可以理解为像掷骰子、随机挑选一个数字或是掷飞镖之类。

好在萨缪尔森教授没有主张人们用掷飞镖的方式来选择投资。他知道，有效市场理论绝对是存在一些漏洞的。股价的变动比上市公司的资金周转速度还要快，而从理论上讲股价是上市公司资金流动的一面镜子。萨缪尔森当时正与康拉德·塔弗保持通信联系，康拉德·塔弗是格雷厄姆的学生，早期也是巴菲特的支持者，他认为有效市场理论完全是一派胡言。有一段时间，巴菲特真的在办公室里挂了块镖盘，每天都在“掷飞镖”。塔弗告诉巴菲特，萨缪尔森对他产生了兴趣，开始关注巴菲特了。萨缪尔森是第一个关注巴菲特的有效市场理论家，就像天文学家对一颗神秘的恒星充满好奇那样。

不过，萨缪尔森并没有改变自己的立场。他的理论的另一个吸引人之处就在于，它把亚当·斯密的古典经济学理论引入了现代金融市场。巴菲特这样的投资家认为内在价值是一种固有品质，它藏在人们看到的市场价格“下面”，而价格本身只是一种大概值。古典经济学家则认为，“看不见的手”一直在促使价格与价值保持一致。如果采用一种极端的观点，那么价值只有在买卖双方就价格达成一致时才得以体现，或者说在某种意义上才存在。如果 IBM 公司的股票价格为每股 120 美元，那么 IBM 公司的股票就值每股 120 美元，丝毫没有偏差。当然有一个隐含的前提就是买卖双方都是理性的。

巴菲特对公司和个人行为的观点则更加全面。首先，巴菲特认为价值并没有这么精确，另一个理性的投资人可能会出每股 130 美元的价格来购买 IBM 公司的股票。而且，投资者并不总是很理性的。有时候出于从众心理，他们可能会出价每股 160 美元买入，或只是以每股 80 美元卖出。

有效市场理论实际上是在试图驳斥市场非理性的假设。从格雷厄姆那个时代开始，华尔街就开始鼓吹所谓的技术分析专家的作用。通过分析股市的价格走势图，这些似乎将来可以成为证券业大亨的人物就能预测未来的股价。他们的用语被广泛采纳，评论家会说“股价现在处于阻力位”。但那其实并不是什么阻力位，只是价格走势图上的一条推理线而已。有效市场理论家们称根据图表来决定买卖的人是骗子，用芝加哥大学经济学家尤金·F·法玛的说法，这些图表学家是一些“占星术士”。价格“走势”只有在回顾历史交易记录时才有意义，没人能预测一只股票在下跌 10% 后会反弹 10% 还是会继续下跌 10%。（出于只有他们自己才知道的原因，美林证券、摩根士丹利、所罗门兄弟公司和其他一些公司仍在聘用这种人。）

但是，有效市场理论家们只是用自己的迷魂术来代替图表专家们的迷魂术。他们一面嘲笑股价能反映未来走势的观点，一面鼓吹价格是对现在价值的真实反映。也就是说，价格是永远不会错的。他们以人们所能想到的最佳方式把所有信息都放在一起来推测公司的经营前景，因此研究这些前景是毫无意义的。除了攻击图表专家外，他们还把矛头指向了巴菲特这样的“公司基本面分析专家”——通过梳理公司的报告来发掘公司价值。尤金·法玛说：

> 如果随机理论是正确的，股票交易也是一个有效市场，那么股价在任何时候都准确代表其内在或基本价值。因此，对公司基本面的分析只有在分析者获取了新的信息……或是对公众可以获得的信息有了新见解时才能发挥作用……

从字面上看，这里面有一个很明显的漏洞。显然，分析者如果既没有新信息，也没有新见解，就无法体现其独特优势。但我们对“新信息”这个时髦用语不能只看字面上的意思。它暗示业绩出色的投资家肯定有内幕消息，至少知道少量内幕消息。这样这个理论就完整了：即便是一个理想的市场也无法在信息公开前消化掉这些信息。报道各派理论家们交锋过程的《经济学人》杂志断言，选股天才“或者是凤毛麟角，或者根本就不存在”。它嘲讽地说：“如果能获得像内幕投机商伊万·布亚斯基那样的内幕消息，那么确实是有帮助的。”萨缪尔森的话则说得更加直白：

> 同样，经验告诉我，像沃伦·巴菲特这样有能力赚大钱的人是少之又少的，因为他们不仅需要知道哪些是本质要素，而且要知道哪些新信息值得花大钱去买。这样的超级明星可是花钱如流水的：当你开始关注他们时，他们的花费早已是天文数字了。

尽管萨缪尔森知道巴菲特并不会去花钱买信息，他的主要投资信息都是从各家公司的年报中获得的，这其实人人都可做到，但萨缪尔森对此却故意视而不见，将巴菲特的成功归因于他的情报收集，避而不谈巴菲特是否有分析数据的天分，好像巴菲特只是一个不错的图书管理员。

但作为诺贝尔经济学奖获得者，萨缪尔森当然知道巴菲特的能耐肯定不只这些。他在参议院讲话后不久就买进了伯克希尔·哈撒韦的大量股票，但他对此拒绝发表评论。其实这样做的人绝不止他一个。加州大学洛杉矶分校的著名经济学家阿门·阿尔钦也买进了伯克希尔·哈撒韦的股票，但他在给另一位经济学家的信中写道：

> 我还是坚信，无论是哪一只投资基金，不管以什么新方式运作或处于何种新领域中，都无法证明自己拥有非同一般的投资才能。是运气吗？不错。是奇才吗？不是……在这个世界上，可靠的预测都得花相当数目的钱才能得到，唯一被人们抛在脑后的就是意外。这种意外本质上就是“随机”。

阿尔钦花了大量的精力来解释巴菲特的成功之道，最后他认为原因在于内布拉斯加州的保险法中有个特例，它允许该州的保险公司在进行投资时拥有比其他州的保险公司更大的自主权。

> 我认为他的成功完全是因为这种特殊的有利地位，而不是因为他的竞争力高人一筹。

我们不禁对阿尔钦这番缺乏真诚的表达感到惊讶。萨缪尔森至少还说过："巴菲特可能就是我看到的那种为数不多的投资天才。"其实这番表态也是一种谩骂。天才不是技巧，萨缪尔森却对巴菲特的技巧不置可否。他说："巴菲特有次在演讲中说，'任何傻瓜都看得出来《华盛顿邮报》的股价太低了'，我不算是一个傻瓜，但我看不出来。"那么巴菲特为什么要买下《华盛顿邮报》呢？萨缪尔森说："这就是天才与技巧的区别吧！"巴菲特被认为是个怪才，有效市场理论家对他依然表示不屑。有效市场理论家认为自己永远都是正确的，因此斯坦福大学的著名经济学家威廉·F·夏普认为巴菲特只是一个"三西格玛事件"（three-sigma event）—— 一个在统计学上极小的概率，可以被忽略不计。

以有效市场理论为基础，学者们苦心建立起一整套复杂的现代财务理论。财务与投资正相反，它是从公司的角度阐述融资的作用；它是一种有用的理论，但不够准确。现在它与投资理论一样，已经成为一门量化的社会科学。有位学者给出了一个公式来计算股票收益，其中 R 代表股票收益，M 指市场，a 和 b 代表不同股票的常量，m 是随机误差：

$$R=a+bM+m$$

这位学者后来又补充说，这只是一个"最简单的模型"，没有哪个模型会永远正确。

这种"科学"只是基于被学者们认为正确的有关证据——（假设理想状况下的）股价。但是这却忽略了大量处于动态中的变化因素，例如公司的策略、产品、营销能力和管理水平等，而这些因素在实际评估公司的价值时是至关重要的。不过这些因素带有主观性，也不完全准确，但像巴菲特这样的投资分析家无疑每天都在解读这些因素。

也许有人认为，可能有些商学院至少会采用一些巴菲特写的报告，至少在讨论这些问题时引用一下也行。但除了偶尔有大学邀请巴菲特去做讲演嘉宾以外，学术界对他其实并不认可。这也触碰了巴菲特的伤心处。许多投资人只满足于挣钱，巴菲特则非常渴望能得到社会的认可。这对他很重要，他之前的恩师格雷厄姆是他很好的一个榜样。他在某封信中写道：

> 在我看来，格雷厄姆－纽曼公司、巴菲特合伙公司和伯克希尔·哈撒韦公司连续 63 年成功运作的事实，已经很好地证明了有效市场理论是愚蠢的……这 3 个公司买卖的证券多达几百种之多……我们无须去挖掘什么内幕消息……我们是根据完全公开的信息来经营的……

最让巴菲特感到烦恼的是，格雷厄姆在生前最后阶段竟然也开始怀疑证券分析是否有必要，因为当时的股票研究已经很充分了。格雷厄姆在 1976 年去世前不久接受一次采访时表示：

> 我不再提倡为寻找有价值的投资机会而进行复杂的证券技术分析了。40 年前，当我和多德出版《证券分析》时，那还是很有价值的，现在局势已经不同了……

由于格雷厄姆在发表上述言论的半年前刚刚强烈抨击了所谓的“随机性”，特别是有效价格的观点，人们只能猜测他认为有效市场理论在学术上仍是无效的。巴菲特从未指责格雷厄姆的学术变节，总是尽量把恩师往好处想，而且格雷厄姆纸上谈兵的本领也的确比他在投资时显得更强。

与格雷厄姆不同，巴菲特和其他学者们都不喜欢模棱两可的理论。巴菲特说，经济学家们把这种理论“奉为《圣经》”。理查德·布雷利和斯图尔特·迈尔斯合著的《公司财务原理》不仅极为畅销，还无人怀疑其是否存在缺陷。两位作者谈起“发现了”有效市场理论，就好像居里夫人发现了自然界存在的镭一样。他们的表态显得信心十足：

> 在有效市场中，你可以完全相信价格，它包含了关于每种证券价值的一切有用信息。

人们会想象一个有血有肉的股市投资者会怎样看待理查德·布雷利和斯图尔特·迈尔斯描述的理想股票市场。在他们的笔下，股市投资者都是心平气和的，投机商也是一些没有贪欲的闲云野鹤。

> 一个有效的市场中是不存在财务误判的。投资者们漫不经心地关注着公司的资金流，看看有多少会归入自己名下。

学者们也的确反复检验了这种理论，但只局限在很小的范围内。他们研究了许多随机价格的特例，这些异常的特例（所谓的不规则现象）其实是相当有规则的，比如在1月盈利的股票，或一星期中哪一天盈利的股票，或是一些小公司。这些随机性并不是很明显但适用于该理论的特例使学者们欣喜若狂、如获至宝，他们急迫地想要做更多、更具体的奇怪研究。但是这个庞大的理论体系却没有对“投资异类”的情况有过任何阐述，包括巴菲特、凯恩斯、格雷厄姆、约翰·坦普尔顿、马里奥·加贝利、约翰·内夫和彼得·林奇等投资大师，因为这只会使得整个理论体系显得苍白无力。

学者们对这些投资大师的成就视而不见，甚至希望他们根本不存在。普林斯顿大学的经济学家伯顿·G·马尔基尔在他的畅销书《漫步华尔街》（*A Random Walk Down Wall Street*）中鼓吹：

> 尽管我相信出色的投资业绩确实有可能存在，但我必须强调，迄今为止我们掌握的证据还不足以证明这种能人的确存在……

伯顿·马尔基尔看不到投资能人的存在，认为所谓的投资奇才不过是一些掷币高手，他们把自己的运气说成是技巧。他宣称：“连万能的上帝都不知道某只股票合适的市盈率到底是多少倍。”

但是，这段动人的评论充其量只是一番自我陶醉的自言自语。格雷厄姆和多德学派的投资家也从不敢断言某只股票的合理价位是多少，他们的投资观点也是一种相对模糊的界定。他们只说有时候有些股票的价格会变得离奇，人们可以不假思索地大量买入。这样的例子其实不多，格雷厄姆和多德从数千种股票中最多也就选出了十几种这样的股票。但只要选对几种股票，就足以使你富得流油了。巴菲特说过这么一段话：

> 在有效市场理论的拥护者看来，如果市场经常是有效的，他们就断言它总是有效的。这两者之间其实有天壤之别。

两个对立学派的一个严重分歧就在于“风险”的定义。在巴菲特看来，风险是以高于一家公司实际价值的价格购买其股票的风险，而且各种变化因素是无法穷尽的。一个公司是否只依赖于少数客户？董事长酗酒吗？……由于这些风险的程度和种类不得而知，巴菲特找的只是那些即便出现特例也能够承受得起风险的公司。

理论家们则不在意这些细枝末节，他们认为风险都是可以量化的。由于他们相信股价，因此就认为一家公司可预测的风险都已反映在股价上了，公司所有的重大改变都将引起股价的相应变化。因此判断某家公司风险时最好的风向标就是该公司股票过去的风险情况，因此某只股票的风险大小就是它的价格变动情况。它有精确的数学定义，就是看股票的价格波动幅度与整个股市波动幅度的对比关系。为了使这种数学关系显得更加冠冕堂皇，理论家们还给它用了一个希腊字母 β 来表示。如果某种股票的 β 值为 1.0，它的波动幅度与市场的波动幅度相同；如果某种股票的 β 值是 1.2，其波动幅度则大于市场平均波动幅度，风险也更大；如果 β 值是 1.5，波动就更厉害了。

理论家的逻辑继续以一种让人迷惑的阐述方式向前推进。投资者是不喜欢风险的，但他们却在理智的情况下买了高 β 值的股票，那肯定是因为这种股票的收益率高于平均水平，即高收益率能抵消数学推理上的

高 β 值带来的高风险。反之，买了低 β 值股票的投资者只能获得较低的回报，也是因为此股票过去相对比较稳定的表现能够给人带来较为平稳的心理感受。天下没有免费的午餐，要想多赚钱，你就得接受更高的风险，即更高的 β 值。于是，现代金融学领域中的图腾崇拜就出现了。计算某种股票回报率的唯一必要因素就是它的 β 值，似乎公司所有基本因素都显得无关紧要了。“你手中股票的 β 值是多少？”学者们经常会千篇一律地这样去问。华尔街的分析师们对此也十分在意。事实上，全美国的股票经纪公司都要求它们的分析师仔细评估股票的 β 值和风险因素，并分析考虑到 β 值后的回报。

在格雷厄姆和巴菲特看来，这简直是痴人疯语。对一个立足于长远的投资者来说，股票的波动其实并不增加风险。实际上，风险存在于 β 值确定之前。让我们来看看巴菲特投资《华盛顿邮报》的例子。当时《华盛顿邮报》市值的估价为 8 000 万美元，假使在他购买之前《华盛顿邮报》的市值下跌了一半，那么它的波动性就很大了。因此根据有效市场理论来判断，它的风险是很大的。巴菲特却一针见血地指出：“我怎么也想不明白，如果价值 8 000 万美元的东西我花 4 000 万美元就能买下来，为什么风险反而更大呢？”

1984 年，哥伦比亚大学把观点相左的双方召集到一起，那年恰逢格雷厄姆和多德的经典教材出版 50 周年。巴菲特受邀代表格雷厄姆和多德一方发言，来自罗切斯特大学的迈克尔·C·詹森教授则代表有效市场理论学派一方。詹森教授是这一理论的虔诚信徒，他曾在 1978 年写道：

> 我相信在经济学领域，有效市场理论是最能得到实证理论支撑的观点。

詹森教授还毫不客气地告诫持异议者：“该理论作为生活中的既成事实而被广泛接受，要想驳倒这一理论并提出其他行为模式绝非易事。”

在詹森教授的极力拥护下，这一理论，尤其是“β 值”理念更是无人敢反对了。现在哥伦比亚大学的尤利斯大厅里挤满了巴菲特这样的投资者。面对众多的听众，詹森教授换了种更加优雅的口吻，一副胜券在握的样子。

詹森教授一开始就提出一个抽象的观点：对公开信息进行分析，无法帮助投资者系统地获得利润。然后他开始举出一些例证，不过都是特例，似乎他也承认出色的分析师是有可能存在的，但他对从事这种职业的人仍然嗤之以鼻，他认为人们向股票分析师请教就像去找牧师一样，主要是为了“寻求心理上的安慰”。

> 由于科学的解释是“没有已知的答案”或“暂时根本无法提供答案”，人们就会感到不够满意……在这种情形下，他们非常愿意制造出一些答案，甚至会花钱请人为他们编造出答案来。

于是，股票分析师就成了继“假药贩子、巫师、占星术士和祭司”之后的新一代精神骗子。詹森教授表达了对这些异端股市投资者的鄙视，表示要提倡有效市场理论的“科学性”。尽管当时与会者都是“格雷厄姆和多德的明星学生们”，詹森教授依然不留情面地说道：因为“选择倾向上的问题”，他很难断定在座的各位是否真的比普通投资者更加优秀。

> 如果让我去调查研究一些算不上有才华的分析师是如何掷硬币的话，我敢说有些人能连续两次掷出正面朝上，甚至还能连续 10 次掷出正面朝上。

詹森教授的这番话是巴菲特求之不得的开场白。“多数投资经理无法比掷硬币者做得更好”的例子被反复引用，但是回想起来，难道人们就看不到其他东西了吗？多数股票交易都是由优秀的投资者操作的，那么一般股民就望尘莫及了。因此，这里就出现了一个很有意义的问题：有效市场中是否存在足够大的漏洞，使一些精英投资团队能够胜出？

巴菲特借用了詹森的例子，虚构了一个“全国掷币比赛”：全美国的人每人每天都掷一次硬币，掷出背面朝上的人会遭到淘汰，那么 20 天之后，全美国就只有 215 个掷币人能留下来了。

> 现在这215个人很可能会变得有点扬扬自得，当然这也是人之常情。他们也许会尽量保持低调，但是在鸡尾酒会上他们也会对一些漂亮的异性打开话匣子，告诉对方他们能连续20次掷出硬币正面朝上的技巧是什么，他们对掷硬币有什么心得……一些商学院的教授会粗鲁地指出，如果让大猩猩来掷硬币的话，结果也会差不多……

可是如果最后那些胜出的大猩猩大多来自同一个动物园，打个比方，都来自奥马哈动物园的话，人们又该作何评价？人们可能会思量这是否和动物饲养员的驯养方法有关。巴菲特的观点就是这些总能掷出正面朝上的大猩猩的确来自同一个动物园——“格雷厄姆和多德智慧动物园”。接着，巴菲特列举了格雷厄姆和多德学派9位出色的投资专家的业绩，巴菲特与这些人长期保持私人联系。这些人挑选股票时各有侧重，有人喜欢“烟蒂型”股票（例如沃尔特·施洛斯），有人喜欢连锁商店股票（例如比尔·鲁安），但他们都在股市投资中长期立于不败之地，而且每个人都具有格雷厄姆和多德的特征，即在市场上寻找价格与实际价值之间出现偏差从而有投资空间的股票。他们从不关心股价在周一还是在周二更高，也不关心是1月还是8月的股价更高。

巴菲特觉得学者们也在研究问题，不过他们只关心那些可量化的问题，而不是有意义的问题。他说：“我的一位朋友（芒格）说过，拿着铆头的人看什么都觉得像个钉子，想去敲一下。”

巴菲特似乎特别反感自己母校也成为有效市场理论的拥趸，他愿意每隔一两年来哥伦比亚大学发表一次演讲，但一分钱也不愿意捐。哥伦比亚大学商学院院长约翰·C·伯顿说：“他很坦诚地跟我说，他认为教育水平不是靠钱能提高的，而且他也很反感商学院讲授的那些东西，尤其是有效市场理论。”

约翰·伯顿自己也买了一些伯克希尔·哈撒韦公司的股票，他认为巴菲特的说法不无道理，但考虑得还是不够长远。巴菲特经常把个人的成就归功于格雷厄姆，但当约翰·伯顿要求他给母校捐点儿钱来培养未来的格雷厄姆和巴菲特时，这位亿万富翁却总是拒绝。

和其他大学相比，哥伦比亚大学的经济学观点算是比较折中的了。它经常聘请华尔街精英前来授课，其中有些人讲授的就是格雷厄姆和多德的方法，不过金融学课程还是被有效市场理论控制。到学校书店的商业书架看一圈就会发现，哥伦比亚大学的学生们即便不知道谁是格雷厄姆和多德，甚至对价值投资也闻所未闻，但他们照样能拿到工商管理学硕士学位。

同时，这一理论在华尔街也是大行其道。人们开始倾向于“精确”地分析股票，股票经纪公司也开始注重选取某几组股票，而不是某一只特定的好股票。大约在 1979 年，德崇证券公司的首席战略投资分析师曾说，他不希望分析师像富有独立自主企业家精神的人那般去独立分析股票，也就是不要像巴菲特那样。

20 世纪 80 年代，因为股指期货的出现，这种理论受到了更多关注。既然这么多学者都说过投资者是无法挑选股票的，现在他们干脆不用试了，只要在整个股市中掷掷飞镖就可以了。1982 年，巴菲特敦请美国众议院监督和调查委员会主席约翰·丁格禁止发行股指期货。巴菲特在书面陈词中写道：“我们不需要让更多的人用这种毫无意义的工具来赌股市的走向。”巴菲特还警告说，这些期货将引发投机泛滥，最终会影响股市的健康发展。

人们很容易把期货和股票混为一谈：它们难道不都是投资吗？这是个值得商榷的问题。期货是对市场走向的零和博弈，它并不能为企业积累资金，而融资才是股市的根本目的。期货并不在企业的经营上下注，而是对未来下注。

20 世纪 80 年代，大量资金涌向期货和一些力争与大盘获得同步收益的指数基金（方式是买进各种股票或一定合理比例的股票）。投资经理开始放弃专业化投资，而将目光转向整个市场，本来市场交给他们的任务是寻找相对廉价的股票并甄别价格偏高的股票。到 1986 年，总计有 1 000 多亿美元就是这样“被动”地经营着，其实那根本算不上是经营，而是完全指望靠占卜各种指数来吃饭。

到了 1986 年夏天，人们终于开始大声疾呼，说这种潮流有些过头了。当时道琼斯指数下滑了 62 点，让人不由地惊出了一身冷汗。伯顿·马尔基尔在《华尔街日报》上撰文表示异议，他认为如果市场充分有效，自发的投资就是值得高兴的事：

> ……我很自豪，至少我在一定程度上使越来越多的人开始相信股市的有效性，并趋向于被动的股票管理。

巴菲特在《华盛顿邮报》上针锋相对地指出，这种新时代的股市交易活动正在把凯恩斯关于股市就是赌场的悲观预言变为现实。股市上现在到处都是投机行为，过分活跃的投机交易正在逐渐摧毁市场交易应有的发现商品价值的功能。这种新的神秘方法根本不能算是投资，它对社会毫无好处，也不是按“看不见的手”办事，而是在“绊社会的脚”。这一次，巴菲特的讽喻毫不留情。他假设一条搭乘着 25 个股票经纪人的船抛锚了，他们挣扎着游到一个荒岛上。

> 为了在荒岛上尽量过得舒服些，他们开始发展经济。我想，他们会不会只派 20 个人生产食物、衣服和盖房子，而另外 5 个人坐在那儿永无止境地对那 20 个人还没生产出来的产品进行期货交易呢？

作为解决“赌场社会”问题的良方，巴菲特借用了作家乔纳森·斯威夫特提出的“温和税收”方法：对持有时间少于一年的股票和期货产品征收 100% 的利润税。当然，根本没人理睬这个主意，但人们对过分活跃的投机交易却一直心有担忧。1987 年，股市波动加剧，越来越多的人担心市场会出现崩溃。没过 3 周，股市就崩盘了。

美国布雷迪报告（The Brady Report）对黑色星期一的研究报告揭示了马尔基尔遗漏的一个众所周知的真理：当所有人都站在交易的同一边时，期货所提供的“流动性”充其量是一个幻想而已。

伯顿·马尔基尔曾经称赞职业投资者能够用期货“来转移和控制风

险并对市场变化做出反应”。在巴菲特看来，真正的风险（比如说家具商场地毯销量和《世界百科全书》销量骤减的风险）是无法转移的。因为他自己是伯克希尔·哈撒韦公司的拥有者，因而势必会承担这样的风险。市场变化也不需要他做出什么“反应”。他把市场的崩溃归咎于马尔基尔称赞的那些人：

> 我们应该“感谢”那些管理着几十亿美元的“职业”投资家，正是他们制造了这场风波。许多声名显赫的投资经理不是把注意力放在公司未来的成长性上，而是放在预期别的投资家会采取什么投资策略上面。

市场虽然渡过了难关，但理论缺陷已变得很明显了。在股市危机前后怎么能说股价都是合理的呢？没有人对此再做新的解释。之前人们对于上市公司的利润预期也没有突然发生变化。实际上，在 10 月 19 日一窝蜂地卖出股票的人并没有考虑过公司的长期盈利情况。耶鲁大学经济学家罗伯特·希勒在黑色星期一后不久观察了大约 1 000 名投资者，结果发现投资者们在当天关注的只有股市崩盘的消息。罗伯特·希勒观察到，那天投资者们个个手心出汗，心跳加速，神经高度紧张。他们当天每个人查阅股价的平均次数都超过了 35 次。这次调查从一个角度反映了人们的从众心态，有 40% 的机构投资者都承认其他投资者的恐惧心理影响到了自己。

有效市场理论还遭到了另一个重创——经济学家尤金·法玛证明股票的 β 值与股票的实际收益无关。当年他曾因为提出 β 值的观点而获得诺贝尔奖，现在自己却推翻了之前的学术观点，说 β 值毫无用处。不过，分析师和学者们还是在使用 β 值。虽然它的定义总是有微调，但整个理论体系仍然没有改变。《经济学人》杂志指出，尽管事实证明它的论据有些“蹩脚”，但该理论还是有其生命力的。

> 正如伦敦学派的经济学家查尔斯·古德哈特指出的那样，因为

没人提出更好的理论，所以学者们只是试图用一种平庸的方法来解读并不完美的证据。

理查德·布雷利和斯图尔特·迈尔斯在股市崩盘以后也没有对自己的理论做太多改进。两位学者在一小段文字中承认黑色星期一的确反映出一些问题，但在同一页，他们依然坚称："……价格是你可以坚信的对象。"到底是哪个价格呢？是10月19日早上的价格，还是6小时以后的价格？不过这些似乎都不重要，该理论感觉上"已经过千锤百炼，绝对是正确的"。

从广义上看，这个理论依然对投资领域影响深远。华尔街的专业投资人士对新的神秘投资工具依旧趋之若鹜，专家也建议投资者尽量做到多元化。总有人建议伯克希尔·哈撒韦的股东应该使其投资多元化，也就是把手里伯克希尔·哈撒韦的股票卖掉。一位女性委托J·P·摩根公司打理其投资，她把所有的钱都投在伯克希尔·哈撒韦了。当她的投资已经升值到几百万美元时，她在摩根公司的经纪人反复劝说她要减仓，可她就是不听。

从狭义上看，该理论的继续存在对巴菲特大有好处。他的数千个竞争对手被教导说研究股票是浪费时间。"从自私的角度来说，"巴菲特在股市崩盘之后写道，"格雷厄姆学派也许应该捐些钱来保证一直有人在传授有效市场理论。"当然，如果能在大学里讲授巴菲特理论，他自然会更高兴。毕竟在学术界，巴菲特仍是"异端"、"旁门左道"和"三西格玛事件"。

巴菲特在描述这种理论的支持者时写道："没有人说过自己错了，尽管他们误人子弟地教出了成千上万名学生。有效市场理论依旧是各所大学商学院的主要教程之一。"

巴菲特则不然。在黑色星期一之后不久，他就要提出自己最有力的理论了。

第18章

BUFFETT

投资可口可乐

1988 年秋天，可口可乐公司发现有人在大单买入它的股票。公司董事长郭思达和总裁唐纳德·基奥都感到非常好奇，他们想知道此人到底是谁。此时可口可乐的股价已从股市崩盘前的最高点下跌了 25%，但是这位神秘来客却在大量建仓。当基奥发现是中西部的某位股票经纪人在买进时，他突然想起了自己过去的邻居，于是他对郭思达说："可能是沃伦·巴菲特。"郭思达催他赶紧打个电话问一下。

"喂，沃伦，最近过得怎么样？"唐纳德·基奥问道，"最近不会是你在大单买进可口可乐的股票吧？"

"是我，没错。"巴菲特回答说。

巴菲特请唐纳德·基奥在他必须公开自己的持股份额之前先保持沉默，同时他还在继续不断买进建仓。到第二年春天，伯克希尔·哈撒韦已经买下可口可乐价值 10.2 亿美元的股票，占可口可乐总股本的 7%，平均买入价为每股 10.96 美元。当消息传开时，巴菲特用自己爱喝红色可乐为借口来躲避问题。他俏皮地说这次投资是"为了享口福而投资的典型案例"。不过，他的话讲得很含混晦涩：

> 这就像你娶了位姑娘，你要的是她的眼睛还是她的个性？两者之间其实是不可分割的。

华尔街上有位分析师说这是"价格非常高的一只股票"，但是仅仅过了 3 年，巴菲特在可口可乐的投资就上涨到了 37.5 亿美元，这差不多相当于他开始投资可口可乐时伯克希尔·哈撒韦的总资产。

可口可乐在这 3 年里到底发生了什么巨大的变化？它的每股收益上涨了 64%，虽然势头迅猛，但是远远不足以使其股价上涨 3 倍。造成这种变化的主要原因是华尔街对这一行业的认识发生了根本性的变化——投资者们突然发现可乐很受欢迎，爱喝可乐的人遍布全球。每个美国人平均每年要喝掉 296 瓶可乐，而每个外国人平均每年仅仅消费 39 瓶可乐。可口可乐正迫不及待地要填补这个差距，它在东欧、法国、中国和整个太平洋地区迅速占领市场，它在日本市场的盈利已经超过美国本土。在印度尼西亚这样平均每年每人仅消费 4 瓶可乐的国家，市场的潜力之大是可想而知的。

是什么使得巴菲特在可口可乐实现公司跨越式发展之前成为它最大股东的呢？是什么驱使他在可口可乐投入了比以往任何一次都要多的资金呢？这难道只是一次飞镖投中幸运的一环吗？或是像巴菲特自己所声称的那样，他有慧眼识珠的能力？

巴菲特之前的许多投资决策都是根据公司某些特定事件或资产负债表找到价值洼地后做出的。《华盛顿邮报》的股价曾经一度只有它清算价值的一小截儿；政府雇员保险公司当时的股票堪称廉价，如果有人相信这家公司可以走出困境的话，自然愿意为之掏腰包。可口可乐则不同，从它的资产负债表上暂时看不出潜在的巨大增长空间，但是巴菲特却可以预见到。

可能有人会问他是如何判断股票价值的。巴菲特往往会把股票看作债券，债券的内在价值等于未来现金流量的现值。股票价值的计算方法其实也一样，它等于每股预计的现金流①，不同的只是投资者必须靠自己来判断细节问题：

> 如果你买入了债券，那么你应该很清楚它未来的收益。假如它是一种好债券，例如美国政府发行的国债，比方说它的票面年利率为 9%，你便完全能够预测 30 年后自己的收益情况……如果你买的是公司股票，你也能得到类似的股息收入，唯一不同的是它只是没有印在

① 巴菲特定义的现金流等于报告期收益加上贬值、折旧、摊销和其他非现金支出，并减去每年维持运营和竞争力的资本成本。

股票上而已。我的工作就是要把它算出来并将结果印上去。

巴菲特就是用这种价值投资观来寻找价值远远大于股价的价格低估绩优股的。人们很快就能总结出巴菲特购买股票的要诀：

• 不理睬宏观经济环境的趋势和他人的预测，也不理睬人们对未来股价变化的预测。只注重公司的长期价值，即关注股票在未来可以带来的收益大小。

• 永远只买自己能看懂的股票。对巴菲特来说，他的专长就是分析那些针对固定消费群的连锁公司。但是，总体而言，规则是一样的：如果你对某个领域的公司不熟悉，不管是报业集团抑或是软件公司，你就无法进行准确的估值。

• 要找对待股东的钱像对自己的钱那般认真的管理者。要非常详细地研究股票的招股说明书和竞争对手的前景。巴菲特说，要相信自己的大脑，不要道听途说、轻信其他分析人士提供的报告。

• 如果用这样的方法来分析，大部分股票仍不尽如人意，那就不要理会它们。美林证券公司几乎涉足每一种股票，但巴菲特不会。投资人一旦看中某种股票，就要坚决果断地买入，而且要大单吃进。

巴菲特就是这么干的。在 1985 年买下大都市公司后，他整整 3 年在股市上都没有任何大动作（不包括套利活动和不公开的小单买入）。但当他盯上可口可乐以后，他就拿出伯克希尔·哈撒韦 1/4 的资金放在了这只股票上。

问题是，巴菲特为什么会选择那样一个时机？可口可乐的股票在几年前更加便宜，它也不是刚开始进军世界饮料市场。来自佐治亚州的商业大亨罗伯特·温希普·伍德拉夫自 1923 年担任可口可乐公司的总裁以后就决心让可口可乐成为世界性饮料。早在 1928 年，它就在中国开了灌装厂。“二战”期间，公司说服美国政府在海外建立了 59 家灌装厂，名义上是为了提高美国军队的士气而非为了扩大市场。1949 年，曼谷的工厂在 9 位佛教高僧的主持下开张了。这种饮料的覆盖范围很广。1956 年可口可乐公司的一位推销员决心要找出一个还不知道可乐的人，并向他推销自己的饮料。他深入秘鲁内地 150 英里，最后在丛林中碰到了一位印第安妇女。这位推销员通过翻译说明了来意，于是那位妇女就从他包里拿走了一瓶可乐。

巴菲特是在 1935 年开始喝这种奇妙的饮料的。他在致股东的信中写道：

> 我家的杂货店，巴菲特父子商店在 1936 年开始以每瓶 25 美分的价格购进可口可乐，然后以每瓶 30 美分的价格卖出去。在这种高收益的零售买卖中，我发现可乐很能吸引顾客，而且商机无限。从那时起到可乐遍及世界的 52 年中，我发现它一直有这个特点。但在那段时间里我一直比较谨慎，没有买入它的股票，而是宁可把公司的大量资金投在地铁公司、风车制造商、无烟煤厂和纺织业上。

可口可乐属于那种“简单”的公司，它拥有提价能力和“护城河”，这正是巴菲特喜欢的那种类型。到 20 世纪 70 年代，巴菲特的口味从“无烟煤”转向了像喜诗糖果这样的特许经营公司。可口可乐公司的主要业务不是卖可乐，而是向灌装厂和汽水生产厂提供可乐浓缩液。这样的业务与灌装业务不同，它需要的资金很少。而且它的品牌知名度极高，尤其是在国外，它的销量是百事可乐的 4 倍。用巴菲特的话来说，这个品牌本身就是一座桥梁收费站。

尽管 20 世纪 70 年代可乐普及全世界，但公司的经营却面临危机。具体的推销工作由国外各灌装厂负责，但并不是所有的厂家都擅长这方面，而且某些国家的文化倾向也使得可乐的普及步伐放慢了，比如法国的反美国化致使葡萄酒大受欢迎。更糟糕的是，首席执行官 J·保罗·奥斯汀面对公司充裕的现金流竟然无所适从。到 70 年代中期，他手里有 3 亿美元的资金闲置。这位毕业于哈佛大学、长着一头红色头发的奥运快艇选手，当时正遭受阿尔茨海默病和帕金森病的折磨，他把资金投入到众多与可乐无关的行业中：净化水、葡萄酒、养虾、塑料、乳清营养饮料，还有水果和蔬菜。巴菲特认为这些举措是在浪费宝贵的资金。事实上，70 年代可口可乐公司的股票年均收益率仅为可怜的 1%。

1981 年，出生于古巴的化学工程师郭思达接手了可口可乐公司，并让笑脸迎人的推销商唐纳德·基奥担任他的副手。郭思达上任后的第一个策略就是经营多样化。1982 年，公司开始进军影视业，买下了哥伦比亚电影公司（巴菲特非常讨厌该公司出产的影片）。可口可乐那年的年度报告竟然用整整 6 页来介绍影片公司和葡萄酒业务，而只有 3 页在讲可口可乐公司在海外的销售情况。

与此同时，公司还推出了健怡可乐，而且大获成功。郭思达不久后开始把注意力转向竞争已经白热化的美国可乐市场。他一心想要在与百事可乐的大战中获胜，因此可口可乐于 1985 年放弃了已使用一个多世纪的果浆配方，推出了“新口味可乐”。这项错误的决策也让公司付出了意想不到的代价，在大众的呼声下，公司又开始生产传统口味的饮料了。

几乎在同一时间，巴菲特从喝百事开始改喝可口可乐了。这种带点樱桃味的碳酸饮料好像有一种奇妙的催化作用，巴菲特开始对它的股票越发感兴趣了。新口味可乐的惨败反而让他的兴趣变得更加浓厚。他解释说，其实可口可乐公司也知道美国人喜欢更甜的新口味可乐，但当他们知道老可乐将被取代的时候，他们就吵着嚷着要喝老可乐。可乐“不仅仅是种口味，它还能唤起人们在儿时与同伴一起玩耍时的美好回忆”。

巴菲特继续深入研究，他仔细阅读了关于可口可乐公司的一切资料。《财富》杂志刊登的一段文章引起了他的注意：

> 每年都有一个重量级投资者多次留意可口可乐的股票历史交易记录，尽管他对这家伟大的公司很尊敬，但总是遗憾地说他来得太晚了。

这篇报道发表于 1938 年（当时可口可乐为了日后拆股，把价格定为每股 45 美分）。即便在当时，所有的美国人也都认为可口可乐公司有着“非凡的品质”，他们往自动售货机的投币孔中投一枚硬币，“来瓶嗞嗞冒泡的”，然后一瓶冰凉透心的可乐就滚了出来。即使在 1938 年，人们也都认为它能引起外国人内心的渴望。这就是让巴菲特心动的理由。

到 80 年代中期，他看到可口可乐公司的经营策略有了明显的改进。郭思达渐渐放弃了与可乐无关的非核心业务，而且开始专心开拓国外市场了。

其中很典型的一个例子就是在菲律宾。当地的圣米格尔酿酒厂既生产可乐也生产啤酒，但它忽略了可乐生产，结果让百事可乐占领了市场先机。之后美国可口可乐公司投资 1 300 万美元成为该厂的合作伙伴，很快就夺回了 2/3 的市场份额。

因为受到菲律宾成功案例的激励，可口可乐公司开始加强在巴西、埃及、中国、印度尼西亚、比利时、荷兰和英国的生产。在每年人均消费可乐只有 31 瓶的法国，可口可乐更是决心背水一战。公司也开始更加关心利润率了。在墨西哥这个利润率偏低的大市场中，价格也不断上涨，利润滚滚而来。而且这种经营策略重心的转移已经是公开的秘密了，在可口可乐公司的年度报告中也有大量这样的申明。1986 年年度报告的封面是 3 瓶可乐放在世界之巅，传达了公司未来的战略构想：

> 其潜力看来是无穷的，可口可乐的足迹正迅速踏遍全球……公司正逐步使全世界都能买得到、买得起并且接受这种饮料。

可口可乐年报中的数字表明了经营策略调整带来的丰厚回报。从 1984 年到 1987 年（巴菲特投资前），它在全世界的销量增加了 34%，产品的利润率也从 22% 上升到 27%，海外市场的利润总额从 6.07 亿美元上升到 11.1 亿美元。

公司年报中更吸引人之处，在于调整战略后公司本身利润结构的变化。1984 年，可口可乐的海外利润贡献率只占总利润的 52%；到 1987 年，公司利润的 75% 都来自海外市场。而且，国外市场未知的潜力仍是无穷大的。在经济腾飞的环太平洋地区，每年人均饮用的可乐仍不到 25

瓶，在非洲则更少。即使在经营了几十年的欧洲和拉美市场，该数目也不到 100 瓶。而且在那些人口稠密的地方和报告中未提及的地方，每瓶可乐的利润要比美国国内高得多。巴菲特认为，这有力地证明了可口可乐股票所能带来的利润将长期上涨。他在大量购进可口可乐公司股票但是股价尚未飞涨的时候写道：

> 当时，我观察到情况非常明晰而且让人心驰神往……世界上最流行的产品又为自己建立了一座新的里程碑，它在海外的销量正以爆炸式的速度迅猛增长。

除此之外，郭思达正在用公司的剩余资金回购股票，与凯瑟琳·格雷厄姆受巴菲特劝导回购《华盛顿邮报》股票的做法如出一辙。郭思达还以资本收益率的大小来评价经理人的工作业绩。这和巴菲特惯用的方式很相近，之前并没有接受过金融专业训练的郭思达说："我发现当你开始让人们对他们手里的资本负责后，各种好事就会接踵而来。"巴菲特发现了知音。

到 1988 年后半年，可口可乐股票的收益率为 13 倍，比其他股票的平均收益率高 15%。在这样的价位上，本杰明·格雷厄姆是不会买的。但考虑到它的盈利能力，巴菲特认为他是在以雪佛兰的价格购买奔驰。他认为自己并没有抛弃格雷厄姆的信条。

> 我认为购买可口可乐公司与把整个公司 40% 的资金用来购买联合公交公司的股票一样安全，你赚的钱肯定比你支付的要多。我这样打比方可能更容易理解。

其实华尔街的每一位分析师都看到了，巴菲特对可口可乐的理解在公司年报中已经有了详细的阐述，就连四年级的小学生都能看得懂。简单地说，可口可乐是全球最著名的品牌。但是除了几位分析师之外（第一波士顿的马丁·罗姆"强烈建议买进"），其他分析师都有些缩手缩脚，并不是他们的研究错了，而是因为他们在精神上承受不了。迪恩·威特公司（Dean Witter）的劳伦斯·阿德尔曼评论说："可口可乐公司在今后5年的利润增长能力都要高于标准普尔500的其他公司。"但是，劳伦斯·阿德尔曼自己并不敢轻举妄动。当时基德尔·皮博迪公司（Kidder Peabody）一流的分析师罗伊·巴瑞也认为可口可乐公司的股价将会有强劲的利润增长前景，但他也不敢向客户推荐这只股票，理由竟然是"近来美元的走势十分不稳定"。

更有趣的是佩恩韦伯公司的伊曼纽尔·戈德曼，他虽看好可口可乐公司，却更喜欢经营更多元化的百事可乐。他犯的就是华尔街的通病，太注重一个公司是否大而全了。巴菲特也注意到了百事可乐，它的情况不错。但他对百事可乐的比萨、炸鸡等业务增长前景信心不足。巴菲特这样概括可口可乐的价值：

> 如果你给我1 000亿美元，让我去夺取可口可乐在市场上的领先地位，我会把钱退还给你，并告诉你这不可能。

巴菲特投资可口可乐公司以后，成了一名董事，但他在董事会里并不起什么作用。简而言之，不管是谁，只要事先知道这种结果都会买的。但是，华尔街的投资商起先都怀疑巴菲特的投资之举是否真的值得学习。他们仍坚持认为巴菲特是得到了内部情报后才做出这个决定的，他们自己当然没有这种能耐。奥马哈有位股票经纪人装作无所不知的样子说道："巴菲特的人际关系网是最广的。"于是华尔街再次大声叫嚷道：初出茅庐的散户是无法跟专业投资人士比肩的。巴菲特的确有几笔生意（例如所罗门兄弟公司的投资）是私人关系铸就的，而且巴菲特的交际圈的确很大，但他的多数投资都是在市场上和普通投资者一样买卖股票。不仅如此，他还让股票经纪人不要用自己的投资观点来分散他的注意力。据芒格说，巴菲特往往是在头脑中有了投资思路以后，才会动用人际关系网来帮助自己研究某个行业的投资前景。

考虑到巴菲特通常的持股时间，所谓的"内幕消息"是否有价值就很难说了，人们很难想象这些小道消息在5年后还会继续管用。但"小道消息”的说法让这些事后诸葛亮为自己找到了开脱的借口。有一次有位投资者要求再买进一些伯克希尔·哈撒韦的股票，他在曼哈顿的经纪人却心生妒意地说：“巴菲特也会犯错误。”巴菲特遭人嫉恨一点儿也不奇怪，因为他总是嘲笑别人信赖复杂的分析“工具”。有位金融编辑甚至曾经问道，巴菲特的“秘籍盒”是不是藏在凯威特广场某处的一个“黑匣子”里？

巴菲特一再声明他并没有什么所谓的法宝，也没有巫师的神秘水晶球。有一次，有位股票经纪人在购买房子时向巴菲特请教对利率的看法，巴菲特戏谑地说：“这个问题只有两个人知道答案。他们都住在瑞士，但意见刚好相反。”

巴菲特做的大多数事情，例如阅读报纸和行业报告，一般的投资者也能做到。巴菲特深切地感受到其实很多人认可的看法是有缺陷的，初出茅庐的投资者也能在市场上进行投资，只要他们坚持像格雷厄姆和多德那样勤于分析就行了。但他发现，人们要么想立竿见影，要么就干脆放弃独立思考。很多人都有一种奇怪的心结，那就是要把简单的事弄复杂。巴菲特的家人似乎也染上了这种毛病。

巴菲特的姐姐多丽丝有一次曾想通过出售“裸期权”来增加收入，这正是巴菲特鄙视的那种市场轮盘游戏。当黑色星期一到来时，喜欢冒险的多丽丝发现自己竟然背上了140万美元的债务。巴菲特同意为多丽丝安排一个家庭信托基金，这样她每个月就可以得到一笔固定的收入，但他很坦率地说不会为她偿债，而且他说到做到。巴菲特的断然拒绝让多丽丝很受伤，从此以后她对巴菲特总是冷冰冰的。尽管巴菲特也因此受到了伤害，但他的本性使他不希望去帮助一个投机者，谁都无法让巴菲特改变原则，就连亲姐姐也不例外。

当然，即便对格雷厄姆和多德亦步亦趋也并不能使多丽丝或其他大多数人像巴菲特那样成为投资天才。你随便报出一种股票，巴菲特就能不假思索地说出这家公司的基本情况，就像他小时候能对各个城市的人口状况脱口而出一样。他的数字天赋让他的同行感到不可思议。（巴菲特在解释自己的心算爱好时说，如果他不能理解一个数字，那么他对某个问题就完全无法理解，因此他不用电脑。）

人们习惯用机械术语来形容他的思维。多丽丝就多次提及沃伦“屏幕”上信息闪现变换的速度有多快；迈克尔·戈德伯格说巴菲特把公司的保险业务全装脑袋里去了。这种快速筛选信息的能力使他能回忆起过去的情况，久而久之这就进化成了一种投资本能。而普通的投资者脑袋里可没有计算器，也没有现成的百科全书。

这并不是说巴菲特不可能成为别人效仿的榜样。近朱者赤，近墨者黑，如果著名棒球手泰德·威廉斯亲自点拨，即便不能培养出 10 次挥棒就有 4 次打出好球的明星球手，但至少可以培养出一名不赖的击球手。每个人都可以把股票当作公司的一部分来分析，而不仅仅是屏幕上一闪而过的一个数字，就像每人都可以自由地进行期权交易一样。芒格认为巴菲特的分析方法是“非常值得学习的”。

> 但是，请不要误会，我并不认为有成千上万的人能像巴菲特那样出色，但这些人可以做得非常好，绝对比他们不采用这样的方法要强一些。这里面有一种“双重性”。

“双重性”的一种表现就是人们常把“简洁”与“容易”混为一谈。巴菲特的方法确实简单明了，从这种意义上来说是“简洁”的，但操作起来绝非易事。评价可口可乐这样的公司需要多年积累的经验，还要有很强的主观能动性。有位伯克希尔·哈撒韦的股东抱怨说，像可口可乐这样的品牌经营商太少了。芒格尖刻地批评他说：“哪有那么容易的事，你难道做成了两三笔买卖，就指望全家人一辈子吃喝不愁？”

巴菲特说，**做一个好的分析者其实并不需要接受正式培训，也不需要高智商，最关键的是素质**，他会用商学院常做的一个小游戏来说明这个道理。他在一次讲课时说，假设每个学生都可得到某位同学将来收入的 1/10，问他们愿意选谁。学生们可以随便挑选。巴菲特发现他们选的不一定是班上最聪明的同学，而是具备如下素质的人：**有活力，讲原则，**

有悟性。

巴菲特认为人最关键的是要坚信自己的判断，要保持镇定，不要临阵慌乱。具体而言，在市场上操作时，你如果判断出了某种股票的价值（公司的价值），那么就不要因为它的股价短暂下跌而心慌意乱。事实上巴菲特在每次投资之前都要完全相信，即使市场连续几年停市，没有任何股票价格的信息，他也会很放松。尽管这一说法听起来让人觉得有些不可思议，但人们并没有每天都得到自己所住的房子的报价，而大多数人都会住得心安理得，并不会因为害怕房价下跌而失眠。巴菲特就是这样看可口可乐的。

当 1989 年 3 月他的这次投资公开之后，伯克希尔·哈撒韦的股票也像注入了碳酸饮料一样让人变得兴奋起来。公司的股价上涨到了每股 4 800 美元，仅半年之后，它又上涨了 66%，站上了每股 8 000 美元的高位。

当时，身家超过 38 亿美元的巴菲特似乎就是为这项投资而生的，他很快就成了“可口可乐主义”的代言人。他会向每位听众背诵可口可乐在世界各国的人均消费量，他对公司的销售情况和业务增长率烂熟于心。他对来访者说，当他看到超市中堆满红白相间的可口可乐饮料瓶时，内心就会涌起一阵激动和惬意。他知道人们此刻正在喝这种产品，就好像他们正坐在巴菲特的办公室里一样。他牢记着这样一组数字：每销售一瓶 8 盎司的可乐就有 1 美分的利润，每天卖 7 亿瓶，就意味着每年可以卖出 2 500 亿瓶。

BUFFETT

第19章

控制财富

1980年，巴菲特在《奥马哈世界先驱报》上发表了一篇言辞激烈的文章，抨击富豪们穷奢极欲的生活。在巴菲特看来，大批财富，包括他自己的财富，代表的是一堆“承兑支票”，最终是要造福社会的。他把攻击的炮火对准了富豪赫斯特，因为赫斯特把自己的大量财富挥霍在极尽奢华的圣西蒙城堡上，因此占用了“大量本可以用于其他社会福祉的人力和物力”。

同样，巴菲特也看不上那些把财产留给子孙后代的大富翁。比如说，后期的杜邦公司“对社会的贡献微乎其微，却多次声称分割了多少财产”。巴菲特认为从公正的角度而言，杜邦家族可能认为自己“明察秋毫，发现政府发给低收入者的食品券效果越来越差了”，但他们“私人发放的食品券却多得根本用不了”。

杜邦家族自然不了解巴菲特家族。巴菲特有个堂弟在开出租车，一个侄子在爵士乐队演奏。他们中有些人持有伯克希尔·哈撒韦的股票，但巴菲特总是公事公办，从不会徇私情给他们特别关照，也不会透露任何内幕消息。他认为，如果家庭成员之间不存在经济依赖这种令人生厌的因素，彼此间的关系会变得更加“纯洁”。

最重要的是，他希望已长大成人的孩子们能过上正常、独立的生活。这促使他停止给孩子们提供经济资助。他很担心为可爱的孩子们提供“食品券”会毁了他们的前程，于是拒绝给他们任何经济帮助，而即使是普通的中产阶级家庭都觉得这样的帮助是理所当然的。

他的这种态度使许多富翁朋友迷惑不解（芒格除外，他基本上和巴菲特的做法相同）。当格雷厄姆集团在讨论给孩子们留多少财产合适时，巴菲特说几十万美元就够了。拉里·蒂什反对说：“沃伦，你错了。如果孩子们在 12 岁时还没被宠坏，那他们就不会被宠坏。”当时正打算让儿子接管《华盛顿邮报》的凯瑟琳·格雷厄姆回忆说：“在这一点上，我和沃伦的看法是不一样的。”

巴菲特的确非常关心自己的孩子，而且他是个宽容、开明的父亲。他鼓励孩子们沿着自己心目中偶像的足迹去摘星，当有谁遇到工作或婚姻上的难事时，他也会很耐心地劝导他们。但一旦涉及金钱，他的态度马上就会来个 180 度大逆转，变得有些拒人于千里之外，好像他的孩子们只是刚和他一起开始经营生意的伙伴。他的这一做法确实有很多明智之处，一个亿万富翁做事应该不逾矩，但巴菲特对待孩子就像在职场打拼一样，从来都没有折中的余地。即使女儿苏珊需要 20 美元在机场停车，她都必须给父亲带回发票。当巴菲特给孩子们贷款时，他们要签署贷款协议，白纸黑字要写得明明白白，完全公事公办。

伯克希尔·哈撒韦的许多股东都把大量股票当作礼物送给孩子，但巴菲特却不会这样做。他只在圣诞节给每个孩子及其配偶 1 万美元（刚好是免税的限额）。

由于平日里巴菲特的这些限制，因此当他给孩子们 1 万美元的时候，他们就会欣喜若狂，好像收到了几百万美元一样。当孩子们还是学生的时候，巴菲特给杰里·奥兰斯写过一封信，说他不想过早就给孩子们一大堆钱，至少也得等到他们自己明白“树上怎样才能结出果子”时。步入青年的苏珊、霍华德和彼得认为父亲仍把他们当作尚未成材的幼苗。他们心里其实也支持父亲的做法，并为此感到自豪。但他们还是忍不住想，就像霍华德说的，为什么他不能“表现得态度温和一些”，有时孩子们也会痛恨父亲这种古板的激励方法。

在巴菲特眼中，孩子们都很开朗坦率。他们都像巴菲特那样渴望成功，不过不像父亲那样年纪轻轻就扬名于世了，他们都属于大器晚成型的。他们三个都从大学中途辍学，不仅早婚，而且婚姻都不顺利。经济上，孩子们继承了祖父留下的那份遗产，父亲则代他们在伯克希尔·哈撒韦进行投资。因此，他们即便整日无所事事也可以成为百万富翁。

女儿苏珊曾经卖掉了部分股票（当时每股价格不到1 000美元），买了一辆保时捷汽车。她在婚姻破裂后搬到了华盛顿，并与凯瑟琳·格雷厄姆保持联系。凯瑟琳·格雷厄姆主动帮她在《新共和》报社找了一份管理工作。1983年，苏珊再婚，丈夫艾伦·格林伯格是一位公职律师，后来成为国会的一名法律顾问。巴菲特夫妇对格林伯格很满意，他是那种长相一般但性情温和的人。

当格林伯格夫妇搬到杜邦圈附近的一座房子时，苏珊持有的伯克希尔·哈撒韦公司股票也卖完了。这对年轻的夫妇把房子的一部分租了出去，自己只留下一间很小的厨房。苏珊怀孕后想要个大一点儿的厨房，以便等到孩子出生后再添张桌子，并开个通往后院的门。她制定了预算，大概要花3万美元。苏珊自然知道父亲不会为她付钱，于是就向父亲申请贷款，可父亲开出的利息很高。

最终，巴菲特拒绝了她的要求。

“你为什么不像别人那样去银行贷款呢？”巴菲特建议说。

他们促膝长谈了一次。巴菲特解释说，如果他是内布拉斯加大学橄榄球队的四分卫，那么对他来说，只把球传给子女是不公平的，在钱的问题上也是如此。这个回答十分“合理”，但并不“合情”，好像苏珊只是个外人，巴菲特根本没有考虑到她最关切的利益。这在她心中留下了阴影。

苏珊快生第二个孩子的时候时常卧床不起。她的密友凯瑟琳·格雷厄姆经常带着食物来与她共进晚餐。凯瑟琳惊奇地发现苏珊只有一台很小的黑白电视机，于是建议她买台大点儿的彩色电视机。当苏珊说她买不起时，凯瑟琳简直不敢相信自己的耳朵，这竟然是巴菲特的女儿说出来的话！毕竟，巴菲特自己都有台大屏幕彩电。凯瑟琳马上就给巴菲特打了个电话。这次巴菲特终于软下心肠，给苏珊买了台像样的电视机，但凯瑟琳还是忍不住替他感到丢人。

也许赚钱是巴菲特生活中的主要动力，所以巴菲特会认为其他人也都只关心钱。他可能认为苏珊会以钱来衡量新电视，就像他自己一样。

但在苏珊眼中，它只是台电视机而已。

不过苏珊十分崇拜父亲，很乐意接受父亲的意见。她认为厨房事件只是她所了解的父亲的一个方面而已。她说："父亲是个很坦率的人，只是不给我们钱罢了。"

对霍华德来说，要想靠父亲养活简直是难于上青天。他也像父亲那样不修边幅，不打领带，只穿运动鞋，只是有一点不同：霍华德比父亲胖多了。他把伯克希尔·哈撒韦的股票卖了之后开办了自己的巴菲特挖掘公司，并买了一处房子，可惜不久公司就倒闭了。于是霍华德就跑到洛杉矶的喜诗糖果公司工作。在 20 世纪 80 年代初他回到了奥马哈，第二次结婚并开始从事房地产业。作为副业，他租了块地种庄稼。

巴菲特知道，霍华德是很想要一个农场的。在经历了很长一段时间的"心理斗争"之后（借用巴菲特一位朋友的话来形容），巴菲特提出了一个在他看来最为慷慨的建议。他提出要买下一个农场，然后以标准的商业交易形式租给霍华德来垦种。条件是霍华德必须把经营农场的部分收入交给巴菲特，并支付农场应该缴纳的税收。

霍华德问母亲为什么父亲想帮忙。

"别的先别管，"母亲苏珊说，"先拿到农场再说。"

但事情并没有那么简单。巴菲特根据农场的收入潜力给出了封顶价格。霍华德跑了很多家农场，但都因出价太低，无功而返。看了上百家农场之后，他绝望了，但他父亲拒绝妥协。最后在 1985 年，他们以 30 万美元的价格在内布拉斯加州的特凯马哈买下一个农场，就在奥马哈北部，驱车只要 45 分钟就能到达。

"这是典型的沃伦·巴菲特购买方式，"霍华德说，"我们是以市场最低价买下农场的，我想父亲也是想教我点儿讨价还价的技巧。"

霍华德的农场里甚至连一部电话都没有，但对他而言这可是一个世外桃源。每年春天和秋天，他就会开着那台约翰·迪尔拖拉机带着家人去收种玉米和大豆。父亲是无论如何都不会和他一起共度这样的田园时光的。"我没机会让他到这儿来看看庄稼的长势。"霍华德满腹牢骚地说。

巴菲特6年里只去了这个农场两次。他对霍华德的邀请不屑一顾，他会冷冰冰地说："把租金交来，一分钱都不能少。"尽管巴菲特在买这个农场时已经左思右想，但霍华德还是不能相信父亲同意这么做主要是出于经济因素的考虑。他想看的是霍华德的账簿，而不是他的庄稼，而庄稼才是霍华德最关心的。在巴菲特眼中，这只是一次交易，玉米和大豆也只是商品。他对农场的这些事似乎并不在意，而且还冷嘲热讽地说："没人会去超市买霍华德·巴菲特牌玉米的。"

不过，巴菲特没有浪费这个农场，通过这个农场他教会了霍华德一些东西。巴菲特同意只要每年霍华德的体重不超过某个上限，他就可以少收些租金。（巴菲特自己就很注意保持身材，他认为这有益于长寿。同样，他也用"经济杠杆"来激励女儿和妻子控制体重。）但多年以来，这种用经济手段来控制霍华德体重的明显企图都以失败告终。

当霍华德向父亲征询经验的时候，巴菲特的作用则会发挥得更加淋漓尽致。在霍华德得到农场之后，他决定像身为共和党人的祖父一样参加地方县务委员会委员竞选。不过他担心人们以为巴菲特会替他买选票或者巴菲特根本就不会支持他。父亲打消了他的顾虑，宣称会给儿子一些资助，最后霍华德当选了。

他们父子之间的关系改善了，因为霍华德也有了自己的孩子，并开始在事业上取得成功。霍华德在当选县务委员会委员后，被指派参与在全州推广乙醇的工作。推广乙醇使他有机会与积极参政的ADM公司（Archer Daniels Midland）董事长德韦恩·安德烈亚斯开始接触。最后安德烈亚斯雇用了霍华德，霍华德成了一名可以乘坐私人飞机的公司高管。巴菲特向一位朋友夸口说，霍华德挣的钱比他还要多，这体现了他对儿子感到很自豪。霍华德说，孩子们的成功会让父亲觉得是"一件真真正正的大事"，就像他们得到父亲的认同一样，那也是"一件真真正正的大事"。

巴菲特的小儿子彼得也公开承认了这一点。他从斯坦福大学退学后开了一间音乐室。尽管巴菲特竭力反对，他还是卖了伯克希尔·哈撒韦公司股票，花 3 万美元买了一个 24 磁道的录音设备。但他很快就发现这并没有给他带来多少收入。尽管如此，他还是和妻子慢慢在旧金山建了一家名叫独立音乐出品公司的企业，后来又搬到了密尔沃基。尽管他只能写些小的插曲作品，不过也有一些得意之作，比如电影《与狼共舞》中在火堆旁跳舞那个场面的配乐就出自他手。

在密尔沃基一个寒冷的早晨，彼得逃出了他的隔音玻璃音乐室，那里有两位音乐家正在剪辑一首广告歌曲，并开始谈论他的父亲。彼得不由得想起父亲曾笨拙地想对他施加影响。巴菲特曾邀请彼得到华盛顿一家私人俱乐部的晚会上进行演奏，但要求彼得把那根他实在看不惯的马尾辫剪掉。彼得并没有向父亲道谢，他说："父亲总喜欢附加条件。"

近些年来，巴菲特开始以赠送各种股票的形式给孩子们 1 万美元的圣诞礼物。彼得认为这又是个"信号"。彼得说："其中有附加条件，他说这钱不能随便花。如果你继续投资，它就会增值。这是在考验我们的耐心。我把大部分股票都卖掉了，而且我很高兴这么做了，因为我不用等待就可以享受成果了。"他的马尾辫依然用橡皮筋扎得整整齐齐的。但不久他又说很后悔，因为父亲没有告诉他（或是因为他没听清楚），他本可以直接靠伯克希尔·哈撒韦公司的股票跟父亲借钱的。

彼得为人真诚，但喜欢刨根问底，对父亲的性格也感到很好奇。他对父亲的成就和人品都非常敬重。他回忆起父亲有一次对他说："总有一天你会忍不住对你老爸说：'见鬼去吧！'"他说自己为了在新城市立足就把伯克希尔·哈撒韦的股票卖了，这就是一个证明。

彼得成了一名出色的音乐家之后，他对父亲的理解加深了。当彼得和他的 15 人乐队在密尔沃基为 700 名观众演奏时，巴菲特亲自到场助威并对他大加赞赏。他对儿子说："我们干得都很棒。"对彼得来说，这是他所能得到的最好赞赏。

20 世纪 80 年代末期，儿时曾为孤僻的父亲买《为父手册》的彼得，终于学会了和父亲一起倾心交流。当彼得婚姻破裂时，巴菲特用前所未有的同情心来安慰他。有一次，父子俩在深夜的微风中漫步在法纳姆大街上，彼得提起了母亲在家时的温馨与甜蜜。巴菲特说他多希望苏珊能在奥马哈的家中多待上一段时间。彼得后来说："我们还谈起了妈妈终于有时间做自己喜欢做的事了。"巴菲特当时突然变得沉默了，这表明他是动了真情。彼得回忆说："那一次我们一直聊到深夜两点。这番长谈之后我禁不住想：天哪，原来父亲的感情如此丰富。你可以从他丰富的表情和寡言少语中看得出来。我真的很感动。"

巴菲特与家人的关系开始有了更多的良性变化，部分原因是他和苏珊的隔阂在慢慢弥合。苏珊慢慢向巴菲特坦言她离开家的原因。他们互相理解，也很坦率。与他们关系密切的侄子汤姆·罗杰斯说，巴菲特根本没有必要"费尽心思地去弥补两人之间的关系，他们本来就是同一类人。一旦苏珊婶婶下定决心，她就会和巴菲特叔叔一样勇往直前，决不动摇。"

巴菲特与妻子仍然经常保持着联系。他们经常见面，巴菲特仍像以前那样爱着她。他们曾在韦斯特切斯特县汤姆·墨菲的家中过了一夜，之后与斯坦福·利普西同坐一辆豪华房车回曼哈顿。他俩坐在后排，一路上十指相扣，浓情蜜意。苏珊对他俩都认识的一位朋友说："大家的关系处理得很不错。"她指的是巴菲特达到了与她的婚姻关系不破裂的目的。苏珊已经从家中搬出去这么多年了，但她仍然是巴菲特唯一信赖的人。

1987 年，巴菲特为改进家庭关系做出了一大贡献：他让女婿艾伦·格林伯格来打理巴菲特基金会。与往常一样，这次慷慨表态的背后也是有条件的——女儿苏珊和女婿艾伦·格林伯格必须搬到奥马哈来住。他们同意了，并在离巴菲特家几个街区的地方买了处房子。苏珊很快就成了父亲的得力助手。当父亲需要车时，她就会跑到汽车经销商那里为父亲挑选一辆。当伯克希尔·哈撒韦召开年会时，苏珊就会帮助他安排社交聚会的日程表。她回奥马哈其实就是为父亲服务的。

由于巴菲特给女婿的年薪只有 49 846 美元，苏珊的生活与奥马哈其他居家女人没什么两样。当她的孩子出水痘时，笔者有次碰巧去看她。当时苏珊正给孩子洗澡。家中没有护士，甚至也没有保姆。具有讽刺意味的是，一些做着发财梦的人经常误以为苏珊有很多赚钱的妙方，因此经常会来骚扰她，她还得忙于应付这些人。

有一次巴菲特陪着微软公司的亿万富翁比尔·盖茨去参观波仙珠宝店。他们在一个角落里看到了一个标有“巴菲特家预订”的小盒子。巴菲特问这是谁定的。一位职员怯生生地承认是苏珊用分期付款方式买的一串珍珠项链。巴菲特当时就把剩下的钱付了，把项链当作生日礼物送给苏珊。他开始发现在波仙珠宝店花钱是很有意思的一件事。另一次，他好像发现新大陆似的大声说道：“嗨，苏珊，女人们好像真的很爱珠宝。”

女儿在身边的时候，巴菲特发现这座房子顿时有了更多家的感觉。苏珊常把孩子们留在父亲家让阿斯特丽德帮着照看，这使阿斯特丽德与巴菲特一家的关系更加密切了。苏珊还劝阿斯特丽德重新装修一下房子，房子里当时还残留着苏珊的妈妈原先留下的味道。阿斯特丽德与苏珊一起把房间装饰得更加温馨，厨房里摆上了阿斯特丽德收集的老式烤面包机。（巴菲特与妻子以及阿斯特丽德的关系变得更融洽了，这支奇妙的三人协奏乐队在给亲戚们送礼物时，经常附上写着“来自巴菲特、苏珊和阿斯特丽德”的卡片。）

女儿苏珊和她的孩子们总是围着巴菲特转，这让巴菲特享受到了更多的生活乐趣。他会穿着旧运动服跑到格林伯格家，趴在地板上与两个外孙一起玩耍。吃晚饭时他会漫不经心地听一家人闲谈，抿着嘴，偶尔会插句俏皮话，而且几乎每咬一口汉堡就会加一次盐。他对凯瑟琳·格雷厄姆说，女儿回到奥马哈改变了他的生活。他甚至送给了苏珊一只红宝石手镯。对巴菲特而言，这可是难得一见的示好表现。

看到“子女们都在慢慢成才”，巴菲特也渐渐感到安心了。他让女儿当上了巴菲特基金会的董事，而且稍稍放宽了自己的继承政策。孩子们每人可以得到 300 万美元左右的财产。（巴菲特并没向孩子们透露具体数额。)

不管这笔财产的数目大小如何，它都不可能让苏珊、霍华德和彼得过上巴菲特讨厌的“纨绔子弟”般的生活。除了帮助孩子们改善生活以外，他认为孩子们根本无权大手大脚地挥霍财富。巴菲特说：“如果因为出身富贵，手里就有一辈子享用不尽的免费‘食品券’，我认为这是有悖公平的。”他认为这些钱必须用于回馈社会。

但他的慈善之心与给孩子们钱一样，让他感到十分矛盾。即便是为了慈善事业捐款，这也会让他感到心里不痛快。巴菲特有个心理障碍，如果让他掏钱，那就相当于减少了他自己手中可以用来赚钱的工具。

多年来，巴菲特基金会一直都是人们的笑柄。1979 年当巴菲特拥有 1.5 亿美元时，基金会的捐赠总额只有区区 725 000 美元，那年他只捐了 38 453 美元。但在 1981 年巴菲特开始实施伯克希尔·哈撒韦慈善计划后，苏珊和他用它来支持基金会的事业。巴菲特逐步提高了公司的捐赠额，当然捐赠额的增长速度不及伯克希尔·哈撒韦的股价上升速度那么快。到了 1990 年，每位股东可从伯克希尔·哈撒韦的每股股票价值中为自己喜欢的慈善事业捐上 6 美元，巴菲特和苏珊也间接地捐出了 300 万美元。

这个捐赠计划的经典之处还在于，它无须让巴菲特亲自掏腰包，这只不过是伯克希尔·哈撒韦数以亿计的天量财富中的一部分，他本人并不为基金会掏一分钱。就连伯克希尔·哈撒韦慈善计划提供的那些间接捐助也与他那 40 亿美元的资产没有关系。

巴菲特的朋友也经常批评巴菲特吝啬，但他们知道他很热心公益事业，也知道他省钱并不是为了自己挥霍。从个人角度来看，他们认为巴菲特相当“慷慨”(这是他们常用的一个词)。只是有个例外，他每年圣诞节都会匿名汇给儿时好友鲍勃·拉塞尔的母亲一小笔钱（这是在一次银行汇款失误中偶然被人发现的)。而且，在不涉及钱的问题上巴菲特会很大方，比如给别人手写一些发人深省的短信，或是给他们及时地提出建议。但即使是好朋友出于急用向他借钱，他也总会让对方吃闭门羹。

当作家杰弗里·考恩得知全国公共广播电台一档收听率很高的新闻节目《周末特辑》遇到资金瓶颈时，他向巴菲特打电话求助：如果《周末特辑》不能马上筹到 5 万美元的话就要停播了。在这种社会压力下，多数人多少都会掏点儿钱的，但巴菲特依旧秉持自己的个性。他在说“不”字时，是一点儿都不会感到不舒服的。最终，他一分钱都没有掏。巴菲特的另一个朋友安·兰德斯经常劝他不要把钱包看得太紧了。她说自己尽了最大的努力，想要劝说巴菲特“为世界贡献点儿什么”。

> 巴菲特天天就是存钱、赚钱以及赚钱、存钱。但这又是为了什么呢？他买了架飞机，而且很喜欢。于是我用飞机为他举例：“看，这架飞机为你带来了多少乐趣！如果你把一部分钱捐出去，你也会收获很多快乐的。”

巴菲特只是一笑了之。

巴菲特对慈善事业的冷漠，很可能是源于 70 年代他在格林内尔学院的经历。当年，他的朋友罗森菲尔德劝他加入了学院的董事会，巴菲特为这家位于艾奥瓦州的小艺术学校带来了滚滚财源。在他的管理下，格林内尔学院用 1 360 万美元的捐款买下了代顿市的一家电视台，4 年之后又以 4 800 万美元的价格卖出。令巴菲特感到寒心的是，他发现学校觉得天上掉下来的这笔横财来得太容易了，而且这笔钱并没有用来提高学校的教学质量，而是被教授们大手大脚花掉了。

巴菲特从此对高校捐资失去了兴趣，尽管他仍旧为许多学生提供了私人奖学金。正如格林伯格所说：“巴菲特宁可被噎死，也不愿意给大学开一张支票。”当他的母校内布拉斯加大学的筹资人来到他办公室时，他竟然连门都没有开，尽管他还是母校橄榄球队的疯狂球迷。

巴菲特看待慈善事业的观点多少有点儿类似投资。他拒绝慈善事业“多元化”，宁可把基金会的钱投到某些“崇高”的事业上，以获得最大的社会效益。他也希望自己的捐款能够物尽其用，他觉得太多的捐款都被那些筹款负责人花在奢华的午餐上了。有一次巴菲特请朋友们去拉古纳海滩别墅度假，巴菲特提出了一个经过再三思考的问题："如果你们必须为某种事业捐款来为社会做出最大的贡献，你们会怎么选择？"

他似乎在寻找慈善事业中像可口可乐那样的价值洼地，一种可以把社会大众从水火之中解救出来的慈善事业。这种想法在股票上行得通，但对公益事业却不太合适。有些项目需要资金支持的计划，例如医学研究，但其研究成果并非总是立竿见影，资金捐助人可能会承担一定的损失。在另外一些社会范畴，如艺术领域，巴菲特认为做出"最大的贡献"有时候并不现实。（虽然"对部分人有益"的说法是行得通的，如果没人为博物馆捐赠，那么整个社会的利益也会受损。）换言之，衡量社会的进步不像衡量可口可乐公司的收益那么简单，但巴菲特习惯于看到"具体的成效"。

由于这些限制条件，他发现自己很难找到一种适合捐赠的公益事业。巴菲特基金会名义上由格林伯格管理，实际上最后的决定大权还握在巴菲特和妻子手中。基金会的大部分收益都被留作未来的捐赠资金。到 1990 年，基金会从伯克希尔·哈撒韦公司和它的各种投资组合中获益 380 万美元，但它只捐出去了 230 万美元。而当时它的资产总额已经接近 1 800 万美元，俨然是一个小型的伯克希尔·哈撒韦公司。它只向少数精心挑选的事业捐赠，而它的资产还在"不断累积"。

不过，有两项事业是巴菲特真正关切的。自从广岛事件以来，他一直担心再次爆发核战争，而核裁军又是普通公民力所不能及的。巴菲特对美国驻苏联大使乔治·凯南的研究很欣赏，乔治·凯南在普林斯顿大学时就积极倡导核裁军。1984 年，巴菲特得知哈佛大学法学院的谈判专家威廉·尤里正在研究防止战争突然发生的办法。他请威廉·尤里到波士顿丽思卡尔顿酒店共进早餐，并坦言自己对于发生毁灭性核战争的担心。巴菲特让威廉·尤里举个例子来预测一下未来的情况。威廉·尤里说假如桌子上有成千上万枚白石子，其中只有一枚黑石子，一个人每天捡走一枚石子，那么迟早有一天，就算是 100 年以后，他也终将捡到那枚黑石子。那就是核战争。

威廉·尤里曾提议在莫斯科和华盛顿分别建立“危机缓冲中心”，两个中心可以通过电话和传真直接联系，以便在危机发生时可以进行便捷的交流。

巴菲特说：“我支持你，我想资助你 10 万美元。”（后来巴菲特基金会实际捐助了 20 万美元。）但直到冷战结束，巴菲特对核裁军能做的贡献一直很有限。

在所有社会事业中，巴菲特最关注的就是人口控制。例如，1990 年，巴菲特总捐赠额的 75%，即 170 万美元都是用于计划生育、性教育、人口控制和堕胎权利法案等。苏珊和巴菲特对此非常支持，但两人关注的侧重点不同。苏珊在第三世界生活时感触很大，因此她特别关注改善妇女的生活条件，巴菲特则是从宏观经济的角度看待这些问题的。在某种程度上，他像人口学家马尔萨斯那样，担心人口过多会引发许多方面的问题，比如食品、住房，甚至是人类生存的危机。

巴菲特的这两个夙愿都很实际，目标都是减少或防止将来会发生的悲剧事件，比如战争和人口过剩危机。但是，他却不愿从自己的巨额财富中拿出一部分用来帮助那些在世的穷人、病人和文盲，也不愿意为当地的音乐厅、博物馆、大学和医院捐款（堕胎和计划生育项目除外）。由于只关心宏观经济和未来，巴菲特的慈善观让人觉得与当前形势毫无关联，甚至有点儿不近人情。

他认为传统的慈善事业是在“耗费”钱财。从另一种角度看，捐款如果可以用于人口控制的话，巴菲特就会认为这是一种“投资”，就像是在全球范围内赎回股票，因为将来要求分享这个大比萨的人数会逐渐减少。

在关心人口控制方面有一点是很奇怪的，那就是巴菲特并不因为人们得到了他的资助而高兴。巴菲特经常会询问别人对公益事业有没有什么好建议，似乎全天下的公益事业乏善可陈，但他的这种询问往往是无果而终。巴菲特经常认为善款的接受者可能不配拿到这笔钱，因此慈善捐助中的“食品券”对捐助者与受助者都毫无益处。有趣的是，巴菲特受人恩惠时也同样感到不安。有一次他在奥马哈城的古德里奇甜品屋要了一份巧克力麦芽糖，但发现身上最小面额的钞票都是100美元的，甜品屋找不开。有位认识巴菲特的老妇人碰巧也在这家店里买东西，于是就很大方地为他付了钱。后来，巴菲特坚持还她这1.5美元，让他感到痛苦的是，他记不起这位老妇人叫什么名字了。最后他费尽周折，终于找到这位老太太，把钱还给了她。

最让巴菲特满意的一项公益活动，就是基金会每年都会给奥马哈15所公立小学的教师发放1万美元的奖金。奖金以巴菲特的姨妈艾丽丝的名字命名。作为一名教师，艾丽丝在巴菲特幼年时对他呵护备至。获奖人的评奖标准是巴菲特认可的业绩。巴菲特经常指出，一些有钱人喜欢往大学里砸钱，好让他们的名字刻在大学的某幢大楼上，但他们根本不在意对孩子们影响更大的小学，因为孩子们的价值观主要是在这里形成的。巴菲特设立这一奖项正是为了表达对家乡奥马哈的感谢。

但他对奥马哈一般性慈善事业的冷漠经常招致一些前辈的批评。当地有位名叫罗伯特·多尔蒂的制造商说：“巴菲特向来以不掏腰包闻名。”在奥马哈，你根本看不到一点儿迹象能表明全美国最大的富翁住在这里。乔斯林艺术博物馆里没有巴菲特展厅，城里没有巴菲特公园，巴菲特也从来不在地方大学担任要职。

1990年，巴菲特出资建立了舍伍德基金会，该基金会主要是为奥马哈当地的慈善事业做贡献。尽管它的规模比巴菲特基金会小得多，但它表明60岁的巴菲特终于明白奥马哈是生他养他的故乡，但他几乎没有给这座城市什么回报。

令奥马哈人倍感意外的是，尽管巴菲特是个出了名的小气鬼，但他的团队意识却非常强。在政治上，他强烈呼吁政府应该代表整个社会而不是为某些利益集团服务。早在1977年，人们尚未攻击“特殊利益集团”的时候，巴菲特就尖锐地批评，“社会上许多既得利益团体有这样一种恶习，他们靠选举来转移经济问题，而不是解决经济问题”。

从那以后，巴菲特经常在《华盛顿邮报》上发表一些关于经济问题的时评和建议。这些文章的主题通常是鼓励“把比萨做大”，而不只是“重新分割比萨”（就像他嘲笑华尔街的“比萨分割”一样）。其中的一个观点就是把所有贸易逆差一笔勾销，而无须再使用配额、关税和烦琐的审批手续。在这个了不起的设想下，自由市场知道自己需要进口多少日产卡车、生产多少双阿迪达斯跑鞋，但这需要建立在一个可以控制进口和出口总量的体系之下（政府只需一个法令就可限制进出口总量）。巴菲特这一理论的前提是全社会关注整体贸易平衡，而不是在多个行业的逆差和顺差之间玩弄平衡。

虽然巴菲特并不反对政府发放解决实际问题的“食品券”，但他对政府的转移支付一向都是采取冷嘲热讽的态度。巴菲特在一篇言辞激烈的文章里提出了一个带有寓意的“稳定岛”概念——这是一个假想的人口数目稳定的社会，大家彼此支持，生产取之不尽的大米和葡萄酒。由于这是个“富有人情味的岛”，劳动者使失去劳动能力的老人真正老有所养。但是，当退休者日益增多后，我们通过简单的数学计算就会知道，工人们不得不面朝黄土背朝天地拼命劳作，自己却喝不上酒，只为让前辈们能够喝到法定数量的酒。

巴菲特的许多建议都体现了新保守主义的态度，即要约束人们的自私本性，而不是依赖他们的“性本善”。20世纪70年代苏珊与拉里·金成了朋友。拉里·金创办了一个假装为黑人提供信用贷款的机构。尽管他的年薪只有16 200美元，但他开着一辆白色奔驰跑车，经常举办豪华宴会，手戴金表，身穿斑马皮衣，出席各种高档晚会。他几乎骗遍了半个奥马哈城，包括苏珊在内，但他骗不了巴菲特。巴菲特一针见血地指出：“我知道拉里·金是个骗子。我想他也知道我明白这一点。可能我是奥马哈唯一没被他骗过钱的人。”后来，拉里·金因诈骗金额高达几百万美元而入狱。

还有一次，苏珊请巴菲特资助奥马哈的民权活动家查尔斯·华盛顿。巴菲特满腹狐疑，但无奈之下还是借了他24 900美元。半年之后查尔斯·华盛顿并没有按期还款。巴菲特对这么一小笔钱都不守信用感到很反感，于是就把查尔斯·华盛顿送上了被告席。这是他生平第一次也是唯一一次起诉别人。

巴菲特与几个重量级的政治家关系十分要好，如丹尼尔·帕特里克·莫伊尼汉、比尔·布拉德利和鲍勃·克里。与大多数公司高管不同，巴菲特从不阿谀奉承。纺织行会组织多次请求巴菲特帮着他们游说以实行进口保护，但他从没这么干过，尽管他自己的纺织厂也可以从中受益。

还有一件更富戏剧性的事。伯克希尔·哈撒韦公司的储贷组织曾是美国储蓄机构联盟的成员之一。与其他类似机构一样，美国储蓄机构联盟认为自己的职责是为各成员组织争取尽可能多的政府“比萨饼”。甚至在20世纪80年代的存贷丑闻曝光之后（它的成员已欠了纳税人1 000亿美元），它还四处游说试图聚拢更多的资金。

巴菲特和芒格认为说客们也应该有社会良知，于是他们退出了该组织以示抗议。芒格多年来一直对储贷协会的危险信号提出警告，他在媒体上发表了一封公开信，尖锐地抨击了美国储蓄机构联盟“粉饰太平”的做法。

> 由于美国储蓄机构联盟长期以来都在误导政府，这一点非常明确，因此它应就给纳税人造成的损失公开道歉，并保证不再变本加厉地进一步误导。

虽然巴菲特嘲笑政府对储蓄机构联盟的袒护，但他并不认同“新保守主义者拥护的市场判断是永远正确的”，他也不认同自由市场是财富最终仲裁者的论点。

作为一个百万富翁，他是非常激进的。当然，他的政界朋友大多是民主党人士，但他的某些观点甚至比他们还要激进。有一次在大都市公司的问答环节，有人问如果他有权改变税收法，他会怎么做。巴菲特说：“如果我真有权力这么做，估计我的做法会让你吓一大跳。”他要对个人消费征收重税，并收取“极高”的遗产继承税。

> 如果你想坐飞机四处兜风，没问题，只要你上缴一大笔税，而且必须是重税，因为你消耗的是整个社会的人力、燃料和其他资源。

他的观点非常民主，因此人们很难理解为什么他不愿意为社会贡献更多。芒格虽然也对公益事业持讽刺态度，但他是个慷慨的捐赠者，尤其为医院和私立学校贡献颇多。但巴菲特却始终保持清高的态度。诺曼·利尔有一次邀请他在表彰“企业诚信”机构的颁奖仪式上做简短演讲。此次活动主要是表彰那些对社会有突出贡献的商人。巴菲特表示无论怎样都会到场，同时也明确表示不愿做演讲，因为他每个月平均会收到50个类似的请求。诺曼·利尔感到很沮丧，他觉得巴菲特竟然会拒绝这么简单的请求，简直不可思议：“其实他只要走上12级台阶，到演讲台上做个半分钟的演讲就可以了。”

在巴菲特看来，好像每个人都想从他身上捞上一把。凯瑟琳·格雷厄姆认为巴菲特的自我保护是为了坚持自己的做法，不论是面对公益事业还是在其他方面。巴菲特勒紧钱袋子是保持自控力的一种方法。当他还在为凯瑟琳·格雷厄姆的《华盛顿邮报》当报童时，他就不让母亲碰他的钱。

成年后的巴菲特对他的474 998股伯克希尔·哈撒韦的股票亦是如此。比尔·盖茨时不时地会把手中的微软股票出手一些，李·艾柯卡也会卖掉一些克莱斯勒公司的股票，但巴菲特对他心爱的股票就连1股都不舍得割让。具有讽刺意味的是，伯克希尔·哈撒韦的股价如此大涨，却从没为他的口袋增加一毛钱。

从社会的角度来看，巴菲特坚信这是件好事。他现在能捐出去的一小笔钱已经不仅仅是表面上看起来的零钱了，它代表着未来可以挣到的大把美元。巴菲特说：“我想，现在社会上存在的严重问题，哪怕等我去世后还会继续存在。”他计划把自己的股票留给妻子苏珊。他们已约定好不管谁先离开这个世界，剩下的那个人都要把它们捐赠给基金会，到时候就可以为社会提供更大的利益。这个观点无疑是正确的，但他仍然让人觉得有些固执。到 20 世纪 80 年代末 90 年代初，其实巴菲特每年只要从他的天量财富中拿出 1%，就可为社会解决成千上万的“严重问题”。

人们不禁觉得，他对财富的控制欲表明，他似乎不仅想控制自己的生活，还想控制自己的宿命。我们都有这样一种心结，相信自己在人生的伟大征程中是不朽的。以巴菲特“人心不可测”的观点来考量，他对伯克希尔·哈撒韦的控制，或许可以给他提供一种一生都不受恐惧侵袭的安全感。也许与林肯一样，在这场战斗结束之前，上帝是不应该召唤他的。只要他仍在不断积累财富，他的使命就还没有结束。

第 20 章
BUFFETT

恐钱症

随着黑色星期一的阴霾渐渐消退，华尔街又迎来了艳阳天。股价涨到了新高，股市投机商们创造了新一波杠杆收购的狂潮，规模之大足以将过去的纪录一再改写。20 世纪 80 年代的投资数学法则很简单。按照美国税法的规定，任何公司只要能够进行债转股，它的市值马上就会上升。而且大家也认为几乎所有公司都能玩这种把戏。

当贪婪明显地压过恐惧之后，投资银行摇身一变成了“商业银行”，它们不仅会进行杠杆收购，而且会冒着资金风险自己去购买公司。所罗门兄弟公司保守的约翰·古特弗罗因德也加入了这一冒险行列。这更表明了这一趋势风头正盛，也使得巴菲特和芒格有机会近距离地观察这一新的投机时代。

这两人总是一个唱红脸，一个唱白脸，而且他们的配合也日臻完美。当有人要与他们做生意时，“好警察”巴菲特会向所罗门的银行家们问一些老练圆滑的问题，芒格则设法把蛋糕切成小块来吃进。有一次，董事会拒绝了通过购买连锁加油站的提议，一位公司高管说巴菲特和芒格几乎“占据了在董事会发言的主动权，而且意见相左”。

所罗门负责商业银行业务的迈克尔·兹马曼说：“巴菲特的态度是，如果某笔交易不值得用股票的形式来做，那么它也不值得用债券的形式来做。”巴菲特认为银行家应该专心致志地寻找好的业务，而不是致力于在资产负债表上耍些花拳绣腿。但他从不反对任何交易。

1988 年 10 月的一个周日傍晚，巴菲特在奥马哈的家中接到了古特弗罗因德的电话。他正与所罗门的几个银行家在第 5 大街的公寓里。上周三，生产云丝顿和沙龙牌香烟、乐之饼干以及奥利奥饼干的雷诺兹－纳贝斯克公司（RJR Nabisco）久经沙场的老板 F·罗斯·约翰逊提议要单独购买自己的公司。约翰逊聘请的银行是美国运通旗下的希尔森·雷曼·赫顿公司。这笔杠杆收购交易的消息刚一传出，华尔街上的所有银行都跃跃欲试，想要分一杯羹。所罗门也正在抓紧研究有竞争力的投标。但古特弗罗因德想知道的是，作为所罗门董事和大股东的巴菲特会支持吗？伯克希尔·哈撒韦愿意出 1 亿美元以合伙人的身份参与这笔交易吗？

银行家们不知道，其实巴菲特在几天前约翰逊刚宣布消息时就已要求购买雷诺兹－纳贝斯克的股票了。早在 80 年代初期，巴菲特自己就拥有雷诺兹－纳贝斯克的股票。当所罗门的资深投行家杰伊·希金斯开始向巴菲特阐述雷诺兹－纳贝斯克的优点时，话筒那边传来巴菲特浓重的美国中西部口音：

> “别跟我谈经济学。我知道它的情况很不错。你花一分钱生产的产品就可以卖到 1 美元，而且它拥有客户对品牌的绝对忠诚度。”

巴菲特与芒格曾经一度想要买下位于孟菲斯的生产嚼烟的康伍德公司，但是他们不想在烟草业中大张旗鼓地做文章。在与所罗门的其他银行家谈论时，巴菲特也流露出这个想法。

“这个公司的产品有点儿问题，”巴菲特很无奈地说，“我不想自己的墓碑上刻着我是这家公司合作人这样的字眼。”其实所罗门没有巴菲特的支持也是可以放手去干的。

第二天，KKR 公司（Kohlberg Kravis Roberts）投标出价，所罗门与约翰逊聘请的希尔森·雷曼·赫顿公司组成联盟投入竞标战。这场投标搞得沸沸扬扬，很多投资界大腕纷纷挽袖入场，许多银行都想出一个比对手更高的价码。这股兼并狂潮被推向了顶峰，似乎为奥利奥出多高的价格都不算邪乎。

11 个小时之后，KKR 提出了一个优厚条件，它答应在交易成功后，将“重新调整”为这次杠杆收购融资的垃圾债券的利率。雷诺兹－纳贝斯克的经营情况越糟，它的利率就越高。（就像通过可调整利率抵押贷款买一所房子，你失业后贷款利息就得翻倍。）KKR 之所以会这么做的原因路人皆知——不管它的投资者会遇到什么经营困局，它现在都可以直接得到 7 500 万美元的中介费。

古特弗罗因德本来也有机会像 KKR 一样“重新调整”利率，但是出于自身信用的考虑，他拒绝了，结果就在这次交易中处于劣势了。

当 KKR 锁定胜局之后，巴菲特买了更多雷诺兹－纳贝斯克的股票，这是一种短期赚价差的做法，伯克希尔·哈撒韦将很快从中赚到 6 400 万美元。巴菲特一向以批评这种做法闻名，但这次他自己也这样做了，让人觉得有些虚伪。但巴菲特自己并不这么看。每当一项交易摆在桌面上之后，他就什么都不管了，只顾专心分析风险和收益，一如既往冷静地分析交易的利润及损失。他还从倍顺食品公司、联合百货公司、卡夫食品公司、莫科特公司、美国南方公司和一些其他公司中赚取了短期股票差价。

巴菲特是从本杰明·格雷厄姆那儿学会这种套利手段的，但与华尔街套利者不同的是，他还保留着鲜明的格雷厄姆色彩。当投机逐渐升温之后，他的参与热情就会逐渐减退。多年前，在哥伦比亚大学一次关于收购的研讨会上，巴菲特警告说，如果银行家总是使用这种具有欺骗性的货币来进行收购，那么总有一天投标交易就会让人觉得不可靠。雷诺兹－纳贝斯克这笔 250 亿美元的交易成交后，巴菲特认定这番预言可能就要应验了。

交易者是用“零息债券”进行杠杆收购融资的，这个可笑的融资方式使买方借到了大笔资金并可推迟数年还清本息。由于发行这种债券很容易，而且投资者大都盲目自信，所以收购价往往都是天价。巴菲特说：

> 收购市场上已经出现了过火的做法。正如多萝西说：“天啊，我都觉得我们不是住在堪萨斯了。”

这是巴菲特于 1989 年 2 月在雷诺兹－纳贝斯克公司的交易接近尾声时写的。巴菲特已经从中赚到了钱，现在他对套利别无所求，因为他觉得这样的交易若继续下去就太危险了。

> 伯克希尔·哈撒韦公司在 1988 年盈利丰厚，你们也许都以为我们在 1989 年会大做套利交易，但我们却只想袖手旁观。

当时的股市涨势如虹，巴菲特除了买进可口可乐公司的股票之外几乎没有什么大动作。不过，他需要找个地方进行投资。伯克希尔·哈撒韦的规模越大，投资任务就变得越发艰巨。早在巴菲特合伙公司成立后不久他就预言，迟早有一天公司会受到平均法则的制约——当时虽然他这么说过，但他认为危机出现还为时尚早。他提醒股东说："高增长率最终会让自己作茧自缚。"为了不向命运屈服，他不得不继续寻找新的投资机会。

这种投资的动力是危险的。它被形象地称作"恐钱症"——投资者"害怕手里拥有现金"。巴菲特承认他确实有这种感觉，手里有一大堆现金会让人"坐立不安"。

> 我承认自己心里会涌起一种躁动，总觉得自己应该干点儿什么，特别是当你很久都无事可做之后。

1989 年下半年，巴菲特就像突然爆发一样，与吉列、美国航空和冠军国际集团做了三笔大买卖，交易总额达 13 亿美元。总的来说，这 3 家企业并不符合他常规的投资标准。投资于世界上最大的剃须刀销售商吉列公司是巴菲特典型的风格，而美国航空和造纸公司冠军国际集团都是资金密集型企业，它们与巴菲特过去成功的投资经历完全不同。（虽然冠军国际集团与他过去失败的投资有相似之处，但巴菲特认为这至少可以避免通货膨胀带来的损失。）

对于这 3 家公司，伯克希尔·哈撒韦都买进了一些可转换优先股，就像对所罗门的投资一样。除了可口可乐和吉列公司这些全球知名品牌以外，巴菲特对其他公司的盈利并没有特别高的预期，这正是他选择有固定分红的可转换优先股的原因。他忧虑地说："如果我还能买到 4 只像可口可乐一样的股票，那我就不买这些了。”

这些交易对象也都潜伏着被收购的危险。罗纳德·佩雷尔曼正对吉列公司虎视眈眈；迈克尔·斯坦哈特也正把美国航空公司玩弄于股掌之间；冠军国际据说也被人盯上了。“当你拥有一个能干的管理层时，”巴菲特在《华盛顿邮报》上说，“应该给他们足够的时间让他们放手去做，去实现自己的目标。”现在这些公司都把巴菲特当作自己的护驾后盾。作为回报，伯克希尔·哈撒韦得到的是年均9%的固定红利收入，以及在公司的股价上涨时把优先股转换成普通股的权利。

不过，巴菲特的这些最新举动也招来了一些批评声。在大都市公司，他和其他人一样都在购买普通股，但在最近的交易中，他在谈判时要求获得只提供给他的特别风险保护。琳达·萨德勒在《华尔街日报》上指责巴菲特是以保证其他首席执行官的职位为条件来为伯克希尔·哈撒韦换取赚大钱的机会。

> 华尔街的许多投资者都说，巴菲特先生的特殊交易不啻一种绅士般的保护游戏。他们认为，以往像索尔·斯坦伯格这样的公司套利者只要拿到勒索的钱就会离开，但巴菲特先生不仅要干净的票子，还要对管理层施加影响。

这种观点认为，巴菲特与首席执行官们的特殊交易实际上剥夺了股东们在公司收购中自由卖出股份的权利。《福布斯》杂志上的文章写道：

> 巴菲特完成了一笔特别的交易，公司的管理层也一样……但换个角度看，沃伦·巴菲特为这一收购保护开价多少？

巴菲特当然不用对吉列、美国航空和冠军国际的股东负责。他只需要为伯克希尔·哈撒韦带来滚滚财源就行了。但是人们对道义高尚的人总会有更严格的道德标准，巴菲特忽然间成了众矢之的，就好像被迫需要守住这块守起来难度更大的阵地。他在写给股东们的一封信中说道：

……接受投资的公司的股东未来会获利，因为我们选择了他们的优先股。理由在于：现在每个公司都有了重要、稳定而且对它们的业务很感兴趣的股东……

这种观点有一个不合理之处，它假设每个首席执行官（或巴菲特喜欢的首席执行官）都需要这种保护，并能公正处理长期的利益冲突。但并不是每个首席执行官都是汤姆·墨菲。巴菲特在哥伦比亚大学的研讨会上就指出，收购过程本身是不完美的，最终的决定权在股东手中。

冠军国际就是一个让人感到疑虑重重的例子。它的首席执行官安德鲁·西格勒强烈反对收购。他把冠军国际的钱大量投入工厂生产，却没能给股东带来多少盈利。在过去的 10 年里，作为一只大盘股，冠军国际股价的年增长率只有区区 3%。即使在造纸业同行中，它的利润排名也是最低的。

唯一可以解释安德鲁·西格勒这种可怜经营业绩的人就是安德鲁·西格勒自己。在公司不景气的 1989 年，西格勒给自己开的年薪是 80 万美元，外加 425 000 美元的奖金。除此之外，他趁冠军国际股价很低时，给了自己 31 000 股的股权奖励。第二年，冠军国际的利润减少了一半，西格勒却把自己的年薪增加到了 120 万美元，外加 28 000 美元的奖金，这样他就不用自己掏腰包给理财顾问付关于个人所得税的咨询费了，同时他又拿了 47 000 股的股权奖励。

巴菲特是股权激励的坚决反对者，用它来奖励这样无所作为的首席执行官，更是令他觉得反感。如果有人想要收购冠军国际，大家都很难看出巴菲特有什么理由会反对。

吉列和美国航空公司的管理层则不太一样。美国航空公司建立了一个美国运营网络，在全美各个中型城市都设有运输中枢，但它的市场地位仍需巩固。它的经营战略似乎是要为自己赢得时间和一点儿“市场保护”。吉列公司想得则很简单，那就是要赚钱。

尽管巴菲特的经营之道比起普通股民在公开市场上的操作似乎更有

赚头，但生意也远不像那些批评人士所说的那么好做。伯克希尔·哈撒韦在未来近 10 年的时间里将牢牢地锁定这几种股票，这么长的时间在华尔街看来简直是遥遥无期。实际上，大多数公司的管理层是不会接受巴菲特“苦口婆心”式的安排的。

不过这些交易还是有一些非公开的性质，它们透出一点儿内部交易的味道（巴菲特和几家企业董事会的朋友交往甚密）。巴菲特当年花 670 万美元买了架飞机也许并非巧合。在公司的年度报告中，巴菲特花了很大篇幅就此项支出进行了自嘲（却没有提到他低得出奇的 10 万美元的年薪）。他颇为风趣地说如果换来的新飞机的价格“以现在每年 100% 的速度增长的话，那么要不了多久，伯克希尔·哈撒韦的所有资产都会花在飞机上”。他把这架飞机起名为“站不住脚号”，强调说自己现在有很多时间需要在奥马哈以外度过，而且经常要拜访一些大牌公司，因此自己的行头确实很重要。

到了 20 世纪 80 年代末，巴菲特已经是无人不识了。他会乘坐飞机去参加某个公司的董事会议，或者去看美国橄榄球超级碗决赛，也很有可能在某场晚会上偶遇影星保罗·纽曼或是参议员爱德华·肯尼迪之类的社会名流。他经常和美国企业界的首席执行官们打桥牌，其中一次比赛是与英国的议员们在旧巴特希桥城堡打的，那是马尔科姆·福布斯在 17 世纪位于伦敦的豪宅。如果有人问他对总统有什么经济建议，他可能会说，他上周末刚与布什总统共进了晚餐。

巴菲特的妻子对女儿说，应该给他弄几套“体面衣服”了。当苏珊回到奥马哈时，她和女儿把巴菲特拉到商场花了 1 500 美元给他买了套杰尼亚西服。结果，这套意大利名牌西服就成了他的制服，就像他喜欢上可口可乐和私人飞机一样，再也不会变了。（但他拒绝了某位推销商让他定制更精良的西服的请求。他喜欢到杰尼亚西服在纽约的分店，随便从衣架上拿一套西服。）

他新交的朋友圈子大得让人吃惊。在波士顿，他会和哈佛大学著名经济学教授约翰·肯尼思·加尔布雷斯及《环球》杂志的资深编辑托马斯·温萨普这样的学界和新闻界权威交往。温萨普说："沃伦的路子可真广。"这个评价对于一个找股票和收藏股票的人来说真是很有趣。巴菲特在华盛顿有一大群朋友，在加州也有一大帮朋友。苏珊和他去纽约是"有周密计划的"（用某位朋友的话说，就是要在有限的时间内安排好和每个人都见面）。"他们和别人不太一样。"这位朋友评价说。

巴菲特核心圈内的朋友包括凯瑟琳·格雷厄姆、卡罗尔·卢米斯、汤姆·墨菲、芒格和比尔·鲁安，他们之间还是和以前一样很亲密。但像理查德·霍兰德这样的奥马哈朋友发现他不像以前那样常待在家里了。公司的财务主管维恩·麦肯齐估计他的老板每周总有一两天不在奥马哈。

巴菲特经常乘飞机从美国东海岸飞往西海岸，他社交生活的丰富多彩，是普通的上流人士难以企及的。他会在奥斯卡颁奖晚会上与著名歌手多莉·帕顿一起进餐，然后飞到马撒葡萄园与南希·里根和著名时事访谈栏目《60分钟》的迈克·华莱士等名流一起参加凯瑟琳·格雷厄姆家的聚会。还有一次他带着妻子直接奔赴媒体大亨沃尔特·安纳伯格在加州棕榈泉的别墅。它就像沙漠中的一朵奇葩，四周种满了柽柳树和形态各异的灌木丛。沃尔玛的创始人山姆·沃尔顿也来了。

巴菲特在这些朋友中很有人缘，因为他没有一点儿财大气粗的架势。他说话的语气还是那么朴实，会把人们的思绪带回到20世纪30年代。[他会说"我在听电话呢"(I'm on the wire)，而不是说"我在打电话"(I'm on the phone)。] 在1988年加拿大卡尔加里举办第15届冬季奥运会时，巴菲特是墨菲和美国广播公司邀请的客人，但他躲开了在路易斯湖畔吃午饭的邀请，一个人躲在城里工作。美国广播公司的连续剧编剧阿格尼斯·尼克松在卡尔加里遇见了巴菲特，认为他是"威尔·罗杰斯的化身"。阿格尼斯·尼克松某天请他去纽约在连续剧《爱》里出演某一角色。在录制结束之后，巴菲特、阿格尼斯·尼克松和其他美国广播公司的工作人员跑到城东的一家名叫布拉沃尼的意大利餐厅进餐。他们正准备出发，尼克松发现另一位亿万富翁约翰·克卢格也准备动身。克卢格钻进了等在一旁的豪华轿车，巴菲特则走到人行道旁招手拦下了一辆出租车。

巴菲特喜欢把自己塑造成一个因为机缘巧合才进入上层社会的乡巴佬。社交界流传着许多他假装无知的故事。其中一次是在某个晚会上，他坐在投资大亨亨利·克拉维斯的妻子、社交名流卡洛琳·萝茵身旁。萝茵对巴菲特说："您能为我切一下食物吗？"巴菲特怀疑这是上流社会当时流行的示好甚至是示爱方式，整个晚上都没有搭理她。直到服务生把她没吃几口的烧烤食品撤走之后，他才吃惊地发现，原来她的手腕上打着石膏。

巴菲特很喜欢自己的质朴形象，他似乎对现在已经成为一个名人的现实还是感到不太适应。当电视节目《富翁、名人的生活》中出现他的身影时，他感到十分尴尬。他对别人说，制片人在他不知情的情况下剪辑了一些片段。当然实际情况并非如此，巴菲特是带着微型麦克风正式接受了采访的。

1989 年，巴菲特在奥马哈又成了新闻人物。卖地毯的 B 夫人被两个孙子罗纳德和欧文夺权了，家具商场的管理权也落入他们之手。B 夫人在盛怒之下离开了家具商场。她还公开指责巴菲特出卖了她，并称她的两个孙子是"希特勒之流"。

这场风波在奥马哈引起的轩然大波绝对不亚于查尔斯王子与黛安娜王妃完婚的影响力。B 夫人指责她的孙子是无用的废物，只会溜须拍马，把时间都花在"开会"上，而且生活奢靡得像"百万富翁"。

不过这位 95 岁高龄的商界泰斗依然精力充沛，她只在家里待了几个月，就在家具商场旁边开了一家名叫"B 夫人商店"的新店。现在两家商店成了要拼个鱼死网破的对手。

一个星期天，当她在巡视商店里的地毯时，B 夫人感慨道："真是让人心碎。"她说自己现在"只是为了报复"。

巴菲特对此也感到十分伤心。B 夫人过生日时他带去了两打粉玫瑰表示问候，想与她重归于好。但在生意上，他仍然支持自己的管理团队。

在向股东们报告这件不愉快的事件时，他称赞 B 夫人的儿子路易和两个孙子都是“出色的商人”。

> 也许 B 夫人在商业决策上比其他人都要聪明，但在这次冲突上，我相信她家里其他成员是完全正确的。在过去的 3 年里，商场其他部门的销售额增长了 24%，只有地毯销售额下降了。

但是人们普遍认为，如果巴菲特自己身处 B 夫人的位置，他也会有同样的表现，也会对那些让他不满的人又踢又叫。在某种程度上，巴菲特也欣赏 B 夫人的这股泼辣劲儿。在她离去后不久，巴菲特在谈起她时总是语带不舍：

> 她没有失去自己坚毅的个性。不过，她对两个在商场工作的孙子态度很不好，我认为这是不对的。他们有时也只不过想要休息一天，在家里享受天伦之乐罢了。我相信他们都是很棒的小伙子，但他们不可能像 B 夫人那样卖命……她无法拥有一个关系和睦的家庭，这简直就是一出人间悲剧。但她的孙子们想要的是一个轻松点儿的环境，这一点是无可厚非的。

不过，B 夫人的离去并没有让伯克希尔·哈撒韦元气大伤，它的股价在 1989 年 9 月上升到了每股 8 750 美元。奇怪的是，在投资生涯中，巴菲特总会在牛市局面下变得焦躁不安。他会对缺乏机会感到忧虑，甚至对伯克希尔·哈撒韦的发展担忧。

巴菲特的这种反应不无道理。为了进行与吉列、美国航空等公司的交易，他卖出了可转换成伯克希尔·哈撒韦股票的债券，筹资 4 亿美元。而买进了这些可转换债券的人不仅能得到固定的利息收入，还有在伯克希尔·哈撒韦股票上“中彩”的可能性。

这次巴菲特的筹资方式依然很吸引人，虽然他给出的固定利率只有 5.5%，但是这种低利率恰恰说明投资者相信伯克希尔·哈撒韦的股票仍有很大的升值空间。（他们是在“中彩”上下赌注。）

而且，由于这是零息债券，因此伯克希尔·哈撒韦虽然欠着利息，但在债券 15 年后到期之前都不用偿还利息。不过根据税收法中的某条奇怪的规定，伯克希尔·哈撒韦可以一直扣减利率，就好像现在它已经在偿付利息一样。

不仅如此，伯克希尔·哈撒韦可以在 3 年内赎回这些债券。因此投资者赌的不仅是伯克希尔·哈撒韦股价会上升，而且是很快就升。但巴菲特赌的结果正好相反。

两周后，美国航空公司预期的杠杆收购交易失败了。投机者遭受了重大损失，巴菲特则在数月前就已经退出了游戏。股指在一天内狂泻了 191 点。垃圾债券市场垮了，收购狂潮也画上了句号。几个月后，德崇证券公司也遭到重创。华尔街对债务的长期眷念就此终结。1990 年早期，华尔街股市动力不足，伯克希尔·哈撒韦的股价也一直在每股 8 000 美元以下浮动。

在当年的年度报告中，巴菲特表达了他的担忧。他预测伯克希尔·哈撒韦的资产净值在 3 年内“几乎可以肯定”会下降（这是他任职以来第一次做出这样的表态）。他用一条看似天真的线索把伯克希尔·哈撒韦近来的表现与华尔街的危机联系在一起：许多摇摇欲坠的杠杆收购，比如布鲁明戴尔百货公司的母公司联合百货也是用零息债券来融资的。当然，巴菲特想到的并非只是这些。在华尔街，好主意往往会给你带来麻烦；往往是聪明人打头阵，傻瓜跟风。杠杆收购和零息债券就属于这种情况。

巴菲特在这类文章中的一贯风格是先从很小而且遥远的角度切入。他会让读者把思绪“带回到亚当和夏娃偷吃禁果之前的年代”。

> 如果你的年纪与我相仿，你可能在“二战”期间第一次购买了零息债券，买的可能是历史上发行量最大的、著名的美国 E 系列储蓄公债。

没有人称它是零息债券，但美国 E 系列储蓄公债其实就是如此。当这些债券到期时政府会一次性地付利息。买美国 E 系列储蓄公债的美国人并不是傻子，因为美国财政部有可靠的信誉，债券持有人可以安心地睡觉，他们的钱稳稳地以每年 2.9% 的速度在增值。

到了 20 世纪 80 年代，投资银行为大的融资客户创造了一种零息债券。这些贷方与伯克希尔·哈撒韦一样都有 3A 信用评级，不久银行家们就发现，这种零息债券与实物付息债券（Pay-in-kind Bond）一样，都可以为杠杆收购提供融资。原因很简单：既然可以数年不用付利息，投标人当然希望一下子就能筹措到一大笔钱。巴菲特的解释当即把这个捉迷藏游戏给拆穿了：

> 对这些发行者来说，零息债券（或实物付息债券）有一个极大的好处：你有可能履行什么也不付的诺言。如果像墨西哥、巴西这样欠发达的国家政府在 70 年代不是大规模举债而是发行长期零息债券的话，它们现在就是清白的借债方了。

巴菲特建议投资人让银行家也品尝一下自酿的苦酒，巴菲特把这一观点表达得很清楚。美国商界的人都应该知道，华尔街正在用可笑的“资金”进行交易。

> 我们建议……您把钱包看紧一点儿，让债券发行人和那些赚取巨额手续费的人都知道自己有可能赚的是零息。在没有完全付清利息之前不要让他们得手，看看他们还会有多大兴趣。

虽然这些文章都具有高屋建瓴的指导意义，但它们并没有透露巴菲特的策略。他的确是个保密专家。

当时巴菲特正在报上猛烈地抨击垃圾债券，但他自己只做了一笔有史以来最大的垃圾债券交易——花 4.4 亿美元买进了雷诺兹－纳贝斯克的债券。当时，雷诺兹－纳贝斯克的垃圾债券和其他公司的债券一样暴跌，但巴菲特认为市场的反应有些过激了（毕竟雷诺兹－纳贝斯克还在继续向“瘾君子”们出售大受欢迎的产品）。巴菲特买入垃圾债券的做法让人觉得他有些口是心非。其实不尽然。巴菲特认为，把不能承兑的垃圾债券卖掉是有悖道德准则的，但买入这些债券则不同。对投资者而言，没有哪种金融工具“本身是罪恶的”，重要的只是价格。

当巴菲特的投资消息公开之后，巴菲特恩师的儿子、伯克希尔·哈撒韦股东之一小本杰明·格雷厄姆博士发表文章抗议伯克希尔·哈撒韦投资烟草业。巴菲特回应说自己是不会生产香烟的，但他持有烟草公司的债券也无可非议，因为报纸上也登着香烟广告。巴菲特坦言：“我也不敢确信这种说法在逻辑上是否有漏洞。”不过，他认为在这样一个复杂的世界上，这仍是个划清界限的好方法。

1990 年 8 月伊拉克入侵科威特后，“信用危机”演变成了全面的衰退。新的 10 年并不预示着新时代，但这一次不同。80 年代末，投资界人人意气风发，巴菲特却小心翼翼。到了 90 年代，华尔街再次陷入恐慌，借出钱的人想把钱收回来，本来可以随便就借到上千万美元的公司也发现银行的大门紧紧关上了。

企业纷纷倒闭，垃圾债券无法履约的事件频频发生（就像巴菲特于 1985 年在哥伦比亚大学预言的危机来临的局面一样）。弗雷德·卡尔的保险公司堆满了垃圾债券，成了历史上倒闭的最大的一家保险公司。而刚刚从国外债务危机中恢复过来的各大银行面临着国内诸多的致命打击，例如杠杆收购和房地产危机。银行倒闭就像传染病一样从得克萨斯席卷了科罗拉多、新英格兰和美国东海岸中部的大西洋地区。忧心忡忡的经济界人士马不停蹄地举行了一个又一个研讨会，讨论花旗银行或大通曼哈顿银行是否会倒闭。

不过，在巴菲特看来，当前正是冒点风险的大好时机（他的步调与弗雷德·卡尔总是不合拍）。伯克希尔·哈撒韦的股票和其他股票一样也走低了。（当年的最低价下跌至每股 5 500 美元，从最高价滑落了将近 40%。）但巴菲特是个愈挫愈勇的人，在这样的境况下他的状态总是最好的。如果价格太高了，他反而会有恐钱症；但在世界一片暗淡时，他赚钱的本能和眼光却是无人能及的。

1990 年（自 20 世纪 30 年代大萧条以后银行业最衰败的一年），巴菲特买入了位于旧金山的银行业巨头富国银行 10% 的股票。当时，加州的房地产业刚刚陷入衰退，人们认为银行业雪上加霜的日子才刚刚开始，而且会长期延续下去。而富国银行在加州给房地产业的借贷规模是美国最大的。

巴菲特当然知道这些。通常而言，巴菲特并不喜欢银行，因为局外人不知道银行发放贷款的健康程度，危机一旦爆发，往往为时已晚。但巴菲特盯着这家银行已经好几年了。富国银行在加州有着独一无二的优势，它的利润率之高在美国的大银行中也是一流的。它的董事长卡尔·赖克哈德也像汤姆·墨菲一样善于压缩成本。在公司过去的困难时期，卡尔·赖克哈德卖掉了公司的飞机（巴菲特很欣赏这种牺牲精神），并冻结了公司高管的工资。他避开了许多一时的热潮，比如给拉美国家的贷款就曾给其他银行带来了巨大损失，富国银行则小心翼翼地避开了这一旋涡。巴菲特还知道，赖克哈德和银行的二把手保罗·汉森曾在 70 年代紧紧卡住了给房地产业的贷款，从而躲过了当时房地产大崩盘的冲击波。

尽管过去的这些情况并不代表富国银行在今后一两年内的经营前景是乐观的，但巴菲特考虑的时期远不止今后一两年。这家银行资金雄厚，应该可以渡过这次难关。巴菲特在公司年报中说，一个坏年头“并不会让我们备受折磨”。

由于别的公司都在备受折磨，巴菲特就可以在它们放血大甩卖的时候以每股 58 美元的平均价格买入 2.9 亿美元的股票，当时的市盈率仅为 5 倍，现在这只股票的最高价位曾达到每股 84 美元。

在巴菲特投资后不久，富国银行的各种投资都在慢慢陷入泥潭。华尔街在给股票做投资评级时并不推荐买入，摩根士丹利的首席战略分析师巴顿·比格斯也说他看不准富国银行能否幸免于难，巴菲特的命运也将一样。1991 年春季，富国银行为防止贷款无法收回，便预留了大量存款没有贷出，它的每股收益降到了只有 21 美分，而上一年同期为 4.40

美元。尽管如此，巴菲特依然表现镇定，还要求公司批准把对富国银行的投资翻倍。

当时富国银行成了短期套利者的宠儿。它对房地产业的贷款高达150亿美元，是同行美洲银行的2.5倍。富国银行有一半的贷款都在美国加州南部（当时美国信用最坏的地区）。在原来经济欣欣向荣后来又急转直下的洛杉矶，开发商们迫不及待地赶紧让摩天大楼完工，但现在它们已经租不出去了。在奥兰治县有22%的写字楼是空置的。《巴伦周刊》杂志在描述富国银行的颓势时讥讽道，这一次“奥马哈的圣人”沃伦·巴菲特也难逃厄运了。

就连巴菲特身边的人也认为对富国银行的投资是他对商业原则的一种背叛。格雷厄姆和多德学派的基金经理斯科特·布莱克说，“这让我感到不安，因为巴菲特明显地犯了个错误”，好像上天就应该制止巴菲特不要这样做一样。对80年代过多借贷投机感到胆战心惊的人，如果能看到借贷者自食恶果也是大快人心的。在他们眼中，贷款给房产商简直就是助纣为虐。

巴菲特也反对借贷投机，但他的精确计算占据了情感因素的上风。如果价位合适，他乐意买下一个银行，甚至是垃圾债券。在情形最糟糕的时候，曼哈顿的一位朋友打电话“警告”巴菲特说富国银行可能会一蹶不振。巴菲特冷静地说：“那我们就等等看到底谁对谁错。”

让巴菲特感到不够满意的是，这次萧条结束得太快了。当1991年年初美国向伊拉克开战时，股市又重振了。战争只持续了一个半月，但股市的反弹时间却不只这么短。到了7月，道琼斯指数突破了3 000点。不过，手上大把的现金和为数不多的投资机会却使巴菲特再次产生了恐钱症。当美国运通公司的董事长詹姆斯·D·罗宾逊三世给他打电话时，他听得聚精会神。

出生于亚特兰大银行业世家的詹姆斯·罗宾逊为人谦虚，是可口可乐的一名董事，也是巴菲特的好友。在可口可乐公司的13名董事中，罗宾逊风格独特，说话语气坚定，就像政治家一样。罗宾逊那间用深色木材搭建起来的滨河办公室似乎在悄悄地对来访者说，办公室的主人是用“传统方式”挣钱的。从个人角度来说，巴菲特很喜欢罗宾逊，但对他作为美国运通董事长兼首席执行官的表现则不甚了解。

从美国运通的银行卡和旅行支票上来看，它的经营十分成功。近 10 年来，美国运通每年的利润率都高达 18%，但罗宾逊的股东从未见过这 18% 的利润进入他们的腰包。

罗宾逊把这个良好行业获得的利润赔在了一些不景气的行业中，如保险业、投行业、经纪人业务，甚至还有个专门收藏 19 世纪美国油画的艺术品投资业务上。由于急于跟上 80 年代“金融超市”的风潮，罗宾逊竭尽全力勉强凑出了 40 亿美元压在希尔森·雷曼·赫顿公司上，但罗宾逊的监督工作却做得很马虎（希尔森·雷曼·赫顿公司耗资 2 600 万美元用于建造位于科罗拉多滑雪胜地的“会议中心”），而投资银行也经常告急，需要向他搬救兵以解燃眉之急。更糟糕的是，美国运通还有一个坏习惯，那就是不到木已成舟，它是不会想办法去采取补救措施的。

罗宾逊设法躲过了对这些投资失败的指责，一半需要归功于他那繁忙的公共关系部，一半要归功于董事会里那些被金钱俘虏的董事。例如，亨利·基辛格每年就能从公司拿走 35 万美元的管理咨询费用，而在理论上他负有对公司的管理层进行监督的职责。

尽管罗宾逊在媒体宣传上花尽了心思和银子，但巴菲特对于罗宾逊的经营记录并不是一无所知。1985 年，巴菲特参加了美国运通的一次董事会，当时公司正考虑把旗下的福来曼基保险公司卖给巴菲特等人组成的投资集团。巴菲特当时给美国运通提了一项建议：公司应该把福来曼基保险公司卖掉，把精力集中在自己的主营业务上。不久之后，政府雇员保险公司买了一大笔美国运通的股票，巴菲特打电话给政府雇员保险公司，表达了自己的担忧。尽管巴菲特没有把话说得很明白，但他在公司年报中表达了对罗宾逊经营失误的痛心。

但是，当这次罗宾逊打电话来时，巴菲特似乎将一切都淡忘了，马上登上私人飞机赶赴纽约。巴菲特脑子里显然有一个根深蒂固的想法：

25 年前他在美国运通的投资帮他挖到了投资业的第一桶金。现在这家公司又一次陷入了泥沼。就在几周之前，公司的信用评级也惨遭下调。当罗宾逊要求得到 3 亿美元的注资时，巴菲特很爽快地就答应了。

巴菲特说，现在市场上的股价已经上涨到这个地步，他很难找到自己喜欢的公司，而美国运通的主营业务正是他所喜欢的。这仍不能解释他所说的“我们投资是为了与罗宾逊站在一起”的说法。他的朋友们都觉得很诧异。他甚至同意了（虽然有些勉强）一项可能会影响伯克希尔·哈撒韦长远发展的条款。美国运通的一位董事杰克·拜恩对《商业周刊》说，他原以为巴菲特的“聪明基因”会阻止他签署这样一份合作协议。

在与巴菲特当面交谈之后，拜恩才知道巴菲特把上次对美国运通的投资看作自己职业生涯中的里程碑，现在他急于要帮助这家公司复兴。巴菲特对他说：“我这是回家乡了。”当然之前他也回到了政府雇员保险公司和《华盛顿邮报》这两个“家乡”。他喜欢这些自己熟悉的地方，就像喜欢投资儿时搬运过的饮料一样。重新进行这种商业冒险使他能够重温年轻时的美好时光。芒格也认为他的投资生涯中充满了“奇妙的巧合”。芒格坦言：“沃伦这个人很怀旧。”

到了 1991 年 8 月，巴菲特新投资的几家公司的麻烦接踵而来。富国银行处在崩溃的边缘，美国运通也是麻烦缠身，许多餐厅另寻合作新欢，持卡人数和利润都在锐减。

在饱受批评的交易中，吉列公司脱颖而出，伯克希尔·哈撒韦将可转换优先股转换成了普通股。吉列公司的其他持股人也大赚了一笔，因为现在的股价已是佩雷尔曼开价时的两倍。身为共同基金经理同时也是吉列公司股东的彼得·林奇说：“跟巴菲特做生意，大家都能发财。”

但巴菲特与冠军国际的生意可得不到同样的声誉。股票的每股收益率下降了 85%，但伯克希尔·哈撒韦未受其害，因为它的红利是固定的。同时，首席执行官西格勒又以远低于公司账面价值的价格给了自己 25 万多股的股权奖励。

美国航空公司的情况最糟。几乎就在巴菲特投资的同时，一场航空业的世界大战已经爆发。当海湾战争爆发时，民航旅行业就垮了。美国航空公司当时的人力成本极高，在巴菲特投资后的一年内，它亏损了 4.54 亿美元，而且这种大出血局面并不是很快就能被控制住的。

有一次，美国航空公司的首席执行官萨斯·沙菲尔德给巴菲特打电话，对投资结果不理想表示道歉。

“萨斯，希望你记住，”巴菲特说道，“应该我给你打电话，而不是你给我打。至于投资不理想，我只能怪自己，现在只有顺其自然了。”

巴菲特其实很自责。他了解航空业的生存法则——竞争残酷而且固定成本很高，但他还是做出了投资决定，因此公众自然就把矛头指向了巴菲特。巴菲特对股东们写道：“没人逼我，用网球术语说，我是‘非受迫性失误’。”这显然是他最糟糕的一次投资，但具有讽刺意味的是，这对美国航空的其他股东来说是件好事，因为他给困难重重的航空公司注入了急需的资金。

虽然巴菲特的股票投资中有几处败笔，但瑕不掩瑜，有些成功的投资，比如可口可乐、吉列以及雷诺兹－纳贝斯克的垃圾债券，很快就让他从中获得了约 2 亿美元的利润。尽管巴菲特出语谨慎，但是伯克希尔·哈撒韦的净资产还在不断上升，它的股价也迅速反弹，在 8 月达到了每股 8 800 美元。不仅如此，有他持股的公司即便遇到了麻烦，也不需要他亲自去扑火。巴菲特喜欢说他对生活已经“做了安排”，这样就不用干他不喜欢的事了。1991 年夏天，这一切变成了现实。

巴菲特对自己一系列投资的辩护（这些公司会因为“拥有一个稳定的、对其感兴趣的大股东”而获益）还有待验证。也许他永远也得不到答案，但至少这种争论的声音已经慢慢消失了。即便是第一个遭受批评而且麻烦连连的所罗门，当年的盈利也相当可观。

第21章 BUFFETT

职业信条

约翰·古特弗罗因德把所罗门兄弟公司经营得很好。

——沃伦·巴菲特，在1991年伯克希尔·哈撒韦年会上的发言

准确地说，所罗门兄弟公司起源于一场家庭纠纷。费迪南德·所罗门出生于法国阿尔萨斯－洛林地区，他们一家在当地从事经纪人业务。19世纪末，他移居纽约，并把家里的生意也带了过来，专门为证券公司提供短期贷款。在迈入20世纪之后，他4个儿子中的3个成了他的帮手。当时华尔街在周六还只开业半天。正统的费迪南德想要保持犹太人的安息日，但儿子们坚持要开门做生意。慢慢地，父子之间的矛盾变得不可调和。1910年，儿子们凑了5 000美元自立门户。

他们在百老汇大街80号开了家店铺，兄弟们每天早上一家银行接一家银行地跑，问谁有多余的资金，愿意把钱放到经纪人那里。渐渐地，他们也做起了公司债券生意。虽然传统观念认为这是个死气沉沉的业务，但所罗门兄弟公司很快就找到了一个优秀的委托人——美国政府。1917年，所罗门成了财政部的注册经销商。后来，人们都说成为所罗门的合作伙伴就离"成为美国财政部的合作伙伴"不远了。但多年来，公司的规模一直很小，使它实现跨越性发展的主要是由于两个重要决定，同时也把巴菲特吸引了过去。

从建立之初，所罗门就斗志昂扬而且以其经营的精明而著称。尽管起步艰难，阿瑟·所罗门却是华尔街为数不多的连小J·P·摩根都要虚心求教的人。有一次，他正在刮胡子，得知摩根想见他，阿瑟来不及修理两鬓，就匆匆擦去脸上的剃须泡沫跑到了摩根先生的办公室。为了回报这种忠诚，摩根家族也经常会给他一些恩惠，例如让他承销一些公司

债券，这也正是所罗门喜欢的业务。

但所罗门绝不甘为人后。在经济大萧条时期，华尔街的各家大鳄纷纷以“撤资”的方式抵制刚刚成立的美国证券交易委员会，所罗门则胆略过人地深入险境，在强者林立的股票承销商中间站稳了脚跟。这种锐意进取的精神，加上几个兄弟甘愿冒风险进行投资的勇气使得公司开始蒸蒸日上。

有人认为这种“有销路”的业务正是所罗门在“二战”后获得发展的原动力。但它在华尔街仍是一个规模不大的小玩家而已。尽管大家认为它是一家不错的债券交易商，但它在资金需求更大的股票承销和投资银行业务上还是没能入局。

1958 年，威廉·所罗门只用高明的一步棋就让整个公司改头换面。第二代所罗门合伙人规定每个合伙人除了每年拿走 5% 的利润之外，必须把剩下的利润都留在公司。个别急于买房的年轻合伙人要求能有破例，但长着一头黑发、颇有领导风范的比利·所罗门对于这种要求都会断然拒绝。这样一来，这些合伙人的利益就牢牢地交织在一起，团结的排外精神也由此产生。更重要的是，当时只有区区 750 万美元资产的公司开始腾飞了。

所罗门开始用日益增多的资金优势来弥补原先在人脉资源上的劣势。它挤进了出身高贵的摩根和基德尔·皮博迪的行列，从事股票承销和投资银行业。布鲁斯·哈克特从 1968 年开始就在所罗门兄弟公司工作，是其第一批股票推销员之一，他回忆说：

> 在华尔街的各大玩家中，我们是最新一家从事市场研究的，也是最新一家经营投资银行业务的。这并不是因为我们与顾客的关系有多密切，而是因为我们能够准确地把握市场。我们就是一台精准的定价机器。

1979 年，IBM 要求摩根士丹利放弃它的股票独家承销商的传统地位，与所罗门一起承销 10 亿美元的股票。当摩根士丹利拒绝时，IBM 就选择了所罗门作为主承销商。当时的所罗门已经羽翼丰满，它的老板再也不用匆匆离开理发室跑到摩根面前俯首听命了。此时，它的资产规模已经猛增到 2 亿美元。

当时，华尔街的私营公司都感到需要扩大资本金来增加实力，因此纷纷筹备公开上市。但是，比利·所罗门认为保证稳定的合伙人关系才是重中之重，因此强烈反对上市。颇得他赏识的约翰·古特弗罗因德也有同感。有一次他偶尔听到几个合伙人在谈论公开上市的可能性，古特弗罗因德便毫不客气地打断他们说："你们再想这么干的话，我马上就辞职。"

古特弗罗因德出生于纽约州斯卡斯代尔市的郊区，他的父亲比较富有，是一家肉类食品运输公司的老板，有时会和比利·所罗门一起打高尔夫球。聪明而内向的古特弗罗因德在欧伯林学院念的是英语专业，本来打算当老师。他从朝鲜服役归来后，比利·所罗门请他到纽约市去看看。这个年轻人被交易所里的繁忙景象深深吸引，于是决定当一名学徒。

由于在市政债券和大公司债券业务上表现出色，他在 34 岁时就成了公司的一名合伙人。他带领所罗门兄弟公司在股票承销业务中获得了惊人的成绩，但还算不上是华尔街的知名人物。越南战争期间，已留了大胡子的古特弗罗因德在美国金融的核心地区领导了一次反战游行。

似乎是为了给自己的不合群挣回一点儿面子，古特弗罗因德的行为总是显得无礼甚至粗鲁。在一次正式的招待会上，他被介绍给新泽西州养老基金会的负责人罗纳德·麦克霍尔德。因为对从新泽西州特伦顿得到的生意份额不满，古特弗罗因德突然破口大骂："过分，为什么非要和什么新泽西州做生意呢？"

同事们认为，他之所以破口大骂只是为了掩盖自己腼腆的性格罢了。他在公司的一位好友吉德尔·哈勒韦兹说："古特弗罗因德的问题是，他不想让别人知道他富有同情心，他不愿意脱掉这个外壳。"

比利·所罗门相信古特弗罗因德会逐渐成长并蜕变，于是他在 1978 年任命他负责公司的运营。1981 年，所罗门兄弟公司遇上了一件让人措手不及的事。那天，古特弗罗因德、亨利·考夫曼和另一个合伙人飞到了纽约南安普顿海边的所罗门兄弟公司总部。所罗门兄弟们身穿便装迎接这群穿着笔挺西服的来客，他们带来了一个坏消息——公司将不得不被出售给从事商品交易的菲布罗公司（Phibro）。（古特弗罗因德不愿卖，但最后还是妥协了。）所罗门的 70 位合伙人平均每人分到 700 万美元。

让古特弗罗因德倍感意外的是，南安普顿现在有了一条通向奥马哈的道路。这次交易之后，所罗门兄弟公司终于可以公开集资，以前所未有的速度强劲发展，但企业文化也不可逆转地发生了改变。虽然经理们还是互称“合伙人”，但那也只是个说辞罢了，现在他们不再把钱留在公司了。比利·所罗门回忆说：“他们突然都有了五六百万，甚至是 700 万美元，他们现在像关心公司的业务一样关心自己的钱。”

古特弗罗因德同意与菲布罗的首席执行官戴维·滕德勒共掌董事长大权，分工合作。当滕德勒自己的业务垮台之后，所罗门兄弟公司轻而易举地就解脱了出来，之后古特弗罗因德立即把他一脚踢开。到 80 年代中期，所罗门兄弟公司不仅在传统的债券业务上有了大发展，而且在股票业务上也开始大展拳脚。它成为股票承销业务的旗舰，而且被《商业周刊》冠之以“华尔街之王”的美誉。《商业周刊》还预言：“如果公司因故陷入停滞且利润下降的话，所罗门公司也能立刻恢复生机。”

没人期望自己陷入困境。那些年，古特弗罗因德就在自由女神像对面的一间小办公室里办公。身材并不魁梧而且嘴唇很厚的他会像一阵风一样穿过两排股票交易员，身后留下一股雪茄味。他发起怒来甚至连双下巴上的赘肉也会抖个不停，所有的部下对他都敢怒不敢言。一位合伙人回忆说：“他经常责骂下属，有时会让你觉得自己就是一个废物。”

据说古特弗罗因德曾鼓励他手下的明星债券交易员约翰·梅里韦瑟花 100 万美元去赌一局说谎者的扑克牌游戏，那是债券市场生意沉闷时交易商们玩的游戏。这件事记录在当时揭示公司内幕的畅销书《说谎者的扑克牌》上，也许这件事是捏造的，但它给古特弗罗因德蒙上了交易商大佬的神秘色彩。

在不玩扑克时，约翰·梅里韦瑟等证券奇才（其中有些是博士）就会用复杂的交易手段在利差中玩几百万美元的套利游戏。古特弗罗因德鼓励他们冒险，对不可避免的损失也很有男子汉气概。他不仅鼓励他们克服恐惧心理，还要求他们绝对忠诚。

“古特弗罗因德的管理方法真是让人印象深刻，”会计师马丁·莱博维茨评价说，“他就像在一条长廊中漫步，所到之处都变得灯火通明。”

古特弗罗因德的影响力渗透到公司的每个角落。股票交易员都知道如果他们有什么道德缺陷的话，那么整个公司就有可能会毁于一旦。在德崇证券公司、基德尔和摩根士丹利等大投行都因为内幕交易而麻烦缠身之时，所罗门却能出淤泥而不染。古特弗罗因德深受传统伦理道德的影响，因此对那些寡廉鲜耻的生意人总是敬而远之，对那些自己都感到不合规的交易也不会涉足。

但在出售合伙人公司的问题上古特弗罗因德最终还是向其他合伙人屈服了。他同意他的银行家资助雷弗科（Revco）和美国南方公司的杠杆收购，并授权贷给 TVX 电台发行的垃圾债券融资。尽管古特弗罗因德外表强硬，但是性格却优柔寡断，这导致了三次交易的惨败。

实际上，古特弗罗因德并没有真正的控制权，各部门也没有预算控制。在 1987 年之前，所罗门甚至没有一个首席财务官。那年债券市场崩溃后，古特弗罗因德才发现公司的人员太臃肿了，可惜为时已晚。公开上市之后，公司的人员规模增加到了过去的 3 倍，达到 6 800 人。古特弗罗因德在股票和投资银行业中注入了大量资金，但并没有得到预期的可观收入。有一次他在接受《纽约时报》采访时表示：“我的问题在于用人过于谨慎了。”

古特弗罗因德解雇了很多人，从这一巨大的数字中合伙人或多或少也能够读出他内心的痛苦。他身边围着一群活跃的股票交易员，而古特弗罗因德则像一只笼中鸟一样在办公室里来回踱步。有一次，公司的合伙人一起去马萨诸塞州的科德角度假，莱博维茨发现古特弗罗因德一个人躲在角落里喝闷酒。莱博维茨就问他怎么了，古特弗罗因德无奈地说：“工作迫使我去伤害一些我不愿伤害的人。”

为了在公司掌握大权，古特弗罗因德对管理层一再进行调整。和他关系亲密的同事刘易斯·拉涅里实际上独掌贷款抵押部，按惯例从每次交易中都能拿到一定的好处。但是，古特弗罗因德还是无情地解雇了他。所罗门兄弟公司也和竞争对手在争夺精英债券交易员、中层银行家和推销商的战争中打得硝烟弥漫。著名的股票交易员艾拉·哈里斯和债券市场大亨亨利·考夫曼都在一气之下离开了公司。古特弗罗因德的宝座也岌岌可危，有人曾密谋想推翻他，但都以失败告终。

造成这种钩心斗角局面的主要原因就是年终奖问题。古特弗罗因德想少发放一些分红，但所罗门兄弟公司的各位元老或部门经理等中高层纷纷使出各种手段迫使他提高奖金额度。

在事业面临重重困境之时，古特弗罗因德的后院也开始起火。就在公司打算公开上市的时候，他与曾在泛美航空公司任职的一位空姐再婚了，并试图成为一位社会名流。本来不喜交际的古特弗罗因德打算成为一个像盖茨比一样的人物，他和妻子耗资 2 000 万美元在第五大道买了幢豪华别墅，并且经常举办奢侈无度的聚会。更加穷奢极欲的是，这位比古特弗罗因德小 16 岁的金发美女苏珊·古特弗罗因德还在巴黎的格勒奈尔大街买下了一幢 18 世纪的房子，以便去巴黎度假时有个住处。

虽然众人抨击苏珊·古特弗罗因德经常让丈夫分心的说辞不一定属实，但她确实使古特弗罗因德与同事之间的关系变得更紧张了，因为他们也想多抢点儿风头来得到老板的赏识。苏珊甚至连招呼都没有打一个，就把他们钟爱的高管会议室改头换面，把他们喜欢的舒适长沙发换成了毛茸茸的长椅，老式的烟灰缸也不见了。“现在会议室看起来就像个法国妓院，”一位合伙人抱怨说，“我叼着雪茄在房间里走了一圈，还是不知道该把烟灰弹在哪儿。”

古特弗罗因德也越来越喜欢向公司外面的专家进行咨询。到了 80 年代晚期，他每周都要往奥马哈打好几个电话。毫无疑问，公司最大的股东巴菲特对他帮助很大，古特弗罗因德向《机构投资者》杂志坦言，他对巴菲特的信任甚至超过了合伙人：

> 沃伦是一座宝库。每当我有不适合向公司内部员工咨询的问题，但又想得到可靠的答案时，我就去找他。说得更加直接一些，我不相信公司内部员工能给我完全客观公正的答案。沃伦非常棒。

自从20世纪70年代中期古特弗罗因德拯救了政府雇员保险公司之后，巴菲特就对他很感兴趣。他一再称赞古特弗罗因德的“诚信”，但他和芒格对所罗门的混乱局面很是不满，古特弗罗因德和其他董事手里甚至连公司最新的资产负债表都没有一张。

1990年，所罗门兄弟的利润锐减了1.18亿美元，而古特弗罗因德却把公司的奖金库总额增加到了1.2亿美元。这一做法让巴菲特吃惊不已。所罗门兄弟的税前每股收益率仅为10%，比该行业所有公司的平均盈利水平都要低很多。它的股价一直在每股25美元以下徘徊，8年来几乎没有什么改变（而同期道琼斯指数已经增长了近3倍）。股东们手里并没有多赚到一美分，给高管的奖金却逐年增加。按照巴菲特的说法，这些富得流油的投资银行家是在牺牲股东的利益来换取一大堆免费“食品券”。这种做法与巴菲特的哲学完全相悖，他对此感到十分不满。

当年年底，巴菲特召见了公司的执行委员会（之前他很少干预公司的管理），让他们把奖金下调。“我不管你们是怎样付钱的，你们可以把钱都给一个人，”巴菲特严厉地说，“而且奖金总数不对。”巴菲特是公司由三名董事组成的薪酬委员会成员之一。

之前忽略了巴菲特意见的古特弗罗因德命令手下的银行家们减少奖金。但那些自立山头的高管极力反对，最后他只好同意把奖金额再提高700万美元。

巴菲特对这一奖励决议投了反对票，这是他唯一一次对管理层投了反对票，但其他人都投了赞成票，于是他只能少数服从多数。巴菲特投票反对古特弗罗因德的消息传遍了整个所罗门兄弟公司。后来巴菲特解释，他觉得对高管不合理的奖励是难以忍受的，这种奇高的报酬会让整个公司“失去理智”。但所罗门就是一个不理智的公司，尽管效益不算好，但拿到 100 万美元以上年薪的经理人竟然超过了 106 人。

精明能干的约翰·梅里韦瑟的套利团队中竟有人拿了 2 300 万美元！尽管这一团队确实为所罗门公司创造了巨额利润，但别人的奖金都只有 7 位数，这位交易员的奖金实在是高得离谱，让人不禁怀疑到底有无公平可言。负责政府债券的保罗·莫舍更是"赚疯了"。

保罗·莫舍年仅 34 岁，颇受上司信任。他眯着双眼，戴着一副金边眼镜。他在美国纽约长岛长大，在美国西北大学获得了工商管理硕士学位，于 1979 年加入所罗门，成为债券推销商。

他在约翰·梅里韦瑟的团队里默默无闻地干了 4 年。1988 年，古特弗罗因德说服他接手政府债券部，说这是"第二好"的工作。尽管如此，他还是孜孜不倦地工作。

他和同在华尔街工作的妻子在巴特利城市公园弄了套公寓，从那里步行就可以去公司上班。他甚至在卧室里也装了个交易显示屏，而且已经习惯每天 6 点就起床接听从伦敦打来的国际长途。保罗·莫舍在 1989 年赚了 400 万美元，在 1990 年赚了 475 万美元。

保罗·莫舍的性情非常急躁。当公司的审计员约翰·麦克多诺通知他要对政府债券部进行审计时，他勃然大怒："你难道看不到吗？我这儿运行得很好！"

"保罗，你没有权利不接受审计。"约翰·麦克多诺对他说。

"太过分了，每次想好好干点儿事，你们就给我添堵。"保罗·莫舍怒吼道。

保罗·莫舍的上司约翰·梅里韦瑟听说此事后笑道："他这个人说话你就别太当真。"尽管如此，从未有人怀疑过保罗·莫舍的敬业精神。

保罗·莫舍的工作就是在美国财政部出售国债时参加投标并在发行后进行交易。美国国债市场的规模在全球债券市场中是首屈一指的，日成交额高达 1 000 亿美元，而纽约证券交易所的日成交额只有 80 亿美元左右。这一市场上的大鳄全是纽约联邦储备银行选定的"主要经销商"。虽然理论上人人都可以参加美国国债的投标，但只有那几家主要经销商可以代理客户的投标，因此它们可以提前捕捉到市场风声。在 39 家主要经销商中，所罗门是经验最老到的，因此它得到的国债份额也往往是最大的。

所罗门对美国政府的这种青睐感恩在心，因此和其他经销商一样，想尽最大努力帮助政府平稳地发行国债，并让主管官员及时了解债券市场瞬息万变的行情。公司的交易商每天都会和美联储官员进行沟通。

这种关系其实是非正式的，有点儿像把信息告诉与自己亲近的小集团，这是在法制不健全时期的一种君子协定。每个季度，包括所罗门在内的经销商和投资人都会被请到财政部，听取政府的融资需求并提供行动建议。（经销商则要以名誉担保不向自己的办公室或是交易所打电话。）然后这些银行家和官员会一起去麦迪逊酒店吃晚饭，吃的通常是烤羊排。

他们只有在公开竞标时才是对立方，经销商想要以最低代价获得标的，政府则希望得到最高价。每次竞拍前，保罗·莫舍这样的交易商总要不遗余力地调查每个客户的意见以确定需求。同时所罗门和其他经销商则会派业务员守在意大利文艺复兴时代风格的美联储大楼的一排电话旁。在下午 1 点钟竞标开始前的几秒钟，业务员们会得到他们的报价并记录下来。他们把报价单投入木盒，当下午 1 点的钟声敲响时，美联储的一名工作人员就用手遮住木盒插孔不让别人再投单了。

这套结构复杂的融资体系自“一战”以来，已成功地为美国政府进行了多次融资。1990 年，财政部出售了 1.5 万亿美元的汇票、单据和债券。只有 1962 年发生了点儿麻烦。当时摩根的银行家想买下一半要招标的国库券。财政部部长担心摩根有操纵市场的企图，他当然不愿只依赖于少数几家经销商。从那以后，财政部规定每家公司最多承揽 35% 的份额。

通常中标的经销商也拿不到这个份额，因为它们是按比例分配销售的。但精明的保罗·莫舍找到了政府规定中的一个漏洞。他认为承销的比例不得超过总量的 35%，但关于投标额并没有限制。于是在 1990 年 6 月，他的投标额是财政部招标总额的两倍。虽然销售比例早就已经分配好了，但保罗·莫舍还是拿到了最大的单子。

西服笔挺、负责招标的官员迈克尔·巴沙姆马上给莫舍打电话，警告他不能再这么干了。毫无疑问，巴沙姆的意思是下不为例。

但是，仅仅在两周后美国财政部要出售50亿美元的债券时，莫舍却投标要买100亿美元。巴沙姆目瞪口呆，他不相信一个经销商胆敢公然向美国财政部挑衅，而且是70多年来为数不多的一直参加财政部烤羊排晚餐的经销商。巴沙姆拒绝了莫舍的投标，并宣布他的投标上限不能超过总额度的35%。

莫舍接下来采取了一个让人难以置信的行动，他威胁要越过巴沙姆直接与财政部部长对话。然后他在媒体上掀起了轩然大波，这种不礼貌的做法让财政部大为光火。所罗门受到了警告，公司的高管安排与财政部负责金融事务的副部长罗伯特·格劳伯共进早餐，并让莫舍道歉。莫舍别无选择，但他显得很不服气。所罗门很担忧，就命令莫舍再打电话道歉，然后让他去伦敦先冷静一段时间。

但莫舍在业务中陷入之深并不为所罗门所知。在7月和8月的投标中，他假装得到了他的客户授权并进行投标，还获得了很大的承销份额。

1990年12月，在竞拍4年期的国债时，莫舍假冒水星资产管理公司的名义提出了10亿美元的投标。莫舍的副手告诉自己的一个手下把国债从水星资产管理公司的账户上“卖给”所罗门，就好像水星资产管理公司真的参加了投标，然后又把国债卖给所罗门一样。为了掩护莫舍的作假行为，他的手下在交易票据上写下了“不需证实”的字样，这样就不会有人向水星资产管理公司询问这次交易的事了。

1991年2月，莫舍继续如法炮制，在没有得到授权的情况下，又为两位客户量子基金和水星资产管理公司“提出”了35%的份额上的投标，实际上是所罗门自己在投标。最后，所罗门和它的“客户”得到了占全部竞标额57%的债券。

美国财政部当然不知道这些债券其实是违反规定的。但到了4月，财政部一位官员在检查招标情况时，例行公事地给水星资产管理公司的一位高管查尔斯·杰克逊发了封信。莫舍也得到了一份复印件。大家可以想象莫舍当时有多么忐忑不安。信中提到了所罗门“代表水星资产管理公司”在2月进行的投标，但水星资产管理公司却完全蒙在鼓里。

莫舍火急火燎地想要自保，他赶紧给杰克逊打电话，低声下气地说这次投标是因为某个工作人员出的错，所罗门正在进行查办处理。他请杰克逊不要给财政部回复，不然这会让他非常为难。杰克逊同意了他的请求。

为了安全起见，莫舍告诉约翰·梅里韦瑟他投错了一次标，并说正在努力尽快平息这一事件。约翰·梅里韦瑟当时惊得目瞪口呆，他说莫舍是在搬石头砸自己的脚。

“还有什么我不知情的吗？”约翰·梅里韦瑟追问道。

莫舍又撒了谎。他说只此一次，并请求再给他一次机会。

几天后，也就是在4月29日，在所罗门位于世界贸易中心附近的新总部——一座粉色花岗岩和玻璃建筑中，约翰·梅里韦瑟与古特弗罗因德、公司总裁托马斯·斯特劳斯和首席法律顾问唐纳德·福伊尔施泰因会面。古特弗罗因德在听到这一消息后大为光火。

“你怎么可以乱打客户的旗号？”他厉声质问道。

约翰·梅里韦瑟为莫舍求情，说他工作勤奋，只是一时糊涂犯了个错而已。但他们知道莫舍这次违规操作并不是没有先兆的。他们讨论了莫舍和巴沙姆之间的冲突和他对公司审计部门的不敬。

福伊尔施泰因说虚假投标很可能会触犯法律。他认为虽然没人要求所罗门这么做，但还是应该向监管部门报告。古特弗罗因德犹豫不决。他迟疑良久也无法决定，到底是应该向财政部报告（由于莫舍与巴沙姆之前的嫌隙，此举是个不明智的选择），还是应该向美联储报告。如果选择向美联储报告，那他们直接给纽约联邦储备银行主席杰拉尔德·科里根打个电话就解决了，但他们也许可以在某次私人会面时再向美联储透露这个消息。公司的几位高管都同意公开莫舍的错误行为，至于由谁在什么时候公开却还没决定。毫无疑问，莫舍得交由政府处置了。

任何处在莫舍这个位置的人都得谨慎过日子了，至少暂时需要收敛锋芒，但在莫舍的字典里找不到“低调”这两个字眼。在 5 月竞标两年期国债时，他出了个意想不到的高价，拿下了 106 亿美元的额度，即 87% 的份额，由所罗门和两位客户分担。莫舍确实很聪明，但聪明过头了。

许多经销商由于得不到承销份额，被逼上了绝路，导致了一场疯抢两年期国债的肉搏战，国债的价格也直线上涨。莫舍从中挣得了 1 800 万美元。（前几次虚假投标还让他赚了 400 万美元左右。）

但交易商大声抱怨，有人直接向华盛顿抱怨所罗门垄断了市场。除了预谋独家控制价格外，提高价格并不算非法行为，这样的做法其实并不罕见。但 5 月份提高价格的做法使许多人都蒙受了损失，有几家交易商因此破产。

财政部对莫舍非法投标一事依然一无所知，但巴沙姆和他的同事们已开始盯上莫舍了。现在让巴沙姆大吃一惊的是，他发现财政部信任的交易商竟然出现了操纵市场的无耻做法。在阵亡将士纪念日前，他秘密通知了美国证券交易委员会。

当整个华盛顿还沉醉在樱桃花的芳香中时，华盛顿的调查机器已悄悄地开始运转。美国证券交易委员会和司法部开始联合秘密调查所罗门在这次价格抬高中所扮演的角色。之后，所罗门的客户收到了传票。

同时，财政部受到了国会的压力，因为国会听到了许多交易商的抱怨声。马萨诸塞州的民主党也开始准备一个旨在加强债券市场监督的议案。

所罗门兄弟公司玩世不恭但精明能干的政府游说家斯蒂芬·贝尔对即将到来的司法程序感到十分担忧。当看到关于抬高价格的报道时，他知道麻烦挡不住了。

贝尔是新墨西哥州人，平时爱穿一双牛仔靴。他在给所罗门兄弟公司的政府债券部的电话中怒吼道：“你们干什么呢？”莫舍说所罗门兄弟公司没做错任何事。虽然莫舍极力掩饰，但贝尔知道无风不起浪，否则华盛顿方面不会有这么大动静。

6 月初，在斯蒂芬·贝尔的催促下，古特弗罗因德礼貌地拜访了财政部副部长罗伯特·格劳伯。尽管他的律师已一再提醒他，但他还是没透露非法投标的事。当然，由于财政部对抬高价格的做法已经开始起疑心，现在透露的话情况可能会变得更糟。古特弗罗因德僵硬地坐在罗伯特·格劳伯的面前为自己的公司辩解，并表示会积极配合。但他没提及公司政府债券部的负责人向财政部撒谎一事。因此，罗伯特·格劳伯并不明白他此行的目的到底是什么。

也许古特弗罗因德讨厌在所罗门复兴之日发生这样的丑闻，但现在他得解释自己为什么迟迟不说了。就像久久保持缄默的证人，他的做法好像让人觉得他也有罪一样。古特弗罗因德对斯特劳斯说，他还是想公开非法投标的事情，虽然这只是“小事”。但是让古特弗罗因德感到意外的是，美国财政部（所罗门历史悠久的合作伙伴）的看法却和他迥然不同。

到了 6 月底，古特弗罗因德得知所罗门成了民事和刑事案件调查的对象。他立即请沃奇泰尔－利普顿－罗森－卡茨律师事务所（以下简称“沃奇泰尔律师事务所”）来调查所罗门的虚假投标案，但他还是没透露莫舍虚假投标一事。他对自己的律师都守口如瓶。直到 7 月 12 日，律师发现了非法投标的证据，所罗门公司这才向他们坦露实情。

在之后的一个月里，律师发现了 6 起非法投标违规操作。律师事务所的高级合伙人、古特弗罗因德的密友马蒂·利普顿告诉他，虽然他没有公开这些违规操作的义务，但是他应该这样做。古特弗罗因德同意了。他认为自己做得没错，即使无人喝彩，也应得到赞许。

8 月 8 日（周四），所罗门向董事们通报了此事。他们用塔霍湖畔一家饭店边上的户外收费电话通知了巴菲特。巴菲特由于了解不多，所以并不很在意。但正在明尼苏达州的度假小屋里吃饭的芒格则要求公司认真地解释此事。

同一个晚上，古特弗罗因德和斯特劳斯给纽约联邦储备银行的杰拉尔德·科里根打了电话，大致描述了律师事务所发现的情况，并承认之前自己知道存在某次非法投标。科里根很冷静。同样，古特弗罗因德也给美国证券交易委员会主席理查德·布里登和罗伯特·格劳伯打了电话。

周五，所罗门在报纸上公布了此事，但写报道的沃奇泰尔律师事务所的律师们照例只是轻描淡写，他们没说古特弗罗因德和斯特劳斯早在几个月前就知道存在一起非法投标。报纸上曝光的只是含糊其词和不完整的情况。承销商和交易商放心地回家过周末去了，他们认为这只是莫舍和他的副手闯的祸，这些人向大家隐瞒了违规交易的事，两人都被暂时停职了。

到了 8 月 12 日（周一），媒体的调子变了。《华尔街日报》集中火力攻击古特弗罗因德和斯特劳斯在其中扮演的角色，认为古特弗罗因德与非法投标有染是不妥当的。

> 一位知悉该公司内情的人士透露：“我简直不敢相信，所罗门兄弟公司的管理者竟然不知道自己公司的投标额是多少。”

看到这些报道的时候，古特弗罗因德明白媒体的关注点已经从莫舍转到了自己身上。他立即召集主持所罗门周一投资银行家会议的德里克·莫恩和主持每周销售例会的威廉·麦金托什。他要这两人再次向下属保证问题都在“掌控之中”，这两人也照传了“圣旨”。但事实上问题并没有真的在掌控之中，所罗门的股价一开盘就在走低。更糟糕的是，交易商们开始抛售所罗门赖以融资并从事经营活动的短期商业票据。

当天晚些时候，市场上谣言四起。麦金托什再次面见古特弗罗因德和斯特劳斯，他们承认还有更多起非法交易，而且在 4 月就已得知其中一笔违规交易。拥有 30 年丰富从业经验的麦金托什直接要求古特弗罗因德辞职，但遭到了拒绝。不过他允许麦金托什写一份更好的新闻稿。

星期二，麦金托什给德里克·莫恩打电话：“德里克，我又发现了一些情况，我真的很难受，你现在是我唯一可以信赖的人了。”

德里克·莫恩是英国人，曾把所罗门兄弟公司的东京分部变成了一棵摇钱树。他最近被召回纽约以振兴公司金融部。他出生于一个煤矿工人家庭，毕业于伦敦经济学院。现年 43 岁的德里克·莫恩有望成为古特弗罗因德的接班人。

就在一天前，莫恩刚为古特弗罗因德的“正直”打了包票，现在他和麦金托什都觉得似乎被人重重地扇了一耳光。他给所罗门兄弟公司的律师扎卡里·斯诺拨了电话：“扎卡里，我想和你谈谈，我想知道事实。如果你不来，那就说明问题了。”

这时，美联储的一封信送到了古特弗罗因德手中。杰拉尔德·科里根要了解事实，而且他暗示所罗门原来的经销商地位现在已经岌岌可危。古特弗罗因德和斯特劳斯觉得事态变严重了，于是赶紧给科里根打电话，但发现对方的态度并不友好。这位强悍的纽约银行业执牛耳者对在他眼皮底下出现这种丑闻深感不悦。科里根觉得自己是在“零零星星”地挖真相。据说他当时对斯特劳斯大发雷霆：“你怎么能这样对我呢？”

周二晚上，所罗门的高管们齐聚在沃奇泰尔律师事务所。在对古特弗罗因德的罪过进行了一番挞伐之后，他们起草了第二份新闻稿。这次他们闪烁其词地承认“公司的高管层”之前就知道那些违规投标。芒格站出来表态：“不要说什么‘高管层’，直接指名道姓说是谁就好了。”大家最后就这么决定了。

一周前，古特弗罗因德还是华尔街上备受尊敬的银行高管，但到了本周三他的职业生涯就危如累卵了。他 4 月份就得知非法投标一事，但仍纵容莫舍一错再错，这一消息曝光后产生了连锁反应。在其他管理者、律师、记者和所罗门兄弟公司的雇员眼中，公司与刚刚败下阵的德崇证券公司并无二致，后者一年前因与政府发生长期争执而最终败走麦城。

周四，客户们都开始另投别家，威斯康星州投资委员会也将所罗门兄弟公司除名。穆迪公司宣布它的信用有可能降级，公司客户直截了当地说除非公司高层大洗牌，否则根本不必再打电话。与亲信们躲在 43 楼的古特弗罗因德成了人见人躲的“麻风病人”。

在 13 楼，留着平头的莫恩就像在战场上和司令部失去了联系的排长那样，发出一些暂时性的指令，但他无力平息市场上的波动。一夜之间，公司的股价从每股 37 美元狂跌到每股 27 美元。债券市场也和这位之前的债券之王翻了脸。所罗门兄弟公司的中期债券跌幅也从曲线上的 60 点变成了 300 点。公司的信用摇摇欲坠。人们建议莫恩给巴菲特打电话求援。

周四晚上，科里根与古特弗罗因德再次通话。这次科里根明确表示他将取消所罗门兄弟公司作为主要经销商的资格。

身处高位的人，特别是那些在巴黎还有度假别墅的人很难理解丧钟也会为他们而鸣。古特弗罗因德当然从未想到莫舍的小动作会把他掀翻在地，但如果没有科里根，他都不知道自己还能不能再干下去。

周五一早，古特弗罗因德一觉醒来就发现自己的照片上了《纽约时报》的头版头条。他觉得不啻在看自己的讣告。6 点 30 分，他给科里根拨了电话，对方并不反对他辞职。然后他又给利普顿打电话，对方当时正在刮胡子。利普顿总是热心帮助朋友，尽管他的雇主是所罗门而不是古特弗罗因德。利普顿让他再冷静考虑一番。

曾是证券之王的古特弗罗因德急匆匆地赶到了办公室。当时奥马哈时间还不到 7 点，他往巴菲特家打电话叫醒了他。古特弗罗因德说他决定辞职，并要求巴菲特伸以援手。

巴菲特感到困惑，因为他一向谨慎，就怕卷入这样的纠纷中。他在奥马哈的生活也很有规律。过去当汤姆·墨菲准备购买美国广播公司时他曾说：“想想它可能会给你们的生活带来什么变化。”现在，巴菲特无疑也在考虑这个问题。

“你必须来纽约，”古特弗罗因德坚持说道，“我都已经看到自己的讣告了，你看看今天的报纸吧。”

“好吧，容我想想。”

巴菲特洗了澡，穿上衣服，按老路线去了凯威特广场，脑子里想着所罗门的资产负债表。他知道它的资产近 1 500 亿美元，其中只有 40 亿美元是股票。所罗门比花旗银行以外任何银行的资产都更加雄厚。然后他开始考虑所罗门的无形资产：公司的生意很赚钱，并不会破产，关键是对生意极为重要的管理层一夜之间就垮了。董事们周日将接受古特弗罗因德和斯特劳斯的辞呈，需要有新人来管理公司。

巴菲特的心腹们感到忧心忡忡，不知他是否该这么做。芒格－托尔斯－奥尔森律师事务所的律师罗·奥尔森警告巴菲特说“这是一个风险很大的决策”，一旦失败，他的名誉将毁于一旦。霍华德也提醒父亲说：“对付所有想要把你置于死地的人，现在就是绝佳的机会。”

比较保险的做法是让所罗门安静地死去。不错，巴菲特在所罗门有7亿美元的优先股。优先股要比普通股安全得多，但芒格和巴菲特都觉得不能随波逐流地遭受这么多损失。

但无论如何，巴菲特还是失去了一些东西。巴菲特认为自己的职业信条就是要把股东和公司的利益紧密地结合在一起。古特弗罗因德由于软弱无力和优柔寡断而失去了别人的信任，但公司与股东之间的这种紧密联系是双向的。作为所罗门最大的股东，巴菲特也负有责任。他肩负的这种责任与命运极为相似。

中午时分，巴菲特乘上飞机，直奔纽约。

周五的大部分时间里，所罗门的股票交易几乎停牌，它的日常业务也停滞了。公司的高管齐聚董事会议室。中午时分，古特弗罗因德进来了，宣布说：“巴菲特将出任首席执行官。”其他人都在焦虑地来回踱步。据莫恩说：

> 公司里的每个人都放下了电话。他们知道正在开关于新管理层的会议。在等待新首席执行官产生的时候，我们的内心竟然莫名其妙地产生了一种憧憬。

公司高管们也知道，要走出低谷也许还需要几天或是几周的时间。一个接一个的会议已经让他们累得两眼发直了。公司的首席财务官唐纳德·霍华德说：“我们都感觉有点儿回不过神来了。”

当天下午，巴菲特把头探进董事会议室，热情地跟大家打招呼：“嗨，大家好！”他很有幽默感地和大家开玩笑说，“我们现在遇上了点儿小麻烦”，似乎公司只是失去了一名不错的信件收发员而不是首席执行官。然后他大声地说：“我对古特弗罗因德和斯特劳斯感到很难过。我们有什么办法可以拯救约翰·梅里韦瑟吗？”

巴菲特对他现在要负责的丑闻细节仍一无所知，但他不想盘问。他环视了四周后说，大家显然都累了，该休息一下了。他这种轻松的方式很快就收到了效果，这些高管本周以来第一次感到精神一振。

“这只是暂时的弯路。”

巴菲特说得就好像他什么都知道一样。

然后巴菲特去公司礼堂把所有经理人都召集起来。古特弗罗因德首先发言。他说公司很幸运，因为有巴菲特前来相助，他本人也会完全支持公司。古特弗罗因德并没有表现得多愁善感，依旧带着一点儿不屑一顾的神情。古特弗罗因德没做错什么，但他得走人了。莱博维茨觉得他冷冰冰的告别仪式真是“太凄凉了”。投资银行家理查德·巴雷特也说：“这太像古特弗罗因德的风格了——让糟糕的时刻变得更糟糕。”大家都清楚地记得古特弗罗因德最后说的那句话：“道歉管什么用！”

过了一会儿，巴菲特第一次站在了这支队伍面前。他发现公司处境艰难，急需有人来领导，但又不知该走向何方。现在巴菲特告诉他们，所罗门不能只遵守规则，他的标准将更加严厉。

“这不仅是湿鞋的事，连在河边走都不允许。”

这不仅仅是一种警告，也是一种激励。它唤醒了人们对公司丧失已久的荣誉感的模糊记忆。第二天，《纽约时报》刊登了巴菲特对在场所有人说的话，也正是他们想听到的话：

> 巴菲特先生要求公司的经理人严格依法办事，公司的高层对这位即将上任的董事长报以雷鸣般的掌声。

BUFFETT

第22章

所罗门闹剧

危机

周五傍晚，巴菲特和古特弗罗因德、斯特劳斯一起离开了所罗门兄弟公司。他们乘坐的那辆高级轿车在金融区里蜿蜒而行，6点钟正值下班高峰，路上车水马龙、人来人往。科里根一脸严肃地在纽约联邦储备银行大楼里接待了他们。他强调所罗门作为承销商的地位已经岌岌可危，同时他明确要求彻底查清非法投标事件，而且希望董事会进行调整，尽快恢复到公司过去鼎盛时期的样子。巴菲特请求给他们一些时间，不然他就得像战败的日本武士那样剖腹谢罪了。

第二天一早，巴菲特再次把所罗门的十几位高管召集到了位于市中心的沃奇泰尔律师事务所办公室。巴菲特看着他们（他与其中有些人素不相识），他冷静地宣布要从中选出一人来管理公司。

“我要与你们中的每个人单独谈话，”巴菲特说，“每次我都只问同一个问题——你觉得该由谁来管理公司？你们想好了就可以去找我。”说罢，巴菲特就走进旁边的一个房间，关上了门。

除了两人之外，其他高管提名的都是同一个人。莫恩说：“恐怕此人非我莫属。”

当巴菲特从房间出来时，律师事务所的合伙人劳伦斯·佩德韦兹简单地介绍了莫舍违规投标事件的调查情况。巴菲特询问了有关约翰·梅里韦瑟的问题。大家一致认为，所罗门的最高领导层并没犯什么错误，但迫于清理内部的呼声，约翰·梅里韦瑟必须引咎辞职。后来巴菲特私下会见了约翰·梅里韦瑟。本次事件的第一位牺牲者约翰·梅里韦瑟被迫辞职。

周六晚上，镜头转向了曼哈顿东部的克里斯·塞拉牛排馆。巴菲特、芒格和古特弗罗因德正在这里吃饭。古特弗罗因德主动请缨，愿意再为所罗门提供咨询建议。巴菲特礼貌地说他需要各种帮助。这位曾经的华尔街之王举起酒杯祝贺这个新团队的诞生。

周日早上 10 点钟，在世界贸易中心大街 7 号外面，公司的董事们穿过摄影记者的重重包围，艰难地走向第 45 层的董事会议室。情形恶化的速度比他们想象的还要快。他们刚在核桃木会议桌旁坐下来，噩耗传来，财政部取消了所罗门参加债券竞标的资格。

董事会里一片混乱。巴菲特不断冲出房间去接政府官员打来的电话，其中有财政部部长尼古拉斯·布雷迪、助理部长杰尔姆·鲍威尔，还有科里根，他正与美联储主席格林斯潘等人开重要会议。巴菲特恳请这些官员能够法外开恩。他提醒说，所罗门资产负债表上巨额的 1 500 亿美元几乎全都是靠短期证券来进行融资的。公司每天经手的交易数额高达 500 亿美元，其中只有 10 亿美元是以所罗门的名义担保的，这样的资产很快就会枯竭。它如果不能重新融资，就只能被逼上破产清算这条绝路了。与此同时，沃奇泰尔律师事务所正在准备公司宣布破产的法律文件。虽然当时纽约还是早晨，但离东京股市开市只有几小时了。巴菲特担心财政部对所罗门的严厉制裁会引发日本融资危机，并最终导致公司倒闭。巴菲特亟须证明政府仍然信任所罗门或是巴菲特本人。

同时，所罗门被政府打入冷宫的消息在新闻界被炒得沸沸扬扬。公司雇员们在交易厅里惶惶不安地四处游荡，就像在等待某个亲戚的葬礼。债券交易人埃里克·罗森菲尔德、一年赚走 2 300 万美元的劳伦斯·希利布兰德和麦金托什正考虑用期权来紧急筹资。莫恩正与日本方面通话。37 岁的首席财务官约翰·麦克法兰匆匆忙忙地赶回了办公室，他正忙着计算所罗门第二天需要多少现金。

在董事会办公室里，古特弗罗因德已经辞职，巴菲特接过了权杖。巴菲特一贯的幽默感不见了，但他在开会时仍像原来那样平静而且目标坚定、明确。当董事多伊·安德鲁斯发现巴菲特本人在所罗门也有许多投资时，他就放心多了。还有人因为巴菲特与许多政府官员私交甚笃而感到欢欣鼓舞。不管出于什么原因，所有董事都认为巴菲特集名誉、财富、权势和内在能力于一身，正是所罗门的救世主。巴菲特在之前职业生涯中积累的工作习惯，特别是喜欢独自决策的习惯，现在正好派上了用场。

但巴菲特还不敢肯定是否要接这个烫手山芋。如果所罗门仍被列在财政部的黑名单上，他所能做的就和所罗门的内部人士没什么区别了。芒格则观点鲜明，他认为巴菲特应该坚决拒绝这项任命。

中午时分，布雷迪部长的电话来了。当巴菲特踱出会议室时，芒格朝他厉声吼道："你要是接手，简直就是疯了！"

布雷迪当时正在萨拉托加的别墅里度假，他在那里评估了华尔街最大的公司倒闭会给市场带来多大的冲击。巴菲特在旁边一个装饰着古代陶器和淡紫色墙纸的房间里接过了话筒。巴菲特一一细数了所罗门最近的大洗牌：莫舍被解雇，古特弗罗因德和斯特劳斯辞职，公司采取了一些新的特殊方法避免类似事件再次发生，此外他还以个人名义担保要对公司进行全面整顿。

> 我告诉部长我会对公司严加管制，如果不成功，我自己会承担责任……同样，我也在规划公司的未来，这会让公司的面貌发生翻天覆地的变化。

不过，巴菲特补充说，如果财政部将所罗门除名，他当这个董事长也就毫无意义了。

布雷迪明白巴菲特采取的其实是一种激将法，但本能告诉他，巴菲特不会撒手不管。"过去他从未在中途放弃过任何投资。"布雷迪对此心知肚明。

布雷迪对所罗门消失后的前景也感到不安。美国的金融体系已经经历了黑色星期一、德崇证券公司倒闭风波和其他类似风波的冲击。布雷迪想："没有人比美国政府担负的责任更大。"

当然，布雷迪对巴菲特也不陌生。虽然他早在巴菲特来到所罗门之前就售出了股票，但他很清楚巴菲特后来的投资表现。近些年布雷迪常与巴菲特在凯瑟琳·格雷厄姆的晚宴上见面，也和凯瑟琳一样不时给巴菲特打电话要“真实的支票”。虽然他对巴菲特的激将法不以为然，但还是承诺要投入大量精力来清理所罗门。他们的谈话最后并没有达成共识。

公司的董事会一直开到下午 3 点钟以后，然后巴菲特按计划去公司礼堂参加新闻发布会。走出会议室时，他整了整德里克·莫恩的衣领，赞许地说：“你当选了。”从此，华尔街交易商中的旗舰所罗门就交到这两人之手，一位来自美国中西部，曾要求对短期交易征收 100% 的税；另一位曾是英国的公务员和职业经理人。

巴菲特向媒体介绍了自己和莫恩，表示自己在所罗门走出困境之前只是一位过渡性的董事长，而且不拿工资。接着他宣布了一条好消息：布雷迪刚刚改变了决定，所罗门仍可以用自己的账户参加财政部的债券竞拍，尽管还不能代替顾客进行投标。在危难时期，财政部的这一缓刑真是雪中送炭。

为了缓和记者咄咄逼人的攻势，巴菲特说他准备像一个“从未见过律师的人那样来回答问题”。巴菲特对这次丑闻其实只知道个大概。但面对各种问题，他就像在公司年会上一样表现得平静而机智。什么时候该忏悔，什么时候该礼貌地反驳，他早已轻车熟路。他愿意为过去道歉，但不会让过去与未来挂钩。

> **记者**：我想知道您是否读过《说谎者的扑克牌》？
>
> **巴菲特**：是的，很久以前。
>
> **记者**：想评论一下这本书吗？
>
> **巴菲特**：不想，我倒想确认下这本有没有再版过。

记者逼问所罗门的文化是否值得批判，莫舍是否只是冰山一角。巴菲特反驳说，总体而言，所罗门的文化还是可圈可点的，它不会“用任何形式纵容违法犯罪行为”。不过，他认识到造成这些违规操作的动机模糊不清，所罗门的文化也需要承担部分责任。巴菲特坦言："我不觉得同样的问题会在修道院里发生。"

多数棘手的问题都与古特弗罗因德有关。巴菲特宣布，古特弗罗因德对莫舍违规操作的无声纵容是"不可思议的，也是不可宽恕的"。但在就事论事以外，巴菲特对这位好朋友的赞赏并没有改变。

记者：您有没有觉得自己看错了约翰·古特弗罗因德？您对投资所罗门兄弟公司感到后悔吗？

巴菲特：我对两个问题的答案都是一个字——不。

3 个小时的记者招待会开得很成功，巴菲特的表现非常出色。会后，他走进公司高管所在的房间，宣布了一条意料之中的消息："公司将由德里克·莫恩来管理，大家不用凡事都给我打电话了。提升谁解雇谁都由他来决定。再见。"

然后巴菲特住进了附近的万豪酒店。在一天之内，巴菲特尝到了在监管者、媒体、高管和职员之间进行周旋的艰辛。要想拯救所罗门，他就得让这几方皆大欢喜，还不能怠慢公司的客户和债权人。近来，没有哪家投资银行在遭遇此类危机后还能幸免于难。

走上战场

"对所罗门来说，其实困难时期才刚刚开始。"周一的《华尔街日报》报道说。也许有人会觉得难以理解，想问为什么说才开始，毕竟违规操作的调查已经结束，肇事者也已经被解职。但《华尔街日报》的判断还是有道理的。在华盛顿，管理当局发誓要展开地毯式的清查，所罗门的债券评级也遭降级。公司仍不能参加商业票据的市场交易。越来越多的客户，例如康涅狄格州、马萨诸塞州和加利福尼亚州的公共雇员退休金体系和世界银行都放弃了所罗门。如果只考虑其中的个别客户，也许这些打击并不足为虑，但当这些打击接踵而来时，那就是一种危机了。

细细想来，其实“丑闻门”危机仍在继续，古特弗罗因德的债券旗舰已经变成了一座坟墓。

在这几条战线上，巴菲特仍奋力反击。

周一一大早，巴菲特就把家中的电话号码告诉了所罗门的几位高管，还发了封信要求他们一旦发现公司有任何新的违规操作迹象就马上打电话给他。虽然这样做的象征意义大于实际意义，却是简单而有效的一步棋。其实多数首席执行官都不喜欢别人把电话打到家里来。

同一天，他和芒格去看望了美国证券交易委员会主席理查德·布里登，美国证券交易委员会是调查所罗门的主要机构。布里登属于政府鹰派官员，他正准备把他的司法权限扩大到国债市场。为维护他雷厉风行的口碑，他警告来访者说，他时刻准备“不惜翻江倒海也要查个水落石出”。

“如果我们公司有人不配合，请随时给我们打电话，”巴菲特平静地回答说，“20 分钟之内我就给你换个新人。”

布里登被深深打动了。

回到纽约后，巴菲特开始想尽办法筹集现金。所罗门把利率定得很高，诱使交易商们出售证券。到第一周结束时，全公司的资产开始盘活了。

紧接着，巴菲特要求古特弗罗因德的首席法律顾问福伊尔施泰因辞职，并请位于洛杉矶的芒格律师事务所的合伙人罗伯特·德纳姆放下手中的工作来接替这个职位。罗伯特·德纳姆担任伯克希尔·哈撒韦的法律顾问已有 15 个年头了。“罗伯特，我很需要你。”巴菲特对他说。德纳姆觉得巴菲特的这种请求让他难以推辞。

所罗门最大的担忧来自司法部的制裁。巴菲特知道在打官司时公司是不能营业的。如果它被指控有罪，公司就几乎全垮了。（许多客户是不许与犯罪嫌疑人有业务往来的，一般的公司也不愿给自己惹一身麻烦。）现在只有一丝曙光，那就是全力与政府合作，争取缓刑，不过政府很少会放弃对明显违法操作案件的制裁。

但是，巴菲特能采用的策略只有这么一个。他本能地减少了与对手的冲突，他可是兵不血刃的专家。他往往可以不费口舌、不使手段就达到自己的目的。尽管巴菲特也害怕引起别人的敌意，但他相信一点（这一点别人需要很长时间才能体会到），那就是抬手不打笑脸人，只要不发生冲突，与人为善，就终归会有好报。巴菲特正是用这样的诚意感动了凯瑟琳·格雷厄姆，让斯坦福·利普西来到布法罗帮助他拯救报业危机，让美国证券交易委员会放弃了对蓝带公司的调查。现在他不得不与调查所罗门的官员合作，他在调查官员面前低声下气，诚实地协助司法部取证。也只有巴菲特会公开表示对丑闻负个人责任，不但要洗清污点，还要真诚地忏悔。

该事件还牵涉政治因素，当时的民意明显对所罗门兄弟公司不利。由于之前的丑闻和《说谎者的扑克牌》的影响，人们先入为主地认为所罗门已经腐败透顶。曾因美国储贷危机而名誉扫地的政府执法人员和许多国会议员也紧紧抓住所罗门兄弟公司的丑闻不放，力图向世人展示自己是多么“铁面无私”。他们也总是急于下结论，负责调查所罗门兄弟公司的得克萨斯州民主党议员 J·J·皮克尔公开宣称：“恐怕所罗门兄弟公司的问题还不只是这些我们已经看到的越轨行为，没准儿它最终会彻底翻船。”美国证券交易委员会主席布里登把所罗门当作德崇证券公司第二，他雪片般地发出了 135 张传票并要求提供调查资料。

与投机商伊万·布斯基或是迈克尔·米尔肯相比，莫舍的那点违规操作充其量只能算是小打小闹。但他胆敢冲撞财政部也从另一个侧面反映了华尔街的傲慢，这比任何具体的罪行更令公众反感。从某种意义上讲，所罗门兄弟公司是态度最傲慢的。所罗门兄弟公司的一位资深高管格戴尔·霍罗威茨曾说过：“我们可以把美国政府的债券玩弄于股掌之间，估计连迈克尔·米尔肯都自叹不如。”

当夏天过去的时候，华盛顿正以它独有的方式来大炒特炒“所罗门丑闻”。众议员马基在 9 月初安排了听证会，并请巴菲特做主要证人，参议院也安排了一周的听证会。

所罗门的政府公关贝尔很机灵地让巴菲特首先去拜访几位主要的审讯官员。有几个人毫不客气地批评所罗门的董事会缺乏监督。巴菲特委婉地说，他也后悔当时疏忽失察。他的态度显得很谦卑，甚至让人觉得他有些可怜，而他其实正用自己招牌式的温柔来化解别人咄咄逼人的攻势。他提醒大家他父亲也曾是一位议员，并自我解嘲地说他现在是自食其果。

巴菲特很坦率地承认所罗门犯下的错误，并告诉这些执法官员他是站在他们一边的。在与巴菲特交谈之后，参议员杰克·甘纳对助手说："你看，我们处理时要谨慎一些。"

巴菲特与几个主要官员的私交颇深，这让他受益匪浅。不像多数商人，他从没批评过司法机关的错误，因为他一直以来都相信政府。

证人在听证会上通常会受到狂轰滥炸，但议员们往巴菲特脸上抹黑时却很小心。虽然他在所罗门的投资有 7 亿美元，但议员们认为他不是土生土长的华尔街人士，而是大草原上的来客。"有半数以上的人都认为奥马哈是个农业小镇。"贝尔说。

贝尔与巴菲特花了很多时间一起为应对听证会做准备，他对巴菲特驾驭和把握华盛顿的能力很是佩服。他认为巴菲特比哲学家罗素更加聪明，更加善于思辨。

> 他性格温顺，一点也不鲁莽。我总觉得他像是一个出生在新英格兰地区的北方佬，就是 18 世纪那种做生意很讲诚信，认为生意成功是因为上天眷顾的人。他有明确的道德标准，但绝不多愁善感。他会坚持自己的想法，但也能做到有礼有节。他并不觉得"不"字很难说出口，他不会自命不凡，当然他也会与别人发生冲突，不过冲突的方式又很有他个人的特点。总而言之，他是个复杂的矛盾综合体。

与审判一样，听证会上也有很多不可测性。无论如何，只有这一次机会。9 月 4 日那个酷热的下午，瑞本众议院办公大楼的大厅里挤满了人，记者、说客和看热闹的民众纷纷涌入 2123 房间，房间早就座无虚席，就连过道上都站满了人。最前排挤满了全副武装的记者——一排排的聚光灯、摄像机、录音机和摄影器材。人们一下子就认出了身穿深色西服、坐在证人席上的巴菲特和坐在前排的凯瑟琳·格雷厄姆。在他们作证之前，议员们摆足了上镜头的姿势，近乎歇斯底里地宣布："……美国人民的利益……被一些傲慢的……恶毒的……交易商……给侵犯了……其中包括伊万·布斯基……迈克尔·米尔肯……我们的金融文化中……出现了这些不和谐的音符……"

众议员吉姆·斯拉特利对着证人席说："巴菲特先生，您现在有一个为全国纳税人做事的好机会……我很高兴您迅速解雇了对丑闻负有责任的公司高管……现在只能寄希望于将来不再发生类似事件……我一直认为，肇事者不配得到所罗门的任何报偿，一分钱的离职金都不应该给他们，一分钱的退休金也不应该给他们。所罗门应该把他们踢到大街上，还要狠狠地踢他们的屁股……"

在给旧体制判死刑之后，他们又迫不及待地称赞起所罗门的新班子："巴菲特先生，我得祝贺您，您的诚信是毋庸置疑的……巴菲特先生一贯走正直的路线……"

来自奥马哈城的众议员彼得·霍格兰站起来介绍他的邻居："他是一个典型的成长于美国中西部并受那里文化影响的人……他一直住在奥马哈一条绿树成荫的街道上……他从来都是主动申报个人所得税的……"

在数十位摄影师和摄像师镜头的追随下，巴菲特轻快地走上演讲台与委员会主席马基握手，四周响起的相机快门声就像夏日的蝉鸣一样此起彼伏。巴菲特的肚子现在微微有点儿发福，眉毛在眼镜框上跳起舞来，声音有些微微发颤，笑容也略显拘谨。

巴菲特少年时代的好友唐纳德·丹利的女朋友诺尔玛·琼·瑟斯顿在报刊报道的照片上看到了巴菲特。自从中学毕业后他们就没再见过，但她一下子就认出了巴菲特，他看起来依旧那么睿智。哈里·贝雅是巴菲特在沃顿商学院的好友，目前已经在墨西哥成为一名成功的商人。他观看了现场直播，觉得巴菲特还是那么"神采奕奕、精力充沛"，但也依旧有些害羞。

巴菲特面对众议员坐在证人席上，他说话时左手一直有力地做着手势：

> 首先，我想为让我们来到这儿的原因道歉。政府有权要求人人都遵守法律，而所罗门不幸违犯了其中几条。

巴菲特的这种诚恳是难得一见的。自 1912 年 J·P·摩根参加美国国会听证会以来，华尔街已有不少巨头被召到国会，但从未有人如此真诚地道过歉。

快门声又一次响起。巴菲特称赞 8 000 多名所罗门的职员“大部分都是勤劳、能干而又诚实的”。他发誓要采取新措施来保证公司守法经营。巴菲特还强调：“依法办事的精神要比口头承诺更重要。”在谈到对改组后的所罗门的展望时，巴菲特打了一个生动的比喻，似乎他可以从讲台跳进美国的每个家庭，让每个人都看到和听到他的讲话：

> 我要每个雇员都想一想，他们是否想让某些可耻的做法被刊登在第二天地方报纸的头版头条，让他们的爱人、孩子和朋友带着羞耻感往下读……如果他们明白这一点，他们就会支持我的决定：我可以允许公司的经济利益受到损失，但如果公司名誉受到丝毫影响，那可别怪我不留情面了。

巴菲特如此注重名誉，不由得使人想起了摩根的名言：“信用的基础不是金钱，而是人的品质。”但他们之间的相似之处仅此而已。摩根等人集中体现了华尔街的狡诈，但人们一致认为，在股市上大发其财的巴菲特是当年美因街带给华尔街的针对其劣行的一剂解毒良方。所罗门很难再找到一位集此两极端于一身的成功美国商人了。

众议院以及后来的参议院听证会的气氛都很温和。小组委员根本没有行使立法者的权杖。巴菲特在离开众议院时被记者团团包围，但他一头钻进高级轿车，直接向《华盛顿邮报》大楼驶去。

所罗门“被开除的经理人”并没有被踢到大街上。古特弗罗因德和斯特劳斯在前总部的空楼里有了一间新办公室和秘书。公司仍给他们一份合法收入。

在接手公司之后，巴菲特也给约翰·古特弗罗因德打过几次电话。古特弗罗因德的一位助手说：“我觉得巴菲特人不错，他对约翰说，他并不是一个无用之人。”但在听证会的前一天，出于公司利益的考虑，古特弗罗因德说以后他们不要再联系了。

听证会结束后的第一天，所罗门的董事们在纽约相聚。巴菲特提起古特弗罗因德和其他几个前管理人离职后的收入和补贴。由于众议员吉姆·斯拉特利的话仍在耳边回响，他们取消了古特弗罗因德等人的离职金、奖金、律师费用、办公室和秘书，还有医疗保健支出。古特弗罗因德语气坚定地告诉朋友，他理解巴菲特这么做是为了拯救公司。当有位同事要来看望他时，古特弗罗因德说：“你和公司最好都跟我保持距离。”

此时，巴菲特正在原来古特弗罗因德的办公室里办公，秘书也没有换人。巴菲特用着他的意大利式办公桌，窗外是哈得孙河和东河的宜人风景。但他对这一切并不熟悉，觉得心头有些压抑。

到了周五下午，他再也忍不住，于是登上了飞机。巴菲特知道，当他回到奥马哈时，阿斯特丽德和家人会在牛排屋给他接风。他可以坐在舒适的房间里，四周荡漾着美妙的风琴声，那里的人没有太多经济头脑，他也不用费神去讲本周华尔街的奇闻逸事。

对巴菲特来说，所罗门的当务之急是要应对各种外来压力。他必须重新建立公司在银行家、信用机构、投资人和媒体中的威信。就像巴菲特无法完全掌控伯克希尔·哈撒韦一样，他也不能完全掌控所罗门的一切。他对一位朋友说道：“你整天都会觉得头顶悬有一把剑，让你坐立不安。”有几个晚上他甚至失眠了。

熟悉他的朋友十分担心，因为他总是谨慎小心，尽量避开自己不熟悉的事。除了他妻子动手术那次外，芒格还从未见过他如此痛苦。曾在翻船时救过他一命的里克·戈林说：“人们很难完全理解巴菲特给所罗门带来了多大财富。”另一个好友有些语带调侃地说：“沃伦在和平时期是很棒的，现在我们倒要看看他在战争时期表现如何。”

巴菲特是个不情愿上战场的斗士，但他有大将风度，他信心十足、思路开阔、精神专注，而且善于同下属沟通。现在他得把这些武器都用起来了。

美国证券交易委员会要求巴菲特上交沃奇泰尔律师事务所的报告，这是本案中最致命的证据。与所有律师和交易人之间的联系一样，传票对这个报告不起作用。

所罗门外部聘请的律师要求巴菲特拒绝这个请求。美国任何一位律师都会提同样的建议。贝尔回忆说，所罗门聘请的律师团表示：“我们马上就能赢得别人的信任了，不能自己又栽进去，否则又会让大家噩梦缠身。”

“这样的话我不想听。”巴菲特断然拒绝。他认为以后有的是赚钱机会，在他脑子里，法律上的细枝末节远远比不上对美联储守信重要。

“我们的处境是，”巴菲特接着说，“我们做错了事，现在要坦白做错了什么事。我们在起诉书上已经签了名。”

他接着向贝尔询问可否解雇所罗门的有偿政府顾问。

“我们可以谈谈这个问题吗？”

“没问题。”

贝尔解释说，这些顾问都是各方面的内幕人士，手上握有很大的权力。所罗门有时需要借他们一臂之力。

“你的话有道理，”巴菲特说，“但我们就是要这么干。”

这些政府顾问从此消失了。巴菲特打心底痛恨这些职业说客，他们使一些重要信息变得模糊不清。巴菲特要像孤独的牛仔一样自己单干。

其实巴菲特所有这些举措都是为了赢得宽容。他命令所罗门停止与石油交易商、亡命之徒马克·里奇之间的生意。巴菲特停止了对政客的资助，免得别人以为他在四处收买人情。他还解雇了与古特弗罗因德有牵连的沃奇泰尔律师事务所。

他一再警告所罗门的交易员不要打“擦边球”，这是他简单有力的一招。在短短几周之内，就有6位所罗门的交易商把新的商业计划拿给巴菲特，让他看看是否符合“守法经营”的要求。

杰出的交易商、前哈佛大学教授埃里克·罗森菲尔德接替了莫舍的位置，他提议靠税收法中的漏洞来赢利。罗森菲尔德按这一想法做了几个月，许多律师认为该计划绝妙极了，可以大赚一笔。

巴菲特对他说：“埃里克，我觉得不妥。”巴菲特说这也许算是合法的，但明显属于“擦边球”。

巴菲特想用反复强化的道德教育来提高雇员的道义良知。公司的银行业务分析师托马斯·汉利从未见过所罗门如此精诚团结，他认为巴菲特“太了不起了”。

但巴菲特却不能让公司从报纸头版上走下来。关于莫舍违规操作的新细节不断见诸报端，政府也不断宣布展开新的调查并扩大调查范围（5个联邦政府机构和许多州都加入了这一行列）。媒体也说还会发现所罗门的其他罪行，公司多次受到民事起诉，它的贷款来源也被切断。公司面临的困境并没有改变，从表面上看丑闻似乎还在愈演愈烈。

这种消极情绪也传染给了公司的客户，它们不愿把生意交给第二天就会被宣布有罪的公司。英国电信公司取消了所罗门参与一宗巨额承销的权利。债券交易商也退缩了。为了让大企业客户的首席执行官们安心，巴菲特几乎要把双手按在胸口上发誓“绝对不会再有丑闻了”。

5周后，危机刚刚开始平静下来，美国电话电报公司的董事长罗伯特·E·艾伦这位全美最受尊敬的公司领袖却又给了所罗门重重的一击，他公开宣称所罗门的道德腐败是“不可原谅”的。于是，所罗门变得就像过街老鼠，人人喊打。第二天，9月24日，它的股票价格跌到了每股20.75美元。

两天后，巴菲特飞去见格雷厄姆团队成员。这个团队中现在已经有五十多位成员，都是他的朋友及他们的配偶，其中还包括年轻的比尔·盖茨。他们对巴菲特在这个危难关头能来见他们很是惊讶，好在旅行反而能让巴菲特换换心情。当这些朋友去美丽的花园赏花时，巴菲特独自一人待在房间里。不过他准时参加了研讨会。演讲题目是在丑闻发生前就确定好的——《我投资生涯中的一步臭棋》。

丑闻大大动摇了所罗门的军心。一位经理说："每天早上翻开报纸的一刹那真不好受，你想的只是什么时候苦日子才能熬到头。"政府债券部能干的新头儿罗森菲尔德去过上东区一家年轻专业人士聚会的饭店，他碰巧听到其中一位自作聪明的人在批评所罗门兄弟公司："你说恶心不恶心？"就好像所罗门兄弟公司的每个人都是骗子一样。

10 月初，巴菲特给手下干将开了一次动员会。巴菲特说他还是觉得公司依旧前景光明。多数职员是第一次经历这么大的危机，但巴菲特以前就碰到过类似情况。

> 我见过几个公司进了急救室……1963 年的美国运通公司、1976 年的政府雇员保险公司……当时政府雇员保险公司的一些人犯了错。政府雇员保险公司本来是一个很受人尊敬的组织，后来却一落千丈，沦为备受怀疑的组织，上万名保险客户离开了它。我承认，目前的危机还要持续一段时间，当年政府雇员保险公司的掌门人约翰·伯恩也必须一次又一次地与恶魔搏斗。

巴菲特还指出，政府雇员保险公司当年的股票价格从每股 2 美元涨到了每股 194 美元。谈到在熊市里买进股票时，巴菲特对雇员说，不能只看眼下，还要放眼未来。他觉得未来是光明的。

华尔街现在赌的是所罗门是能够幸免，还是会一落千丈，蜕变为一家小公司。正如《商业周刊》所说的那样，它面临着"规模萎缩，盈利能力下滑，实力削弱"的困境。人们担心正在清理门户的巴菲特会削弱公司的实力。在巴菲特的监督下，所罗门已经出售了 500 亿美元的资产来缓解信用危机，但这也降低了公司从事传统大宗买卖的能力。拉里·蒂什一针见血地问："按古特弗罗因德的观点来看，现在由谁来承担风险？"巴菲特没有答案。

其实巴菲特在所罗门待的时间并不长。他会经常跑到公司的高管会议室抓起一个三明治就狼吞虎咽起来，其他人则在那儿吃牛肉饼。他也不像古特弗罗因德那样会在过道里来回巡视。当公司的案子渐趋平静时，他留在奥马哈的时间也越来越多。

巴菲特只与几个雇员保持着紧密联系，包括罗森菲尔德（这位投资奇才对巴菲特熟悉各种套利技巧感到惊讶不已），公司的首席财务官、公司的首席法律顾问德纳姆和莫恩，莫恩已经把巴菲特当作公司的百科全书了。

一开始，公司的高管都以为他的性格也像他的外表那样柔弱。结果证明，他们的判断是错的，其实他的性格比表面上看起来要强硬得多。（这一点与古特弗罗因德恰恰相反）。“他和古特弗罗因德完全不同，”高级副总裁威廉·詹宁斯说，“要说服他可不容易，他的立场很坚定，而约翰想说‘不’字时总是犹犹豫豫的。”

但是，巴菲特不愿涉足公司的具体管理。他曾经告诫过莫恩：“我不想让你失望，但我从来不想经营一家投资银行。”实际上，他还是保持着自己的本色——做一个投入但又保持距离的旁观者，就像在喜诗糖果公司一样。

与多数公司的情况不同，他并不与其他高管打成一片。他似乎不像一个经理人，倒像一个坐在远处看台上的投资商。10月，他对莫恩说：“你的公司可能很不错，但股票太糟了。”这是他的善意提醒。在过去5年里，所罗门股票的利润在标准普尔指数涵盖的500种股票中位列第445位。现在巴菲特的注意力开始慢慢从丑闻转向了股票。

焦头烂额

从长期来看，巴菲特认为所罗门的前景一片光明。它的资产像打了气一般膨胀起来，但它的资金利润率越来越低。它有稳定的赢利业务，如东京分部、套利、债券交易和股票承销。但拿高薪的投资银行家几年来一直在赔钱。在股票业务上，它一年赢利一年亏损。资产负债表表明它现在是部大机器，投入了大量的资金，雇员也增加了，可利润率太低。

巴菲特开始认识到，问题的症结在于公司发的奖金太多。过去古特弗罗因德让经理人把公司将近 3/4 的利润都拿回家，好像公司不能让这些经理人吃亏一样。但公司真正的伙伴——股东们却被冷落了。无法让经理人对自己的投资负责是个危险的信号，就像巴菲特不愿过分纵容孩子们的原因一样。奖金越高，经理人就越容易纵容自己的部门以“低利润率甚至赔本来运营”。

为了打破这种僵局，巴菲特打算采取大刀阔斧的改革步骤。10 月 29 日，他在《纽约时报》、《华尔街日报》和《华盛顿邮报》上发表了两页的第三季度季报，中心内容是巴菲特要削减经理人的报酬。他指出，自己并不反对给表现优异的员工以嘉奖，但公司目前“平分财富”的体系已经几乎剥夺了股东的所有合法利益。

一石激起千层浪。1991 年，他将公司的奖金总额减少了 1.1 亿美元。尽管当年（丑闻前）的利润比 1990 年翻了一番，但奖金比 1990 年略有下降。巴菲特说不喜欢这项政策可以走人。

> 我们根据绩效来决定奖赏的原则肯定会导致一些管理人才流失……但最后留下的人都会遵守我们的游戏规则。

25 年前，巴菲特在伯克希尔·哈撒韦的纺织厂面临困难时就对肯·蔡斯说过，他希望职员具有主人翁意识。现在，在华尔街一座漂亮的玻璃和钢结构的大楼里，他告诉莫恩他已准备好接受大批雇员辞职的事实。莫恩问会有多少人辞职，巴菲特说：“莫恩，忠诚是金钱买不来的。”

巴菲特的决定在公司外赢得了一片叫好声，许多人希望所罗门的改变最后可以让华尔街的薪酬分配变得合理些。但是，公司内部的反应却完全不同。雇员们觉得莫舍造成的黑锅扣到了他们头上，因此对巴菲特把公司决策对外公开的做法深恶痛绝。巴菲特的报告见报的同一天，著名猎头加里·戈德斯坦就接到了所罗门许多经理人的电话，他们希望“忠诚”是有标价的。

在华尔街总体经营业绩良好的时候大幅度削减薪金也让他们感到意外。莫恩把经理人的总奖金削减了 70%，把投资银行家的平均薪酬减少了 25%，有些人一下子就少拿 50 万美元之多。巴菲特和莫恩还解雇了 80 名专业投资人士和 200 名后勤人员。

很多人很快就对巴菲特颇有微词。人们之前感谢他拯救了公司，但现在又受不了了。他们认为巴菲特对执法者曲意奉承，而且对他冷落古特弗罗因德一事也严加指责。一位资深分析师说："这儿的老员工都很同情古特弗罗因德。巴菲特的确是个救星，但人们对救星通常都是又爱又恨的。"

在古特弗罗因德的老部下中，对巴菲特最咬牙切齿的当属所罗门兄弟公司的首席股票经销商斯坦利·夏普康了。过去古特弗罗因德常在他的办公室里抽雪茄，衣着华丽的壮汉夏普康则在一边进行股票交易。在整条华尔街上，夏普康向来都是以做大买卖和展示自己的健硕而出名。

但他负责的证券部却效益不佳。巴菲特对他的魅力丝毫不感兴趣，命令他将一些赔钱的股票抛出并放弃投机行为。于是夏普康就辞职了。

夏普康的离职成为证券部反抗的导火索。当巴菲特宣布了为数极少的奖金额后，接替夏普康的布鲁斯·哈克特暴跳如雷地向下属吼道："我简直快疯了，你们猜猜是为什么吧！"巴菲特对公司大刀阔斧的改革就像在所罗门的阁楼上开了个小门，作祟数十年的妖魔鬼怪们都纷纷掉了下去。

1991 年第四季度是个灾难时节。所罗门负责承销的股票总额从丑闻前占业界的 8% 锐减到 2%。那是个可怕的冰冻期。当时华尔街一片欣欣向荣，各家公司的奖金都在不断增多，所罗门的很多销售商和分析师纷纷选择离去。

"沃伦意识不到这些能人说走就走有多容易，他太自以为是了。"一位离任的银行家斜倚在一家男子俱乐部的皮椅上，怒气冲冲地说："他经营公司就像打理股票一样，一点儿人情味都没有。"

他越说越来劲儿："你以为他的全部纪录都能上头版吗？除非他不

是人，是圣贤。”

1992 年 1 月，巴菲特又面临着一场危机。曾受巴菲特的集体观念鼓舞的银行分析师汤姆·汉利威胁说，如果自己的工资不翻倍增加到 200 万美元，他就要转投第一波士顿了。他过去就是这样给自己加薪的（在 1991 年就加了 40%）。虽然喜怒无常，但他是一位有价值的分析师，在为银行争取业务时很有分量。考虑再三，巴菲特还是让他走了。

另外还有 4 位分析师相继离去了。这引起了大恐慌：大牌走了，现在竞争对手打算把整个部门都挖空。在莫恩的一再催促下，巴菲特稍加让步，他保证了 6 位年轻分析师的奖金。这是他第一次妥协。

巴菲特同时也正与莫恩试图建立一种将各个部门的奖金和盈利能力挂钩的体制。这绝非易事，所罗门从未计算过下属的众多部门要用多少奖金，巴菲特认为这是一个致命的错误。

> 坦率地讲，我觉得很奇怪，一个经手近 40 亿美元证券资金的人，竟不知道是谁在调用资金。

当奖金大战还在继续时，约翰·伯恩的儿子，正攻读斯坦福大学经济学和哲学博士的帕特里克·伯恩来拜望巴菲特。他们就激励问题进行了一次长谈。巴菲特鼓励小伯恩对书上的教条提出质疑。巴菲特说，人，至少有些人，并不像经济学家描述的那样全是经济动物，他们是可以用忠诚来激励的。

但是坦白地说，在华尔街人们并不能看出这一点。人们当投资银行家就是为了捞钱，如果你给的钱他们不满意，那他们就会走人。曾是投资银行家的尼克·布雷迪认为巴菲特对此很不适应：“这就像一幕歌剧，你得与很自私的人打交道，与主角打交道。我想他还不完全了解这一行。”

许多人同意这种观点，还有人说巴菲特是想把自己的中西部道德标准强加在社会关系上。他们的批判暴露出华尔街总是与巴菲特格格不入。他们虽然对此大加批评，但又对专业投资人士的报酬之高和表现不佳深感不安。华尔街一家非上市公司的首席执行官冷嘲热讽地评价巴菲特是

“清高先生，一个来自奥马哈、睁着双大眼睛的小子”。

> 说他是什么，都不如说他是一个俭朴、精明的商人，但他试图使报酬合理化的想法未免太天真。(接着他略有些僵硬地笑了一下)他有些话确实是说到点子上了的，我也认为目前的报酬并不合理，但如果说我的工资得由大家投票决定，这我可不喜欢。(又是一阵讪笑)不过有一点他说得非常好，那就是我们是应该把它当作生意来好好经营。

就像霍华德预言的一样，等着从背后给他父亲一枪的人终于从树林中钻了出来。1992年年初，《商业周刊》批评了富国银行以及所罗门的投资失败（就是绝口不提可口可乐），断言巴菲特已失去投资者的成功本色。3周后，《商业周刊》再次断言巴菲特在所罗门的努力会功亏一篑。虽然《商业周刊》承认巴菲特的确拯救了所罗门，却猛烈抨击他犯下了“一连串错误”，让雇员们吃了不少苦头，减少了薪酬，消磨了公司敢闯敢干的锐气，而且越来越“缺乏领导才能和用人不疑的大度”。

有些批评带有很强的个人色彩。有一期《华尔街日报》对巴菲特有情妇一事大肆渲染，并暗示巴菲特的传奇形象完全是欺世盗名。从这种修正主义的观点看，巴菲特精心构思的年度报告是为了躲避“严峻的问题”，他用自己的形象使股票浮在半空中，他的成功完全是因为他的交际圈比平常人大而已。

习惯于得到媒体奉承的巴菲特对此文“极为烦恼”。彼得回忆说：“我和他在一起时发现，他摆脱不了这种烦恼。”巴菲特给报社写了封信，对报道中的许多论点提出反驳，但他特别不愿公开表示受到了伤害，因此他坚持不许发表他的信。

紧接而来的是《说谎者的扑克牌》的作者迈克尔·刘易斯，他在《新共和》杂志上大肆讽刺巴菲特。他还在《圣人沃伦——华尔街上折戟的鹰》一文中攻击巴菲特，认为巴菲特在投资以及道德伦理上都有很多缺陷，这会给无知的读者造成一种假象，误以为巴菲特是一个世纪大骗子。迈克尔·刘易斯借用有效市场理论，认为巴菲特事业上的成功只是扔硬币时运气好罢了。不仅如此，刘易斯还认为这只“折戟的鹰”其实也是错误连连。

这篇文章让巴菲特震怒了。本杰明·格雷厄姆的忠实信徒、《寻找墨菲》一书的作者莫里·伯恩斯坦曾在一次偶然的机会认识了巴菲特。他写了封短信表示同情，并说刘易斯出语不慎，完全是一种亵渎。一向言辞谨慎的巴菲特回信说：“莫里，谢谢你对迈克尔·刘易斯文章的评价，你对他的评价百分之百正确。”

有意思的是，刘易斯为什么对巴菲特恨之入骨呢？这一点可以从他的《说谎者的扑克牌》一书中找到线索，该书也表明华尔街不喜欢巴菲特。他在书中描写了自己的生活：一个年轻的债券交易商，由于把 8 600 万美元无人要的奥林匹亚约克公司债券出手给一名上当的当事人而兴高采烈。但他也承认自己为此感到难堪，因为他欺骗了一个信任他的“最好的顾客”。他卖出的债券正是刘易斯“千方百计要躲开的”，他的这种“荣耀”会使他在所罗门步步高升的。

> 我知道这样很不好，其实我现在的感觉比当时更糟。

在描写巴菲特的文章的结尾，刘易斯写道：

> 在短时期内你可以把人们哄得服服帖帖的，但从长远的角度来看，这种做法是不正确的……因此我们可以看到所谓的“巴菲特困境”：做好人还是赚钱？

事实上，真正需要做此选择的是刘易斯本人，因为巴菲特大多数情况下都努力实现“鱼与熊掌兼得”。他反复申明的“高利润与好行为并不矛盾”正是对刘易斯和其他愤世嫉俗者的理论的挑战。

1992 年 2 月中旬，所罗门已经恢复了些许生机，股价回升到每股 30 美元。世界银行和养老基金这样的老客户也回来了。管理层完成了大洗牌，在大多数时间巴菲特也都待在奥马哈。

但所罗门的业务部门仍在流血。莫恩痛苦地发现公司正在失去赖以生存的主营业务。同时谣言四起，说巴菲特准备把公司重新交给债券交易商，把其他一切业务，包括投资银行都砍掉。仅仅在当年 2 月就有 100 名雇员另谋高就去了，有 1/3 的证券分析师和 1/4 的投资银行家已经转投他家。就连丹尼斯·博温也跳槽去了贝尔斯登公司，他在 20 世纪 70 年代早期是巴菲特的崇拜者，也曾是巴菲特第一次与所罗门做交易时的银行家之一。

尽管有这么多人变节，但巴菲特依然毫不示弱地表示所罗门还要按既定轨道行驶。巴菲特说，当迷雾散尽之后，公司在各方面都会变得更加强大。没有哪位下属见他动摇过。这正是巴菲特的价值所在——勇于坚持自我。公司的首席财务官唐纳德·霍华德说："他用实际行动告诉我，天底下没有过不去的坎儿。"

但巴菲特其实也是心如刀绞，也许巴菲特最大的压力就是不习惯和对他不忠的人共事。"那种痛苦，"那年春天，芒格说，"就像一场血腥的谋杀一样。也许我们现在谈话时所罗门又失去了几位关键雇员。"只要财政部的案子一日不了结，想结束这种备受折磨的日子就毫无希望。

至爱

巴菲特早就明白，政府一直拖着所罗门的案子其实就是对它的惩罚。他请求财政部早日了结此案，尽管他一向很少对人施加压力。"快点儿下定论吧，"巴菲特说，"我们不想在你们打定主意之前就因为失血过多而身亡。"

司法部和证券交易委员会要求所罗门接受重罪的罪名和 4 亿美元的罚款。所罗门负责刑事案件的律师加利·纳夫塔利斯认为这个判决过于严厉，在 20 世纪 80 年代他为基德尔·皮博迪公司工作时，该公司只被罚款 2 500 万美元，而且没有罪名，虽然当时它的主要交易人马丁·西耶格承认了大量的内幕交易。而政府对所罗门唯一的起诉只有违规投标。（更重的罪名——抬高市场价格由于缺乏证据已经被取消。）

孩子气的纳夫塔利斯甚至就本案的不足为奇向政府律师团开玩笑：“哪个小孩被坏人杀了吗？”

一位助理联邦检察官回答：“你对政府撒了谎，这比内幕交易更严重。”

最后的决定须由曼哈顿的联邦检察官奥托·G·奥伯迈尔做出。他与喜欢给投资银行家戴手铐的上一任鲁道夫·朱利安尼不同，奥伯迈尔是个一向被视为温和派的法学家。可惜执法人都有震慑别人的天性，他判定所罗门有罪。

当纳夫塔利斯与联邦检察署谈判时，他发现巴菲特已经给了他一件玄妙的武器。8 月，巴菲特已答应与政府合作，而且政府认为他没有食言。因此纳夫塔利斯辩解说，如果奥伯迈尔现在制裁所罗门，人们就会以为巴菲特的坦率诚实显得太天真了。因此制裁给别人的暗示不是以后不要犯罪，而是以后千万别与政府合作了。在案件审判的过程中，巴菲特积极配合，不是莫舍也不是古特弗罗因德，而是巴菲特自己给自己帮了忙。

4 月，本案到了高潮。纳夫塔利斯打出了王牌，他、德纳姆和律师奥尔森把巴菲特带到了联邦检察署。他们在联邦法院旁边一座棕色矮楼里与奥伯迈尔见了面。这次是巴菲特唱主角，几位律师都闭上了嘴。

巴菲特和颜悦色地谈起了自己的职业生涯。他本来就没有打算为本案辩解，倒像为被控谋杀者辩护的乡村律师那样大谈自己的家风正派。同样，巴菲特没从正面开始，而是简单介绍了他与所罗门之间关系发展的几个里程碑，包括它是如何开始为伯克希尔·哈撒韦融资，如何继续成为他的经纪商，古特弗罗因德如何拯救政府雇员保险公司等。从巴菲特的经历看，所罗门是一家可圈可点的公司，他自己与这家公司 25 年来的良好关系就是最好的证明。虽然巴菲特没有掩饰古特弗罗因德向他求救时公司的道德和财务危机，但他说现在公司在这两方面都已恢复正常。巴菲特强调“公司与之前的情形已判若两样”。

奥伯迈尔只问了一个问题：巴菲特准备为它工作多久？

巴菲特则侃侃而谈，说起了他的长期投资哲学——对待公司就像对待合伙人一样，就像他在职业生涯早期和风云变幻的80年代的做法一样。他从不从公司中榨取利润，而是与它们风雨同舟。现在和将来他都会留在所罗门的董事会中，为它投资并保驾护航。与周日和整个事件过程中不一样，现在他不是在求情，而是在轻松地发表个人观点。

奥伯迈尔坚持认为事实不容否认，足够给所罗门定罪，但他在5月宣布不予起诉。同时，各家联邦机构也宣布与所罗门达成民事调解，众多高官都对巴菲特法外开恩了。财政部助理部长鲍威尔说："我想，所罗门的所有股东都会在床头柜上摆上巴菲特的照片，对他感恩戴德。"

调解费用花去所罗门2.9亿美元（包括1亿美元的撤诉费），这个金额在历史上对美国证券公司的罚金中排名第二。

美国证券交易委员会最后详细公布了所罗门10次"极其严重"的违法投标事件。布里登义正词严地说他总共发出了400张传票，得到了3万页的证据材料，而且已经把案子挖了个水落石出。但美国证券交易委员会历尽千辛万苦，更多的不是证明了所罗门的罪过，而是还了它的清白之身。它的详尽调查除了揭露莫舍的违规做法之外，找不到任何违法的证据，这像是对所罗门的一次公开表彰。

6月，巴菲特在担任了9个月的董事长之后离职了。公司的股价已经回到每股33.625美元，比1991年8月高出了25%。而且，又一次让华尔街大跌眼镜的是，巴菲特这次挑选了寡言少语的德纳姆来继位。

这位和颜悦色、柔声轻语的得克萨斯人是华尔街的门外汉，但他对巴菲特忠心耿耿。他的使命是坚持巴菲特的改革。德里克·莫恩继续负责公司的日常业务。但公司的权力重心依然在巴菲特手中。

巴菲特进入所罗门时是大张旗鼓的，离开时却是静悄悄的。送别的只有比尔·麦金托什的一张小纸条：

> "我与所罗门同在"是句令人骄傲的誓词，多年以后我们仍将感激您。

之后，巴菲特买进了所罗门的更多股票，使伯克希尔·哈撒韦的持股率达到了 20%。在巴菲特购买之后，股价曾经一度上升到每股 50 美元的高位，后来出现一次下挫，但仍高于他当董事长时的最高水平。

国债市场上也有了一些起色，美联储恢复了所罗门作为主要交易商之一的地位，但丑闻后的国债市场改革已降低了此地位的重要性。不过，美联储的木盒子仍以老方式工作着。

莫舍承认他对财政部撒了谎。他在低戒备级别监狱里被关了 4 个月，交了 110 万美元各种罚款，并被永远禁止从事证券业。

美国证券交易委员会对古特弗罗因德没能监督莫舍也予以惩处，他被处以 10 万美元的罚款且不许再经营证券公司。在这番打击过后，古特弗罗因德对自以为不公正的罪名和失去社会地位倍感心酸。他终止了与巴菲特的友谊，随后又制造了丑陋的一幕：他向所罗门兄弟公司索要现金和股票，并称那是公司欠他的离职费、期权和奖金——由于股价上涨，这笔钱的总额也达到了 5 500 万美元。他急于拿到这笔钱，因此在加州与巴菲特和芒格见了面并发了脾气。调解委员会最终做出了对古特弗罗因德不利的裁决：他一分钱也拿不到。

大家普遍认为古特弗罗因德是个事业上的巨人，但在道德上有污点。事实上，这些看法都不对。他是个正直的人，却是事业上的弱者，他没给股东带来什么长期价值。他对莫舍的错误行径的包庇与纵容更是管理上的一大失误。

所罗门在股票承销方面扩大了份额，并重新招兵买马。它开始在自己长期徘徊在外的美国股票和投资银行业务中赢利。它仍然是债券市场的大鳄，并开始在全球市场确立自己的旗舰地位。

丑闻后的两年内，所罗门的利润创下了纪录，但在 1994 年债券市场动荡时遭受了重大损失。显然部分损失是与丑闻直接相关的。曾是约翰·梅里韦瑟手下最优秀的交易商天才埃里克·罗森菲尔德也开了小差，跑到他新开的套利公司去了。所罗门的套利团队迅速减员。在工资涨幅稳定了几年之后，奖金又疯涨到失去控制，巴菲特被迫再次对公司的薪酬制度进行大清洗。总之，巴菲特宁可让莫恩这样毫无新意的人来管理公司，也不愿把公司交到强有力的债券交易商手中。但他还得回答蒂什的问题——还有谁可以代替古特弗罗因德让所罗门成为“风险承担者”？

巴菲特卸下担子之后，一方面为拯救了公司而感到自豪，另一方面又为无官一身轻而感到高兴。在他卸任后，彼得与他谈过话，觉得父亲像获得了新生一样。不久，巴菲特和妻子飞往布法罗，去参加《布法罗新闻报》举办的野餐会，巴菲特还组织了一个扔甜饼比赛。发行人斯坦福·利普西带着这对夫妇出游，碰巧那天下雨了。巴菲特与苏珊手牵着手，小心翼翼地跳过泥坑。他们走过墓地，巴菲特久久凝视着一块块墓碑，然后他们来到奥尔布赖特－诺克斯艺术馆，那里有支爵士乐队正在演奏。过了一会儿，利普西与苏珊去看展品，巴菲特则悠闲地站在台阶上听爵士乐。最后他们和利普西的女朋友，还有编辑马利·莱特夫妇去吃牛排，牛排是利普西特地从奥马哈预订送过来的。

巴菲特因为又回到了过去而兴奋不已。他写到，所罗门闹剧“真有意思，也值得为之一搏，但一点儿也不好玩”。现在凯威特广场的圣殿又发出了召唤。巴菲特毫不犹豫地向股东表示：“伯克希尔·哈撒韦是我永不改变的至爱。”

第 23 章 BUFFETT

巴菲特的投资真谛

预言会告诉你很多关于预言家的信息，但对你了解未来毫无帮助。

——沃伦·巴菲特，伯克希尔·哈撒韦公司1980年年报

巴菲特在20世纪90年代初的投资活动并不多。苏联解体后，美国人盲目乐观地相信和平时代已经到来，军工板块的股票很便宜。巴菲特以每股11美元斩获了国防承包商通用动力公司14%的股票份额。没过多久，南斯拉夫爆发了内战，乌托邦的梦想破灭，通用动力公司的股票价格疯涨到了每股59.125美元。

巴菲特还增加了在富国银行的投资。当房地产业的衰退结束后，银行终于有了喘气的机会。它的利润一路高涨，巴菲特这笔投资起初饱受批评，当时平均买进价为每股62美元，现在股价已经飞涨到每股216美元的新高。

除此以外，巴菲特还在两个熟悉的板块上下了大筹码，一个是著名的酿酒厂健力士酒业和其他著名的消费品品牌，另一个则是报业帝国甘尼特公司。

之后，巴菲特又花6亿美元买下了位于新英格兰的3家制鞋厂。知道这一投资的人很少，但它为伯克希尔·哈撒韦的投资组合增色不少。H·H·布朗和德克斯特鞋业这两家公司的经营者坚持像B夫人那样敬业的工作方式，开发出一些特别畅销的产品，如工作用鞋和户外运动鞋，并抵制了进口货的冲击。这两家公司经营得都很好，而且都是巴菲特中意的家族型公司。

此时，B夫人主动与孙子们重修旧好，并公开承认之前是自己犯了

错。她也以 500 万美元的价格把新商场卖给了伯克希尔·哈撒韦，重新回到了大集体之中。99 岁高龄的她仍坚守工作岗位，负责她的地毯生意，一周 7 天，从不休息。“我很高兴 B 夫人又回到我们中间，”巴菲特高兴地在报告中写道，“她在商界叱咤风云的丰富阅历无人能及。”

在巴菲特的其他证券投资中，吉列公司的股价涨到了每股 52.125 美元，可口可乐的股价站上了每股 74.25 美元的高位。在 5 年时间里，这两只股票的价格一个上涨了 3 倍，另一个上涨了 6 倍。甘尼特公司的股价迅速上涨了 25%，巴菲特也将手中冠军国际集团的股票套现获利。

美国运通公司解雇了吉米·罗宾逊。巴菲特在这家很早就让他中意的公司中又注入了十几亿美元。到 1995 年年底，他在美国运通公司的持股份额已经高达 47%。

美国航空在巴菲特投资后的损失达到 30 亿美元。到 1994 年，它推迟了给伯克希尔·哈撒韦的优先分红，因为它已处在严重的破产边缘。第二年局面略有起色之后，巴菲特决定套现退出。

但这些股票的变化都不如伯克希尔·哈撒韦自身的变化那样富有戏剧性。1992 年 6 月，巴菲特离开所罗门时，它的股价是每股 9 100 美元；到了 11 月，它的股价已经突破了万元大关。年底，巴菲特赎回了伯克希尔·哈撒韦的零息债券，这表明他仍认为股价太低。1993 年，好像有上帝之手在进行交易，到情人节时，伯克希尔·哈撒韦的股票卖到了每股 12 400 美元。从春到夏，它就像跑向奥林匹斯山的使者，迅速攀上了每股 17 800 美元的顶峰，最后价格稍稍回落，到了每股 16 325 美元。

《福布斯》杂志声称，这个曾在理发店里安弹子球机的小伙子现在成了全美最富的人。1994 年，巴菲特把美国首富的王冠交给了年轻的比尔·盖茨，但巴菲特的财富仍在迅速增长。当年，伯克希尔·哈撒韦的股价上扬了 25%，而同一年内标准普尔指数所涵盖股票的平均股价只上涨了 1%。巴菲特开始买进时，伯克希尔·哈撒韦的股价是每股 7.6 美元，股价最高时曾攀上每股 32 100 美元的高位。如果按照这个价格来计算，巴菲特当时的身家已高达 152 亿美元，超过了比尔·盖茨。

31 年来，巴菲特的股票平均每年增值 27.68%，同期道琼斯指数所涵盖股票（包括红利）的年增值幅度仅为 10.31%，标准普尔 500 指数为 10.7%。换句话说，如果 1965 年有人在伯克希尔·哈撒韦、标准普尔 500 指数和原油上各投入 1 万美元，那么到 1994 年年底，伯克希尔·哈撒韦会给他带来 1 780 万美元，标准普尔股票组合带来 22.4 万美元，原油带来 7.2 万美元。

如果有人再查阅一下巴菲特合伙公司的投资记录就会发现，他 40 年来一直保持着骄人的投资业绩。他没有使用过于复杂的财务杠杆，没有绞尽脑汁地去投机，也没有去冒无谓的风险，更没在哪年出现巨额亏损。尽管持反对意见的人总是说他的某项新投资“这次”可能会失败，但同时代投资者的投资记录无人可与巴菲特相媲美。严格地说，甚至没人能够与他比肩。

在历史上伟大的投资家中，巴菲特以对行业敏锐的判断力而著称。石油大王约翰·洛克菲勒、钢铁大王安德鲁·卡内基、零售巨头山姆·沃尔顿和软件大王比尔·盖茨都有一个共同特点，即他们的财富都来自一种产品或发明。巴菲特却是个纯粹的投资商，他的钱来自对各种行业和股票的上佳选择。

当他在 1965 年接手伯克希尔·哈撒韦时，这个大纱厂正在衰退。他把资金重新分配到保险业、糖果业、百货公司（错误决定）、银行和媒体，然后是烟草业、软饮料业、剃须刀业、民航业（又一个错误决定）以及从百科全书到制鞋业在内的各个行业。现在他的整个工业王国已从一个濒临倒闭的纺织厂成长为价值 380 亿美元的大公司，不久他就把纺织厂当作一堆废铁卖了。尽管伯克希尔·哈撒韦的员工仍然只有原来的 12 个人，但它的市值已排在美国大公司中的第 19 位，超过了如美国运通、花旗银行、陶氏化学、柯达、通用磨坊、西尔斯、德士古石油和施乐复印机等家喻户晓的公司。

那些希望巴菲特能够坚持自己投资轨道的人都不会忘记之前巴菲特曾经说过，他担心有一天公司的规模会变得过大。不过迄今为止，巴菲特暂时还不用为此操心。在过去的 10 年里，伯克希尔·哈撒韦的股票继续昂首阔步，年增长率高达 29.2%。但令人担忧的是，随着巴菲特手里的资产越来越多，要想把这些资金合理分配到各个行业就难上加难了。

此外，他最成功的行业——消费者认可度高的品牌、报业、电视业等也都面临着严峻的考验。打折销售、新兴品牌的兴起给传统品牌带来了极大的挑战。1994 年，巴菲特发现著名的健力士公司生产的酒已经不像他想象的那样有竞争力了，于是他突然抛出股票，估计遭受了 15%~20% 的损失。在不久的将来，我们可以想象，巴菲特在其上面拥有更多投资的可口可乐和吉列也会面临边际利润率下滑的严重威胁。

同样，如果预言家没有说错的话，传统的报纸和网络还会在新闻和娱乐业中展开殊死搏斗。如果是那样的话，大都市公司和《华盛顿邮报》的“桥梁收费站”地位就岌岌可危了。

也许这也可以帮助我们了解当迪士尼公司的董事长迈克尔·艾斯纳在 1995 年夏天向巴菲特抛出橄榄枝后，他为什么很快就予以回应。巴菲特和迈克尔·艾斯纳都受到投资银行家赫伯·艾伦的邀请，携家人到爱达荷州的太阳谷度假。迈克尔·艾斯纳当时的行程安排得满满当当，本来打算马上就离开那座草原上的度假别墅。不过，在去停车场的路上，他突然遇到了巴菲特。他脱口而出：“你有没有想过把大都市公司卖掉，赚入一大笔现金呢？”

巴菲特之前曾许诺过，永远都不会抛弃大都市公司以及他的朋友汤姆·墨菲。不过，巴菲特敏锐的直觉告诉他，尽管墨菲之前曾经拒绝过这样的动议，但是他现在可能也会接受，尤其是能够说服艾斯纳用股票来进行收购。巴菲特觉得公司进行这种交易的时机已经成熟。虽然巴菲特仍然是大都市公司最大的股东，但他最近以每股 63 美元的价格抛出了公司的一些股票。当他在太阳谷偶遇艾斯纳的时候，当时因为广告效应增大等利好因素的影响，公司的股价已经上涨到每股 102 美元。

“我觉得不错，”巴菲特马上就回应，“我们为什么不和墨菲谈谈呢？”碰巧，巴菲特刚约了墨菲和比尔·盖茨一起打高尔夫球，他就建议艾斯纳一同前往。

墨菲还是有些犹豫不决。当然，如果价格合适，把美国广播公司的网络和迪士尼的知名品牌融合在一起的诱惑力是让人难以抗拒的。在这次会面之后，经过巴菲特的牵线搭桥，艾斯纳和墨菲继续会面商谈。墨菲主要关心的是他的股东可以得到一个更上一层楼的机会，用他自己的说法就是“登高望远”的机会。

令人难以置信的是，他们在短短两周内就达成了协议，迪士尼公司将以195亿美元的价格收购大都市/美国广播公司，创下历史上第二大收购纪录，仅次于雷诺兹－纳贝斯克公司收购案。大都市公司的股东（包括巴菲特）看到股价涨到了每股127美元，这是巴菲特当年每股17.25美元收购价的7倍。因为墨菲和艾斯纳之间达成的股票加现金的收购协议，伯克希尔·哈撒韦成了迪士尼公司的大股东，这也是巴菲特在20世纪60年代就持有的绩优股之一。巴菲特对他最喜欢的首席执行官墨菲投资以来，获利已经高达25亿美元。

巴菲特对于该怎样花这一大笔钱早就有了周详的安排，那就是把政府雇员保险公司剩下的一些股份尽收囊中，这只股票是他最初进入投资业而且还在格雷厄姆的班上学习时就看中的。当时的巴菲特从父亲的经纪人公司起家，向周边的亲朋好友推荐这只股票。1951年，《商业和金融年鉴》上发表了巴菲特的一篇文章，文章盛赞政府雇员保险公司是“我最喜欢的股票”，旁边还配有一张巴菲特的大头像，21岁的他显得那么天真无邪。到了80年代，伯克希尔·哈撒韦已经拥有政府雇员保险公司一半的股份。

之前，巴菲特也曾经考虑过要把该公司上市的剩余股份收入囊中。但是在20世纪90年代，政府雇员保险公司的表现不尽如人意。它从前之所以能够取得商业上的成功，是因为它向低事故率的司机直接出售保单，但后来公司抛弃了自己的强项，转攻财务、家庭保险、航空保险等其他领域。接替约翰·伯恩的公司首席执行官威廉·辛德收购了几家并非从事保险直销业务的保险公司。公司的利润在下滑，部分原因是1992

年安德鲁飓风带来的巨额损失。更糟糕的是，政府雇员保险公司看起来似乎失去了自己的优势。

巴菲特对于这一点自然感到恼火，他对政府雇员保险公司另外两位很有影响力的董事萨缪尔·巴特勒和卢·辛普森表达了自己的担忧。巴菲特甚至扬言要把自己手里的股份卖掉，这种表态明显是在给他们敲警钟。萨缪尔·巴特勒和卢·辛普森之前就对公司的经营状况感到不满，因此立刻决定让威廉·辛德提前一年“下课”。巴菲特也支持这两位董事的决定，于是威廉·辛德就离职了。巴菲特暗地里策划的“政变”成功了，政府雇员保险公司开始朝着他喜欢的方式改头换面了。公司很快就砍掉了那些不成功的以及分散的业务，把更多宝贵的资金放到了核心的汽车保险业务上。

到了 1994 年，巴菲特胸有成竹地同萨缪尔·巴特勒和卢·辛普森开始了收购两人股份的谈判。一年之后，也就是在和迪士尼公司交易之后，巴菲特决定出价 23 亿美元买下政府雇员保险公司剩余的股份。从表面上来看，巴菲特的这一出价很高，但是考虑到巴菲特对这家公司多年的持股历史以及公司业务进一步增长的空间，这一出价其实并不算高。这样一来，巴菲特终于完全拥有了自己 44 年来最喜欢的股票。约翰·伯恩认为这也是“命中注定的”。

早在收购政府雇员保险公司之前，巴菲特就发出了对保险业兴趣重燃的信号，他对这一行业情有独钟。伯克希尔·哈撒韦旗下经营的保险业务对于巴菲特未来的投资也显得日益重要，尤其是为那些巨大灾难承保的再保险业务，巴菲特把它们称作“大猫”。

其他保险公司会从政府雇员保险公司购买巨额的再保险，以防发生巨大的天灾人祸。伯克希尔·哈撒韦是在 1989 年接踵而来的两次灾难，即雨果飓风和旧金山地震后开展这项业务的。随着保险公司纷纷倒闭和保费疯狂上涨，巴菲特觉得这种风险与机遇并存的行业更有吸引力了。

自那以后，伯克希尔·哈撒韦的巨灾承保业务迅速扩大，在多数年份，它给公司带来了巨额利润。但在运气糟糕的年头，一系列灾难或者像安德鲁飓风那样的致命打击，就会使伯克希尔·哈撒韦大出血一次，损失可能会高达6亿美元。（很少有保险公司承保巨灾，因为这种赌注实在太大了。）

阿吉特·哈因这位印度裔的哈佛高才生，也是伯克希尔·哈撒韦公司巨灾承保业务的明星，他在康涅狄格州工作，经常会和巴菲特一起讨论新西兰发生地震、美国中西部发生洪水灾害或是气候长期恶化的可能性。但天灾人祸的发生概率很难精确计算，因此巴菲特和主管"大猫"业务的阿吉特·哈因只能依靠个人判断以及阅读大量的历史资料。

最近巴菲特写到，谁能想到美国最严重的地震会发生在密苏里州的新马德里呢？但1812年这里确实发生了一次里氏8.7级的地震。巴菲特说："现在你们知道为什么我一看天气预报就头疼了吧！"

得益于巨灾保险，伯克希尔·哈撒韦的保险业务规模在短短10年内增长了9倍，到1995年达到了36亿美元。这些钱可以被看作低息贷款，在赔付前巴菲特是可以随意支配的。那些年，巴菲特非常有效地利用了这笔数目巨大的资本，它比长期国债的利率更低。巴菲特从中获益匪浅。

尽管巴菲特一般不愿盲目乐观地预计未来，但他认为保险业的前景一片光明。他说自己和芒格都认为"这将是未来几十年内他们主要的收入来源"，并暗示他认为保险业的价值是无与伦比的。他坦白地承认，除非积累了几十年的损失和赔付经验，否则他将很难准确估算出从事巨灾保险的胜算到底有多大。

鉴于巴菲特财富的快速累积，从迪士尼到政府雇员保险公司再到"大猫"的一次又一次成功，使得公众对伯克希尔·哈撒韦的预期也达到了顶峰。到了1996年年初，伯克希尔·哈撒韦的股价已经上涨到每股40 000美元。巴菲特担心公司的股票被投机者盯上，他担心一些股票承销商会利用伯克希尔·哈撒韦超乎寻常的高股价来推销低价位的"克隆股"（一些股票承销商名义上告诉客户想要购买伯克希尔·哈撒韦的股票并建立基金，但后来又会挪用这笔资金将一些低价位的股票卖给公众）。

对于伯克希尔·哈撒韦，巴菲特就像呵护自己的孩子一样，无论存在任何隐患，他都会殚精竭虑地去保护它。这一次，巴菲特决心把这些投机的承销商打趴在地，方法是出售伯克希尔·哈撒韦的股份。

类似于股票拆分，巴菲特创立了一种新的股票——伯克希尔·哈撒韦 B 类普通股。该股票的面值为原股票的 1/30，预期销售价格也为原来股票的 1/30。股东们可以选择继续持有原来的 A 类普通股，或是选择用 1 股 A 股来置换 30 股 B 股（巴菲特自己选择的是继续持有价格更高的 A 股）。当然，如果单纯考虑价值因素，这只是把一块大的比萨分成了 30 份而已。

但是，很多中小投资者是慕名而来的，因此他们当中更多的是购买更便宜的 B 股。巴菲特接下来的所作所为又是任何首席执行官都不曾有过的，他提醒说，现在伯克希尔·哈撒韦股票每股 36 000 美元的价格高到了他自己都不愿意承受的程度。伯克希尔·哈撒韦的内在价值还在高速增长，但是近年来它的股价增长速度似乎更加疯狂。巴菲特在公司的年度报告中提醒股东："有一点难以避免，在有些年份公司股票的表现会不尽如人意。"简而言之，如果股东对伯克希尔·哈撒韦或是任何公司的股票出价过高，那他们其实就是在赌公司的这种高速增长的势态会延续下去，而且会持续很多年。

巴菲特让股东考虑未来的做法令他们感到很不舒服，这让他们开始担心最令人害怕的巨灾会发生。有位股东兼老朋友坦诚地说："我们对巴菲特的健康状况都极为关心。"

讨论"巴菲特溢价效应"，即巴菲特的存在带来高于股票实际价值的价格，是股东们一个永恒的话题。人们担心一旦他去世会引起对股票抛售的恐慌，尽管巴菲特一再强调他的去世不会影响伯克希尔·哈撒韦所掌握的可口可乐公司和其他资产的价值。除了在极个别场合之外，巴菲特很少评价伯克希尔·哈撒韦的价值到底有多大。他的做法只是披露应当披露的公司信息而已，股票的交易则由市场来决定。

不过，对自己的长寿问题，巴菲特比谁都关心。他曾经多次俏皮地说他死后几十年里还会显灵来管理伯克希尔·哈撒韦。（即使那时他也不会与伯克希尔·哈撒韦说再见。）

当姐姐多丽丝研究家谱时，巴菲特说他只想知道先人们都活了多久。有一次他向一位朋友发表高论，他认为尽管科学家还没发现年龄与财富之间的关系，但他们肯定研究过年龄与巨额财富之间的关系。还有一次，当某位股东问他成为美国首富后还有什么打算时，他脱口而出："做最长寿的人。"就连选择结婚伴侣时，他也与一个想要帮助人们与死亡斗争的女人结了婚。

对死亡的恐惧更增加了巴菲特积累财富的动力，这一逻辑也是合情合理的。他是个非常理性的不可知论者，很少麻痹自己。他有一种要证明自我存在价值的激情，他喜欢的不是单纯地赚钱。他对自己的朋友、房子、喜欢的食物、股票和股市都有深深的眷恋。值得一提的是，他曾经说过自己并不喜欢经营一家公司，而是喜欢拥有一家公司。在朋友芭芭拉·莫罗眼里，他离开奥马哈去华盛顿念书那段时间正是他的性格形成期，他是被迫离开家乡的。他一直积累财富却很少出售。他在一封信中说："我们喜欢买进，卖出则另说了。"他在整个职业生涯中其实都是想持有更多的股票，而拒绝说再见。

伯克希尔·哈撒韦某次年度会议召开的前一天的那个春日早晨，有人在奥马哈看到了他。他坐在一辆无轨电车里面（与他儿时所乘的车相差无几），穿行于奥马哈城的各大饭店之间接他的客人。巴菲特坐在前排，热情地欢迎来访者，包括来自沃顿的一位老朋友的遗孀、本杰明·格雷厄姆的学生、他下属各公司的首席执行官等人。当你翻看巴菲特的相册时，你会发现他们在不同时期进入了他的生活。穿着随便的巴菲特妙语连珠，把一百多位虔诚的教徒、朋友和仰慕者带到了他的乡村俱乐部。

下午的聚会（现已对所有股东开放）仍在波仙珠宝店举行。桌上摆满了鱼子酱、树莓饼、猕猴桃饼、奶酪蛋糕和烤得红红的牛排，旁边陈列着珠宝和精美的瓷器。一支四人乐队在一旁伴奏，穿着礼服的侍者托着衬有天鹅绒的钻石盒子和一瓶瓶香槟穿行其中。

巴菲特在后面的一个房间里与几个老朋友打桥牌。当宴会渐入高潮时，巴菲特悠闲地走进去，站在了钻石耳环的柜台前。股东们鼓起勇气三三两两地向他凑了过来。巴菲特对他们负有责任，不仅仅是因为他的事业，而是觉得他们是他生活中的一部分。

对波仙珠宝店中的大多数面孔巴菲特都很熟悉。巴菲特说，他认得出伯克希尔·哈撒韦 7 500 名股东中 90% 的人。他向秃顶的天文学教授詹姆斯·厄尔打招呼，骄傲地回忆起在 1957 年与厄尔的父母对巴菲特合伙公司进行投资时的情景。巴菲特说他记得伯克希尔·哈撒韦 100 多万股股票中每 1 股的归属，我们难以想象还有哪个上市公司的首席执行官能够对自己公司这般如数家珍，他们甚至连这样的念头都压根儿不曾有过。每当一股伯克希尔·哈撒韦股票转手时，巴菲特就在脑子里记上一笔，就像有人上了或下了他的电车一样。

这也是巴菲特对崇拜者如此有吸引力的原因。与他不可思议的成功相比，他的忠诚更是人间罕有。他一生中对老朋友和自己的习惯忠贞不渝。我们不妨看一下约翰·图恩在他的畅销书《财富之王》中是怎么说的：

> 事事皆有定数，从来没有一样东西是一成不变的。世界关注的热点在变，投资者关注的热点也应改变。

华尔街上无人对此表示异议，甚至连一丝怀疑都不会有。过去热衷于债务投资的亨利·克拉维斯和佩雷尔曼等人现在早已对财务杠杆失去了兴趣，而且在 20 世纪 90 年代就开始卖股票了。

但巴菲特一生中关注的热点似乎从来都没有改变过。他从未改变自己的投资模式，不论是 60 年代股市一派欣欣向荣的时候，还是杠杆投资盛行的 80 年代，抑或是金融衍生工具泛滥的 90 年代。巴菲特所寻找的一直是他的老师所称的“内在价值”不会消减的投资真谛。

在职业生涯中，巴菲特经历了从本杰明·格雷厄姆式的“价值型”股票到“成长型”股票的转变。华尔街对这种分类情有独钟，就像艺术评论家区分白描和立体派艺术作品一样。但这种分类其实对于艺术家本身而言并没有什么重要性。对巴菲特来说，成长型和价值型的区别是很微妙的。他认为某行业的增长潜力就是它的价值，而它的资产就是自身价值的有机组成部分。在某个价格上，可口可乐公司的潜力代表着很高的投资价值；如果价格过高，情况就不一样了。

关键是巴菲特把所有的投资（包括他试过的）都看作“价值投资”，他认为其他的说法都不准确。在所罗门违规投标案发生一年后，巴菲特写道：

> 如果连与投资额相应的回报都得不到，那算什么投资？故意以高于股票计算价值的价格买入，希望很快就以更高的价格卖出，充其量只能叫投机……

可惜世上很多人都看不到这一点。加州奥兰治县的财政官员不加考虑就大举借债，用自己都搞不明白的利率衍生工具来投资公立学校、道路和供水系统基金，结果该县的财政是负债累累。事实上，对“内在价值”这个概念大家几乎都已经忘却了。在这个评价标准和“投资热点”瞬息万变的世界上，价值不是不变的，而是昙花一现的。只有当批评家进行评论时，油画才算是有人欣赏，而真正的美存在于欣赏者的眼中。对奥兰治县来说，美不美完全由该县的经纪人美林证券说了算。其实双方都不明白什么叫美，但都愿意投机。从另一个角度来看，这种缺乏说服力的洞见只是一种常见的软弱和平庸的表现。

如果说人们失去了爱默生那种心灵索求，那是因为人们没有找到可以引导他们前进的恒星。现代社会中的相互关系使我们都变成了胆小的专家，只能从标有“成长”和“衍生”字样的分类栏中去挖掘投资线索。同样，因为缺乏内在价值体系，教育者的说教和评判则显得苍白无力。他们只能回到模棱两可的复杂理论，并用晦涩的语言来掩饰内心的恐惧。当缺乏有力的理论时，林林总总的观点就会出现，成为必要的替代品。但是这样一来，社会的生命力就被减弱了，不仅对华尔街如此，就连整个工业界、教育界、政府和公众也都一样。

但巴菲特不同，他十分看重自己的独立性。他说“我没有必要和自己不喜欢的人共事”。能够说出这样的豪言壮语的投资者、首席执行官和政府官员可谓凤毛麟角。

巴菲特会独自一人待在书房里，既没有顾问也没有随从。他坐在发黄的报纸和父亲的照片前，静静地享受爱默生式的恬静与孤独。几个小时静静地过去，连电话铃声都很少响起。他寻找的并不是电脑屏幕上的某个技术分析图，而是某个公司的潜在价值。他寻找的是那些经历过时间考验的企业或商人，例如老牌鞋业公司、霍雷肖·阿尔杰、B 夫人、零售商本杰明·罗斯纳、《世界百科全书》、新贝德福德的肯·蔡斯、严谨的汤姆·墨菲和影响力无处不在的可口可乐。他也不是根据“一时的阴晴圆缺”来选择，而是遵循他的祖父、父亲和本杰明·格雷厄姆认同的投资原则和忠告。巴菲特并非圣贤，他也是一个凡人，当然也会犯错，但他的出色表现足够唤醒人们对过去的美好回忆。

当巴菲特去世时，他留下的遗产很可能会使卡耐基、福特和洛克菲勒等传奇人物创立的基金会相形见绌。巴菲特基金会可能会成为全美国最大的基金会。(现在最大的是福特基金会，资产规模达到 70 亿美元。) 但巴菲特最大的业绩不是他留下的钱，而是他对伯克希尔·哈撒韦做出的贡献。他在脑子里勾画了一个大胆的设想，即使他进了坟墓，伯克希尔·哈撒韦仍将一如既往地书写辉煌。事实上他强忍悲痛地向投资者保证，不论他和妻子谁先去世，“要缴的税和遗赠都不会引起股票的大量抛售”。

如果巴菲特和芒格同时被车撞了，或者巴菲特来不及培养一位接班人，至少公司将由巴菲特选中的“第三人”来经营。至于这个神秘人选到底是谁，就连他的孩子都不知道。在政府雇员保险公司的交易之后，巴菲特曾经透露，如果“芒格和我发生什么意外的话”，政府雇员保险公司的董事卢·辛普森将临危受命。

除此之外，公司还将由巴菲特精心挑选的董事来掌舵。他指定妻子和儿子霍华德为公司的董事，以此来保证公司绝不会忘记它的使命。（其他董事有巴菲特、前董事长的儿子马尔科姆·蔡斯三世、芒格和奥马哈商人小沃尔特·斯科特。）他的家庭成员将成为基金会运作的掌控者。“归根结底，”巴菲特后来写道，“我们正在做‘被车撞’的准备。”

1995 年，尽管他没像其他职场精英那样精心节食，但 65 岁的巴菲特依旧身体健康。他的早餐通常是一碗花生和一瓶可乐。汤姆·墨菲安排他周末观看超级碗比赛，他为第二天的早餐点了香草冰激凌和巧克力酱。当巴菲特的朋友们拿他的健康状况开玩笑时，他煞有介事地回答说：“当人们经过我的棺材时，我希望他们会说：‘看看，他显老吗？’”

尽管巴菲特仍然全身心地扑在工作上，但他对成功的兴趣略有下降。儿子们说他比往年过得轻松多了，彼得也看不到父亲再像脑子里装着嘀嗒作响的闹钟一样忙个不停了。

巴菲特的生活变得更加惬意，阿斯特丽德是功不可没的。巴菲特认为自己带给了她尊严，自己也因为她的存在而提高了生活品质，这无疑是种互利的关系。当他们一起出去时，比方说去牛排屋时，他们看起来和奥马哈的一对普通夫妇没有什么区别，有时巴菲特还搂着她。阿斯特丽德对自己所扮演的角色也很有幽默感，有一次她对巴菲特的一个亲戚说，与巴菲特一起生活“是她最好的工作”。巴菲特多年的至交罗森菲尔德说：“阿斯特丽德正是他现在所需要的。她不介意他随时离开，她很有自由精神。”

尽管如此，巴菲特的心仍然眷恋着苏珊，他们几乎每个月都会在不同的地方相聚（比如去巴黎参加可口可乐的董事会）。巴菲特对自己的这种安排也很有幽默感，他对朋友说，他不能与苏珊离婚，因为她太有钱了。

后来，巴菲特在用钱时略微变得大方一些了。他用自己的 125 万美元买下了奥马哈一支棒球队 25% 的股权，这相当于为家乡这支勉强维持生计的球队雪中送炭。在 1993 年，当 B 夫人过百岁大寿时，他像往常一样献上了鲜花和喜诗糖果，并开出了一张 100 万美元的支票，资助 B 夫人把以她名字命名的表演艺术中心变成一家儿童剧院。他的个人花费也增多了，比如拿出更多的钱用于旅游和添置新装，尽管他的壁橱里好些衣服都旧得发皱了。但相对来说，他的花销和善举与他的天量财富相比仍然是九牛一毛。

工作仍然是巴菲特的生命，而对吃什么或是住在哪里他并不太在意。他仍然自己开着那辆蓝色的林肯车。他也没有富丽堂皇的房车和房子，即使有他也不会感兴趣。有一次在拉古纳海滩的别墅度假两周期间，他总共只离开家三次——两次去看电影，一次去吃午饭（他女儿做的统计）。他仍打桥牌，通常在他不愿用于工作的计算机上玩，另外几个牌友则在数千英里之外。

他在奥马哈就会引起人们的好奇心。人们开车经过法纳姆大街时，总会刻意把车速放慢，几乎到快要熄火的地步，他们好奇地注视着那幢朴实无华的房子。巴菲特可以从厨房看到他们。他正在那儿享用冰激凌、可乐或拿着报纸和年度报告自得其乐。房子里只有他和阿斯特丽德两人，身边没有保姆，也不用请人做家务，他们只有一个每隔一周来一次的清洁工。阿斯特丽德仍在买打折货，每当有可乐促销时都装上满满一车回来。

成为亿万富翁的确让巴菲特很开心，他以不寻常的方式享受着这种幸福。就像他说的，金钱改变不了你的健康状况，也无法让别人爱上你，但“它会使你身处的环境更有意思”。巴菲特现在交际甚广，包括众多的首席执行官、政治家以及国际象棋世界冠军加里 · 卡斯帕罗夫这样的名人都与他有私交。1994 年夏末，他与总统比尔 · 克林顿一起在马撒葡萄园打了一场高尔夫球，之后一起去凯瑟琳 · 格雷厄姆家吃了顿平静的晚餐。更让人羡慕的是，他现在与比尔 · 盖茨的关系非常亲密，比尔 · 盖茨比他小 26 岁，也是美国首富头把交椅上的竞争对手。尽管比尔 · 盖茨是个技术专家，而巴菲特对于技术是最感到头疼的，但是当他俩在一起时会有很多欢笑。他们两人都是人上人，对任何事物都充满了好奇心，和许多首席执行官一样都会有些许任性，并且都富可敌国。自从在内布拉斯加大学的橄榄球赛上相识后，他俩成为莫逆之交，还在 1995 年双双偕妻子到中国旅行。

现在他发现，如果自己想推广巴菲特教义，往往是听者云集。他经常奔走于大学、公司甚至是一些非正式小团体举行的仪式，讲述他的故事，争取让尽可能多的人登上他的电车。

他的生活中仍有很多不解之谜。正如布法罗的一位法官曾经对他做出的可能有垄断报业的野心的评价一样，或许人心就是“深不可测”的。

但巴菲特作为公众人物的一面是显而易见的。巴菲特那种超乎常人的名垂青史的欲望使他成为美国生活中的一个独特形象，他不仅是一个伟大的资本家，而且是美国资本主义的代言人。他教导了一代人该如何去定位经营，他证明了股票与垄断不同，投资也不是只凭运气的游戏。他证明了投资也是一种理性的、可以把握的事业，与它背后代表的具体经营业务是一致的。巴菲特揭开了华尔街神秘的面纱，他告诉大家，它与普通的商业大街并无二致，也许确实带有一些神秘色彩，却是一个普通人能够参透的。

与人们熟悉的华尔街的阴暗狡诈不同，巴菲特是为数不多的不以伤害别人为前提而获得巨额财富的资本家之一。（他在布法罗的报业对手是个例外。）用芒格的话说，他争取不成为一个“可怜的守财奴”，他把投资人和被投资人都当作伙伴，而且从不凭运气取胜，也不给自己“留退路”。

现在巴菲特想要超越金融界，获取更大意义上的成功。他说他最喜欢的持股时间是“永远”，这也让华尔街内外都大为吃惊。现代人的字典里还没有“永远”这个词，通常它只是小说或童话中的字眼。

但是巴菲特确实兑现了他的承诺，不论是对他的糖果公司、报业公司，还是对汤姆·墨菲、凯瑟琳·格雷厄姆和许多其他人都一样。在这个充满贪婪和欲望的时代，巴菲特把投资变成了人与人之间的良性纽带，而且几乎成了社会契约。1969 年，他在写给合伙人的信中提到伯克希尔·哈撒韦：

> 我当然不会只为一个诱人的价格，就把某个由我喜欢和敬佩的人所经营的好公司卖掉。

这样有情有义的话在华尔街已经绝迹了，学者甚至会把它当作妖言，而且在整个美国已难得耳闻。

而且到了今天，这类话更让人吃惊，因为它更少见了。它与多变的共同基金的风格格格不入，甚至与整个瞬息万变的社会都显得很不合拍。今天，以华尔街为代表的疯狂交易成了社会嬗变的代名词，之前人们与社会、职业、社区、家庭和社会团体之间紧密的联系现在已经慢慢消逝，而且这种消逝的速度还在一天天加快。艺术大师安迪·沃霍尔预测我们每个人只能保留 15 分钟的名誉，其实，在这个动荡的时代，15 分钟内就消失的不仅有我们头顶的光环，还有最为宝贵的过去和感情。各种职业上的合作关系四分五裂，大牌运动员抛下自己的队伍，老板不停地解雇雇员，就连被认为最该保持传统的大学也急着重新发明已使用了千年的加农炮。在日常生活的各行各业中，“电车”上的人一夜之间相貌就会改变几番。投资者在寻找退路，但这么做的绝对不仅仅是投资者而已。从这点来看，华尔街的疯狂洗牌恰恰证明，信誓旦旦的承诺也是可以被当作交易来买卖的。这就是巴菲特填补空白的原因。最重要的是，他获得巨大成功不是因为把承诺当成了交易，而是因为他信守诺言。

伯克希尔 · 哈撒韦 Vs. 道琼斯指数

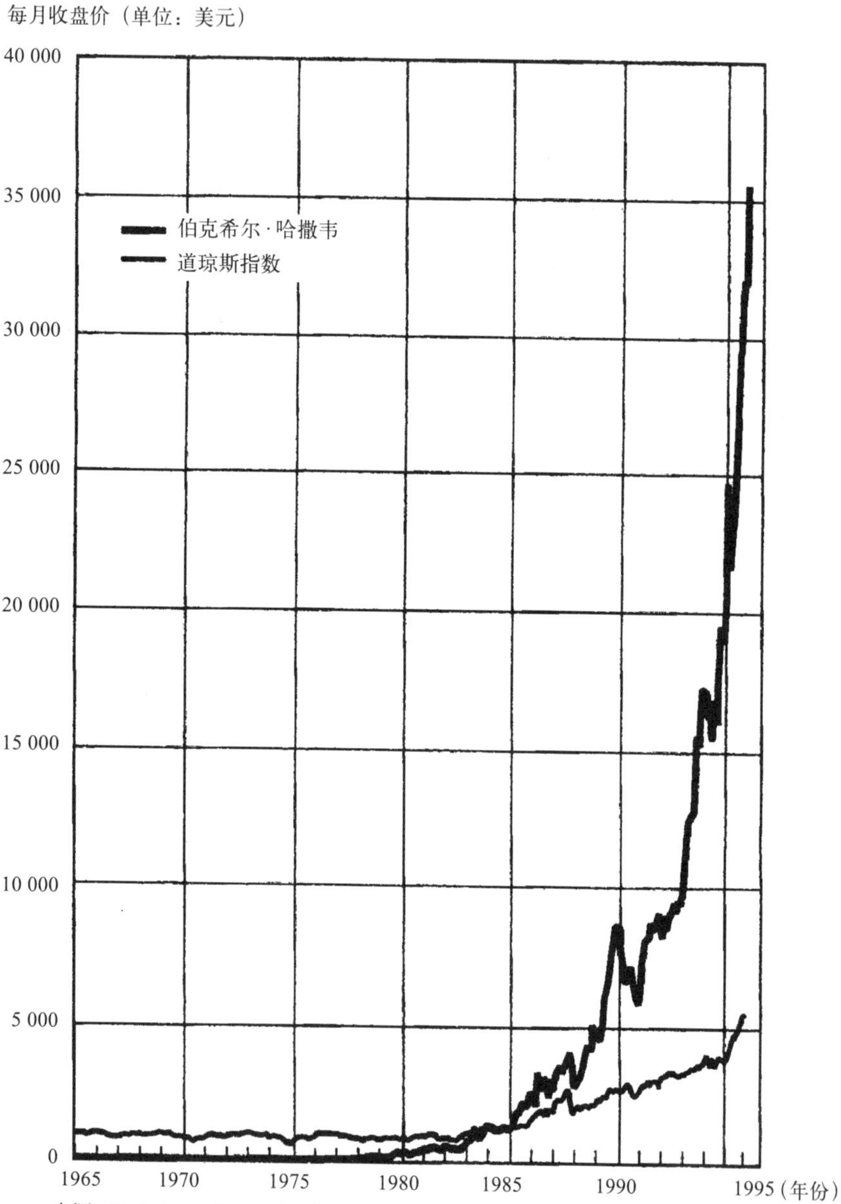

来源：Datastream International, Baseline